"十三五"高职院校财经精品系列教材

初级会计实务核算

（第二版）

主　编◎张帮凤　唐　莹
副主编◎周　丽
主　审◎张承建

西南财经大学出版社
Southwestern University of Finance & Economics Press
中国·成都

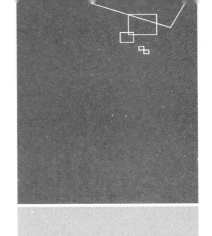

DIERBAN QIANYAN 第二版前言

　　本书自 2016 年出版以来，得到了读者的认可，特别受到了高等职业院校的欢迎。本书在内容架构和设计上一方面立足真实会计职业岗位并与初级会计职称资格考试相结合，另一方面力求与时俱进，紧跟我国会计准则和税收法律法规的最新变化，与其保持一致。而近年来，财政部陆续发布了六项企业会计准则解释、四项会计处理规定、七项新增或修订的企业会计准则、两次修订一般企业财务报表格式的通知等；在税制改革领域，全面推行"营改增"、国地税合并、增值税税率调整等也已经在实务中实施。本次修订，主要根据最新规定对第 1 版中所涉及内容进行修改调整（说明：鉴于我国大多数企业将在 2020 年之后执行新金融准则和新收入准则，本次暂未就该部分内容做修订），并根据前期应用反馈情况对部分模块项目内容进行了重编、删补。

　　本书第 1 版由重庆商务职业学院张帮凤和唐莹任主编，周丽任副主编，张帮凤编写模块 1、模块 2 和会计实务分录精编，唐莹编写模块 3，周丽编写模块 4，雷霞编写模块 6 和模块 7，重庆电子工程职业学院骆剑华编写模块 5。本书第 2 版的修订由张帮凤完成，重庆汇博烨煜税务师事务所所长张承建先生对全书内容进行了审定。

　　本书在编写和修订过程中参阅了大量的文献资料，在此向有关单位和作者表示感谢。由于编者水平有限，本书难免出现疏漏和不妥之处，敬请读者批评指正！

编　者
2018 年 8 月

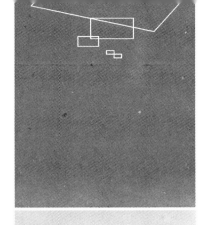

DIYIBAN QIANYAN 第一版前言

　　初级会计实务核算是高职高专会计学专业的主干课程，也是会计专业知识结构中的主体部分。本书以最新修订执行的《企业会计准则》及其应用指南为编写依据，同时以教育部《全面提高高等职业教育教学质量的若干意见》文件为指导，以高职高专会计专业的人才培养目标、市场需求、职业岗位群为导向，本着理论知识够用、强化实践能力的要求，打破传统上按会计要素内容编排的方式，按主要会计岗位设置教学模块，每个模块以项目为载体，典型工作任务为驱动，按"项目任务式"进行知识讲解，力求使学生明确学习任务、掌握任务核心、完成任务操作。本书具有如下特点：

　　（1）立足真实会计职业岗位。本教材以会计职业岗位能力需求为切入点，以岗位调查和素质、知识、能力的分析为依据，对传统以会计要素为模块的初级会计实务内容进行优化整合，把知识点、能力要素落实到具体课程中，建立与会计岗位相互对应的教学模块，参照初级会计职称资格考试大纲，直接面向学生将来就业的职业岗位安排教学内容，更有利于培养学生职业适应能力。

　　（2）教材内容与时俱进。随着社会经济的发展，我国企业会计准则和税收法规近年来进行了较大幅度的变动，教材内容的编写力求体现会计理论与会计实务的新发展，与新颁布和修订的企业会计准则及相关法律、法规保持一致。

　　（3）编写体例有助于学生学习。我们在每个模块下介绍了岗位具体核算内容，每个项目下列示了项目任务细分表，条理清晰，内容一目了然。在每个具体任务中都提示了任务目的，让学生目标明确，围绕着任务目的的完成，进行任务指导学习，最后对每个任务再次进行重点内容的归纳提炼，并提供了恰当、适量的练习题，以培养学生的实务处理能力。

　　本书由重庆商务职业学院张帮凤和唐莹主编，张帮凤拟定全书的编写大纲，组织编写工作，并负责全书初稿的修改和最终的统稿、定稿，唐莹负责体例的设计。具体编写分工为：张帮凤编写模块1、模块2、会计实务分录精编；唐莹编写模块3；重庆商务职业学院周丽编写模块4，雷霞编写模块6、模块7；重庆电子工程职业学院骆剑华编写模块5。

　　本书在编写过程中参阅了大量的不同版本、不同层次的教材，在内容、结构上得到了一些启示，进行了一些借鉴，同时走访了多家企业，得到了多方人士的帮助和支持，重庆汇博烨煜税务师事务所所长张承建先生对全书内容进行了审定，在此一并表示感谢。由于编者水平有限，教材中难免出现疏漏，欢迎读者批评指正！

编　者

2015 年 9 月

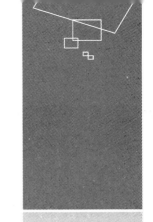

MU LU 目录

模块 1　出纳岗位涉及的业务核算

【模块介绍】

1. 出纳简介

出即支出，纳即收入，出纳包括出纳工作和出纳人员两种含义。出纳工作，是指按照有关规定和制度，办理本单位的现金收付、银行结算及有关账务，保管库存现金、有价证券、财务印章及有关票据等工作的总称。出纳人员，指从事出纳工作的人员，从广义上讲，出纳人员既包括会计部门的出纳人员，也包括业务部门的各类收款员（收银员）；狭义的出纳人员仅指会计部门的出纳人员。一般来讲，在银行开户并有经常性现金收入和支出、实行独立核算的企事业单位都应该配备出纳人员。根据会计基础工作规范，出纳岗位属于会计工作岗位，各单位应在财会部门设置出纳岗位，根据出纳业务量的大小和繁简程度配备相应的出纳人员。因此，本模块涉及的出纳指狭义范畴的出纳。

2. 出纳岗位主要职责

（1）出纳工作：办理现金收付和结算业务。

（2）保管工作：保管库存现金和各种有价证券，保管有关印章、空白收据和空白支票，保险箱管理。

（3）核算工作：货币资金收付业务核算，日记账登记，货币资金盘查。

注意：根据会计机构内部牵制制度的需要，出纳人员不得兼任稽核、会计档案保管和收入、费用、债权债务账目的登记工作。

3. 出纳岗位具体核算内容

以《企业会计准则》分类为指南，结合国家对高职高专财经类学生专业素质的要求，本模块主要介绍出纳岗位的核算工作，具体包括库存现金、银行存款、其他货币资金三种货币资金的核算。

项目 1.1　库存现金的核算

【项目介绍】

本项目内容以《中华人民共和国现金管理暂行条例》（简称《现金管理暂行条例》）

《企业会计准则第 22 号——金融工具确认和计量》及《〈企业会计准则第 22 号——金融工具确认和计量〉应用指南》为指导，主要介绍库存现金的管理及库存现金的核算，要求学生通过学习对库存现金的管理及具体核算内容产生认知，通过任务处理，进一步演练借贷记账法，为会计实务工作打下基础。

【项目实施标准】

本项目通过完成 3 项具体任务来实施，具体任务内容结构如表 1.1-1 所示

表 1.1-1　　　　　　　　　**"库存现金的核算"项目任务细分表**

任务	子任务
任务 1.1.1　库存现金的管理	—
任务 1.1.2　库存现金的核算	1. 库存现金的日常收支核算
	2. 库存现金的清查

任务 1.1.1　库存现金的管理

【任务目的】

通过完成本任务，使学生熟悉国家现行现金管理制度，能对现金管理行为进行判断，为出纳实务工作以及后续库存现金核算打下理论基础。

【任务指导】

1. 货币资金的概念及内容

货币资金是指企业生产经营过程中处于货币形态的那部分资产，按存放地点分为库存现金、银行存款和其他货币资金。

2. 库存现金的概念

库存现金是指存放于企业财会部门、由出纳人员经管的货币。它是企业流动性最强的资产，是最直接的交换、流通的支付手段，很容易被挪用和侵吞，因此，企业应当严格遵守国家有关现金管理制度，正确进行现金收支的核算，监督现金使用的合法性与合理性。

3. 库存现金的管理制度

为强化现金管理，国务院早在 1988 年就颁布并要求在银行和其他金融机构开立账户的机关、团体、部队、企业、事业单位和其他单位执行《现金管理暂行条例》，后于 2011 年做了修订。现金管理制度主要包括以下内容：

（1）现金的使用范围。

根据国务院发布的《现金管理暂行条例》的规定，开户单位只可在下列范围内使用现金：

①职工工资、津贴；

②个人劳务报酬；

③根据国家规定颁发给个人的科学技术、文化艺术、体育等各种奖金；

④各种劳保、福利费用以及国家规定的对个人的其他支出；

⑤向个人收购农副产品和其他物资的款项；

⑥出差人员必需随身携带的差旅费；

⑦结算起点（1 000 元）以下的零星支出；

⑧中国人民银行确定需要支付现金的其他支出。

除上述规定范围内的其他款项的支付，必须通过银行进行转账结算。

（2）现金的限额。

现金的限额，是指为了保证开户单位日常零星开支的需要，允许单位留存现金的最高数额。这一限额由开户银行根据开户单位的实际需要核定，一般按照单位 3~5 天日常零星开支的需要确定，边远地区和交通不便地区开户单位的库存现金限额，可按多于 5 天但不超过 15 天的日常零星开支的需要确定。一个单位在几家银行开户的，由一家开户银行核定开户单位库存现金限额。核定后的现金限额，开户单位必须严格遵守，超过部分应于当日终了前存入银行，库存现金低于限额时，可以签发现金支票从银行提取现金，以补足限额。需要增加或减少现金限额的单位，应向开户银行提出申请，由开户银行核定。

（3）现金收支的规定。

①开户单位收入的现金，应于当日送存开户银行，当日送存确有困难的，由开户银行确定送存时间。

②开户单位支付现金，可以从本单位库存现金限额中支付或者从开户银行提取，不得从本单位的现金收入中直接支付（即坐支）。因特殊情况需要坐支现金的，应当事先报经开户银行审查批准，由开户银行核定坐支范围和限额。坐支单位应当定期向开户银行报送坐支金额和使用情况。

③开户单位从开户银行提取现金，应当写明用途，由本单位财会部门负责人签字盖章，经开户银行审核后，支付现金。

④因采购地点不固定，交通不便，生产或者市场急需，抢险救灾以及其他特殊情况必须使用现金的，开户单位应当向开户银行提出申请，由本单位财会部门负责人签字盖章，经开户银行审核后，支付现金。

⑤严格做到"八不准"：不准用不符合国家统一的会计制度的凭证顶替库存现金，即不得"白条顶库"；不准谎报用途套取现金；不准用银行账户代其他单位和个人存入或支取现金；不准将单位收入的现金以个人名义储蓄；不准保留账外公款，即不得"公款私存"；不得设置"小金库"；不准发行变相货币；不准以任何票券代替人民币在市场上流通。

（4）现金的内部控制制度。

内部控制制度，是指企业决策层、职能部门、下属单位及其人员之间处理各种业务活动时相互联系、相互制约的管理体系。由于现金具有货币性和通用性特征，必须建立、健全严密的现金内部控制制度，加强现金的管理。一般来讲，现金的内部控制制度应具备以下基本内容：

①钱账分管制度。出纳人员不得兼管稽核、会计档案保管和收入、费用、债权、债务账目的登记工作。现金总账不能由出纳登记而应由会计登记；另外还可以让出纳登记一些和库存现金、银行存款不产生对应关系的账簿，比如累计折旧等明细账。

②现金收支审核制度。企业的一切收支，都必须取得或填制原始凭证，作为收付款的书面证明。会计主管人员或其他指定人员对证明收付款的一切原始凭证，都应认真审核和签章。单位各项现金的收支，必须以合法的原始凭证为依据，经会计主管人员的审核和授权批准人员审批后，才能据以收支款项。现金收付业务办理完毕，应在收付款凭证上加盖"现金收讫"或"现金付讫"印章和出纳人员名章，表示款项已经收付完毕。

③现金日清月结制度。日清，是指出纳人员对当日的现金收付业务全部登记现金日记账，结出账面余额，并与库存现金实有数核对，保证账款相符；月结，是指出纳人员必须对现金日记账按月结账，定期或不定期地与会计人员核对账目，以保证账账相符。

④现金保管制度。超过库存限额的，下班前送存银行；除工作时间需用的小额现金外一律放入保险柜；限额内的库存现金核对后，放入保险柜；不得公款私存；纸币和铸币分类保管。

【任务操作要求】

1. 学习并理解任务指导

2. 独立完成给定任务

（1）（单选题）根据《现金管理暂行条例》的规定，下列经济业务中，一般不应用现金支付的是（　　　）。

A. 支付职工奖金 900 元

B. 支付零星办公用品购置费 950 元

C. 支付物资采购货款 1 900 元

D. 支付职工差旅费 500 元

（2）（单选题）下列项目中，不属于货币资金的是（　　　）。

A. 库存现金　　　　　B. 银行存款　　　　　C. 其他货币资金　　　　　D. 应收票据

任务 1.1.1 小结

库存现金管理中的重点：库存现金的使用范围、库存现金限额规定、坐支。

任务 1.1.2 库存现金的核算

现金管理制度中规定，企业必须建立健全现金账目，逐笔记载现金收付，账目要日清月结，做到账款相符。基于现金管理的需要，企业库存现金的核算应包括日常收支核算和库存现金的清查。

子任务 1 库存现金的日常收支核算

【任务目的】

通过完成本任务，使学生明确库存现金日常核算涉及的具体账户，掌握库存现金日常收支业务的账务处理，以备在核算实务中熟练运用。

【任务指导】

库存现金的日常收支核算包括总分类核算和序时核算。

1．总分类核算

这是指企业通过设置和登记"库存现金"总账来进行库存现金的总分类核算。

（1）核算账户："库存现金"。

该账户属于资产类账户，用来总括地反映企业库存现金的收入、支出和结存情况，借方登记库存现金的增加，贷方登记库存现金的减少，期末余额在借方，表示期末库存现金的结余额。

"库存现金"总账由出纳人员以外的会计人员根据审核无误的记账凭证直接登记或根据科目汇总表、汇总记账凭证进行定期汇总登记。

（2）业务处理。

［案例1.1.2-1］

201×年3月2日，江河公司签发现金支票一张，从银行提取现金5 000元备用。

案例1.1.2-1解析：

借：库存现金　　　　　　　　　　　　　　　　　　　　　5 000

　　贷：银行存款　　　　　　　　　　　　　　　　　　　　　　5 000

［案例1.1.2-2］

201×年3月5日，江河公司以现金支付管理部门房屋租金850元。

案例1.1.2-2解析：

借：管理费用　　　　　　　　　　　　　　　　　　　　　　850

　　贷：库存现金　　　　　　　　　　　　　　　　　　　　　　850

［案例1.1.2-3］

201×年3月10日，江河公司销售产品，开出的增值税专用发票上注明：价款600元，增值税96元，收到现金696元。

案例1.1.2-3解析：

借：库存现金　　　　　　　　　　　　　　　　　　　　　　696

　　贷：主营业务收入　　　　　　　　　　　　　　　　　　　　600

　　　　应交税费——应交增值税（销项税额）　　　　　　　　　96

［案例1.1.2-4］

201×年3月10日，江河公司以现金支付职工工资3 500元。

案例1.1.2-4解析：

借：应付职工薪酬——工资　　　　　　　　　　　　　　　3 500

　　贷：库存现金　　　　　　　　　　　　　　　　　　　　　3 500

2．序时核算

企业通过设置和登记"库存现金"日记账进行库存现金的序时核算。

库存现金日记账按币种分设，应采用订本式账簿，其账页格式通常采用借贷余三栏式，也可采用多栏式，由出纳人员根据审核无误的现金收款凭证和现金付款凭证以及银行存款付款凭证（从银行提取现金业务），按照业务发生的时间先后顺序逐日逐笔进行登记。每日终了，应当在现金日记账上计算出当日的现金收入合计数、现金支出合计数和结余额，并将现金日记账的余额与实际库存现金额核对，保证账款相符。月度终了，库存现金日记账的余额应当与库存现金总账的余额核对，做到账账相符。

【任务操作要求】

1. 学习并理解任务指导

2. 独立完成给定业务核算

甲企业 201×年 3 月发生如下经济业务：

（1）2 日，以现金 50 元购买办公用品交付使用。

（2）5 日，开出现金支票从银行提现 4 000 元备用。

（3）6 日，将多余现金 3 000 元送存银行。

（4）10 日，销售商品，开出的专用发票注明：价款 500 元，增值税 80 元，收取现金 580 元。

要求：根据业务编制会计分录。

子任务 2　库存现金的清查

【任务目的】

通过完成本任务，使学生理解库存现金清查的目的、意义及方法，明确库存现金清查结果账实不相符核算涉及的主要账户及核算步骤，能对库存现金清查发现的溢余或短缺进行账务处理，以备在核算实务中熟练运用。

【任务指导】

1. 库存现金清查概述

为了保证库存现金的安全完整，同时加强对出纳保管工作的监管，企业应当按规定对库存现金进行定期和不定期的清查，以保证库存现金账实相符。

库存现金的清查包括出纳人员的每日清点核对和清查小组进行的定期或不定期的库存现金盘点核对。库存现金的清查一般采用实地盘点法。清查小组清查时，出纳人员必须在场，以明确经济责任，清查内容主要是检查是否有挪用库存现金、白条抵库、超限额留存库存现金的情况，以及账款是否相符。

对于清查的结果应当编制"现金盘点报告单"。如果有挪用现金、白条顶库的情况，应及时予以纠正；对于超限额留存的现金应及时送存银行。如果账款不符，发现有待查明原因的现金短缺或溢余，应先通过"待处理财产损溢"科目核算，按管理权限经批准后，分别按以下情况进行处理。

（1）如为现金短缺，属于应由责任人赔偿或保险公司赔偿的部分，计入其他应收款；属于无法查明原因的，计入管理费用。

（2）如为现金溢余，属于应支付给有关人员或单位的，计入其他应付款；属于无法查明原因的，计入营业外收入。

"待处理财产损溢"账户属于资产类账户，用来核算企业在清查财产过程中查明的各种财产盘盈、盘亏和毁损的价值，物资在运输途中发生的非正常短缺与损耗，也通过本账户核算。盘盈固定资产的价值在"以前年度损益调整"账户核算，不在本账户核算。借方登记待处理的财产盘亏、毁损数以及审批后转销的财产的盘盈数，贷方登记待处理的财产盘盈数以及审批后转销的财产的盘亏、毁损数，因会计准则规定，企业的财产损溢，应查明原因，在期末结账前处理完毕，处理后本账户应无余额。本账户可按盘盈、盘亏的资产种类和项目进行明细核算。

"待处理财产损溢"账户具有双重性质，它是个过渡账户，但不是备抵项目。它的借方登记的是企业的财产损失，在未处理之前，仍是企业资产的一种存在形式，具有资产性质；而贷方登记的是企业的财产盈余，反映了资产取得的一种特殊方式，具有权益性质。同时，通过财产清查获得的盘盈、盘亏信息需要先计入该账户，然后再做进一步的处理，这样就会有一定的挂账期。这就是"待处理财产损溢"账户具有的双重性和过渡性。

2. 库存现金清查结果处理的业务框架

3. 库存现金溢余的业务处理

库存现金清查，如出现实际盘点数大于账面结余数，即为库存现金溢余，也称为库存现金盘盈或库存现金长款。库存现金溢余基本账务处理如下：

（1）批准处理前：

借：库存现金

　　贷：待处理财产损溢

（2）批准处理后：

借：待处理财产损溢

　　贷：其他应付款（应支付给有关人员或单位的）

　　　　营业外收入（无法查明原因的）

［案例 1.1.2-5］

201×年 3 月 31 日，江河公司进行现金清查，发现现金溢余 150 元。

案例 1.1.2-5 解析：

借：库存现金　　　　　　　　　　　　　　　　　　　　　　　　　150

　　贷：待处理财产损溢　　　　　　　　　　　　　　　　　　　　　　150

［案例 1.1.2-6］

接前例［案例 1.1.2-5］，该款项无法查明原因，经批准按规定转销。

案例 1.1.2-6 解析：

借：待处理财产损溢　　　　　　　　　　　　　　　　　　　　　　150

　　贷：营业外收入　　　　　　　　　　　　　　　　　　　　　　　150

4. 库存现金短缺的业务处理

库存现金清查，如出现实际盘点数小于账面结余数，即为库存现金短缺，也称为库存现金盘亏或库存现金短款。库存现金短缺基本账务处理如下：

（1）批准处理前：

借：待处理财产损溢

　　贷：库存现金

（2）批准处理后：

借：其他应收款（能够索赔的）

　　管理费用（无法查明原因的）

　　　贷：待处理财产损溢

［案例 1.1.2-7］

201×年 4 月 30 日，江河公司进行现金清查，发现现金短缺 50 元。

案例 1.1.2-7 解析：

借：待处理财产损溢　　　　　　　　　　　　　　　　　　　　50

　　贷：库存现金　　　　　　　　　　　　　　　　　　　　　　　　50

［案例 1.1.2-8］

接前例［案例 1.1.2-7］，经查明，属于出纳李丽的责任，应由其赔偿。

案例 1.1.2-8 解析：

借：其他应收款——李丽　　　　　　　　　　　　　　　　　　50

　　贷：待处理财产损溢　　　　　　　　　　　　　　　　　　　　50

【任务操作要求】

1. 学习并理解任务指导

2. 独立完成给定业务核算

（1）企业 201×年 5 月 31 日进行现金清查，发现现金长款 150 元。经查，其中 100 元应支付给职工王宏，另 50 元无法查明原因，经批准按规定转销。

（2）企业 201×年 6 月 30 日进行现金清查，发现现金短缺 200 元。经查，其中 150 元系出纳李红工作失误造成，应由其赔偿，另 50 元无法查明原因，经批准按规定转销。

要求：根据业务编制会计分录。

任务 1.1.2 小结

1. 库存现金日常核算重点：库存现金日记账和总账的登记。

2. 库存现金清查核算重点：

（1）"两步一账户"的核算思路。

（2）库存现金出现不明原因的长款与短款转销规定是不一样的：长款转入"营业外收入"科目；短款记入"管理费用"科目。

项目 1.2　银行存款的核算

【项目介绍】

本项目内容以《人民币银行结算账户管理办法》《支付结算办法》《企业会计准则第22号——金融工具确认和计量》及《〈企业会计准则第22号——金融工具确认和计量〉应用指南》为指导，主要介绍银行存款的管理及银行存款的核算，要求学生通过学习，对银行存款的管理及具体核算内容产生认知，通过任务处理，进一步演练借贷记账法，为会计实务工作打下基础。

【项目实施标准】

本项目通过完成3项具体任务来实施，具体任务内容结构如表1.2-1所示：

表 1.2-1　　　　　　　　　"银行存款的核算"项目任务细分表

任务	子任务
任务 1.2.1　银行存款的管理	—
任务 1.2.2　银行存款的核算	1. 银行存款的日常收支核算
	2. 银行存款的清查

任务 1.2.1　银行存款的管理

银行存款是企业存放在银行或其他金融机构的货币资金。企业应当根据业务需要，按照规定在其所在地银行开设账户，运用所开设的账户，进行存款、取款以及各种收支转账业务的结算。银行存款的收付应严格执行银行结算制度的规定。

【任务目的】

通过完成本任务，使学生熟悉我国银行结算账户开立和使用的有关规定，能自觉遵守银行结算账户管理办法；熟悉我国常用银行结算方式，自觉遵守银行支付结算办法，为后续出纳实务工作打下理论基础。

【任务指导】

1. 银行存款账户的有关规定

根据国家规定，各单位之间的经济往来，除按照现金管理办法规定可以使用现金的以外，都必须通过银行办理结算。凡在银行办理结算的单位，必须按照银行的规定，在银行开立账户。根据2003年9月1日实施的《人民币银行结算账户管理办法》的规定，单位银行结算账户按用途分为基本存款账户、一般存款账户、专用存款账户、临时存款账户。

（1）基本存款账户。基本存款账户是存款人因办理日常转账结算和现金收付需要开立的银行结算账户。存款人日常经营活动的资金收付及其工资、奖金和现金的支取，应通过该账户办理。企业可以自主选择银行，但一个企业只能选择一家银行的一个营业机构开立一个基本存款账户，不得在多家银行机构开立基本存款账户。

（2）一般存款账户。一般存款账户是存款人因借款或其他结算需要，在基本存款账户开户银行以外的银行营业机构开立的银行结算账户。该账户可以办理现金缴存和转账结算，但不得办理现金支取。

（3）专用存款账户。专用存款账户是存款人按照法律、行政法规和规章，对其特定用途资金（如基本建设资金、更新改造资金、财政预算外资金、住房基金、社会保障基金、证券交易结算资金等）进行专项管理和使用而开立的银行结算账户。该账户用于办理各项专用资金的收付。

（4）临时存款账户。临时存款账户是存款人因临时需要并在规定期限内使用而开立的银行结算账户，如设立临时机构、异地临时经营活动、注册验资等。临时存款账户用于办理临时机构以及存款人临时经营活动发生的资金收付。该账户可以办理转账结算，也可以根据国家现金管理的规定存取现金。临时存款账户的有效期最长不得超过2年。

企业在银行开立基本存款账户时，必须填制开户申请书，提供当地工商行政管理机关核发的"企业法人执照"或"营业执照"正本等有关证件，送交盖有企业印章的印鉴卡片，经银行审核同意，并凭中国人民银行当地分支机构核发的开户许可证开立账户。企业申请开立一般存款账户、临时存款账户和专用存款账户，应填制开户申请书，提供基本存款账户的企业同意其附属的非独立核算单位开户的证明等证件，送交盖有企业印章的卡片，银行审核同意后开立账户。企业在银行开立账户后，可到开户银行购买各种银行往来使用的凭证（如送款簿、进账单、现金支票、转账支票等），用以办理银行存款的收付款项。

2. 银行结算纪律

企业通过银行办理结算时，应当认真执行国家各项管理办法和结算制度。不准违反规定开立和使用账户；不准签发没有资金保障的票据和远期票据以套取银行信用；不准签发、取得或转让没有真实交易和债权债务关系的票据以套取银行和他人资金；不准无理拒绝付款、任意占用他人资金等。

3. 银行结算方式

结算，是企业与其他单位、个人或企业内部发生商品交换、劳务供应等经济往来而引起的货币收付行为。结算方式分为两类：一类是现金结算，指收付款双方直接用现金进行收付的行为；另一类是银行转账结算，简称银行结算，亦即银行支付结算，指通过银行将款项从付款方账户划转到收款方账户的货币收付行为。在我国，除按《现金管理暂行条例》的规定可以直接使用现金进行结算的业务以外，其他货币收付业务都必须通过银行进行转账结算。目前国内银行支付结算方式根据使用的具体支付工具不同，常用的有四票（支票、银行汇票、商业汇票、银行本票）、一卡（行用卡）、一证（信用证）、汇兑、委托收款、托收承付。近年来，随着互联网技术的纵深发展，网上银行、第三方支付等电子支付方式产生并得到了快速发展。本教材将银行汇票、银行本票、信用卡、信用证四种方式放在模块1"其他货币资金"项目介绍，商业汇票结算方式纳入模块2"应收票据与应

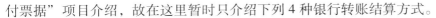

付票据"项目介绍，故在这里暂时只介绍下列4种银行转账结算方式。

（1）支票。

支票是出票人签发的委托办理支票存款业务的银行或者其他金融机构在见票时无条件支付确定的金额给收款人或者持票人的票据。在实际工作中，支票是同城结算中应用最为广泛的银行结算方式，单位和个人在同一票据交换区域内各种款项的结算，都可以使用支票，全国支票影像系统支持全国使用。

支票分为现金支票、转账支票、普通支票三种。支票上印有"现金"字样的为现金支票，现金支票只能用于支取现金，它可以由存款人签发用于到银行为本单位提取现金，也可以签发给其他单位和个人用来办理结算或者委托银行代为支付现金给收款人。支票上印有"转账"字样的为转账支票，转账支票只能用于转账。支票上未印有"现金"或"转账"字样的为普通支票，普通支票可以用于支取现金，也可以用于转账。但在普通支票左上角划两条平行线的，为划线支票，划线支票只能用于转账，不能支取现金。

在签发和使用支票时，应注意以下事项：

①签发的支票必须注明收款人的名称，只准收款人或签发人向银行办理转账或提取现金。

②签发支票要用墨汁或碳素墨水（或使用支票打印机）认真填写，"支票日期""大小写金额""收款人"三处不得更改，其他内容如有更改，须由签发人加盖预留银行印鉴之一证明。

③付款人在签发支票之前，应认真查明银行存款的账面结余数额，防止签发超过存款余额的空头支票。

④出票人签发空头支票、签章与预留银行签章不符的支票、使用支付密码地区支付密码错误的支票，银行应予以退票，并按票面金额处以5%但不低于1 000元的罚款；持票人有权要求出票人赔偿支票金额2%的赔偿金。

⑤支票的提示付款期限自出票日起10日（到期日遇节假日顺延），但中国人民银行另有规定的除外。超过提示付款期限提示付款的，出票人开户银行不予受理，付款人不予付款。

⑥已签发的现金支票遗失，可以向银行申请挂失。挂失前已经支付的，银行不予受理。已签发的转账支票遗失，银行不受理挂失，可请求收款人协助防范。在中国人民银行总行批准的地区，转账支票可以背书转让。

企业开出支票时，根据支票存根，借记有关科目，贷记"银行存款"科目；企业收到支票并填制进账单到银行办理收款手续后，根据进账单及有关原始凭证，借记"银行存款"，贷记有关科目。

（2）汇兑。

汇兑是汇款人委托银行将其款项支付给收款人的结算方式。单位和个人异地之间的各种款项的结算，均可使用汇兑结算方式。

汇兑按款项划转方式不同分为信汇和电汇两种。信汇是指汇款人委托银行通过邮寄方式将款项划给收款人，电汇是指汇款人委托银行通过电信手段将款项划转给收款人，两种方式可由汇款人根据需要选择使用。

汇款人委托银行办理信汇或电汇时，应向银行填制一式四联的信汇凭证或一式三联的电汇凭证，加盖预留银行印鉴，并按要求详细填写收、付款人名称以及账号、汇入地点、汇入行名称、汇款金额等。汇出行受理汇款人的信汇、电汇凭证后，应按规定进行审查。审查无误后即可办理汇款手续，在第一联回单上加盖"转讫"章退给汇款单位，并按规定收取手续费；不符合条件的，汇出银行不予办理汇出手续，作退票处理。汇入银行对开立账户的收款单位的款项应直接转入收款单位的账户。采用信汇方式的，收款单位开户银行（即汇入银行）在信汇凭证第四联上加盖"转讫"章后交给收款单位，表示汇款已由开户银行代为进账。采用电汇方式的，收款单位开户银行根据汇出行发来的电报编制三联联行电报划收款补充报单，在第三联上加盖"转讫"章作收账通知交给收款单位，表明银行已代为进账。

付款方委托银行汇出款项后，根据信（电）汇凭证回单，借记有关科目，贷记"银行存款"科目。收款方根据银行转来的信汇凭证第四联（信汇）或联行电报划收款补充报单（电汇），借记"银行存款"科目，贷记有关科目。

（3）委托收款。

委托收款，是指收款人委托银行向付款人收取款项的结算方式。单位和个人凭已承兑商业汇票、债券、存单等付款人债务证明办理款项的结算，均可使用委托收款结算方式。委托收款还适用于收取电费、电话费等付款人众多且分散的公用事业费等有关款项。委托收款在同城和异地均可使用，且不受金额的限制。

委托收款，按结算款项的划回方式不同分为委邮（邮寄）和委电（电报划回）两种，由收款人选用。

根据委托收款结算程序，收款人办理委托收款应填写一式五联的邮划委托收款凭证或电划委托收款凭证并签章，并将委托收款凭证和有关的债务证明一起提交收款人开户行。收款方开户银行受理委托收款后，将有关单证寄交付款人开户银行，以通知付款人。付款人收到通知后，经审查，如果认为符合拒付条件，应在3日内填写拒付理由书，连同委托收款凭证一并交付银行，办理拒付手续。如果3日内未提出异议，银行视为同意付款，并于第四日从付款人账户划出此笔款项。

收款方办妥委托收款手续后，根据委托收款结算凭证的回单联，借记"应收账款"科目，贷记有关科目（视其具体业务，也可能不做处理）。收款方接到银行转来委托收款凭证的收账通知时，借记"银行存款"，贷记"应收账款"等科目。付款方接到银行付款通知、审查债务凭证后支付款项时，借记"应付账款"等科目，贷记"银行存款"科目。如拒付，不做处理。

（4）托收承付。

托收承付，是指根据购销合同，由收款人发货后委托银行向异地购货单位收取货款，由付款人向银行承认付款的一种结算方式。托收承付结算方式只适用于异地企业间订有经济合同的商品交易及因商品交易而产生的劳务供应款项的结算。代销、寄销、赊销商品的款项，不得办理托收承付结算。使用托收承付结算方式的收款单位和付款单位，必须是国有企业、供销合作社以及经营管理较好并经开户银行审查同意的城乡集体所有制工业企业。托收承付结算每笔金额起点为10 000元，新华书店系统每笔金额起点为1 000元。因托收承付结算方式在适用范围中存在主体限制、内容限制、金额限制，所以在实务中应用已越来越少。

托收承付结算方式分为托收和承付两个阶段。托收是指收款人根据经济合同发货后，委托其开户银行向付款人收取款项的行为；承付是指付款人根据经济合同核对单证或验货后，向银行承认付款的行为。承付方式分为验单承付和验货承付两种，在双方签订合同时约定。验单承付，是指付款人接到其开户银行转来的承付通知和相关凭证，并与合同核对相符后，就必须承付货款的结算方式。验单承付的承付期为3天，从付款人开户银行发出承付通知的次日算起，遇节假日顺延。验货承付，是指付款人除了验单外，还要等商品全部运达并验收入库后才承付货款的结算方式。验货承付的承付期为10天，从承运单位发出提货通知的次日算起，遇节假日顺延。付款人经过验单或验货后，发现与合同不符，可在承付期内提出全部或部分拒付，并填写"拒付理由书"交银行办理。银行负责审核拒付理由，付款人拒付理由不足，银行应主动划款。

收款方办妥托收手续后，根据银行盖章退回的托收承付结算凭证的回单联，借记"应收账款"科目，贷记"主营业务收入"等有关科目。待收到银行转来托收承付结算凭证的收款通知时，再借记"银行存款"科目，贷记"应收账款"科目。付款方对于承付的款项，应于承付时根据托收承付结算凭证的付款通知和有关发票账单等原始凭证，借记"材料采购"等科目，贷记"银行存款"科目。如拒付，不做处理。

【任务操作要求】

1. 学习并理解任务指导

2. 独立完成给定任务

（1）（多选题）单位银行结算账户按用途分为（　　　　）。

A. 基本存款账户　　　　　　　　　B. 一般存款账户

C. 专用存款账户　　　　　　　　　D. 临时存款账户

（2）（判断题）为了便于结算，一个单位可以同时在多家金融机构开立银行基本存款账户。（　　　）

任务1.2.1 小结

1. 银行存款账户规定重点：注意区别各账户的用途。

2. 银行结算方式重点：熟悉支票、汇兑、委托收款、托收承付几种银行转账结算方式的结算流程。

任务1.2.2 银行存款的核算

子任务1 银行存款的日常收支核算

【任务目的】

通过完成本任务，使学生明确银行存款日常核算涉及的具体账户，掌握银行存款日常收支业务的账务处理，以备在核算实务中熟练运用。

【任务指导】

银行存款的日常收支核算包括总分类核算和序时核算。

1. 总分类核算

企业通过设置和登记"银行存款"总账进行银行存款的总分类核算。

（1）核算账户："银行存款"。

该账户属于资产类账户，用来总括核算企业银行存款的收入、支出和结存情况，借方登记存入银行或其他金融机构的款项，贷方登记从银行提取或支付的款项，期末余额在借方，表示期末银行存款的结余额。

"银行存款"总账由出纳人员以外的会计人员根据审核无误的记账凭证直接登记或根据科目汇总表、汇总记账凭证进行定期汇总登记。

（2）业务处理。

［案例1.2.2-1］

201×年3月5日，江河公司销售产品一批，开出的增值税专用发票上注明：价款20 000元，增值税3 200元，收到转账支票一张，已办理进账手续。

案例1.2.2-1解析：

借：银行存款　　　　　　　　　　　　　　　　　　　　　　　　23 200

　　贷：主营业务收入　　　　　　　　　　　　　　　　　　　　20 000

　　　　应交税费——应交增值税（销项税额）　　　　　　　　　3 200

［案例1.2.2-2］

201×年3月15日，江河公司收到银行转来外地A公司信汇凭证收账通知联，归还前欠货款50 000元。

案例1.2.2-2解析：

借：银行存款　　　　　　　　　　　　　　　　　　　　　　　　50 000

　　贷：应收账款——A公司　　　　　　　　　　　　　　　　　50 000

［案例1.2.2-3］

201×年3月20日，江河公司收到银行转来的外地丙公司托收承付结算凭证的付款通知联及增值税专用发票，购买A材料价款70 000元，增值税11 200元，审核无误，予以承付。材料已收到并验收入库。

案例1.2.2-3解析：

借：原材料　　　　　　　　　　　　　　　　　　　　　　　　　70 000

　　　应交税费——应交增值税（进项税额）　　　　　　　　　　11 200

　　贷：银行存款　　　　　　　　　　　　　　　　　　　　　　81 200

2. 序时核算

企业通过设置和登记"银行存款"日记账进行银行存款的序时核算。

企业应按开户银行和其他金融机构、存款种类等设置"银行存款日记账"，银行存款日记账应采用订本式账簿，其账页格式通常采用借贷余三栏式，也可采用多栏式，由出纳人员根据审核无误的银行存款收款凭证和银行存款付款凭证以及库存现金付款凭证（将现金存入银行业务），按照业务发生的时间先后顺序逐日逐笔进行登记。每日终了，应当在银行存款日记账上计算出当日的银行存款收入合计数、银行存款支出合计数和结余额，并定期与"银行对账单"进行核对，保证账实相符。月度终了，银行存款日记账的余额应当与银行存款总账的余额核对，做到账账相符。

【任务操作要求】

1. 学习并理解任务指导

2. 独立完成给定业务核算

（1）销售产品一批，增值税专用发票注明价款 20 000 元，增值税额 3 200 元，收到转账支票一张，已办理进账。

（2）开出现金支票从银行提现 5 000 元备用。

（3）开出转账支票 100 000 元支付前欠甲公司货款。

（4）收到银行转来外地丙企业信汇凭证收账通知联，系偿还前欠购货款 20 000 元。

（5）填制电汇凭证，将 5 000 元差旅费汇给常住某市的采购员周明。

（6）收到银行转来的供电公司委托收款结算凭证的付款通知联，电费共计 5 000 元，其中生产车间一般耗用 4 000 元，行政管理部门耗用 1 000 元。

（7）收到银行转来托收凭证收账通知联，系收到前向丁企业托收的货款 60 000 元。

要求：说出各业务所采用的银行结算方式并编制会计分录。

子任务 2　银行存款的清查

【任务目的】

通过完成本任务，使学生理解银行存款清查的目的、意义及方法，明确未达账项产生的原因及种类，能熟练编制银行存款余额调节表。

【任务指导】

为了加强对银行存款的管理和监督，防止记账发生差错，企业对银行存款必须经常进行清查。至少每月核对一次，将"银行存款日记账"与开户银行编制的"银行对账单"进行核对，既要核对金额，也要核对结算凭证的种类和号数，以便及时发现差错，便于调节。

在实际工作中，企业银行存款日记账余额与银行对账单余额不一致，原因有二：一是任何一方可能出现的记账错误；二是由于企业入账的时间和程序与银行入账的时间和程序不相同，形成未达账项。所谓未达账项，是指企业或银行一方已入账，而另一方由于未收到有关收付结算凭证或未及时进行账务处理，因而还未入账的款项。未达账项具体有以下四种情况：

（1）企业已收款入账，而银行尚未收款入账。

（2）企业已付款入账，而银行尚未付款入账。

（3）银行已收款入账，而企业尚未收款入账。

（4）银行已付款入账，而企业尚未付款入账。

对于上述未达账项应编制"银行存款余额调节表"检查核对，如果没有记账错误，调节后的双方余额应相符。

［案例 1.2.2-4］

江河公司 201×年 12 月 31 日银行存款日记账的余额为 540 000 元，银行转来对账单的余额为 830 000 元。经逐笔核对，发现以下未达账项：

（1）企业送存转账支票 600 000 元，并已登记银行存款增加，但银行尚未记账。

（2）企业开出转账支票 450 000 元，但持票单位尚未到银行办理转账，银行尚未记账。

（3）企业委托银行代收某公司购货款 480 000 元，银行已收妥并登记入账，但企业尚未收到收款通知，尚未记账。

（4）银行代企业支付电话费 40 000 元，银行已登记企业银行存款减少，但企业未收到银行付款通知，尚未记账。

案例 1.2.2-4 解析：

根据上述未达账项编制银行存款余额调节表，见表 1.2-2：

表 1.2-2   银行存款余额调节表

201×年 12 月 31 日   单位：元

项目	金额	项目	金额
银行存款日记账余额	540 000	银行对账单余额	830 000
加：银行已收企业未收的款项	480 000	加：企业已收银行未收的款项	600 000
减：银行已付企业未付的款项	40 000	减：企业已付银行未付的款项	450 000
调节后余额	980 000	调节后余额	980 000

在案例 1.2.2-4 中，通过"银行存款余额调节表"调节后，双方余额相等，980 000 元亦即江河公司可以动用的实际存款数，另一方面说明江河公司银行存款日记账余额与银行对账单余额之间不一致的原因，一般来说就是因为存在未达账项。如果调节后的双方余额仍不相等，表明记账有错误，必须进一步逐笔核对，发现错账、漏账等，予以更正。

特别注意：银行存款余额调节表只是为了核对账目，并不能作为调整银行存款账面余额的记账依据。对于银行已经入账而企业尚未入账的未达账项，一定要等到结算凭证到企业后，才能进行账务处理。

【任务操作要求】

1. 学习并理解任务指导

2. 独立完成给定任务

某企业 6 月 30 日银行存款日记账余额为 80 000 元，银行对账单余额为 87 000 元。经逐笔核对，发现如下未达账项：

（1）委托银行收款 8 000 元，银行已收到入账而企业尚未接到收款通知。

（2）本月水电费 2 000 元，银行已从企业银行存款账户中代为付出，而企业尚未接到付款通知，尚未入账。

（3）开出转账支票支付李力差旅费 3 000 元，并已做存款减少入账，但持票人尚未到银行办理转账手续。

（4）企业送存转账支票一张计 2 000 元，并已作增加存款入账，而银行尚未办理转账手续，未予入账。

要求：分析未达账项种类，编制银行存款余额调节表。

任务 1.2.2 小结

1. 银行存款日常核算重点：银行存款日记账和总账的登记。
2. 银行存款清查核算重点：
（1）未达账项的种类及查找。
（2）"银行存款余额调节表"的编制。

项目 1.3　其他货币资金的核算

【项目介绍】

本项目内容以《支付结算办法》《企业会计准则第 22 号——金融工具确认和计量》及《〈企业会计准则第 22 号——金融工具确认和计量〉应用指南》为指导，主要介绍其他货币资金的构成内容及其具体业务核算，要求学生通过学习，对其他货币资金内容及其具体核算产生认知，通过任务处理，进一步演练借贷记账法，为会计实务工作打下基础。

【项目实施标准】

本项目通过完成两项具体任务来实施，具体任务内容结构如表 1.3-1 所示：

表 1.3-1　　　　　"其他货币资金的核算"项目任务细分表

任务	子任务
任务 1.3.1　认知其他货币资金	
任务 1.3.2　其他货币资金业务核算	

任务 1.3.1　认知其他货币资金

【任务目的】

通过完成本任务，使学生正确认识其他货币资金，熟悉其他货币资金包括的具体内容及主要核算账户，为后续其他货币资金的具体业务核算打下理论基础。

【任务指导】

1. 其他货币资金的内容

其他货币资金，是指企业除库存现金、银行存款以外的其他各种货币资金。其他货币资金就其性质而言，同库存现金、银行存款一样都属于货币资金，但其存放地点和用途不同于库存现金和银行存款，因此在会计上分别核算。其主要内容包括：

（1）银行汇票存款——企业为取得银行汇票按规定存入银行的款项。
（2）银行本票存款——企业为取得银行本票按规定存入银行的款项。

（3）信用卡存款——企业为取得信用卡而存入银行信用卡专户的款项。

（4）信用证保证金存款——采用信用证结算方式的企业为开具信用证而存入银行信用证保证金专户的款项。

（5）外埠存款——企业为了到外地进行临时或零星采购，而汇往采购地银行开立采购专户的款项。

（6）存出投资款——企业为购买股票、债券、基金等根据有关规定在证券公司指定银行开立的投资专户存入的款项。

2. 核算账户："其他货币资金"

该账户属于资产类账户，用来核算其他货币资金的收支和结存情况，借方登记其他货币资金的增加数，贷方登记其他货币资金的减少数，期末余额在借方，表示其他货币资金的结存数。为了分别反映其他货币资金的收支情况，在该账户下分别按照"银行汇票存款""银行本票存款""信用卡存款""信用证保证金存款""存出投资款""外埠存款"等设置明细账户进行明细分类核算。

【任务操作要求】

1. 学习并理解任务指导

2. 独立完成给定任务

（1）（多选题）下列项目中，属于其他货币资金的有（　　　　）。

A. 外埠存款　　　　　　　　　　B. 商业汇票

C. 信用证保证金存款　　　　　　D. 存出保证金

（2）（多选题）下列各项中，通过"其他货币资金"账户核算的有（　　　　）。

A. 信用证保证金存款　　　　　　B. 银行汇票存款

C. 备用金　　　　　　　　　　　D. 银行本票存款

任务 1.3.2　其他货币资金业务核算

【任务目的】

通过完成本任务，使学生明确其他货币资金业务的基本账务处理，能对具体其他货币资金进行判断，对其具体业务进行核算，以备在核算实务中熟练运用。

【任务指导】

1. 其他货币资金业务基本账务处理

（1）取得时：

借：其他货币资金——××

　　贷：银行存款

（2）使用时：

借：原材料等

　　应交税费——应交增值税（进项税额）

　　贷：其他货币资金——××

（3）余款退回时：

借：银行存款

　　贷：其他货币资金——××

2. 银行汇票存款的核算

（1）银行汇票。

银行汇票是汇款人将款项交存当地银行，由出票银行签发的，由其在见票时按照实际结算金额无条件付给收款人或者持票人的票据。银行汇票的出票银行为银行汇票的付款人。银行汇票具有票随人到、用款及时、付款有保证、使用灵活等特点，异地间单位和个人各种款项的结算，均可使用银行汇票。

银行汇票可用于转账，填明"现金"字样的银行汇票也可用于支取现金。银行汇票的提示付款期限为自出票日起一个月，持票人超过付款期限提示付款的，银行将不予受理。持票人向银行提示付款时，必须同时提交银行汇票和解讫通知，缺少任何一联，银行都不予受理。银行汇票丧失，失票人可以凭人民法院出具的其享有票据权利的证明，向出票银行请求付款或退款。

汇款人需要办理银行汇票时，应先填写"银行汇票委托书"一式三联，送本单位开户银行申请签发银行汇票。银行受理后，根据"银行汇票委托书"第二、第三联办理银行收款手续，然后签发银行汇票一式四联，留下第一联和第四联，将第二联汇票、第三联解讫通知和加盖印章后的银行汇票委托书第一联交给汇款人。汇款人取得签发银行签发的银行汇票后，即可到异地向收款人办理结算。对已注明收款人的银行汇票，可直接将汇票交收款人到兑付银行办理兑付；对收款人为持票人的银行汇票，可由持票人到兑付银行办理兑付手续，也可将银行汇票背书转让给收款人，由收款人到兑付银行办理兑付。收款人向银行兑付时，应将实际结算金额填入第二联汇票和第三联解讫通知，并填写进账单一式两联，一并送交开户银行办理入账手续。兑付银行按实际结算金额办理入账后，将银行汇票第三联解讫通知传递给汇票签发银行，签发银行核对后将余款转入汇款人账户，并将银行汇票第四联多余款收账通知单转给汇款人，汇款人据此办理余款入账手续。

（2）银行汇票存款。

银行汇票存款系申请人为取得银行汇票按照规定存入银行的款项。

（3）业务处理。

付款方（汇款人）填写"银行汇票申请书"、将款项交存银行时，借记"其他货币资金——银行汇票存款"科目，贷记"银行存款"科目；企业持银行汇票购货、收到有关发票账单时，借记"材料采购"或"原材料""库存商品""应交税费——应交增值税（进项税额）"等科目，贷记"其他货币资金——银行汇票存款"科目；采购完毕收回剩余款项时，借记"银行存款"科目，贷记"其他货币资金——银行汇票存款"科目。

收款方收到银行汇票、填制进账单到开户银行办理款项入账手续时，根据进账单及销货发票等，借记"银行存款"科目，贷记"主营业务收入""应交税费——应交增值税（销项税额）"等科目。

［案例1.3.2-1］

江河公司为增值税一般纳税人，201×年5月5日，将款项300 000元交存银行申请办理银行汇票。5 月 15 日，江河公司向 A 公司购入原材料一批，取得的增值税专用发票上注明：价款为 200 000 元，增值税税额为 32 000 元，材料已验收入库，已用银行汇票办理结算，并已收到开户银行转来的银行汇票第四联（多余款项收账通知）。

案例 1.3.2-1 解析：江河公司应编制如下会计分录：

5 月 5 日，申请取得银行汇票，根据银行汇票申请书存根联：

借：其他货币资金——银行汇票存款　　　　　　　　　　　　300 000
　贷：银行存款　　　　　　　　　　　　　　　　　　　　　　300 000

5 月 15 日，用银行汇票结算材料价款和增值税款时：

借：原材料　　　　　　　　　　　　　　　　　　　　　　　200 000
　　应交税费——应交增值税（进项税额）　　　　　　　　　　32 000
　　贷：其他货币资金——银行汇票存款　　　　　　　　　　　232 000

5 月 15 日，收到退回的银行汇票多余款项时：

借：银行存款　　　　　　　　　　　　　　　　　　　　　　68 000
　贷：其他货币资金——银行汇票存款　　　　　　　　　　　　68 000

想一想：在此案例中，假设 A 公司为销售材料，A 公司应如何进行账务处理？

3. 银行本票存款的核算

（1）银行本票。

银行本票是由银行签发的承诺自己在见票时无条件支付确定的金额给收款人或者持票人的票据。单位和个人在同一票据交换区域内需要支付各种款项时，均可以使用银行本票。

银行本票分为不定额本票和定额本票两种。定额本票面额为 1 000 元、5 000 元、10 000 元和 50 000 元。银行本票的提示付款期限自出票日起最长不得超过两个月。在有效付款期内，银行见票付款。持票人超过付款期限提示付款的，银行不予受理。银行本票可用于转账，注明"现金"字样的银行本票可用于支取现金。银行本票可以背书转让。银行本票丧失，失票人可以凭人民法院出具的其享有票据权利的证明，向出票银行请求付款或退款。

申请人需要办理银行本票时，应向银行填写"银行本票申请书"一式三联，申请人或收款人为单位的，不得申请签发现金银行本票。出票银行受理银行本票申请书，收妥款项后签发银行本票，在本票上签章后交给申请人。申请人应将银行本票交付给本票上记明的收款人。收款人收到银行本票后，可以将银行本票背书转让给被背书人，也可以填制进账单直接到银行办理进账。

（2）银行本票存款。

银行本票存款系申请人为取得银行本票按规定存入银行的款项。

（3）业务处理。

付款方填写"银行本票申请书"、将款项交存银行时，借记"其他货币资金——银行本票存款"科目，贷记"银行存款"科目；企业持银行本票购货、收到有关发票账单时，借记"材料采购"或"原材料""库存商品""应交税费——应交增值税（进项税额）"等科目，贷记"其他货币资金——银行本票存款"科目。

收款方收到银行本票、填制进账单到开户银行办理款项入账手续时，根据进账单及销货发票等，借记"银行存款"科目，贷记"主营业务收入""应交税费——应交增值税（销项税额）"等科目。

[案例1.3.2-2]

江河公司为取得银行本票，向银行填交"银行本票申请书"，并将10 000元银行存款转作银行本票存款。使用银行本票购买了10 000元的办公用品，假设不考虑相关税费。

案例1.3.2-2解析：江河公司编制如下会计分录：

申请取得银行本票，根据银行本票申请书存根联：

借：其他货币资金——银行本票存款　　　　　　　　　　　　　10 000

　　贷：银行存款　　　　　　　　　　　　　　　　　　　　　　　　10 000

使用银行本票购买办公用品时：

借：管理费用　　　　　　　　　　　　　　　　　　　　　　　10 000

　　贷：其他货币资金——银行本票存款　　　　　　　　　　　　　　10 000

想一想：银行汇票存款与银行本票存款在业务处理上有何异同？

4. 信用卡存款的核算

（1）信用卡。

信用卡是指商业银行向个人和单位发行的，凭以向特约单位购物、消费和向银行存取现金，且具有消费信用的特制载体卡片，如中国银行发行的长城卡、中国工商银行发行的牡丹卡等。

信用卡按使用对象分为单位卡和个人卡；按信用等级分为金卡和普通卡。凡在中国境内金融机构开立基本存款账户的单位可申领单位卡。单位卡可申领若干张，持卡人资格由申领单位法定代表人或其委托的代理人书面指定和注销，持卡人不得出租或转借信用卡。单位卡账户的资金一律从基本存款账户转账存入，不得交存现金，不得将销货收入的款项存入其账户。单位信用卡不得用于10万元以上的商品交易、劳务供应款项的结算，不得支取现金。

根据《支付结算办法》的规定，信用卡的持卡人在信用卡账户内资金不足以支付款项时，可以在规定的限额内透支，并在规定期限内将透支款项偿还给发卡银行。但是，持卡人进行恶意透支的，即超过规定限额或规定期限，并经发卡银行催收无效的，持卡人必须承担相应的法律责任。信用卡透支额，金卡最高不得超过10 000元，普通卡最高不得超过5 000元。信用卡透支期限最长为60天。关于信用卡透支的利息，依《支付结算办法》的规定，自签单日或银行记账日起15日内按日息0.05%计算，超过15日按日息0.1%计算，超过30日或透支金额超过规定限额的，按日息1.5‰计算，透支计息不分段，按最后期限或最高透支额的最高利率档次计算。

（2）信用卡存款。

信用卡存款系申请人为取得信用卡而存入银行信用卡专户的款项。

（3）业务处理。

申请人为取得信用卡，应填制"信用卡申请表"，连同支票和有关资料一并送存发卡银行，根据银行盖章退回的进账单第一联，借记"其他货币资金——信用卡存款"科目，贷记"银行存款"科目；企业用信用卡购物或支付有关费用，收到开户银行转来的信用卡存款的付款凭证及所附发票账单，借记"管理费用"等科目，贷记"其他货币资金——信用卡存款"科目；企业信用卡在使用过程中，需要向其账户续存资金的，应借记"其他货币资金——信用卡存款"科目，贷记"银行存款"科目；企业的持卡人不需要继续使用信用卡时，应持信用卡主动到发卡银行办理销户，销卡时，信用卡余额转入企业基本存款户，不得提取现金，借记"银行存款"科目，贷记"其他货币资金——信用卡存款"科目。

[案例 1.3.2-3]

江河公司于 201× 年 3 月 5 日向银行申领信用卡，向银行交存 50 000 元。201× 年 4 月 10 日，该公司用信用卡向新华书店支付购书款 5 000 元。

案例 1.3.2-3 解析：

3 月 5 日申领信用卡时：

借：其他货币资金——信用卡存款　　　　　　　　　　　　　　　　50 000

　　贷：银行存款　　　　　　　　　　　　　　　　　　　　　　　50 000

4 月 10 日使用信用卡购书时：

借：管理费用　　　　　　　　　　　　　　　　　　　　　　　　　5 000

　　贷：其他货币资金——信用卡存款　　　　　　　　　　　　　　　5 000

5. 信用证保证金存款的核算

（1）信用证。

信用证结算是付款单位将款项预先交给银行并委托银行签收信用证，通知异地收款单位开户行转知收款单位，收款单位按照合同和信用证规定的结算条件发货后，收款单位开户银行代付款单位立即付给货款的结算。信用证结算方式是当前国际贸易中使用最广泛的一种结算方式。经中国人民银行批准经营结算业务的商业银行总行以及经商业银行总行批准开办信用证结算业务的分支机构，也可办理国内企业间商品交易的信用证结算业务。

采用信用证结算方式，开证申请人（进口商）向当地银行填制开证申请书，依照合同的有关条款填制申请书的各项要求，并按照规定交纳保证金，请开证行开具信用证。开证银行审核无误后，根据开证申请书的有关内容，向受益人（出口商）开出信用证，并将信用证寄交受益人所在地银行（即通知银行）。通知银行收到开证银行开来的信用证后，经核对印鉴密押无误后，根据开证行的要求缮制通知书，及时、正确地通知受益人。受益人接受信用证后，按照信用证的条款办事，在规定的装运期内装货，取得运输单据并备齐信用证所要求的其他单据，开出汇票，一并送交当地银行（议付银行）。议付银行按信用证的有关条款对受益人提供的单据进行审核，审核无误后按照汇票金额扣除应付利息后垫付给受益人。议付银行将汇票和有关单据寄交给开证银行（或开证银行指定的付款银行），索取货款。

（2）信用证保证金存款。

信用证保证金存款系申请人为开具信用证而存入银行信用证保证金专户的款项。

（3）业务处理。

付款方填写"信用证申请书"，将信用证保证金交存银行时，应根据银行盖章退回的"信用证申请书"回单，借记"其他货币资金——信用证保证金存款"科目，贷记"银行存款"科目；企业接到开证行通知，根据供货单位信用证结算凭证及所附发票账单，借记

"材料采购"或"原材料""库存商品""应交税费——应交增值税（进项税额）"等科目，贷记"其他货币资金——信用证保证金存款"科目；将未用完的信用证保证金存款余额转回开户银行时，借记"银行存款"科目，贷记"其他货币资金——信用证保证金存款"科目。

［案例1.3.2-4］

201×年5月5日，江河公司向银行申请开具信用证4 000 000元，用于支付境外采购材料价款，公司已向银行缴纳保证金。5月25日，江河公司收到银行转来的境外销货单位信用证结算凭证以及所附发票账单、海关进口增值税专用缴款书等有关凭证，材料价款3 000 000元，增值税税额为480 000元，材料已验收入库。5月28日，江河公司收到银行收款通知，对该境外销货单位开出的信用证余款520 000元已经转回银行账户。

案例1.3.2-4解析：江河公司应编制如下会计分录：

5月5日，申请信用证时：

借：其他货币资金——信用证保证金存款　　　　　　　　　　　4 000 000
　　贷：银行存款　　　　　　　　　　　　　　　　　　　　　　　4 000 000

5月25日，使用信用证购入材料时：

借：原材料　　　　　　　　　　　　　　　　　　　　　　　　3 000 000
　　应交税费——应交增值税（进项税额）　　　　　　　　　　　480 000
　　贷：其他货币资金——信用证保证金存款　　　　　　　　　　3 480 000

5月28日，余款转回时：

借：银行存款　　　　　　　　　　　　　　　　　　　　　　　520 000
　　贷：其他货币资金——信用证保证金存款　　　　　　　　　　　520 000

6. 外埠存款的核算

外埠存款，是企业为了到外地进行临时或零星采购，而汇往采购地银行开立采购专户的款项。该账户的存款不计利息、只付不收、付完清户，除了采购人员可从中提取少量现金外，一律采用转账结算。

企业将款项汇往外地时，应填写汇款委托书，委托开户银行办理汇款。汇入地银行以汇款单位名义开立临时采购账户。

企业将款项汇往外地开立采购专用账户，根据汇出款项凭证编制付款凭证时，借记"其他货币资金——外埠存款"科目，贷记"银行存款"科目；收到采购人员转来供应单位发票账单等报销凭证时，借记"材料采购"或"原材料""库存商品""应交税费——应交增值税（进项税额）"等科目，贷记"其他货币资金——外埠存款"科目；采购完毕收回剩余款项时，根据银行的收账通知，借记"银行存款"科目，贷记"其他货币资金——外埠存款"科目。

［案例1.3.2-5］

江河公司派采购员到异地采购原材料，201×年8月10日公司委托开户银行汇款100 000元到采购地设立采购专户。8月20日，采购员交来采购专户付款购入材料的有关凭证，增值税专用发票上的原材料价款为80 000元，增值税税额为12 800元。材料已验收入库。8月30日，收到开户银行的收款通知，该采购专户中的结余款项已经转回。

案例 1.3.2-5 解析：

8 月 10 日，开立采购专户时：

借：其他货币资金——外埠存款 　　　　　　　　　　　　　　　　 100 000

　　贷：银行存款 　　　　　　　　　　　　　　　　　　　　　　　 100 000

8 月 20 日，收到采购员交来采购专户付款购入材料的有关凭证时：

借：原材料 　　　　　　　　　　　　　　　　　　　　　　　　　 80 000

　　应交税费——应交增值税（进项税额） 　　　　　　　　　　　 12 800

　　贷：其他货币资金——外埠存款 　　　　　　　　　　　　　　　 92 800

8 月 30 日，收到转回结余款项的通知时：

借：银行存款 　　　　　　　　　　　　　　　　　　　　　　　　 7 200

　　贷：其他货币资金——外埠存款 　　　　　　　　　　　　　　　 7 200

7. 存出投资款的核算

企业向证券公司划出资金时，应按实际划出的金额，借记"其他货币资金——存出投资款"科目，贷记"银行存款"科目；购买股票、债券、基金等时，借记"交易性金融资产"等科目，贷记"其他货币资金——存出投资款"科目。

[**案例 1.3.2-6**]

201×年 8 月 15 日，江河公司向证券公司存入资金 100 000 元。

案例 1.3.2-6 解析：

借：其他货币资金——存出投资款 　　　　　　　　　　　　　　　 100 000

　　贷：银行存款 　　　　　　　　　　　　　　　　　　　　　　　 100 000

【**任务操作要求**】

1. 学习并理解任务指导

2. 独立完成给定业务核算

某企业 201×年 5 月发生如下经济业务：

（1）填写银行汇票申请书，办理银行汇票 13 000 元。

（2）收到王芳从北京寄回购买 A 材料增值税专用发票，发票上注明：价款 20 000 元，增值税 3 200 元，已从当地采购专户支付。同时，北京采购专户结束，余款 6 800 元划回。

（3）将 100 000 元款项划入证券公司账户。

（4）持银行汇票 13 000 元向 A 公司购入原材料一批，取得的增值税专用发票上注明：价款为 10 000 元，增值税为 1 600 元，材料已验收入库，并已收到开户银行转来的余款退回通知。

（5）收到甲公司一张面额为 234 000 元的银行本票，系其偿还前欠货款，已办理进账。

要求：根据业务编制会计分录。

任务 1.3.2 小结

其他货币资金核算重点：

（1）区别银行汇票和银行本票，区分在这两种结算方式中收款方和付款方的核算；

（2）外埠存款的形成和使用核算。

【模块介绍】

1. 往来结算简介

往来结算是指企业在生产经营过程中，因经济信用产生的企业与其外部和内部不同经济主体之间的财务关系。在日常经营过程中，企业会不断发生各种交易和事项，在交易和事项中可能收到或支付货币资金，也可能形成债权债务。由于在现代社会商业信用应用非常发达，会形成更多的债权债务；而企业在生产经营过程中，离不开人的劳动，人工成本是企业生产经营过程中发生的各种费用支出的重要组成部分。每个企业每个月必然产生与职工间的薪酬的结算和支付业务，同时企业在生产经营过程中，必须根据国家税收的相关法律法规进行纳税，产生纳税义务；因此，往来核算对企业会计核算来说非常重要。

2. 往来结算会计岗位主要职责

（1）建立往来款项结算手续制度。

（2）办理往来款项的结算业务。

（3）负责往来款项结算的明细核算。

3. 往来结算会计岗位具体核算内容

广义的往来结算会计岗位核算内容包括资金核算、往来核算、税务核算和薪酬核算，因本教材单独设计了资金管理会计岗位，因此，本模块只核算购销往来、其他往来、往来中涉及的税费和职工薪酬四方面内容。

项目 2.1　购销往来的核算

【项目介绍】

本项目内容以《企业会计准则第 22 号——金融工具确认和计量》及《〈企业会计准则第 22 号——金融工具确认和计量〉应用指南》为指导，主要介绍因商品购销产生的应收应付票据、应收应付账款、预收预付账款的核算，要求学生通过学习，对购销活动产生的债权债务的具体核算内容产生认知，通过任务处理，进一步演练借贷记账法，为会计实务工作打下基础。

【项目实施标准】

本项目通过完成 6 项具体任务来实施，具体任务内容结构如表 2.1-1 所示。

表 2.1-1　　　　　**"购销往来的核算"项目任务细分表**

任务	子任务
任务 2.1.1　应收票据与应付票据的核算	1. 应收票据的核算
	2. 应付票据的核算
任务 2.1.2　应收账款与应付账款的核算	1. 应收账款的核算
	2. 应付账款的核算
任务 2.1.3　预收账款与预付账款的核算	1. 预收账款的核算
	2. 预付账款的核算

任务 2.1.1　应收票据与应付票据的核算

在现实的购销活动中，商业汇票是企业间结算款项常用的一种结算方式。这种结算方式对于购销双方都有利：对于销售方，虽延期收款但可以促进销售；对于购货方，提供了资金缓冲时间，同时又能保证企业生产经营的正常进行。采用这种结算方式对购销双方分别产生应付票据债务和应收票据债权。

子任务 1　应收票据的核算

【任务目的】

通过完成本任务，使学生熟悉商业汇票结算方式，正确理解应收票据和运用"应收票据"账户，掌握应收票据取得、到期及转让的核算，能完成应收票据贴现的相关计算及核算。

【任务指导】

1. 商业汇票

商业汇票是一种由出票人签发的，委托付款人在指定日期无条件支付确定金额给收款人或者持票人的票据。在银行开立存款账户的法人以及其他组织之间，必须具有真实的交易关系或债权债务关系，才能使用商业汇票。

商业汇票的付款期限由交易双方商定，但最长不超过 6 个月。商业汇票期限有按月表示和按日表示两种。若票据期限按日表示，应从出票日起按实际天数计算，通常出票日和到期日，只能算其中一天，即"算头不算尾"或"算尾不算头"。例如：5 月 20 日签发的期限 50 天的票据，其到期日为 7 月 9 日。票据期限如果按月表示，应以到期月份中与出票日相同的那一日为到期日。例如：4 月 10 日签发期限 2 个月的票据，其到期日为 6 月 10日；如果刚好是月末签发的票据，不论月份大小，一律以到期月份的月末那一日为到期日。例如：3 月 31 日签发的期限为 1 个月的商业汇票，到期日应为 4 月 30 日。商业汇票的提示付款期限自汇票到期日起 10 日内。商业汇票一律记名，可以背书转让。符合条件的持票人可持未到期的商业汇票向银行申请贴现。

商业汇票按是否带息，分为不带息商业汇票和带息商业汇票。不带息商业汇票是指商业汇票到期时，承兑人只按票面金额（面值）向收款人或被背书人支付票款的商业汇票；带息商业汇票是指商业汇票到期时，承兑人必须按票面金额（面值）加上应计利息（面值×票面利率×票据期限）向收款人或被背书人支付票款的商业汇票。

商业汇票按承兑人不同，分为商业承兑汇票和银行承兑汇票两种。

（1）商业承兑汇票，是指由收款人签发，交付款人承兑或者由付款人签发并承兑的票据。商业承兑汇票按购、销双方约定签发。由收款人签发的商业承兑汇票，应交付款人承兑；由付款人签发的商业承兑汇票，应经本人承兑。承兑时，付款人应在商业承兑汇票正面记载"承兑"字样和承兑日期并加盖预留银行印章，再将商业承兑汇票交给收款人。收款人应在提示付款期限内通知开户银行委托收款或直接向付款人提示付款。对异地委托收款的，收款人可匡算邮程，提前通知开户银行委托收款。付款人应于汇票到期前将款项足额存到银行，银行在到期日凭票将款项划转给收款人、被背书人或贴现银行。如到期日付款人账户存款不足支付票款，开户银行不承担付款责任，将汇票退回收款人、被背书人或贴现银行，由其自行处理，并对付款人处以罚款。

（2）银行承兑汇票，是指收款人或承兑申请人签发，由承兑申请人向开户银行提出申请，经银行审查同意承兑的票据。采用银行承兑汇票结算方式，承兑申请人应持购销合同向开户银行申请承兑，银行按有关规定审查同意后，与承兑申请人签订承兑协议，在汇票上签章并用压数机压印汇票金额后将银行承兑汇票和解讫通知交给承兑申请人转交收款人，并按票面金额收取万分之五的手续费。收款人或被背书人应在银行承兑汇票到期时将银行承兑汇票、解讫通知连同进账单送交开户银行办理转账。承兑申请人应于到期前将票款足额交存银行。到期未能存足票款的，承兑银行除凭票向收款人、被背书人或贴现银行无条件支付款项外，还将按承兑协议的规定，对承兑申请人执行扣款，并将未扣回的承兑金额作为逾期贷款，同时按每天万分之五计收罚息。

采用商业汇票结算方式，可以使企业之间的债权债务关系表现为外在的票据，使商业信用票据化，加强约束力。对于购货企业来说，由于可以延期付款，在资金暂时不足的情况下就能及时购进材料物资，保证生产经营顺利进行。对于销货企业来说，可以疏通商品渠道，扩大销售，促进生产。商业汇票经过承兑，信用较高，可以按期收回货款，防止拖欠；在急需资金时，还可以向银行申请贴现，融通资金，比较灵活。

在商业汇票结算方式中，销货企业因销售货物、提供劳务等而收到的商业汇票形成应收票据，购货企业因购买货物、接受劳务等而开出、承兑的商业汇票形成应付票据。为了加强商业汇票的管理，购货企业和销货企业都应指定专人负责管理商业汇票，对应收、应付票据都应在有关的明细账或登记簿中详细地记录。

2. 应收票据的计价

由于我国商业汇票的期限一般较短，最长不超过 6 个月，利息金额相对来说不大，用现值计价不但计算麻烦而且其折价还要逐期摊销，过于烦琐。因此，应收票据一般按面值计价，即无论收到的是带息票据还是不带息票据一律按面值入账。带息应收票据应于期末按票据的面值和票面利率计提利息，计提的利息增加应收票据的账面余额。

3. 核算账户："应收票据"

该账户属于资产类账户，用来核算应收票据取得、票款收回等。借方登记取得的应收票据的面值和计提的带息票据的利息，贷方登记到期收回票款、到期前向银行贴现或背书转让的应收票据的面值和已计提的利息，期末余额在借方，反映企业持有的尚未到期的商业汇票的面值和已计提的利息。"应收票据"账户按照开出、承兑商业汇票的单位设置明细账进行明细核算。

为了便于管理和分析各种票据的具体情况，企业应设置"应收票据备查簿"，逐笔登记每一应收票据的种类、号数和出票日、票面金额、交易合同号和付款人、承兑人、背书人的姓名或单位名称、到期日、背书转让日、贴现日、贴现率和贴现净额以及收款日和收回金额、退票情况等资料。应收票据到期结清票款或退票后，在备查簿中应予注销。

4. 核算业务框架

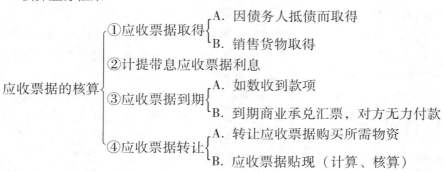

5. 应收票据取得的业务处理

应收票据取得的原因不同，其会计处理亦有所不同。

（1）因债务人抵偿前欠货款而取得的应收票据。按面值借记"应收票据"科目，贷记"应收账款"科目。

（2）因企业销售商品、提供劳务等而收到开出、承兑的商业汇票，借记"应收票据"科目，贷记"主营业务收入""应交税费——应交增值税（销项税额）"等科目。

［案例 2.1.1-1］

2018 年 10 月 1 日，江河公司向乙公司销售一批产品，开出的增值税专用发票上注明：价款 20 000 元，增值税 3 200 元。收到乙公司一张票面金额为 23 200 元、期限为 5 个月的商业承兑汇票。

案例 2.1.1-1 解析：

江河公司应编制如下会计分录：

借：应收票据——乙公司   23 200

 贷：主营业务收入   20 000

   应交税费——应交增值税（销项税额）   3 200

6. 带息应收票据期末计提利息的业务处理

按照权责发生制，对于带息应用票据，应在会计期末按应收票据的面值和确定的利率计提票据利息。计提利息时，借记"应收票据"科目，贷记"财务费用"科目。

[案例2.1.1-2]

承案例2.1.1-1。假设江河公司收到的是一张带息商业承兑汇票，票面利率为6%，江河公司每半年计提一次利息，2018年年终，江河公司计提票据利息。

案例2.1.1-2解析：

江河公司应计提的票据利息＝23 200×6%÷12×3＝348（元）

江河公司应编制如下会计分录：

借：应收票据——乙公司　　　　　　　　　　　　　　　　　　　　348

　　贷：财务费用　　　　　　　　　　　　　　　　　　　　　　　　　　348

7. 应收票据到期的业务处理

应收票据到期，一般情况下能如数收回票款，但也存在无法收回票款的情况，所以应分情况进行处理。

（1）应收票据到期，如数收回票款。借记"银行存款"科目，贷记"应收票据"科目，带息应收票据到期有未计提的利息收回时，贷记"财务费用"。

（2）应收票据若为商业承兑汇票，到期时付款方无力支付票款，将应收票据的账面余额转为应收账款。借记"应收账款"科目，贷记"应收票据"科目。带息应收票据未计提的利息不再计提，待实际收到时再冲减财务费用。

[案例2.1.1-3]

承案例2.1.1-1。2019年3月1日，持有的乙公司的商业承兑汇票到期，如数收回款项23 200元存入银行。

案例2.1.1-3解析：

借：银行存款　　　　　　　　　　　　　　　　　　　　　　　23 200

　　贷：应收票据——乙公司　　　　　　　　　　　　　　　　　　　　23 200

如果票据到期，乙公司无力支付票款，则：

借：应收账款——乙公司　　　　　　　　　　　　　　　　　　　23 200

　　贷：应收票据——乙公司　　　　　　　　　　　　　　　　　　　　23 200

8. 应收票据转让的业务处理

实务中，企业可以将自己持有的未到期的商业汇票进行转让。转让的形式有两种：一是将应收票据背书转让给其他企业以取得所需物资；二是将应收票据转让给银行，即贴现。

（1）以应收票据购买物资

企业将持有的应收票据背书转让以取得所需物资时，按应计入取得物资成本的金额，借记"材料采购""原材料""库存商品"等科目，按照增值税专用发票上注明的可抵扣的增值税税额，借记"应交税费——应交增值税（进项税额）"科目，按商业汇票的票面金额，贷记"应收票据"科目，如有差额，借记或贷记"银行存款"等科目。

[案例2.1.1-4]

承案例2.1.1-1。假设江河公司于2018年12月1日将上述商业承兑汇票背书转让，以取得生产经营所需的B材料，该材料价款为22 000元，适用的增值税税率为16%，材料已验收入库，不足款项以银行存款支付。

案例 2.1.1-4 解析：

借：原材料——B 材料   22 000

     应交税费——应交增值税（进项税额）   3 520

    贷：应收票据——乙公司   23 200

        银行存款   2 320

（2）以应收票据向银行贴现

应收票据贴现是指持票人在票据未到期前为获得现款向银行贴付一定利息而发生的票据转让行为。银行受理后，按票据到期值扣除贴现利息后，将余款（贴现净额）交给贴现申请人。银行计算贴现利息的利率称为贴现利率。

应收票据贴现的计算过程可概括为以下三个步骤：

第一步：计算应收票据到期值

不带息应收票据到期值=面值

带息应收票据到期值=面值+到期利息=面值×（1+票面利率×票据期限）

第二步：计算贴现利息

贴现利息=到期值×贴现利率×贴现期

贴现期是指贴现日至到期日的时间间隔，按实际天数数，贴现日和到期日只能计算其中一天，即"算头不算尾"或"算尾不算头"。承兑人在异地的，应该另加 3 天的划款时间。

第三步：计算贴现净额

贴现净额=到期值-贴现利息

企业持未到期的应收票据向银行申请贴现取得贴现款的基本账务处理如下：

借：银行存款   （贴现净额）

     财务费用   （贴现净额小于票据账面余额）

    贷：应收票据   （账面余额）

       财务费用   （贴现净额大于票据账面余额）

特别说明：

应收票据贴现按是否带有追索权有两种情形：带追索权贴现和不带追索权贴现。目前我国应收票据的贴现一般都带有追索权，即当贴现的应收票据到期了，若承兑人无力支付票款，贴现企业负有连带偿还责任。而按我国现行会计制度的规定，贴现企业贴现后直接转销"应收票据"科目，不再单独设置会计科目反映或有负债，而是将这项潜在的债务责任在资产负债表附注中加以说明。若票据到期时承兑人无力支付，贴现银行将已贴现票据退回给贴现申请人，并从贴现申请人存款账户中扣回票据到期值。此时贴现申请人应按票据到期值借记"应收账款"科目，按被扣款额贷记"银行存款"科目，按不足支付部分贷记"短期借款"科目。

[案例 2.1.1-5]

江河公司因急需资金，2018 年 6 月 2 日将持有的丙公司承兑的一张面值为 50 000 元、期限为 3 个月的商业承兑汇票向开户银行申请贴现。该汇票签发日为 4 月 5 日，到期日为 7 月 5 日，贴现利率为 9%，江河公司与丙公司在同一票据交换区域，贴现净额已收存银行。

案例 2.1.1-5 解析：

①计算票据的到期值、贴现利息和贴现净额

票据到期值 = 50 000 元

贴现期：6 月 2 日至 7 月 5 日，共计 33 天

贴现利息 = 50 000×9%÷360×33 = 412.50（元）

贴现净额 = 50 000-412.5 = 49 587.50（元）

②编制分录

借：银行存款	49 587.50
财务费用	412.50
贷：应收票据——丙公司	50 000

若 7 月 5 日票据到期，丙公司无力付款，接到银行扣款通知，款项已从江河公司存款账户中扣收。则江河公司应编制如下会计分录：

| 借：应收账款——丙公司 | 50 000 |
| 贷：银行存款 | 50 000 |

如果江河公司的存款账户只有 40 000 元供扣收，不足扣款 10 000 元已收到银行传来的转为贷款的特种传票。则江河公司应编制如下会计分录：

借：应收账款——丙公司	50 000
贷：银行存款	40 000
短期借款	10 000

【任务操作要求】

1. 学习并理解任务指导

2. 独立完成给定业务核算

江河公司 2018 年发生如下经济业务：

（1）5 月 1 日，销售一批产品给 A 公司，售价 500 万元，应收取的增值税为 80 万元，产品已发出，货款尚未收到。

（2）5 月 5 日，双方协商采用商业汇票结算方式，江河公司收到 A 公司无息的商业承兑汇票，期限为 3 个月，面值为 580 万元。

（3）江河公司于 6 月 1 日将该商业承兑汇票到银行贴现，贴现利率为 9%，贴现净额已存入银行。

（4）8 月 7 日，江河公司收到银行通知，付款单位 A 公司无力支付已贴现的商业承兑汇票款，款项已从江河公司的银行账户扣收。

要求：进行贴现的计算并编制各业务会计分录。

子任务 2　应付票据的核算

【任务目的】

通过完成本任务，使学生正确理解应付票据和运用"应付票据"账户，掌握应付票据开出业务及应付票据到期业务的核算。

【任务指导】

1. 应付票据的计价

和应收票据计价原理一样，应付票据一般按面值计价，即无论开出的是带息票据还是不带息票据一律按面值入账。带息应付票据应于期末按票据的面值和票面利率计提利息，计提的利息增加应付票据的账面余额。

2. 核算账户："应付票据"

该账户属于负债类账户，用来核算应付票据的发生、偿付等。贷方登记开出、承兑汇票的面值及带息票据的计提利息，借方登记支付或转销的票据金额，期末余额在贷方，反映尚未到期应付票据的面值和已提未支付的带息票据利息。"应付票据"账户一般按债权人设置明细账进行明细核算。

为了便于管理和分析各种票据的具体情况，企业应设置"应付票据备查簿"，逐笔登记每一应付票据的种类、号数、签发日期、到期日、票面金额、票面利率、交易合同号、收款人姓名或单位名称以及到期后的付款日期和金额等内容。应付票据到期结清时，在备查簿中应予注销。

3. 核算业务框架

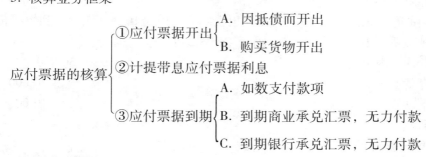

4. 应付票据开出的业务处理

应付票据开出的原因不同，其会计处理亦有所不同。

（1）因抵偿前欠债务而开出的应付票据。借记"应付账款"科目，按面值贷记"应付票据"科目。

（2）因企业购买材料、商品、接受劳务等而开出的应付票据。借记"材料采购""原材料""库存商品""应交税费——应交增值税（进项税额）"等科目，按面值贷记"应付票据"科目。

企业因开出银行承兑汇票而支付银行的承兑汇票手续费，应当计入当期财务费用，借记"财务费用"科目，贷记"银行存款""库存现金"科目。

[案例 2.1.1-6]

江河公司为增值税一般纳税人，2018 年 5 月 1 日购入原材料一批，增值税专用发票上注明的价款为 60 000 元，增值税税额为 9 600 元，原材料已验收入库。江河公司开出并经开户银行承兑的商业汇票一张，面值为 69 600 元、期限 5 个月。交纳银行承兑手续费 34.80 元。

案例 2.1.1-6 解析：

江河公司应编制如下会计分录：

①开出商业汇票购入材料：

借：原材料 60 000

　　应交税费——应交增值税（进项税额） 9 600

　　贷：应付票据 9 600

②支付银行承兑汇票承兑手续费：

借：财务费用 34.80

　　贷：银行存款 34.80

5. 带息应付票据期末计提利息的业务处理

企业开出、承兑的商业汇票如果是带息票据，应在会计期末按票面利率计提应付票据利息。计提利息时，借记"财务费用"科目，贷记"应付票据"科目。

［案例2.1.1-7］

承案例2.1.1-6。假设江河公司开出的是一张带息银行承兑汇票，票面利率为6%，江河公司5月末应计提票据利息。

案例2.1.1-7解析：

江河公司应计提的票据利息 = 69 600×6%÷12×1 = 348 （元）

江河公司应编制如下会计分录：

借：财务费用 348

　　贷：应付票据 348

6. 应付票据到期的业务处理

（1）应付票据到期，如数支付票款。借记"应付票据"科目，贷记"银行存款"科目。

（2）应付票据到期，无力支付票款。若为商业承兑汇票，借记"应付票据"科目，贷记"应付账款"科目；若为银行承兑汇票，借记"应付票据"科目，贷记"短期借款"科目。

［案例2.1.1-8］

承案例2.1.1-6。2018年10月1日票据到期如数支付票款。

案例2.1.1-8解析：

借：应付票据 69 600

　　贷：银行存款 69 600

如果票据到期，江河公司无力支付票款，则：

借：应付票据 69 600

　　贷：短期借款 69 600

【任务操作要求】

1. 学习并理解任务指导

2. 独立完成给定业务核算

（1）6月2日，甲企业从乙企业购入A材料一批，货款20 000元，增值税3 200元，材料已验收入库，甲企业签发并承兑一张为期3个月的不带息商业承兑汇票支付价税款。

（2）9月2日，甲企业如数支付上述商业承兑汇票款。

（3）假设上述商业承兑汇票到期，甲企业无力支付票款。

要求：分别以甲、乙企业为会计主体编制会计分录。

任务 2.1.1 小结

应收票据与应付票据是以商业汇票这种结算方式为载体，收付款双方相应形成的债权债务。其核算重点如下表 2.1-2 所示：

表 2.1-2   应收票据与应付票据核算重点

付款方（应付票据）	收款方（应收票据）
1. 开出商业汇票	1. 收到商业汇票
2. 计提带息商业汇票应付利息	2. 计提带息商业汇票应收利息
3. 商业汇票到期如数付款	3. 商业汇票到期如数收款
4. 商业承兑汇票到期无力付款	4. 商业承兑汇票到期对方无力付款
5. 银行承兑汇票到期无力付款	5. 贴现

任务 2.1.2　应收账款与应付账款的核算

在现代市场经济条件下，企业运用商业信用进行商品买卖已经是非常正常的。在商业信用条件下的赊购或赊销业务中，就会出现企业间的欠人和人欠问题。对于销售方来讲，其已经将商品销售给对方，或劳务已经提供，但对方尚未付款，也没有签发任何票据，这样，就形成应收账款。相应地，对于购货方，就形成应付账款。

子任务 1　应收账款的核算

【任务目的】

通过完成本任务，使学生正确理解应收账款和运用"应收账款"账户，准确确定应收账款的入账价值，能对应收账款产生、收回等业务进行账务处理。

【任务指导】

1. 应收账款的范围

应收账款是指企业因销售商品、提供劳务等经营活动，应向购货单位或接受劳务单位收取的款项，主要包括企业销售商品或提供劳务等应向有关债务人收取的合同价款或协议价款、增值税及代购货单位垫付的包装费、运杂费等。

2. 应收账款的入账时间与入账价值

（1）应收账款的入账时间

由于应收账款是因赊销业务产生的，其入账时间与销售收入的确认时间是一致的，通常企业在确认收入的同时，确认应收账款。具体确认标准见模块 6 中收入的核算。

（2）应收账款的入账价值

通常情况下，按历史成本计价，应收账款的入账价值根据买卖双方成交时的实际金额

（价款、增值税及代购货单位垫付的包装费、运杂费等）入账。

企业在商业竞争中为了招徕、吸引客户，在与客户成交时往往还附有各种折扣优惠条件，如商业折扣、现金折扣等。折扣会不同程度地影响应收账款及相应的销售收入的入账价值，所以，企业在确认应收账款入账价值时还需要考虑折扣因素。

①商业折扣

商业折扣是指企业为促进商品销售而在商品价格上给予的价格扣除。例如，企业为鼓励客户多买商品可能规定购买 10 件以上商品给予客户 10% 的折扣；为了尽快出售一些残次、陈旧的商品，进行打折销售等。商业折扣作为促销手段有利于扩大商品的销路，增加销量，提高盈利水平。折扣一般在交易成交时即已确定，它仅仅是确定实际销售价格的一种手段，买卖双方均不需要在账上反映。

在存在商业折扣的情况下，销售方应收账款和销售收入的入账价值直接按扣除商业折扣后的实际成交金额确认。对于增值税的计算，现行增值税暂行条例规定，如果销售额和折扣额是在同一张发票上分别注明的，可以按扣除商业折扣后的销售额计算增值税；如果将折扣额另开发票，不得从销售额中扣除折扣计算增值税。

[案例 2.1.2-1]

江河公司 201×年 5 月 11 日销售商品一批，商品价目表注明商品价款为 200 000 元，给予购买方 10% 的商业折扣，增值税税率为 16%，以存款代购货方垫付运杂费 10 000 元，款项尚未收到。则应收账款的入账价值为（　　　）元。

A. 218 800　　　　　B. 222 000　　　　　C. 210 600　　　　　D. 242 000

案例 2.1.2-1 解析：

答案：A。在存在商业折扣的情况下，企业应按照扣除商业折扣后的净额确认销售收入和应收账款。应收账款的入账价值 = [200 000×(1-10%)]×(1+16%) + 10 000 = 218 800 元。

②现金折扣

现金折扣是指债权人为了鼓励债务人在规定的期限内付款而向债务人提供的债务扣除。现金折扣通常发生在以赊销方式销售商品及提供劳务的交易中，企业为了鼓励客户提前偿付货款，通常与债务人达成协议，债务人在不同的期限内付款可享受不同比例的折扣，付款时间越早，折扣越大。现金折扣一般用符号"折扣率/付款期限"表示。例如，"2/10，1/20，N/30"表示：销售方允许客户最长的付款期限为 30 天，如果客户在 10 天内付款，销售方可给予客户 2% 的折扣；如果客户在 10 天以后，20 天以内付款，按 1% 给其折扣；如果客户在 20 天以后，30 天以内付款，将不能享受现金折扣。

现金折扣发生在企业销售商品之后，现金折扣是否发生以及发生多少要视买方的付款情况而定。因此，存在现金折扣时，应将不扣除现金折扣前的金额（总价法确定）作为应收账款和销售收入的入账价值，待实际发生现金折扣时，将其计入财务费用。对于增值税的计算，现行增值税暂行条例规定，计算增值税不得按扣除现金折扣后的销售额来计算，与总价法核算现金折扣是保持一致的。

值得注意的是：在实际发生现金折扣时，计算折扣额的基数是含增值税的价款还是不含增值税的价款，购销双方应在合同协议中事先约定，不同的基数计算出的现金折扣额是有差异的。

[案例 2.1.2-2]

江河公司 201×年 5 月 15 日赊销给长江公司商品一批,按价目单上价格计算的价款为 200 000 元,增值税税率为 16%,约定的付款条件为"3/10,2/20,N/30",以存款代购 货方垫付运杂费 10 000 元,计算现金折扣时不考虑增值税,则应收账款的入账价值为 ( ) 元。

A. 218 800   B. 222 000   C. 210 600   D. 242 000

案例 2.1.2-2 解析:

答案:D。在存在现金折扣的情况下,江河公司应按照扣除现金折扣前的金额确认销 售收入和应收账款。应收账款的入账价值 = 200 000×(1+16%)+10 000 = 242 000 (元)。

3. 核算账户:"应收账款"

该账户属于资产类账户,用来核算应收账款的增减变动及其结存情况,不单独设置 "预收账款"账户的企业,预收的账款也在"应收账款"账户核算。该账户借方登记应收 账款的增加,贷方登记应收账款的收回、改用商业汇票结算及确认的坏账损失。期末余额 一般在借方,反映企业尚未收回的应收账款;如果期末余额在贷方,则反映企业预收的账 款。"应收账款"账户按照购货单位或接受劳务单位设置明细账进行明细核算。

4. 核算业务框架

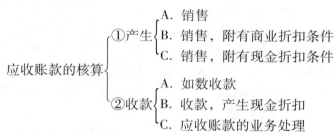

(1) 企业因销售商品、提供劳务等产生应收账款时,按确定的应收账款入账价值借记 "应收账款"科目,按确认的收入贷记"主营业务收入"等科目,按计算的销项税额贷记 "应交税费——应交增值税(销项税额)"科目,如有为购货方垫付的包装费、运杂费等 贷记"银行存款"或"库存现金"科目。

[案例 2.1.2-3]

201×年 5 月 5 日,江河公司采用托收承付结算方式向乙公司销售商品一批,价款 300 000 元,增值税税额 48 000 元,以银行存款代垫运杂费 6 000 元,已办妥托收手续。

案例 2.1.2-3 解析:

借:应收账款——乙公司   354 000
　　贷:主营业务收入   300 000
　　　　应交税费——应交增值税(销项税额)   48 000
　　　　银行存款   6 000

[案例 2.1.2-4]

编制案例 2.1.2-1 的会计分录。

案例 2.1.2-4 解析：

借：应收账款 218 800

　　贷：主营业务收入　　　　　　　　〔200 000×（1−10%）= 180 000〕180 000

　　　　应交税费——应交增值税（销项税额）　　（180 000×16% = 28 800）28 800

　　　　银行存款 10 000

[案例 2.1.2-5]

编制案例 2.1.2-2 的会计分录。

案例 2.1.2-5 解析：

借：应收账款——长江公司 242 000

　　贷：主营业务收入 200 000

　　　　应交税费——应交增值税（销项税额） 32 000

　　　　银行存款 10 000

（2）收回应收账款时，若如数收回，借记"银行存款"科目，贷记"应收账款"科目。若收回时产生现金折扣，则按收款数借记"银行存款"科目，按现金折扣额借记"财务费用"科目，按应收数贷记"应收账款"科目。

[案例 2.1.2-6]

承接案例 2.1.2-3。接银行收款通知，向乙公司托收的款项 354 000 元已如数收到。

案例 2.1.2-6 解析：

借：银行存款 354 000

　　贷：应收账款——乙公司 354 000

[案例 2.1.2-7]

承接案例 2.1.2-5。201×年 5 月 20 日，收到长江公司支付的款项。

案例 2.1.2-7 解析：

按照约定的现金折扣条件，长江公司在 10 天内付款，应给予售价 3% 的现金折扣，即：200 000×3% = 6 000 元，实际收到 236 000 元（242 000−6 000）。

借：银行存款 236 000

　　财务费用 6 000

　　贷：应收账款——长江公司 242 000

想一想：如果长江公司在 5 月 28 日或者 6 月 8 日付款，如何进行处理？

【任务操作要求】

1. 学习并理解任务指导

2. 独立完成给定业务核算

某企业在 201×年 3 月 1 日销售一批商品，增值税专用发票上注明售价 40 000 元，增值税为 6 400 元。企业在合同中规定的现金折扣条件为：2/10，1/20，N/30。假定计算折扣时不考虑增值税，要求编制如下情况的会计分录：

（1）3 月 1 日销售确认收入时。

（2）若 3 月 8 日买方付清货款。

（3）若 3 月 19 日买方付清货款。

（4）若买方 3 月 30 日付款。

子任务 2　应付账款的核算

【任务目的】

通过完成本任务，使学生正确理解应付账款和运用"应付账款"账户，准确确定应付账款的入账价值，能对应付账款产生、支付等业务进行账务处理。

【任务指导】

1. 应付账款的范围

应付账款是指企业因购买材料、商品或接受劳务供应等经营活动而应付给供应单位的款项。这是一种最常见、最普遍的负债。应付账款与应付票据都是在赊购时产生的债务，但应付票据有承诺付款的票据作为依据，有确切的到期日，票据到期，企业负有无条件支付票款的责任，而应付账款是一种仅仅凭企业的商业信用而发生的尚未结清的债务。

2. 应付账款的入账时间与入账价值

（1）应付账款的入账时间

应付账款的入账时间，应以所购买物资所有权转移或者接受劳务已经发生为标志。但在实务中，为了使所购物资的金额、品种、数量和质量等与合同规定的条款相符，避免因验收时发现所购物资的数量或质量存在问题而对入账的物资或应付账款金额进行改动，可以区别以下两种情况进行处理：

①在物资和发票账单同时到达的情况下，一般在所购物资验收入库后，根据发票账单登记入账，确认应付账款。

②在所购物资已经验收入库，但是发票账单未能同时到达且到月末仍未收到的情况下，在月末，为了反映企业的负债情况，需要将所购物资和相关的应付账款暂估入账，下月初用红字冲销，待实际收到发票账单时，再按具体情况处理。

（2）应付账款的入账价值

和应收账款的入账价值相对应，通常情况下，按买卖双方成交时的实际金额（价款、增值税及代垫的包装费、运杂费等）入账。如果存在购货折扣情况，则按照扣除商业折扣，不扣现金折扣的金额入账。实际享受的现金折扣，冲减财务费用。

3. 核算账户："应付账款"

该账户属于负债类账户，用来核算应付账款的发生、偿还、转销等情况。不单独设置"预付账款"账户的企业，预付的账款也在"应付账款"账户核算。该账户贷方登记企业购买材料、商品和接受劳务等形成的应付账款，借方登记偿还的应付账款，或开出商业汇票抵付应付账款的款项，或冲销无法支付的应付账款。期末余额一般在贷方，反映企业尚未偿还或抵付的应付账款。如果期末余额在借方，则反映企业预付的账款。"应付账款"账户按照供货单位或提供劳务单位设置明细账进行明细核算。

4. 核算业务框架

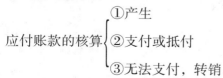

5. 应付账款的业务处理

（1）企业因购入材料、商品或接受劳务等产生应付账款时。根据发票账单借记"材料采购""在途物资"等科目，按照可抵扣的增值税进项税额，借记"应交税费——应交增值税（进项税额）"科目，按应付的款项，贷记"应付账款"科目。

（2）企业接受供应单位提供劳务而产生应付账款时。根据供应单位的发票账单，借记"生产成本""管理费用"等科目，贷记"应付账款"科目。

（3）偿还或用商业汇票抵付应付账款时。借记"应付账款"科目，贷记"银行存款""应付票据"等科目。若偿还时享受现金折扣，则按现金折扣额贷记"财务费用"科目。

（4）应付账款转销时。由于债权单位撤销或其他原因而使应付账款无法清偿，企业应将确实无法支付的应付账款予以转销，按其账面余额计入营业外收入，借记"应付账款"科目，贷记"营业外收入"科目。

[案例2.1.2-8]

江河公司于201×年4月12日，从B公司购入一批材料并验收入库。增值税专用发票上注明的该批材料的价款为1 000 000元，增值税为160 000元。按照购货协议的规定，江河公司如在10天内付清货款，将获得1%的现金折扣（假定计算现金折扣时考虑增值税）。江河公司201×年4月18日，按照扣除现金折扣后的金额，用银行存款付清了所欠B公司货款。

案例2.1.2-8解析：

① 4月12日确认应付账款：

借：原材料　　　　　　　　　　　　　　　　　　　　　　　　1 000 000

　　应交税费——应交增值税（进项税额）　　　　　　　　　　 160 000

　　　贷：应付账款——B公司　　　　　　　　　　　　　　　　　　1 160 000

② 4月18日付清货款：

根据现金折扣条件，江河公司在10天内付清货款，可享受1%的现金折扣，即1 160 000×1%＝11 600元。实际支付的款项为：1 160 000－11 600＝1 148 400元。

借：应付账款——B公司　　　　　　　　　　　　　　　　　　1 160 000

　　贷：银行存款　　　　　　　　　　　　　　　　　　　　　　1 148 400

　　　　财务费用　　　　　　　　　　　　　　　　　　　　　　　 11 600

[案例2.1.2-9]

201×年12月31日，江河公司确定一笔应付A公司账款8 000元为无法支付的款项，应予转销。

案例2.1.2-9解析：

借：应付账款——A公司　　　　　　　　　　　　　　　　　　　 8 000

　　贷：营业外收入　　　　　　　　　　　　　　　　　　　　　　 8 000

【任务操作要求】

1. 学习并理解任务指导

2. 独立完成给定业务核算

（1）6月1日A公司从B公司购入原材料一批，专用发票上注明：价款50 000元，增值税 8 000 元，材料已验收入库，款项尚未支付。双方商定若在 20 天内付款可享受 3% 的现金折扣（假定计算折扣时不含增值税）。

（2）6 月 12 日 A 公司支付 B 公司货款。

要求：分别以 A、B 公司为会计主体编制会计分录。

任务 2.1.2 小结

应收账款与应付账款是收付款双方在经营活动中基于商业信用而产生的债权债务，其核算重点如表 2.1-3 所示：

表 2.1-3　　　　　　　　　　　　应收账款与应付账款核算重点

付款方（应付账款）	收款方（应收账款）
1. 赊购： ①无附加条件 ②附有商业折扣条件 ③附有现金折扣条件	1. 赊销： ①无附加条件 ②附有商业折扣条件 ③附有现金折扣条件
2. 付款： ①如数支付 ②支付时，享受现金折扣	2. 收款： ①如数收款 ②收款时，产生现金折扣
3. 确实无法支付，转为利得	3. 无法收回，产生坏账

任务 2.1.3　预收账款与预付账款的核算

在购销实务中，一般情况是销售方先提供商品或供应劳务，双方再进行货款结算，但可能在商品供不应求或涉及购买特定商品和接受特定劳务等情况时，需要购买方先预付款项，销售方随后再提供商品或劳务，这样对于购销双方相应地就产生了预付账款债权和预收账款债务。

子任务 1　预收账款的核算

【任务目的】

通过完成本任务，使学生正确理解预收账款和运用"预收账款"账户，能对预收账款业务进行账务处理。

【任务指导】

1. 预收账款的概念

预收账款是指企业按照合同规定向购货单位预收的款项。根据权责发生制会计核算基础，企业预收货款时，因货物尚未提供，销售尚未实现，不能确认销售收入，而应将预收账款作为企业的负债，但与应付账款、应付票据等负债不同的是，预收账款所形成的负债不是以货币偿付，而是以货物清偿。

2. 核算账户："预收账款"

预收账款的核算，应视企业具体情况而定，如果企业预收账款不多，可以不设置"预收账款"账户，直接记入"应收账款"账户，该账户前面已做介绍；如果企业预收账款较多，可以单独设置"预收账款"账户核算。

"预收账款"账户属于负债类账户，用来核算预收账款的取得、偿付等情况。该账户贷方登记预收的款项和补收的款项，借方登记应收的款项和退回多收的款项。期末余额若在贷方，反映企业已预收的款项，如果期末余额在借方，则反映企业应收的账款。"预收账款"账户按照购货单位或接受劳务单位设置明细账进行明细核算。

3. 单独设置账户情况下预收账款的业务处理

（1）企业预收款项时，借记"银行存款"科目，贷记"预收账款"科目。

（2）销售实现时，按销售总的应收款借记"预收账款"科目，按实现的营业收入贷记"主营业务收入"等科目，按照增值税税额，贷记"应交税费——应交增值税（销项税额）"科目。

（3）多退少补，结清尾款。向购货单位退回多收的款项时，借记"预收账款"科目，贷记"银行存款"科目。收到购货单位补付的款项时，借记"银行存款"科目，贷记"预收账款"科目。

［案例2.1.3-1］

江河公司为增值税一般纳税人。201×年5月3日，江河公司与乙公司签订供货合同，向乙公司出售一批产品，货款金额共计200 000元，应交增值税32 000元。根据购货合同的规定，乙公司在购货合同签订后1周内，应当向江河公司预付货款100 000元，剩余货款在交货后付清。201×年5月9日，江河公司收到乙公司预付货款100 000元存入银行，5月19日江河公司将货物发运到乙公司并开具增值税专用发票，乙公司验收货物后付清了剩余货款。编制江河公司会计分录。

案例2.1.3-1解析：

① 5月9日收到乙公司预付的货款：

借：银行存款　　　　　　　　　　　　　　　　　　　　　　　　　100 000
　　贷：预收账款——乙公司　　　　　　　　　　　　　　　　　　　　　100 000

② 5月19日向乙公司发出货物：

借：预收账款——乙公司　　　　　　　　　　　　　　　　　　　　232 000
　　贷：主营业务收入　　　　　　　　　　　　　　　　　　　　　　　200 000
　　　　应交税费——应交增值税（销项税额）　　　　　　　　　　　　　32 000

③ 收到乙公司补付的货款：

借：银行存款　　　　　　　　　　　　　　　　　　　　　　　　　132 000
　　贷：预收账款——乙公司　　　　　　　　　　　　　　　　　　　　132 000

4. 不单独设置账户情况下预收账款的业务处理

如果企业不单独设置"预收账款"账户，则将预收账款通过"应收账款"账户核算。

案例2.1.3-1如果通过"应收账款"账户核算，江河公司会计分录应如下：

① 5月9日收到乙公司预付的货款：

借：银行存款　　　　　　　　　　　　　　　　　　　　　　　　　100 000
　　贷：应收账款——乙公司　　　　　　　　　　　　　　　　　　　　100 000

② 5月19日向乙公司发出货物：

借：应收账款——乙公司   232 000

    贷：主营业务收入   200 000

          应交税费——应交增值税（销项税额）   32 000

③收到乙公司补付的货款：

借：银行存款   132 000

    贷：应收账款——乙公司   132 000

【任务操作要求】

学习并理解任务指导。

子任务2　预付账款的核算

【任务目的】

通过完成本任务，使学生正确理解预付账款和运用"预付账款"账户，能对预付账款业务进行账务处理。

【任务指导】

1. 预付账款的概念

预付账款是指企业按照合同规定预付的款项。根据权责发生制会计核算基础，预付账款虽然款项已经付出，但对方的义务尚未履行，要求对方履行提供货物或劳务的义务仍是企业的权利，因此企业预付账款和应收账款、应收票据一样，属于企业的短期债权。

2. 核算账户："预付账款"

预付账款的核算，应视企业具体情况而定，如果企业预付账款不多，可以不设置"预付账款"账户，直接记入"应付账款"账户，该账户前面已做介绍；如果企业预付账款较多，可以单独设置"预付账款"账户核算。

"预付账款"账户属于资产类账户，用来核算预付账款的增减变动及其结存情况。该账户借方登记预付的款项和补付的款项，贷方登记收到所购物资、劳务时应付的款项和退回的多付的款项。期末余额若在借方，反映企业已预付的款项，如果期末余额在贷方，则反映企业应付的账款。"预付账款"账户按照供货单位或提供劳务单位设置明细账进行明细核算。

3. 单独设置账户情况下预付账款的业务处理

（1）企业按合同约定预付款项时，借记"预付账款"科目，贷记"银行存款"科目。

（2）企业收到所购物资时，按应计入购入物资成本的金额，借记"材料采购""原材料""库存商品"等科目，按可以抵扣的增值税进项税额，借记"应交税费——应交增值税（进项税额）"等科目，按总的应付款项贷记"预付账款"科目。

（3）多退少补，结清尾款。收到供货单位退回多收的款项时，借记"银行存款"科目，贷记"预付账款"科目。向供货单位补付款项时，借记"预付账款"科目，贷记"银行存款"科目。

[案例 2.1.3-2]

江河公司向乙公司采购材料 6 000 千克，每千克单价 10 元，所需支付的价款总计 60 000 元。按照合同规定向乙公司预付价款的 50%，验收货物后补付其余款项。201×年 5 月 5 日江河公司开出转账支票向乙公司预付货款 30 000 元。201×年 5 月 12 日江河公司收到了乙公司发来的 6 000 千克材料，验收无误，增值税专用发票上记载的价款为 60 000 元，增值税税额为 9 600 元，以银行存款补付所欠款项 39 600 元。编制江河公司会计分录。

案例 2.1.3-2 解析：

① 5 月 5 日向乙公司预付 50% 的价款：

借：预付账款——乙公司　　　　　　　　　　　　　　　　　30 000
　　贷：银行存款　　　　　　　　　　　　　　　　　　　　　　30 000

② 5 月 12 日收到所购材料：

借：原材料　　　　　　　　　　　　　　　　　　　　　　　　60 000
　　应交税费——应交增值税（进项税额）　　　　　　　　　　　9 600
　　　贷：预付账款——乙公司　　　　　　　　　　　　　　　　69 600

③ 向乙公司补付货款：

借：预付账款——乙公司　　　　　　　　　　　　　　　　　39 600
　　贷：银行存款　　　　　　　　　　　　　　　　　　　　　　39 600

想一想：如果江河公司没有单独设置"预付账款"账户，应该如何进行账务处理？

【任务操作要求】

1. 学习并理解任务指导

2. 独立完成给定业务核算

6 月 3 日，A 公司收到 C 公司电汇预付货款 40 000 元，款项收存银行；6 月 10 日，A 公司向 C 公司发出产品，专用发票上注明价款 50 000 元、增值税 8 000 元；6 月 13 日，A 公司收到 C 公司补付货款 18 000 元存入银行。

要求：分别以 A、C 公司为会计主体编制会计分录。

任务 2.1.3 小结

预收账款与预付账款核算重点如表 2.1-4 所示：

表 2.1-4　　　　　　　　　　预收账款与预付账款核算重点

付款方（预付账款）	收款方（预收账款）
1. 预付	1. 预收
2. 收到所购货物	2. 发出货物
3. 多退少补，结清尾款	3. 多退少补，结清尾款

项目 2.2 其他往来及应收款项减值的核算

【项目介绍】

本项目内容以《企业会计准则第 22 号——金融工具确认和计量》《企业会计准则第 8 号——资产减值》《〈企业会计准则第 22 号——金融工具确认和计量〉应用指南》及《〈企业会计准则第 8 号——资产减值〉应用指南》为指导，主要介绍企业在商品交易或劳务供应以外产生的其他应收应付款及应收款项减值的核算，要求学生通过学习，对非购销活动产生的债权债务及应收款项减值内容有所认知，通过任务处理，进一步演练借贷记账法，为会计实务工作打下基础。

【项目实施标准】

本项目通过完成 3 项具体任务来实施，具体任务内容结构如表 2.2-1 所示：

表 2.2-1　　　　　　**"其他往来及应收款项减值的核算"项目任务细分表**

任务	子任务
任务 2.2.1　其他应收款与其他应付款的核算	1. 其他应收款的核算
	2. 其他应付款的核算
任务 2.2.2　应收款项减值	—

任务 2.2.1　其他应收款与其他应付款的核算

企业产生的债权债务有些与商品买卖、劳务供应有关，如应收应付账款、应收应付票据、预收预付账款；企业也会发生一些与商品买卖、劳务供应无直接关系的债权债务，诸如应收应付的赔款、收取或支付的押金、为职工代垫的款项等。显然，这些内容必须单独核算。

子任务 1　其他应收款的核算

【任务目的】

通过完成本任务，使学生熟悉列入其他应收款的主要内容，正确运用"其他应收款"账户，掌握备用金、押金、租金等的核算。

【任务指导】

1. 其他应收款核算的范围

其他应收款是指企业除应收票据、应收账款、预付账款等以外的其他各种应收及暂付款项。其主要内容包括：

（1）应收的各种赔款、罚款，如因企业财产等遭受意外损失而应向有关保险公司收取的赔款等。

（2）应收的出租包装物租金。

（3）应向职工收取的各种垫付款项，如为职工垫付的水电费、应由职工负担的医药费、房租费等。

（4）存出保证金，如租入包装物支付的押金。

（5）预付给企业内部部门或个人的备用金。

（6）其他各种应收款项、暂付款项。

2．核算账户："其他应收款"

该账户属于资产类账户，用来核算其他应收账款的增减变动及其结存情况，借方登记其他应收款的增加，贷方登记其他应收款的收回，期末余额在借方，反映企业尚未收回的其他应收款项。"其他应收款"账户通常按照债务人设置明细账进行明细核算。

3．其他应收款的业务处理

企业发生应收各种赔款、罚款、存出保证金、应向职工收取的各种垫付款项时，借记"其他应收款"科目，贷记"银行存款"等科目；收回时，借记"银行存款"等科目，贷记"其他应收款"科目。因这些内容在本教材其他模块中会做介绍，在这里只重点介绍列入"其他应收款"核算的备用金。

备用金是指企业预付给职工和内部有关部门单位用作差旅费、零星采购费用和零星开支，事后需要报销的款项。备用金业务是企业中的常见业务，对于备用金的预借和报销，既要有利于企业各项业务的正常进行，又要建立必要的制度。

备用金的管理办法一般有两种：一是一次报销制度；二是定额备用金制度。

一次报销制度的特点是按需预付，凭据报销，余款退回，一次结清。适用于不经常使用备用金的单位和个人，如一般企业对于出差人员差旅费的借支和报销就是实行的一次报销制度管理办法。一次报销制度管理办法下备用金业务的基本账务处理如下：

企业拨付备用金时：

借：其他应收款

　　贷：库存现金等

报销备用金时：

借：管理费用等　　　　　　　　（实际报销数）

　　库存现金　　　　　　　　　（退回多余款）

　　贷：其他应收款　　　　　　　（拨付数）

　　　　库存现金　　　　　　　　（补付不足款）

［案例2.2.1-1］

201×年5月1日，职工李明出差预借差旅费3 000元，以现金支付。5月10日，李明出差回来报销差旅费3 600元，补付现金600元。

案例2.2.1-1解析：

5月1日预借差旅费时：

借：其他应收款——李明　　　　　　　　　　　　　　　　　3 000

贷：库存现金	3 000

5 月 10 日报销差旅费时：

借：管理费用	3 600
贷：其他应收款——李明	3 000
库存现金	600

定额备用金制度的特点是按定额拨付，凭据报销，补足定额。适用于经常使用备用金的单位和个人，如企业的后勤部门经常会发生零星采购就可以采用定额备用金管理办法，可以大大减少工作量。定额备用金管理办法下备用金业务的基本账务处理如下：

企业拨付备用金时：

借：其他应收款

　　贷：库存现金等

报销备用金时，按实际报销数补足备用金：

借：管理费用等	（实际报销数）
贷：库存现金等	（实际报销数）

取消或核减备用金时：

借：库存现金等

　　贷：其他应收款

［案例 2.2.1-2］

江河公司实行定额备用金制度，会计部门根据核定的定额，拨付给行政部门定额备用金 3 000 元。10 天后行政部门持购买办公用品的发票 2 500 元报销，会计部门审核后付给现金补足其定额。

案例 2.2.1-2 解析：

拨付备用金时：

借：其他应收款——行政部门（备用金）	3 000
贷：库存现金	3 000

报销时：

借：管理费用	2 500
贷：库存现金	2 500

【任务操作要求】

1. 学习并理解任务指导

2. 独立完成给定业务核算

某企业 4 月份发生的部分经济业务如下：

（1）4 月 11 日，签发转账支票支付水电费 5 000 元，其中：车间耗用 4 500 元，行政部门耗用 480 元，为青年职工王娟垫付 20 元。

（2）已列入"待处理财产损溢"账户的现金短少 50 元。经查明，属出纳员朱彬责任，责令其赔偿，但赔款尚未收到。

（3）4 月 15 日，发放本月工资 32 000 元，扣除前述垫款、赔款后，其余签发现金支票转入个人工资账户。

（4）4月22日，收到退回的包装物押金200元现金。

（5）4月25日，为业务部门核定定额备用金1 000元，以现金支付。

（6）4月28日，业务部门以发票报销办公用品费用，共计550元，以现金补足其备用金。

要求：根据业务编制会计分录。

子任务2 其他应付款的核算

【任务目的】

通过完成本任务，使学生熟悉列入其他应付款的主要内容，正确运用"其他应付款"账户，掌握常见的一些其他应付款的核算。

【任务指导】

1. 其他应付款核算的范围

其他应付款是指企业除应付票据、应付账款、预收账款等经营活动以外的其他各项应付、暂收的款项，如应付经营租入固定资产租金、租入包装物租金、存入保证金、应付赔款和罚款等。

2. 核算账户："其他应付款"

该账户属于负债类账户，用来核算其他应付款项的发生及其偿还情况，贷方登记发生的各种其他应付、暂收款项，借方登记偿还或转销的各种其他应付、暂收款项，期末余额在贷方，反映企业应付未付的其他应付款项。该账户按照其他应付款的项目和对方单位（或个人）设置明细账进行明细核算。

3. 其他应付款的业务处理

企业发生其他各种应付、暂收款项时，借记"管理费用"等科目，贷记"其他应付款"科目；支付或退回其他各种应付、暂收款项时，借记"其他应付款"科目，贷记"银行存款"等科目。

［案例2.2.1-3］

江河公司出租给A公司机器设备一台，收到租用押金20 000元存入银行。

案例2.2.1-3解析：

借：银行存款　　　　　　　　　　　　　　　　20 000

　　贷：其他应付款——A公司（押金）　　　　　　　　20 000

若A公司租赁期结束退还该机器设备，江河公司退还押金，则：

借：其他应付款——A公司（押金）　　　　　　20 000

　　贷：银行存款　　　　　　　　　　　　　　　　　　20 000

【任务操作要求】

1. 学习并理解任务指导

2. 独立完成给定任务

（多选题）下列各项内容，应通过"其他应付款"科目核算的有（　　　）。

A. 应付的租入包装物租金

B. 应付的社会保险费

C. 应付的客户存入保证金

D. 应付的经营租入固定资产租金

任务 2.2.1 小结

1. 其他应收款核算重点：一次报销制度和定额备用金制度下备用金借支、报销的核算。

2. 其他应付款核算重点：其他应付款的主要内容。

任务 2.2.2　应收款项减值

【任务目的】

通过完成本任务，使学生理解备抵法的原理，能准确计提坏账准备并能对坏账准备业务进行账务处理。

【任务指导】

1. 应收款项减值损失的确认

企业的各项应收款项，可能会因购货人拒付、破产、死亡等原因而无法收回。这类无法收回的应收款项就是坏账。企业因坏账而遭受的损失称为坏账损失或减值损失。企业应当在资产负债表日对应收款项的账面价值（账面余额减去坏账准备的差额）进行检查，有客观证据表明应收款项发生减值的，应当将该应收款项的账面价值减记至预计未来现金流量现值，减记的金额确认为资产减值损失，同时计提坏账准备。例如：某企业 2018 年年末应收 A 公司的账款余额为 500 万元，已提坏账准备 40 万元，经单独减值测试，确定该应收账款的预计未来现金流量现值为 440 万元，显然，该笔应收账款账面价值 460 万元（500-40＝460）低于预计未来现金流量现值 440 万元，按准则规定，2018 年年末应确认资产减值损失 20 万元，同时计提坏账准备 20 万元。

2. 应收款项减值损失的核算方法——备抵法

对于应收款项减值损失的核算，一般有两种会计处理方法，即直接转销法和备抵法，但我国企业会计准则明确规定，确定应收款项的减值只能采用备抵法，不得采用直接转销法。

备抵法是指采用一定的方法按期估计坏账损失，提取坏账准备并计入当期损益，待坏账实际发生时，冲销已提的坏账准备和相应的应收款项。采用这种方法，在报表上列示应收款项的净额，使报表使用者能了解企业应收款项的可收回金额。在备抵法下，企业应当根据实际情况合理估计当期坏账损失金额。由于企业发生坏账损失带有很大的不确定性，所以只能以过去的经验为基础，参照当前的信用政策、市场环境和行业惯例，准确地估计每期应收款项未来现金流量现值，从而确定当期减值损失金额，计入当期损益。企业在预计未来现金流量现值时，应当在合理预计未来现金流量的同时，合理选用折现利率。短期应收款项的预计未来现金流量与其现值相差很小的，在确认相关减值损失时，可不对其预计未来现金流量进行折现。

采用备抵法，企业应当设置"坏账准备"账户，该账户属于资产类账户，但它是特殊的资产类账户，是"应收账款""应收票据""其他应收款"等账户的备抵账户，用来核算坏账准备的计提、转销等情况，其基本结构是贷方记增加，借方记减少，期末余额在贷方。该账户具体结构见下面"T"形账户：

坏账准备

	期初余额
（1）实际发生坏账损失	（1）确认的坏账，重新收回
期末减值测试前若为借方余额：表示应补提的坏账准备	期末减值测试前若为贷方余额：表示已提取的坏账准备
（2）测试后冲销多提的坏账准备	（2）测试后补提坏账准备
	期末调整后应为贷方余额：表示应提取的坏账准备

3. 期末提取（或冲销）坏账准备的计算

期末提取（或冲销）的坏账准备=期末按应收款项计算的应提坏账准备金额-（或+）"坏账准备"账户期末减值测试前的贷方（或借方）余额

结果为正数，表示应补提的坏账准备金额；结果若为负数，表示应冲销的坏账准备金额。

备注：期末按应收款项计算应提坏账准备金额的方法，主要有应收款项余额百分比法、账龄分析法、销货百分比法，企业可以根据需要自行选择，但一经确定，不得随意变更。本教材只介绍应收款项余额百分比法。

4. 核算业务框架

坏账准备业务
①提取坏账准备
②冲销多提的坏账准备
③发生坏账
④已转销的坏账，又重新收回

5. 坏账准备的基本业务处理

（1）提取坏账准备时：借记"资产减值损失——计提的坏账准备"科目，贷记"坏账准备"科目。

（2）冲销多提的坏账准备时：借记"坏账准备"科目，贷记"资产减值损失——计提的坏账准备"科目。

（3）实际发生坏账损失时：借记"坏账准备"科目，贷记"应收账款""其他应收款"等科目。

（4）确认并转销的坏账重新收回时：借记"应收账款""其他应收款"等科目，贷记"坏账准备"科目；同时，借记"银行存款"科目，贷记"应收账款""其他应收款"等科目。也可以编制一个会计分录，借记"银行存款"科目，贷记"坏账准备"科目。

[案例 2.2.2-1]

江河公司从 2016 年年末开始采用应收账款余额百分比法计提坏账准备，计提比例为 5%。

（1）2016 年年末，应收账款余额为 6 000 000 元。

解析：

按应收账款余额百分比法计算 2016 年年末应提取的坏账准备 = 6 000 000×5% = 300 000 元，因 2016 年年末减值测试前"坏账准备"账户无余额，因此，2016 年年末减值测试后应补提坏账准备 300 000 元。

借：资产减值损失   300 000
  贷：坏账准备   300 000

（2）2017 年 5 月，因债务人 A 公司经营状况恶化，一笔 50 000 元款项确认为坏账损失。

解析：

借：坏账准备   50 000
  贷：应收账款——A 公司   50 000

（3）2017 年年末，江河公司应收账款余额为 8 000 000 元。

解析：

按应收账款余额百分比法计算 2017 年年末应提取的坏账准备 = 8 000 000×5% = 400 000 元；2017 年年末减值测试前"坏账准备"为贷方余额 250 000 元（300 000－50 000 = 250 000）；因此，2017 年年末减值测试后应补提坏账准备 150 000 元（400 000－250 000 = 150 000）。

借：资产减值损失   150 000
  贷：坏账准备   150 000

（4）2018 年 3 月，江河公司收回上年已转销的应收 A 公司账款 20 000 元存入银行。

解析：

借：应收账款——A 公司   20 000
  贷：坏账准备   20 000
借：银行存款   20 000
  贷：应收账款——A 公司   20 000

或者：

借：银行存款   20 000
  贷：坏账准备   20 000

（5）2018 年年末，江河公司应收账款余额为 7 000 000 元。

解析：

按应收账款余额百分比法计算 2018 年年末应提取的坏账准备 = 7 000 000×5% = 350 000 元；2018 年年末减值测试前"坏账准备"为贷方余额 420 000 元（300 000－50 000＋150 000＋20 000 = 420 000）；因此，2018 年年末减值测试后应冲销坏账准备 70 000 元（350 000－420 000 = －70 000）。

借：坏账准备   70 000
　贷：资产减值损失   70 000

算一算：每年调整后"坏账准备"账户的余额分别是多少？有什么规律？

【任务操作要求】

1. 学习并理解任务指导

2. 独立完成给定业务核算

乙企业采用应收账款余额百分比法估计坏账损失，提取坏账准备的比例为5%。

（1）2016年年初"坏账准备"贷方余额为6万元，本年发生坏账4.8万元；年末乙企业应收账款余额为1 200万元；

（2）2017年，乙企业已转销的坏账损失收回4万元存入银行，本年末应收账款余额为1 600万元；

（3）2018年发生坏账5万元，年末应收账款余额为1 100万元。

要求：编制乙企业2016—2018年相关会计分录。

任务2.2.2 小结

应收款项减值核算重点：

（1）期末补提或冲销坏账准备的计算；

（2）计提坏账准备；

（3）冲销多提的坏账准备；

（4）发生坏账；

（5）已转销的坏账又收回。

项目2.3　应交税费的核算

【项目介绍】

企业作为商品的生产者和经营者，必须按照国家有关税收法律法规履行纳税义务，对其在一定期间取得的营业收入和实现的利润，向国家交纳各种税费。目前我国企业向国家缴纳的税费主要包括增值税、消费税、资源税、企业所得税、代扣代缴的个人所得税、土地增值税、房产税、车船税、城镇土地使用税、印花税、耕地占用税、契税、车辆购置税、烟叶税、关税、船舶吨税、环境保护税、城市维护建设税和教育费附加等。这些税费中大部分应通过"应交税费"科目进行核算，但企业交纳的印花税、耕地占用税、契税、车辆购置税等不需要预计应交数的税金，不通过"应交税费"科目核算。对于这些税种的有关具体知识将在后续《税法》课程中进行学习，根据本教材的编排，本项目内容以《企业会计准则应用指南》为指导，以《营业税改征增值税试点实施办法》《营业税改征增值税试点有关事项的规定》《增值税会计处理规定》《中华人民共和国增值税暂行条例》

（简称《增值税暂行条例》）《中华人民共和国增值税暂行条例实施细则》《中华人民共和国消费税暂行条例》《中华人民共和国消费税暂行条例实施细则》《中华人民共和国城市维护建设税暂行条例》《中华人民共和国城市维护建设税暂行条例实施细则》及《征收教育费附加的暂行规定》等为依据，主要介绍企业在往来中涉及的增值税、消费税两大流转税及其他应交税费的核算。要求学生通过学习，对增值税、消费税及其他应交税费的核算产生认知；通过任务处理，进一步演练借贷记账法，为会计实务工作打下基础。

【项目实施标准】

本项目通过完成 4 项具体任务来实施，具体任务内容结构如表 2.3-1 所示：

表 2.3-1　　　　　　　　"应交税费的核算"项目任务细分表

任务	子任务
任务 2.3.1　增值税的日常核算	1. 一般纳税人增值税的核算
	2. 小规模纳税人增值税的核算
任务 2.3.2　消费税的日常核算	—
任务 2.3.3　其他应交税费的日常核算	—

任务 2.3.1　增值税的日常核算

增值税是以商品（含应税劳务、应税服务）在流转过程中产生的增值额作为计税依据而征收的一种流转税。按照我国现行增值税暂行条例及其实施细则（2017 年修订）的规定，增值税的纳税人为在我国境内销售货物或者加工、修理修配劳务（以下简称劳务），销售服务、无形资产、不动产以及进口货物的单位和个人。其中，"服务"包括提供交通运输服务、建筑服务、邮政服务、电信服务、金融服务、现代服务、生活服务等。按照纳税人的经营规模及会计核算的健全程度，增值税纳税人分为一般纳税人和小规模纳税人。计算增值税的方法分为一般计税方法和简易计税方法。一般纳税人和小规模纳税人在增值税的计算和核算上都有所不同。

子任务 1　一般纳税人增值税的核算

【任务目的】

通过完成本任务，对增值税一般纳税人产生基本的认知，了解增值税一般纳税人增值税的计算，掌握一般纳税人增值税日常业务的核算。为会计实务中涉及增值税业务的熟练核算打下理论基础。

【任务指导】

1. 一般纳税人应交增值税的计算

我国一般纳税人计算增值税大多采用一般计税方法，一般纳税人销售服务、无形资产或者不动产，符合规定的，可以采用简易计税方法。若采用简易计税方法，具体运用参照小规模纳税人应纳税额的计算。一般计税方法下，其应纳增值税税额根据当期销项税额减去当期进项税额计算确定。其具体计算公式为：

应纳增值税额 = 当期销项税额 – 当期进项税额

公式中的"当期销项税额"是指纳税人当期销售货物、加工修理修配劳务、服务、无形资产和不动产时按照销售额和增值税税率计算收取的增值税税额，其计算公式为：

当期销项税额=不含税销售额×增值税税率

=含税销售额/（1+增值税税率）×增值税税率

目前我国一般纳税人采用的增值税税率有：16%、10%、6%和零税率，具体如下：

一般纳税人销售或者进口货物（除《增值税暂行条例》列举的外），提供加工、修理修配劳务，提供有形动产租赁服务，税率为16%。

一般纳税人销售或者进口下列货物：①粮食等农产品、食用植物油、食用盐；②自来水、暖气、冷气、热水、煤气、石油液化气、天然气、二甲醚、沼气、居民用煤炭制品；③图书、报纸、杂志、音像制品、电子出版物；④饲料、化肥、农药、农机、农膜；⑤国务院规定的其他货物，税率为10%。

一般纳税人提供交通运输、邮政、基础电信、建筑、不动产租赁服务，销售不动产，转让土地使用权，税率为10%。

一般纳税人其他应税行为，税率为6%。

一般纳税人出口货物，税率为零；但是，国务院另有规定的除外。境内单位和个人跨境销售国务院规定范围内的服务、无形资产，税率为零。

公式中的"当期进项税额"是指纳税人购进货物、加工修理修配劳务、应税服务、无形资产和不动产支付或者负担的增值税税额。按照《增值税暂行条例》的规定，下列进项税额准予从销项税额中抵扣：①从销售方取得的增值税专用发票（含税控机动车销售统一发票，下同）上注明的增值税额；②从海关取得的海关进口增值税专用缴款书上注明的增值税额；③一般纳税人支付的道路、桥、闸通行费，取得的通行费增值税电子普通发票（简称通行费电子发票）上注明的增值税额；④购进农产品，除取得增值税专用发票或者海关进口增值税专用缴款书外，按照农产品收购发票或者销售发票上注明的农产品买价和10%的扣除率计算的进项税额；如果用于生产税率为16%的产品，按照农产品收购发票或者销售发票上注明的农产品买价和12%的扣除率计算的进项税额。进项税额计算公式：进项税额=买价×扣除率；⑤自境外单位或者个人购进劳务、服务、无形资产或者不动产，从税务机关或者扣缴义务人取得的解缴税款的完税凭证上注明的增值税额。

当期销项税额小于当期进项税额不足抵扣时，其不足部分可以结转下期继续抵扣。对装备制造等先进制造业、研发等现代服务业符合条件的企业和电网企业在一定时期内未抵扣完的进项税额可予以一次性退还。

2. 一般纳税人增值税的核算账户

一般纳税人为了核算应交增值税的发生、抵扣、交纳、退税及转出等情况，应在"应交税费"账户下，设置"应交增值税""未交增值税""预交增值税""待抵扣进项税额""待认证进项税额""待转销项税额""增值税留抵税额""简易计税""转让金融商品应交增值税""代扣代交增值税"等十个二级明细账户。

（1）"应交增值税"明细账户。该账户借方登记一般纳税人购进货物、加工修理修配劳务、服务、无形资产和不动产支付或者负担的进项税额，实际已缴纳的增值税额及转出未交的增值税等；贷方登记一般纳税人销售货物、加工修理修配劳务、服务、无形资产和不动产时收取的销项税额，出口退税，进项税额转出及转出多交增值税额等；因本月多交或未交的增值税月末都需转入"未交增值税"明细账，因此，本账户如有余额应为借方余额，表示尚未抵扣的进项税额。"应交增值税"明细账内设置"进项税额""销项税额抵减""已交税金""转出未交增值税""减免税款""出口抵减内销产品应纳税额""销项税额""出口退税""进项税额转出""转出多交增值税"等十个专栏。其中：

①"进项税额"专栏，记录一般纳税人购进货物、加工修理修配劳务、服务、无形资产和不动产而支付或负担的、准予从当期销项税额中抵扣的增值税额；

②"销项税额抵减"专栏，记录一般纳税人按照现行增值税制度规定因扣减销售额而减少的销项税额；

③"已交税金"专栏，记录一般纳税人当月已交纳的应交增值税额；

④"转出未交增值税"和"转出多交增值税"专栏，分别记录一般纳税人月度终了转出当月应交未交或多交的增值税额；

⑤"减免税款"专栏，记录一般纳税人按现行增值税制度规定准予减免的增值税额；

⑥"出口抵减内销产品应纳税额"专栏，记录实行"免、抵、退"办法的一般纳税人按规定计算的出口货物的进项税抵减内销产品的应纳税额；

⑦"销项税额"专栏，记录一般纳税人销售货物、加工修理修配劳务、服务、无形资产和不动产应收取的增值税额；

⑧"出口退税"专栏，记录一般纳税人出口货物、加工修理修配劳务、服务、无形资产按规定退回的增值税额；

⑨"进项税额转出"专栏，记录一般纳税人购进货物、加工修理修配劳务、服务、无形资产和不动产等发生非正常损失以及其他原因而不应从销项税额中抵扣、按规定转出的进项税额。

（2）"未交增值税"明细账户。该账户核算一般纳税人月度终了从"应交增值税"或"预交增值税"明细科目转入当月应交未交、多交或预交的增值税额，以及当月交纳以前期间未交的增值税额。

（3）"预交增值税"明细账户。该账户核算一般纳税人转让不动产、提供不动产经营租赁服务、提供建筑服务、采用预收款方式销售自行开发的房地产项目等，以及其他按现行增值税制度规定应预交的增值税额。

（4）"待抵扣进项税额"明细账户。该账户核算一般纳税人已取得增值税扣税凭证并经税务机关认证，按照现行增值税制度规定准予以后期间从销项税额中抵扣的进项税额，包括：一般纳税人自 2016 年 5 月 1 日后取得并按固定资产核算的不动产或者 2016 年 5 月 1 日后取得的不动产在建工程，按现行增值税制度规定准予以后期间从销项税额中抵扣的进项税额；实行纳税辅导期管理的一般纳税人取得的尚未交叉稽核比对的增值税扣税凭证上注明或计算的进项税额。

（5）"待认证进项税额"明细账户。该账户核算一般纳税人由于未经税务机关认证而不得从当期销项税额中抵扣的进项税额，包括：一般纳税人已取得增值税扣税凭证、按照现行增值税制度规定准予从销项税额中抵扣，但尚未经税务机关认证的进项税额；一般纳税人已申请稽核但尚未取得稽核相符结果的海关缴款书进项税额。

（6）"待转销项税额"明细账户。该账户核算一般纳税人销售货物、加工修理修配劳务、服务、无形资产或不动产，已确认相关收入（或利得）但尚未发生增值税纳税义务而需于以后期间确认为销项税额的增值税额。

（7）"增值税留抵税额"明细账户。该账户核算兼有销售服务、无形资产或者不动产的原增值税一般纳税人，截止到纳入营改增试点之日前的增值税期末留抵税额按照现行增值税制度规定不得从销售服务、无形资产或不动产的销项税额中抵扣的增值税留抵税额。从目前来看，这其实变成了一个多余的科目。

（8）"简易计税"明细账户。该账户核算一般纳税人采用简易计税方法发生的增值税计提、扣减、预缴、缴纳等业务。

（9）"转让金融商品应交增值税"明细账户。该账户核算增值税纳税人转让金融商品发生的增值税额。

（10）"代扣代交增值税"明细账户。该账户核算纳税人购进在境内未设经营机构的境外单位或个人在境内的应税行为代扣代缴的增值税。

3. 核算业务框架

一般纳税人增值税业务

①进项税业务
- A. 进项税额允许抵扣
- B. 进项税额不得抵扣
- C. 不动产进项税额分年抵扣
- D. 进项税额抵扣情况发生改变

②销项税业务
- A. 普通销售
- B. 视同销售

③交纳增值税

④月末转出多交或未交增值税

⑤差额征税

⑥税控系统专用设备和技术维护费用抵减增值税

4. 进项税额的业务处理

（1）采购等业务进项税额允许抵扣的处理。

一般纳税人购进货物、加工修理修配劳务、服务、无形资产或不动产，按应计入相关成本费用或资产的金额，借记"材料采购""在途物资""原材料""库存商品""生产成本""无形资产""固定资产""管理费用"等科目，按当月已认证的可抵扣增值税额，借记"应交税费——应交增值税（进项税额）"科目，按当月未认证的可抵扣增值税额，借记"应交税费——待认证进项税额"科目，按应付或实际支付的金额，贷记"应付账款""应付票据""银行存款"等科目。发生退货的，如原增值税专用发票已做认证，应根据税务机关开具的红字增值税专用发票做相反的会计分录；如原增值税专用发票未做认证，应将发票退回并做相反的会计分录。

[案例 2.3.1-1]

201×年 5 月 5 日，江河公司购入原材料一批，取得的增值税专用发票上注明：价款
100 000 元，增值税税额 16 000 元。同时取得的运输公司开具的有关运费的增值税专用发
票上注明：材料运费 1 000 元，增值税 100 元，材料已验收入库，所有款项均已用银行存
款支付。增值税专用发票当月已认证。

案例 2.3.1-1 解析：

借：原材料 101 000

　　应交税费——应交增值税（进项税额）　　（16 000+100）16 100

　贷：银行存款 117 100

[案例 2.3.1-2]

201×年 5 月 20 日，江河公司生产车间委托外单位修理机器设备，取得的增值税专用
发票上注明：修理费用 20 000 元，增值税税额 3 200 元，款项已用银行存款支付。增值税
专用发票当月已认证。

案例 2.3.1-2 解析：根据固定资产后续支出核算原则，生产车间固定资产修理费若不
能资本化，则费用化计入"管理费用"科目。

借：管理费用 20 000

　　应交税费——应交增值税（进项税额） 3 200

　贷：银行存款 23 200

[案例 2.3.1-3]

201×年 5 月 28 日，江河公司购入不需安装的生产设备一台，增值税专用发票上注明
的价款为 200 000 元，增值税税额为 32 000 元，款项尚未支付。增值税专用发票尚未
认证。

案例 2.3.1-3 解析：

借：固定资产 200 000

　　应交税费——待认证进项税额 32 000

　贷：应付账款 232 000

[案例 2.3.1-4]

201×年 5 月 25 日，江河公司购入农产品一批，农产品收购发票上注明的买价为
50 000 元，规定的扣除率为 10%，货物尚未到达，货款已用银行存款支付。

案例 2.3.1-4 解析：

企业购进免税农产品，除取得增值税专用发票或者海关进口增值税专用缴款书外，按
照农产品收购发票或者销售发票上注明的农产品买价分情况采用相应的扣除率计算抵扣的
进项税额：购进农产品，若用于生产税率为 10% 的产品，按 10% 的扣除率计算进项税额；
若用于生产税率为 16% 的产品，按 12% 的扣除率计算进项税额。故该案例中购进农产品可
计算抵扣的进项税额＝买价×扣除率 10%＝50 000×10%＝5 000 元。

借：在途物资 45 000

　　应交税费——应交增值税（进项税额） 5 000

　贷：银行存款 50 000

（2）采购等业务进项税额不允许抵扣的处理。

一般纳税人购进货物、加工修理修配劳务、服务、无形资产或不动产，用于简易计税方法计税项目、免征增值税项目、集体福利或个人消费等，即使取得的增值税专用发票上已注明增值税进项税额，但该进项税额按照现行增值税制度规定也不得从销项税额中抵扣。取得增值税专用发票时，应将待认证的目前不可抵扣的增值税进项税额，借记"应交税费——待认证进项税额"科目，贷记"银行存款""应付账款"等科目，经税务机关认证为不可抵扣的增值税进项税额时，借记"应交税费——应交增值税（进项税额）"科目，贷记"应交税费——待认证进项税额"科目；同时，将增值税进项税额转出，应借记相关成本费用或资产科目，贷记"应交税费——应交增值税（进项税额转出）"科目。

一般纳税人取得的增值税扣税凭证不符合法律、行政法规或者国务院税务主管部门有关规定的，其进项税额不得从销项税额中抵扣，发生的增值税应计入相关成本费用或资产科目。

［案例2.3.1-5］

江河公司购买一批茶叶作为福利发放给从事行政管理工作的职工，取得的增值税专用发票注明价款为20 000元，增值税税额为3 200元，以存款支付。增值税专用发票尚未经税务机关认证。

案例2.3.1-5解析：

购进货物用于职工集体福利或个人消费，其进项税不得抵扣。

① 购入茶叶时：

借：库存商品——茶叶 20 000

应交税费——待认证进项税额 3 200

贷：银行存款 23 200

② 经税务机关认证不可抵扣时：

借：应交税费——应交增值税（进项税额） 3 200

贷：应交税费——待认证进项税额 3 200

同时：

借：库存商品——茶叶 3 200

贷：应交税费——应交增值税（进项税额转出） 3 200

③ 实际发放时：

借：应付职工薪酬——非货币性福利 23 200

贷：库存商品——茶叶 23 200

［案例2.3.1-6］

江河公司购买原材料，取得的增值税普通发票上注明价款为50 000元，增值税8 000元，材料已验收入库，款项开出转账支票支付。

案例2.3.1-6解析：

增值税普通发票不能作为抵扣依据。

借：原材料 58 000

贷：银行存款 58 000

（3）购进不动产或不动产在建工程按规定进项税额分年抵扣的处理。

一般纳税人自 2016 年 5 月 1 日后取得并按固定资产核算的不动产或者 2016 年 5 月 1 日后取得的不动产在建工程，其进项税额按现行增值税制度规定自取得之日起分 2 年从销项税额中抵扣。取得增值税专用发票并通过税务机关认证时，应当按取得成本，借记"固定资产""在建工程"等科目，按增值税专用发票上注明的进项税额的 60%作为当期可抵扣的进项税额，借记"应交税费——应交增值税（进项税额）"科目，按增值税专用发票上注明的进项税额的 40%作为自本月起第 13 个月可抵扣的进项税额，借记"应交税费——待抵扣进项税额"科目，按应付或实际支付的金额，贷记"应付账款""应付票据""银行存款"等科目。待抵扣的进项税额待以后期间允许抵扣时，按允许抵扣的金额，借记"应交税费——应交增值税（进项税额）"科目，贷记"应交税费——待抵扣进项税额"科目。

[案例 2.3.1-7]

江河公司于 2016 年 7 月 10 日购进办公大楼一幢作为固定资产核算，并于当月投入使用。取得该大楼的增值税专用发票并认证相符，专用发票注明的金额为 8 000 000 元，增值税税额为 800 000 元，款项已开出转账支票支付。

案例 2.3.1-7 解析：

根据规定，该办公大楼 2016 年 7 月可抵扣的进项税额＝800 000×60%＝480 000 元

借：固定资产——办公楼   8 000 000

    应交税费——应交增值税（进项税额）   480 000

            ——待抵扣进项税额   320 000

   贷：银行存款   8 800 000

剩余的 40%于取得扣税凭证的当月起第 13 个月（2017 年 7 月）抵扣时：

借：应交税费——应交增值税（进项税额）   320 000

   贷：应交税费——待抵扣进项税额   320 000

（4）进项税额抵扣情况发生改变的处理。

一般纳税人已单独确认进项税额的购进货物、加工修理修配劳务或者服务、无形资产或者不动产因其事后发生非正常损失（因管理不善导致被盗、丢失、霉烂变质，以及因违反法律法规造成货物或者不动产被依法没收、销毁、拆除的情形）或改变用途（如用于简易计税方法计税项目、免征增值税项目、集体福利或者个人消费等），原已计入进项税额、待抵扣进项税额或待认证进项税额，但按现行增值税制度规定不得从销项税额中抵扣的，借记"待处理财产损溢""应付职工薪酬""固定资产""无形资产"等科目，贷记"应交税费——应交增值税（进项税额转出）""应交税费——待抵扣进项税额"或"应交税费——待认证进项税额"科目。

一般纳税人原不得抵扣且未抵扣进项税额的固定资产、无形资产等，因改变用途等用于允许抵扣进项税额的应税项目的，应当在用途改变的次月调整相关资产账面价值，应按允许抵扣的进项税额，借记"应交税费——应交增值税（进项税额）"科目，贷记"固定资产""无形资产"等科目。固定资产、无形资产等经上述调整后，应按调整后的账面价值在剩余尚可使用寿命内计提折旧或摊销。

一般纳税人购进时已全额抵扣进项税额的货物和服务等，转用于不动产在建工程的，其已抵扣进项税额的 40% 部分，应于转用的当期从进项税额中扣减，计入待抵扣进项税额，应借记"应交税费——待抵扣进项税额"科目，贷记"应交税费——应交增值税（进项税额转出）"科目；并于转用的当月起，第 13 个月从销项税额中抵扣，应借记"应交税费——应交增值税（进项税额）"、贷记"应交税费——待抵扣进项税额"科目。

［案例 2.3.1-8］

江河公司库存材料因管理不善导致被盗一批，有关增值税专用发票注明的材料实际成本为 20 000 元，增值税税额为 3 200 元。

案例 2.3.1-8 解析：

借：待处理财产损溢	23 200
贷：原材料	20 000
应交税费——应交增值税（进项税额转出）	3 200

［案例 2.3.1-9］

江河公司领用一批外购原材料用于集体福利，该批原材料实际成本为 50 000 元，相关增值税专用发票注明的增值税税额为 8 000 元。

案例 2.3.1-9 解析：

借：应付职工薪酬	58 000
贷：原材料	50 000
应交税费——应交增值税（进项税额转出）	8 000

［案例 2.3.1-10］

江河公司建造厂房领用一批外购生产用原材料，该批原材料实际成本为 70 000 元，相关增值税专用发票注明的增值税税额为 11 200 元。

案例 2.3.1-10 解析：

借：在建工程	70 000
应交税费——待抵扣进项税额	（11 200×40%）4 480
贷：原材料	70 000
应交税费——应交增值税（进项税额转出）	4 480

待第 13 个月能够抵扣时：

借：应交税费——应交增值税（进项税额）	4 480
贷：应交税费——待抵扣进项税额	4 480

5. 销项税额的业务处理

（1）销售业务的处理。

企业销售货物、加工修理修配劳务、服务、无形资产或不动产，应当按应收或已收的金额，借记"应收账款""应收票据""银行存款"等科目，按取得的收入金额，贷记"主营业务收入""其他业务收入""固定资产清理""工程结算"等科目，按现行增值税制度规定计算的销项税额（或采用简易计税方法计算的应纳增值税额），贷记"应交税费——应交增值税（销项税额）"或"应交税费——简易计税"科目。发生销售退回的，应根据按规定开具的红字增值税专用发票做相反的会计分录。

按照国家统一的会计制度确认收入或利得的时点早于按照增值税制度确认增值税纳税义务发生时点的，应将相关销项税额计入"应交税费——待转销项税额"科目，待实际发生纳税义务时再转入"应交税费——应交增值税（销项税额）"或"应交税费——简易计税"科目。即确认收入时，按应收或已收的金额，借记"应收账款""应收票据""银行存款"等科目，按取得的收入金额贷记"主营业务收入""其他业务收入"等科目，按现行增值税制度计算待以后确认的销项税额，贷记"应交税费——待转销项税额"科目；待实际发生纳税义务时再借记"应交税费——待转销项税额"科目，贷记"应交税费——应交增值税（销项税额）"或"应交税费——简易计税"科目。

按照增值税制度确认增值税纳税义务发生时点早于按照国家统一的会计制度确认收入或利得的时点的，应将应纳增值税额，借记"应收账款"科目，贷记"应交税费——应交增值税（销项税额）"或"应交税费——简易计税"科目，按照国家统一的会计制度确认收入或利得时，应按扣除增值税销项税额后的金额确认收入。

[案例 2.3.1-11]

江河公司销售产品一批，开出的专用发票上注明：价款 80 000 元，增值税税率为 16%，款项尚未收到。

案例 2.3.1-11 解析：

借：应收账款　　　　　　　　　　　　　　　　92 800
　　贷：主营业务收入　　　　　　　　　　　　　80 000
　　　　应交税费——应交增值税（销项税额）　　12 800

[案例 2.3.1-12]

某货物运输公司提供国内货物运输服务取得价税款合计为 330 000 元，款项已存入银行，增值税税率为 10%。

案例 2.3.1-12 解析：

增值税销项税额=［330 000÷（1+10%）］×10%=30 000（元）

借：银行存款　　　　　　　　　　　　　　　　330 000
　　贷：主营业务收入　　　　　　　　　　　　　300 000
　　　　应交税费——应交增值税（销项税额）　　30 000

[案例 2.3.1-13]

江河公司为外单位代加工办公桌 50 张，每张收取加工费 200 元，适用的增值税税率为 16%，加工完成，款项已收到并存入银行。

案例 2.3.1-13 解析：

借：银行存款　　　　　　　　　　　　　　　　11 600
　　贷：主营业务收入　　　　　　　　　　　　　10 000
　　　　应交税费——应交增值税（销项税额）　　1 600

（2）视同销售业务的处理。

企业的有些交易和事项从会计角度看不属于销售行为，不能确认销售收入，但是按照税法规定，应视同对外销售处理，计算应交增值税。视同销售需要交纳增值税的交易和事项包括企业将自产或委托加工的货物用于集体福利或个人消费，将自产、委托加工或购买的货物作为投资、分配给股东或投资者、对外捐赠等。在这些情况下，应当按照企业会计准则制度相关规定进行相应的会计处理，并按照现行增值税制度规定计算的销项税额（或采用简易计税方法计算的应纳增值税额），借记"长期股权投资""应付职工薪酬""营业外支出""利润分配"等科目，贷记"应交税费——应交增值税（销项税额）"或"应交税费——简易计税"科目。

[案例2.3.1-14]

江河公司将自产的产品捐赠给某学校，该批产品成本为500 000元，销售价为600 000元，增值税销项税为96 000元。

案例2.3.1-14解析：

借：营业外支出		596 000
贷：库存商品		500 000
应交税费——应交增值税（销项税额）	（60 000×16%）	96 000

[案例2.3.1-15]

江河公司用原材料对外进行长期股权投资。该批原材料实际成本为400 000元，双方协商不含税价值为550 000元，开出的增值税专用发票上注明的增值税税额为88 000元。

案例2.3.1-15解析：

确认收入：

借：长期股权投资	488 000
贷：其他业务收入	400 000
应交税费——应交增值税（销项税额）	88 000

结转成本：

借：其他业务成本	400 000
贷：原材料	400 000

见[案例2.4.2-9]，将自产产品作为非货币性福利发放给职工。

特别提示：从案例2.3.1-14、案例2.3.1-15以及案例2.4.2-9，同样是视同销售业务，会计核算却不同，视同销售业务有两种核算方式：一是不做销售处理；二是作销售处理。是否作销售处理，主要根据是否满足销售收入确认条件（具体内容见财务成果模块下收入项目）进行判断。如：将自产、委托加工或购买的货物用于集体福利、分配给股东或投资者、对外投资，货物的所有权已转移至企业外部，虽然表面上没有像销售商品那样，要么有货币资金流入企业，要么取得应收款项，但上述视同销售行为却抵偿了负债或者取得了资产，起到了用货币资金偿还债务、进行投资等效果，即实质上取得了有经济利益流入企业的结果，因而符合收入确认的条件，在会计上要做销售处理。用于捐赠、赞助等用途的，虽然货物的所有权已转移至企业外部，发生了所有权变化，但因没有经济利益流入企业，不符合收入确认的条件，因而会计上不做销售处理。

6. 交纳增值税的业务处理

（1）一般纳税人交纳当月应交增值税的处理。

交纳当月应交的增值税，借记"应交税费——应交增值税（已交税金）"科目，贷记"银行存款"科目。

（2）一般纳税人交纳以前期间未交增值税的处理。

交纳以前期间未交增值税，借记"应交税费——未交增值税"科目，贷记"银行存款"科目。

（3）一般纳税人预缴增值税的处理。

预缴增值税时，借记"应交税费——预交增值税"科目、贷记"银行存款"科目。月末，企业应将"预交增值税"明细科目余额转入"未交增值税"明细科目，借记"应交税费——未交增值税"科目、贷记"应交税费——预交增值税"科目。房地产开发企业等在预缴增值税后，应直至纳税义务发生时方可从"应交税费——预交增值税"科目结转至"应交税费——未交增值税"科目。

[案例2.3.1-16]

江河公司本月发生销项税额合计为257 000元，进项税转出合计为52 000元，进项税额合计为182 000元，计算江河公司本月应交纳增值税，假设月底江河公司用银行存款交纳当月增值税80 000元。

案例2.3.1-16解析：

① 计算本月应交增值税

257000-（182 000-52 000）=127 000元

② 交纳本月增值税

借：应交税费——应交增值税（已交税金）　　　　　　　　　80 000

　　贷：银行存款　　　　　　　　　　　　　　　　　　　　　　80 000

7. 月末转出未交或多交增值税的业务处理

为了分别反映增值税一般纳税人欠交增值税和待抵扣增值税的情况，确保企业及时足额上交增值税，避免出现企业用以前月份欠交增值税抵扣以后月份未抵扣的增值税的情况。月度终了，企业应当将当月应交或多交的增值税自"应交增值税"明细科目转入"未交增值税"明细科目。对于当月应交未交的增值税，借记"应交税费——应交增值税（转出未交增值税）"科目，贷记"应交税费——未交增值税"科目；对于当月多交的增值税，借记"应交税费——未交增值税"科目，贷记"应交税费——应交增值税（转出多交增值税）"科目。

[案例2.3.1-17]

承接[案例2.3.1-16]，月终，计算江河公司本月应交或多交的增值税？并按规定进行结转。案例2.3.1-17解析：

①应交127 000-已交增值税80 000=47 000元，月末为未交增值税

②月末结转未交增值税

借：应交税费——应交增值税（转出未交增值税）　　　　　　47 000

　　贷：应交税费——未交增值税　　　　　　　　　　　　　　　47 000

8. 差额征税的业务处理

根据财政部和国家税务总局营改增试点政策的规定，对于企业发生的某些业务（金融商品转让、经纪代理服务、融资租赁和融资性售后回租业务、一般纳税人提供客运场站服务、试点纳税人提供旅游服务、选择简易计税方法提供建筑服务等）无法通过抵扣机制避

免重复征税的，应采用差额征税方式计算交纳增值税。

（1）企业发生相关成本费用允许扣减销售额的处理。

按现行增值税制度规定企业发生相关成本费用允许扣减销售额的，发生成本费用时，按应付或实际支付的金额，借记"主营业务成本""存货""工程施工"等科目，贷记"应付账款""应付票据""银行存款"等科目。待取得合规增值税扣税凭证且纳税义务发生时，按照允许抵扣的税额，借记"应交税费——应交增值税（销项税额抵减）"或"应交税费——简易计税"科目、贷记"主营业务成本""存货""工程施工"等科目。

［案例2.3.1-18］

某旅游企业为增值税一般纳税人，选择差额征税的方式。该企业本期向旅游服务购买方收取的含税价款为424 000元，其中增值税24 000元，全部款项已收妥入账。以银行存款支付给其他接团旅游企业的旅游费和其他单位的相关费用为318 000元，其中，因允许扣减销项额而减少的销项税额18 000元。假设该旅游企业采用总额法确认收入。

［案例2.3.1-18］解析：

①确认旅游服务收入：

借：银行存款　　　　　　　　　　　　　　　　　　　　424 000

　　贷：主营业务收入　　　　　　　　　　　　　　　400 000

　　　　应交税费——应交增值税（销项税额）　　　　24 000

②支付旅游费用和相关费用：

借：主营业务成本　　　　　　　　　　　　　　　　　　318 000

　　贷：银行存款　　　　　　　　　　　　　　　　　318 000

3 根据增值税扣税凭证抵减销项税额，并调整成本：

借：应交税费——应交增值税（销项税额抵减）　　　　　18 000

　　贷：主营业务成本　　　　　　　　　　　　　　　18 000

上述①②分录也可合并编制：

借：主营业务成本　　　　　　　　　　　　　　　　　　300 000

　　应交税费——应交增值税（销项税额抵减）　　　　　18 000

　　贷：银行存款　　　　　　　　　　　　　　　　　318 000

想一想：如果该旅游企业采用净额法确认收入呢？

（2）企业转让金融商品按规定以盈亏相抵后的余额作为销售额的处理。

按现行增值税制度规定，企业实际转让金融商品，月末，如产生转让收益，则按应纳税额借记"投资收益"等科目，贷记"应交税费——转让金融商品应交增值税"科目；如产生转让损失，则按可结转下月抵扣税额，借记"应交税费——转让金融商品应交增值税"科目，贷记"投资收益"等科目。交纳增值税时，应借记"应交税费——转让金融商品应交增值税"科目，贷记"银行存款"科目。年末，本科目如有借方余额，则借记"投资收益"等科目，贷记"应交税费——转让金融商品应交增值税"科目。具体业务核算见教材"交易性金融资产的核算"。

9. 增值税税控系统专用设备和技术维护费用抵减增值税额的业务处理

按现行增值税制度规定，企业初次购买增值税税控系统专用设备支付的费用以及缴纳的技术维护费允许在增值税应纳税额中全额抵减。增值税税控系统专用设备，包括增值税防伪税控系统设备（金税卡、IC 卡、读卡器或金税盘和报税盘）、货物运输业增值税专用发票税控系统专用设备（税控盘和报税盘）；机动车销售统一发票税控系统和公路、内河货物运输业发票税控系统专用设备（税控盘和传输盘）。企业初次购入增值税税控系统专用设备，按实际支付或应付的金额，借记"固定资产"科目，贷记"银行存款""应付账款"等科目。按规定抵减的增值税应纳税额，借记"应交税费——应交增值税（减免税款）"科目，贷记"管理费用"等科目。

企业发生的增值税税控系统专用设备技术维护费，应按实际支付或应付的金额，借记"管理费用"科目，贷记"银行存款"等科目。按规定抵减的增值税应纳税额，借记"应交税费——应交增值税（减免税款）"科目，贷记"管理费用"等科目。

［案例 2.3.1-19］

某企业为增值税一般纳税人，初次购买数台增值税税控系统专用设备作为固定资产核算，取得的专用发票上注明价款为 38 000 元，增值税税额为 6 080 元，价税款以银行存款支付。

［案例 2.3.1-19］解析：

购入设备时：

借：固定资产　　　　　　　　　　　　　　　　　　　　　　44 080

　　贷：银行存款　　　　　　　　　　　　　　　　　　　　　　44 080

按规定抵减增值税应纳税额时：

借：应交税费——应交增值税（减免税款）　　　　　　　　　44 080

　　贷：管理费用　　　　　　　　　　　　　　　　　　　　　　44 080

【任务操作要求】

1. 学习并理解任务指导

2. 独立完成给定业务核算

甲公司为增值税一般纳税人，适用的增值税税率为 16%，材料采用实际成本进行日常核算。该公司 201X 年 4 月 30 日"应交税费—应交增值税"科目借方余额为 1 万元，该借方余额均可用下月的销项税额抵扣。5 月份发生如下涉及增值税的经济业务：

（1）购买原材料一批，增值税专用发票上注明价款为 60 万元，增值税额为 9.6 万元，公司已开出商业承兑汇票。该原材料已验收入库，专用发票已认证。

（2）企业对外销售原材料一批。该批原材料的成本为 36 万元，不含税售价为 40 万元，应交纳的增值税额为 6.4 万元。

（3）销售产品一批，销售价格为 20 万元（不含增值税额），实际成本为 16 万元，提货单和增值税专用发票已交购货方，货款尚未收到。该销售符合收入确认条件。

（4）不动产在建工程领用购入的原材料一批，该批原材料实际成本为 30 万元，应由该批原材料负担的增值税额为 4.8 万元。

（5）因管理不善毁损原材料一批，该批原材料的实际成本为 10 万元，增值税额为 1.6 万元。

（6）用银行存款交纳本月增值税 2.5 万元。

要求：

（1）编制上述经济业务相关的会计分录（"应交税费"科目要求写出明细科目及专栏名称）。

（2）计算甲公司5月份发生的销项税额、应交增值税额和应交未交的增值税额并结转。

子任务2　小规模纳税人增值税的核算

【任务目的】

通过完成本任务，对增值税小规模纳税人产生基本的认知，了解增值税小规模纳税人增值税的计算，掌握小规模纳税人增值税日常业务的核算。为会计实务中涉增值税业务的熟练核算打下理论基础。

【任务指导】

1. 小规模纳税人应交增值税的计算

按现行增值税制度规定，小规模纳税人应纳增值税计算采用简易计税办法。小规模纳税人不享有进项税额的抵扣权，其购进货物、应税劳务或应税行为时支付的增值税直接计入相关成本费用或资产。小规模纳税人销售货物、应税劳务或应税行为时，按照不含税销售额和征收率计算应交纳的增值税。一般情况，小规模纳税人采用销售额和应纳税额合并定价的方法和客户结算款项，因此在计算应纳增值税税额时应进行价税分离，确定不含税销售额，具体计算公式为：

应纳增值税额=不含税销售额×征收率

=含税销售额/（1+征收率）×征收率

小规模纳税人增值税征收率为3%。

2. 小规模纳税人增值税的核算账户

小规模纳税人发生的业务相对一般纳税人而言比较简单，只需在"应交税费"账户下设置"应交增值税""转让金融商品应交增值税""代扣代交增值税"三个明细账户。后两个明细账户核算内容前面已做介绍，这里只重点介绍"应交增值税"明细账户。

"应交增值税"明细账户。根据小规模纳税人的特点，小规模纳税人只需在"应交税费"账户下设置"应交增值税"明细账进行核算，不需要在"应交增值税"明细账中设置专栏。该账户贷方登记应交纳的增值税，借方登记已交纳的增值税，期末贷方余额为小规模纳税人尚未交纳的增值税，若为借方余额表示小规模纳税人多交纳的增值税。

3. 小规模纳税人的业务处理

（1）购进货物、劳务服务等。

由于不享有进项税额的抵扣权，支付的增值税直接相关成本费用或资产中，小规模纳税人购进货物、劳务、服务、无形资产或不动产，应付或实际支付的全部款项，借记"固定资产""材料采购""在途物资""原材料""库存商品""委托加工物资""管理费用"等科目，贷记"应付账款""应付票据""银行存款"等科目。

[案例2.3.1-20]

长江公司（小规模纳税人）购入材料一批，取得的专用发票注明价款20 000元，增值税 3 200 元，款项以银行存款支付，材料已经验收入库。材料按实际成本核算。

案例 2.3.1-20 解析：

借：原材料　　　　　　　　　　　　　　　　　　　　23 200
　　贷：银行存款　　　　　　　　　　　　　　　　　　　　23 200

（2）销售货物、提供劳务服务等。

小规模纳税人销售货物、劳务、服务、无形资产或不动产，按全部价款（包括应交的增值税），借记"银行存款""应收账款""应收票据"等科目，按照不含税销售额，贷记"主营业务收入""其他业务收入"等科目，按应交纳的增值税税额，贷记"应交税费——应交增值税"科目。

[案例 2.3.1-21]

长江公司（小规模纳税人）销售产品一批，所开具的普通发票中注明货款（含税）30 900 元，增值税征收率 3%，款项已存入银行。

案例 2.3.1-21 解析：

不含增值税销售额 = 30 900÷（1+3%）= 30 000 元

借：银行存款　　　　　　　　　　　　　　　　　　　30 900
　　贷：主营业务收入　　　　　　　　　　　　　　　　　30 000
　　　　应交税费——应交增值税　　　　　　　　（30 000×3%）900

（3）交纳增值税。

小规模纳税人交纳增值税时，借记"应交税费——应交增值税"科目，贷记"银行存款"科目。

[案例 2.3.1-22]

长江公司（小规模纳税人）月末以银行存款交纳增值税 900 元。

案例 2.3.1-22 解析：

借：应交税费——应交增值税　　　　　　　　　　　　　900
　　贷：银行存款　　　　　　　　　　　　　　　　　　　　900

特别提示：根据现行有关增值税制度规定，小规模纳税人的某些业务也可采用差额征税方式计算交纳增值税；小规模纳税人初次购买增值税税控系统专用设备支付的费用以及缴纳的技术维护费同样允许在应纳税额中全额抵减，具体核算参照一般纳税人处理思路，只是核算账户上做适当的变动，这里不再赘述。

【任务操作要求】

1. 学习并理解任务指导

2. 独立完成给定业务核算

甲公司为增值税小规模纳税人，增值税征收率为 3%，5 月份发生如下经济业务：

（1）购买原材料一批，取得的增值税专用发票上注明价款为 50 000 元，增值税额为 8 000 元，款项已用银行汇票支付，原材料已验收入库。

（2）销售产品一批，所开具的普通发票中注明货款（含税）51 500 元，款项已存入银行。

（3）用银行存款交纳增值税 1500 元。

要求：根据业务编制会计分录。

任务 2.3.1 小结

一般纳税人和小规模纳税人在增值税的计算和核算上具有很大的差异，增值税核算重点如表2.3-2所示：

表 2.3-2　　　　　　　　一般纳税人和小规模纳税人增值税核算重点

一般纳税人	小规模纳税人
1. 应纳税额＝当期销项税额—当期进项税额	1. 应纳税额＝不含税销售额×3%
2. 核算账户：十个二级账，且在"应交税费——应交增值税"明细账户下必须设置（进项税额、已交税金、销项税额、进项税额转出、转出多交增值税、转出未交增值税）等专栏进行核算	2. 核算账户：三个明细账户，在"应交税费——应交增值税"明细账户下不需设置专栏。
3. 购进：①符合抵扣条件，进项税额能抵扣 ②不符合抵扣条件，进项税额不能抵扣 ③不动产分年抵扣 ④进项税额抵扣情况发生改变	3. 购进：进项税不能抵扣
4. 销售或视同销售：核算销项税额	4. 销售或视同销售：核算应交纳的增值税
5. 交纳增值税	5. 交纳增值税
6. 差额征税	6. 差额征税
7. 初次购买税控系统专用设备支付的费用以及缴纳的技术维护费全额抵扣	7. 初次购买税控系统专用设备支付的费用以及缴纳的技术维护费全额抵扣

任务 2.3.2　消费税的日常核算

【任务目的】

通过完成本任务，对我国消费税的纳税人、应税范围及消费税的计算有所认知，掌握消费税日常业务的核算。为会计实务中涉消费税业务的熟练核算打下理论基础。

【任务指导】

1. 认知消费税

消费税是对我国境内从事生产、委托加工和进口应税消费品的单位和个人，按其流转额征收的一种流转税。我国实行的是选择性的特种消费税，现纳入消费税征收范围的应税消费品有15个大类，包括烟、酒、鞭炮与烟火、木制一次性筷子、实木地板、贵重首饰及珠宝玉石、高档化妆品、高尔夫球及球具、高档手表、游艇、小汽车、摩托车、成品油、电池和涂料。消费税并非在应税消费品的所有流转环节征收，主要在生产、委托加工、进口环节实行单环节征税，除金银首饰和卷烟外，批发和零售环节不征消费税。消费税实行从价定率、从量定额，或者从价定率和从量定额复合计税（以下简称复合计税）的办法计算应纳税额。应纳税额计算公式为：

　　　　实行从价定率办法计算的应纳税额＝销售额×比例税率

　　　　实行从量定额办法计算的应纳税额＝销售数量×定额税率

实行复合计税办法计算的应纳税额=销售额×比例税率+销售数量×定额税率

公式中的销售额为纳税人销售应税消费品向购买方收取的全部价款和价外费用。纳税人自产自用的应税消费品，按照纳税人生产的同类消费品的销售价格计算纳税；没有同类消费品销售价格的，按照组成计税价格计算纳税。公式中的销售数量是指应税消费品的数量，具体是指：销售应税消费品的，为应税消费品的销售数量；自产自用应税消费品的，为应税消费品的移送使用数量；委托加工应税消费品的，为纳税人收回的应税消费品数量；进口应税消费品的，为海关核定的应税消费品进口征税数量。

企业应在"应交税费"账户下设置"应交消费税"明细账户，核算应交消费税的发生、交纳情况。该账户贷方登记应交纳的消费税，借方登记已交纳的消费税；期末贷方余额反映企业尚未交纳的消费税，借方余额反映企业多交纳的消费税。

2. 核算业务框架

消费税业务 { ①销售应税消费品
②自产自用应税消费品
③委托加工应税消费品：发出加工物资、支付相关费用、支付消费税（收回后直接出售、收回后继续加工）、收回加工好物资

3. 销售应税消费品的业务处理

企业销售应税消费品应交的消费税，应借记"税金及附加"科目，贷记"应交税费——应交消费税"科目。

[案例 2.3.2-1]

201×年 5 月 5 日，江河公司销售所生产的高档化妆品，开出的增值税专用发票上注明：价款 200 000 元，增值税 32 000 元，款项已收到存入银行。高档化妆品适用的消费税税率为 15%。

案例 2.3.2-1 解析：

实现销售，确认收入：

借：银行存款   232 000
  贷：主营业务收入   200 000
    应交税费——应交增值税（销项税）   32 000

计算应纳消费税：200 000×15%=30 000 元

借：税金及附加   30 000
  贷：应交税费——应交消费税   30 000

注意比较增值税和消费税，增值税是价外税，消费税是价内税。

4. 自产自用应税消费品的业务处理

企业将生产的应税消费品用于在建工程、职工福利、对外投资、捐赠等非生产项目时，应视同销售，按规定应交纳的消费税，借记什么科目，根据视同销售会计处理的两种方式（见增值税内容）确定，如果会计上做销售处理，借记"税金及附加"科目；如果会计上不做销售处理，则根据具体用途借记"在建工程""营业外支出"等科目，贷记"应交税费——应交消费税"科目。

[案例2.3.2-2]

江河公司在建工程领用自产柴油成本为50 000元，应纳消费税6 000元。

案例2.3.2-2解析：

借：在建工程　　　　　　　　　　　　　　　　　　　　　　　　　　　　56 000

　　贷：库存商品　　　　　　　　　　　　　　　　　　　　　　　　　　　50 000

　　　　应交税费——应交消费税　　　　　　　　　　　　　　　　　　　　 6 000

[案例2.3.2-3]

江河公司下设的职工食堂享受企业提供的补贴，本月领用自产产品一批，该产品的成本20 000元，市场价格30 000元（不含增值税），适用的增值税税率为16%，适用的消费税税率为10%。

案例2.3.2-3解析：

作销售处理，确认收入：

借：应付职工薪酬——职工福利　　　　　　　　　　　　　　　　　　　　34 800

　　贷：主营业务收入　　　　　　　　　　　　　　　　　　　　　　　　　30 000

　　　　应交税费——应交增值税（销项税额）　　　　　　　　　　　　　　 4 800

结转成本：

借：主营业务成本　　　　　　　　　　　　　　　　　　　　　　　　　　20 000

　　贷：库存商品　　　　　　　　　　　　　　　　　　　　　　　　　　　20 000

计算应交的消费税：

借：税金及附加　　　　　　　　　　　　　　　　　　　　　　　　　　　 3 000

　　贷：应交税费——应交消费税　　　　　　　　　　　　　　　　　　　　 3 000

5. 委托加工应税消费品的业务处理

根据本教材内容的编排，财产物资岗位未做委托加工物资内容的介绍，故在此，将委托加工物资及其消费税一并介绍。

（1）委托加工物资的内容和成本。

委托加工物资是指企业委托外单位加工的各种材料、商品等物资。

企业委托外单位加工物资的成本包括：加工中实际耗用物资的成本、支付的加工费用及应负担的运杂费、支付的税费等。

特别提示：关于委托加工物资涉及的税金是否计入委托加工物资成本如图2.3-1所示：

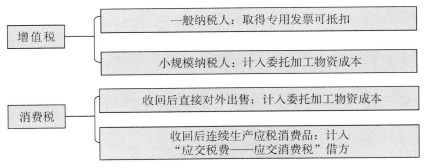

图2.3-1

（2）核算账户："委托加工物资"。

该账户属于资产类账户，用来核算委托加工物资增减变动及其结存情况，借方登记委托加工物资的实际成本，贷方登记加工完成验收入库的物资的实际成本和剩余物资的实际成本，期末余额在借方，反映企业尚未完工的委托加工物资的实际成本。该账户可按加工单位和加工物资项目设置明细账进行明细核算。

（3）委托加工物资的账务处理。

委托加工物资业务，在会计处理上主要包括发出物资、支付有关费用、支付税金和收回加工物资等四个环节。基本账务处理如下：

①发出加工的物资，按实际成本：

借：委托加工物资
　　贷：原材料等
　　　　材料成本差异（或借方）

如果以计划成本核算，在发出委托加工物资时，同时结转发出材料应负担的材料成本差异。

②支付加工费、往返运杂费和增值税：

借：委托加工物资
　　　应交税费——应交增值税（进项税额）
　　贷：银行存款等

③加工应税消费品，支付由受托方代收代缴的消费税：

根据《消费税暂行条例》的规定，委托加工的应税消费品，除受托方为个人外，由受托方在向委托方交货时代收代缴税款。委托加工的应税消费品，按照受托方的同类消费品的销售价格计算纳税；没有同类消费品销售价格的，按照组成计税价格计算纳税。

实行从价定率办法计算纳税的组成计税价格计算公式：

组成计税价格 =（材料成本 + 加工费）÷（1 − 比例税率）

实行复合计税办法计算纳税的组成计税价格计算公式：

组成计税价格 =（材料成本 + 加工费 + 委托加工数量 × 定额税率）÷（1 − 比例税率）

应纳消费税额 = 组成计税价格 × 适用税率

借：委托加工物资　　（收回后直接用于销售的）
　　　应交税费——应交消费税　　（收回后连续生产应税消费品的）
　　贷：银行存款等

④加工完成收回

借：原材料、库存商品等
　　贷：委托加工物资
　　　　材料成本差异等　　（或借方）

如果以计划成本核算，收回委托加工物资时，应视同购入结转采购形成的材料成本差异。

[案例2.3.2-4]

江河公司委托丁公司加工材料一批（属于应税消费品）10 000件，有关经济业务如下：

①1月10日，发出材料一批，计划成本为600 000元，材料成本差异率为−3%。

②2月10日，支付加工费并取得增值税专用发票，注明加工费12 000元，增值税税额为1920元，支付应当交纳的消费税66 000元，该材料收回后用于连续生产应税消费品，消费税可抵扣，江河公司和丁公司均为一般纳税人。

③3月4日，用银行存款支付往返运杂费并取得增值税专用发票上注明运费1 000元，增值税税额100元。

④3月6日，上述的材料10 000件（每件计划成本为65元）加工完毕，甲公司已办理验收入库手续。

案例2.3.2-4解析：

①发出委托加工材料时：

借：委托加工物资		582 000
材料成本差异		18 000
贷：原材料		600 000

②支付加工费、增值税、消费税时：

借：委托加工物资		12 000
应交税费——应交消费税		66 000
——应交增值税（进项税额）		1 920
贷：银行存款		79 920

③支付运杂费

借：委托加工物资		1 000
应交税费——应交增值税（进项税额）		100
贷：银行存款		1 100

④加工完毕收回

借：原材料		650 000
贷：委托加工物资	（582 000+12 000+1 000）	595 000
材料成本差异		55 000

此例中如果加工收回的材料直接用于对外出售，则：

⑤支付加工费、增值税、消费税时：

借：委托加工物资		78 000
应交税费——应交增值税（进项税额）		1 920
贷：银行存款		79 920

⑥加工完毕收回

借：原材料		650 000
材料成本差异		11000
贷：委托加工物资	（582 000+78 000+1 000）	661 000

6. 进口应税消费品的业务处理

企业进口应税消费品在进口环节应交的消费税，直接计入所购物资的成本，借记"材料采购""固定资产"等科目、贷记"银行存款"科目。

［案例 2.3.2-5］

江河公司从国外进口一批需要交纳消费税的商品，商品价值 2 000 000 元，进口环节需要交纳的消费税为 400 000 元（不考虑增值税），采购的商品已经验收入库，货款尚未支付，税款已经用银行存款支付。

案例 2.3.2-5 解析：

借：库存商品   2 400 000

   贷：应付账款   2 000 000

       银行存款   400 000

【任务操作要求】

1. 学习并理解任务指导

2. 独立完成给定业务核算

甲企业委托乙企业代为加工一批应交消费税的材料（非金银首饰）。甲企业的材料成本为 2 000 000 元，加工费为 400 000 元，由乙企业代收代缴的消费税为 160 000 元，甲、乙企业均为增值税一般纳税人，增值税税率为 16%，材料已经加工完成，并由甲企业收回验收入库，产生往返运杂费为 20 000 元，所有款项均以银行存款支付。

要求：根据业务编制相关会计分录。

任务 2.3.2 小结

消费税核算重点：销售应税消费品应纳消费税计入"税金及附加"；自产自用应税消费品应纳消费税根据是否确认收入，计入的科目有所不同；委托加工应税消费品应纳消费税，如果收回后继续加工，计入"应交税费——应交消费税"借方，如果直接出售，计入"委托加工物资"。

任务 2.3.3 其他应交税费的日常核算

【任务目的】

通过完成本任务，对资源税、城市维护建设税、土地增值税、房产税、城镇土地使用税、车船税、印花税、个人所得税及教育费附加等这些税费的纳税人及其计算有所认知，能对这些税费业务进行核算。为会计实务中涉及这些税费业务的熟练核算打下理论基础。

【任务指导】

1. 资源税的核算

（1）认知资源税。

资源税是对在我国领域及管辖海域开采规定的矿产品或者生产盐的单位和个人征收的一种税。我国目前资源税的征税范围仅涉及规定的原油、天然气、煤炭、其他非金属矿、金属矿 4 类矿产品和海盐两个大类。资源税的应纳税额，按照从价定率或者从量定额的办法，分别以应税产品的销售额乘以纳税人具体适用的比例税率或者以应税产品的销售数量乘以纳税人具体适用的定额税率计算。其计算公式为：

实行从价定率办法计算的应纳税额＝应税产品的销售额×比例税率

实行从量定额办法计算的应纳税额＝应税产品的销售数量×定额税率

纳税人开采或者生产应税产品，自用于连续生产应税产品的，不缴纳资源税；自用于其他方面的，视同销售，缴纳资源税。

（2）资源税的业务处理。

对外销售应税产品应交纳的资源税，借记"税金及附加"科目，贷记"应交税费——应交资源税"科目；自产自用应税产品应纳的资源税，借记"生产成本""制造费用"等科目，贷记"应交税费——应交资源税"科目。交纳资源税，借记"应交税费——应交资源税"科目、贷记"银行存款"科目。

[案例 2.3.3-1]

某企业本期对外销售资源税应税矿产品取得销售收入 500 000 元，用于产品生产的应税矿产品计税金额为 1000 000 元，该矿产品适用的资源税税率为 6%。

案例 2.3.3-1 解析：

① 计算应交资源税：

销售应税矿产品应交的资源税 = 500 000×6% = 30 000（元）

自产自用应税矿产品应交的资源税 = 100 000×6% = 6 000（元）

借：税金及附加	30 000	
生产成本	6 000	
贷：应交税费——应交资源税		36 000

② 用银行存款交纳资源税：

借：应交税费——应交资源税	36 000	
贷：银行存款		36 000

2. 城市维护建设税的核算

（1）认知城市维护建设税。

城市维护建设税是国家为了加强城市的维护建设，扩大和稳定城市维护建设资金的来源而开征的一种税。凡缴纳消费税、增值税的单位和个人，都是城市维护建设税的纳税义务人。城市维护建设税以纳税人实际缴纳的消费税、增值税税额为计税依据，分别与消费税、增值税同时缴纳。其计算公式为：

应纳税额 =（应交增值税+应交消费税）×适用税率

城市维护建设税税率为：纳税人所在地在市区的，税率为 7%；纳税人所在地在县城、镇的，税率为 5%；纳税人所在地不在市区、县城或镇的，税率为 1%。

（2）城市维护建设税的业务处理。

企业按规定计算出应交纳的城市维护建设税，借记"税金及附加"科目，贷记"应交税费——应交城市维护建设税"科目。交纳城市维护建设税，借记"应交税费——应交城市维护建设税"科目，贷记"银行存款"科目。

[案例 2.3.3-2]

江河公司本期实际应交增值税 260 000 元、消费税 340 000 元，适用的城市维护建设税税率为 7%。

案例 2.3.3-2 解析：

① 计算应交城市维护建设税：

应交的城市维护建设税＝（260 000 ＋340 000 ）×7% ＝42 000 （元）

借：税金及附加   42 000

    贷：应交税费——应交城市维护建设税   42 000

② 用银行存款交纳城市维护建设税：

借：应交税费——应交城市维护建设税   42 000

    贷：银行存款   42 000

3. 教育费附加的核算

（1）认知教育费附加。

教育费附加是国家为了加快发展地方教育事业，扩大地方教育经费的资金来源而征收的一种费用。凡缴纳消费税、增值税的单位和个人，都应当缴纳教育费附加。教育费附加，以各单位和个人实际缴纳的增值税、消费税的税额为计征依据，分别与增值税、消费税同时缴纳。其计算公式为：

应纳教育费附加＝（应交增值税＋应交消费税）×教育费附加征收率

目前，执行的教育费附加征收率为3%。

（2）教育费附加的业务处理。

企业按规定计算出应交纳的教育费附加，借记"税金及附加"科目，贷记"应交税费——应交教育费附加"科目。交纳教育费附加，借记"应交税费——应交教育费附加"科目，贷记"银行存款"科目。

［案例2.3.3-3］

承接案例2.3.3-2，计算江河公司本期应交纳的教育费附加，并以存款交纳。

案例2.3.3-3 解析：

① 计算应交纳的教育费附加

应交纳的教育费附加＝（260 000 ＋340 000 ）×3% ＝18 000 （元）

借：税金及附加   18 000

    贷：应交税费——应交教育费附加   18 000

② 交纳教育费附加：

借：应交税费——应交教育费附加   18 000

    贷：银行存款   18 000

4. 土地增值税的核算

（1）认知土地增值税。

土地增值税是对转让国有土地使用权、地上的建筑物及其附着物并取得收入的单位和个人，就其转让房地产所得的增值额征收的一种税。

土地增值税按照纳税人转让房地产所取得的增值额和规定的税率计算征收。转让房地产的增值额是转让收入减去税法规定的扣除项目金额后的余额，其中，转让房地产所取得的收入，包括货币收入、实物收入和其他收入；扣除项目主要包括取得土地使用权所支付的金额、开发土地的成本及费用、新建房及配套设施的成本及费用、与转让房地产有关的税金、旧房及建筑物的评估价格、财政部规定的其他扣除项目等。土地增值税实行四级超率累进税率，其中最低税率为30%，最高税率为60%。

（2）土地增值税的业务处理。

根据企业对房地产核算方法不同，企业应交土地增值税的账务处理也有所不同：企业转让的土地使用权连同地上建筑物及其附着物一并在"固定资产"科目核算的，转让时应交的土地增值税，借记"固定资产清理"科目、贷记"应交税费——应交土地增值税"科目；土地使用权在"无形资产"科目核算的，借记"银行存款""累计摊销""无形资产减值准备"科目，按土地使用权的账面余额贷记"无形资产"科目，按应交的增值税贷记"应交税费——应交增值税（销项税额）"，按应交的土地增值税贷记"应交税费——应交土地增值税"科目，按其差额，借记或贷记"资产处置损益"科目；房地产开发经营企业销售房地产应交纳的土地增值税，借记"税金及附加"科目、贷记"应交税费——应交土地增值税"科目。交纳土地增值税，借记"应交税费——应交土地增值税"科目、贷记"银行存款"科目。

［案例2.3.3-4］

江河公司对外转让厂房一栋，根据税法规定计算应交的土地增值税为30 000元。

案例2.3.3-4解析：

① 计算出应交纳的土地增值税：

借：固定资产清理　　　　　　　　　　　　　　　　　　　　30 000

　　贷：应交税费——应交土地增值税　　　　　　　　　　　　　　30 000

② 交纳土地增值税：

借：应交税费——应交土地增值税　　　　　　　　　　　　　30 000

　　贷：银行存款　　　　　　　　　　　　　　　　　　　　　　30 000

5. 房产税、城镇土地使用税、车船税和印花税的核算

（1）认知相关税金。

房产税是我国对在城市、县城、建制镇和工矿区内拥有房屋产权的单位和个人征收的一种税。我国现行房产税有从价计征和从租计征两种方式。从价计征的房产税，是以房产原值一次性减除10%～30%后的余值为计税依据，税率为1.2%；从租计征的房产税，是以房屋出租的租金收入为计税依据，税率为12%。

城镇土地使用税是以城市、县城、建制镇、工矿区范围内使用土地的单位和个人为纳税人，以其实际占用的土地面积为计税依据，按照规定的税额计算征收的一种税。

车船税是以车辆、船舶（简称车船）为课税对象，向车船所有人或者管理人征收的一种税。车船税是以车船的计税单位数量为计税依据，采用定额税率，按年申报，分月计算，一次性缴纳。

印花税是对经济活动和经济交往中书立、领受、使用的应税经济凭证征收的一种税。因纳税人主要是通过在应税凭证上粘贴印花税票来完成纳税义务，故名印花税。现行条例中列举的应纳印花税的经济凭证为五类，包括：经济合同、产权转移书据、营业账簿、权利及许可证照和经财政部门确定征税的其他凭证。印花税实行比例税率和定额税率两种计征方式。

（2）业务处理。

应交的房产税、城镇土地使用税、车船税，借记"税金及附加"科目，贷记"应交税费"科目，交纳时，借记"应交税费"科目，贷记"银行存款"科目。印花税通常是

先购买后使用，因此，在发生时直接借记"税金及附加"科目，贷记"银行存款"或"库存现金"科目，不需通过"应交税费"科目核算。

[案例2.3.3-5]

江河公司按税法规定本期应交纳房产税120 000元、车船税30 000元、城镇土地使用税45 000元。

案例2.3.3-5解析：

① 计算出应交纳的上述税金：

借：税金及附加 195 000
　　贷：应交税费——应交房产税 120 000
　　　　　　　　　——应交车船税 30 000
　　　　　　　　　——应交城镇土地使用税 45 000

② 交纳上述税金：

借：应交税费——应交房产税 120 000
　　　　　　　——应交车船税 30 000
　　　　　　　——应交城镇土地使用税 45 000
　　贷：银行存款 195 000

6. 个人所得税的核算

（1）认知个人所得税。

个人所得税是对个人（即自然人）取得的各项应税所得征收的一种所得税。企业职工按规定应交纳的个人所得税通常由单位代扣代缴。

（2）个人所得税的业务处理。

企业按规定计算的代扣代缴的个人所得税，借记"应付职工薪酬"科目，贷记"应交税费——应交个人所得税"科目；企业交纳个人所得税时，借记"应交税费——应交个人所得税"科目，贷记"银行存款"科目。

[案例2.3.3-6]

江河公司结算本月应付职工工资总额为200 000元，按税费规定应代扣代缴的职工个人所得税共计5 000元，实际发放工资195 000元。

案例2.3.3-6解析：

① 代扣个人所得税：

借：应付职工薪酬——工资 5 000
　　贷：应交税费——应交个人所得税 5 000

② 交纳个人所得税：

借：应交税费——应交个人所得税 5 000
　　贷：银行存款 5 000

【任务操作要求】

1. 学习并理解任务指导

2. 独立完成给定业务核算

甲企业本期实际应交增值税440 000元、消费税40 000元，适用的城市维护建设税税率为7%，教育费附加征收率为3%。

要求：计算应交纳的城市维护建设税和教育费附加，并编制计算和交纳的会计分录。

任务2.3.3 小结

其他应交税费核算重点：

（1）对外销售和视同销售应纳资源税的核算不同。

（2）应纳城市维护建设税和教育费附加在计算依据上均为本期应纳的增值税、消费税之和，在核算上均计入"税金及附加"科目。

（3）企业对房地产核算方法不同，企业应交土地增值税的账务处理也有所不同。

（4）企业应交纳的房产税、城镇土地使用税、车船税和印花税均计入"税金及附加"科目，但印花税不通过"应交税费"科目核算。

（5）个人所得税通常由企业代扣代缴，结合工资进行核算。

项目 2.4　职工薪酬的核算

【项目介绍】

本项目内容以《企业会计准则第9号——职工薪酬》及其应用指南为指导，主要介绍职工和职工薪酬的范围及分类、短期薪酬、离职后福利和辞退福利的核算，要求学生通过学习，对我国职工薪酬构成及其主要薪酬内容核算产生认知，通过任务处理，进一步演练借贷记账法，为会计实务工作打下基础。

【项目实施标准】

本项目通过完成4项具体任务来实施，具体任务内容结构如表2.4-1所示：

表2.4-1　　　　　　　　　"职工薪酬的核算"项目任务细分表

任务	子任务
任务2.4.1　职工和职工薪酬的基本认知	
任务2.4.2　短期薪酬的核算	1. 货币性职工薪酬的核算
	2. 非货币性职工薪酬的核算
任务2.4.3　离职后福利与辞退福利的核算	

任务 2.4.1　职工和职工薪酬的基本认知

【任务目的】

通过完成本任务，使学生理解职工薪酬准则中对职工和职工薪酬的界定，掌握职工薪酬的分类及具体构成内容，熟悉核算职工薪酬的总账科目和明细账科目的设置，为后续职工薪酬的具体核算打下理论基础。

【任务指导】

1. 职工的具体范围

职工，是指与企业订立劳动合同的所有人员，含全职、兼职和临时职工，也包括虽未与企业订立劳动合同但由企业正式任命的人员。职工具体包括以下三类人员：

（1）与企业订立劳动合同的所有人员，含全职、兼职和临时职工。按照《中华人民共和国劳动法》和《中华人民共和国劳动合同法》的规定，企业作为用人单位应当与劳动者订立劳动合同。职工首先应当包括这部分人员，即与企业订立了固定期限、无固定期限或者以完成一定工作作为期限的劳动合同的所有人员。

（2）未与企业订立劳动合同但由企业正式任命的人员。企业按照有关规定设立董事、监事，或者董事会、监事会的，其所聘请的独立董事、外部监事等，虽然没有与企业订立劳动合同，但属于由企业相关权力机构（股东会、董事会等）正式任命的人员，对其支付的津贴、补贴等报酬从性质上属于职工薪酬，所以该类人员也属于准则所称的职工。

（3）在企业的计划和控制下，虽未与企业订立劳动合同或未由其正式任命，但向企业所提供服务与该企业职工所提供服务类似的人员。其中包括企业通过与劳务中介公司签订用工合同而向企业提供服务的人员（即劳务派遣人员）。如果企业不使用这些劳务用工人员，也需要雇佣职工订立劳动合同提供类似服务，因而，这些劳务用工人员属于准则所称的职工。

2. 职工薪酬的概念及分类

职工薪酬，是指企业为获得职工提供的服务或解除劳动关系而给予的各种形式的报酬或补偿。此外，企业提供给职工配偶、子女、受赡养人、已故员工遗属及其他受益人等的福利，也属于职工薪酬。职工薪酬主要包括短期薪酬、离职后福利、辞退福利和其他长期职工福利。

（1）短期薪酬。

短期薪酬，是指企业预期在职工提供相关服务的年度报告期间结束后 12 个月内将全部予以支付的职工薪酬，但因解除与职工的劳动关系给予的补偿除外（因解除与职工的劳动关系而给予的补偿属于辞退福利的范畴）。短期薪酬主要包括：

①职工工资、奖金、津贴和补贴，是指企业按照构成工资总额的计时工资、计件工资、支付给职工的超额劳动报酬和增收节支的劳动报酬、为了补偿职工特殊或额外的劳动消耗和因其他特殊原因支付给职工的津贴，以及为了保证职工工资水平不受物价影响支付给职工的物价补贴等。其中，企业按照短期奖金计划向职工发放的奖金属于短期薪酬，按照长期奖金计划向职工发放的奖金属于其他长期职工福利。

②职工福利费，是指企业为职工提供的除职工工资、奖金、津贴和补贴、职工教育经费、社会保险费及住房公积金等以外的福利待遇支出，包括发放给职工或为职工支付的以下各项现金补贴和非货币性集体福利：一是为职工卫生保健、生活等发放或支付的各项现金补贴和非货币性福利，包括职工因公外地就医费用、职工疗养费用、防暑降温费等；二是企业尚未分离的内设集体福利部门所发生的设备、设施和人员费用；三是发放给在职职工的生活困难补助以及按规定发生的其他职工福利支出，如丧葬补助费、抚恤费、职工异

地安家费、独生子女费等。

③医疗保险费、工伤保险费和生育保险费等社会保险费，是指企业按照国家规定的基准和比例计算，向税务部门（2019年1月1日起，各项社会保险费交由税务部门统一征收）缴存的医疗保险费、工伤保险费和生育保险费。

④住房公积金，是指企业按照国家规定的基准和比例计算，向住房公积金管理机构缴存的住房公积金。

⑤工会经费和职工教育经费，是指企业为了改善职工文化生活、为职工学习先进技术和提高文化水平和业务素质，用于开展工会活动和职工教育及职业技能培训等相关支出。

⑥短期带薪缺勤，是指职工虽然缺勤但企业仍向其支付报酬的安排，包括年休假、病假、短期伤残、婚假、产假、丧假、探亲假等。长期带薪缺勤属于其他长期职工福利。

⑦短期利润分享计划，是指因职工提供服务而与职工达成的基于利润或其他经营成果提供薪酬的协议。长期利润分享计划属于其他长期职工福利。

⑧非货币性福利，是指企业以自己生产的产品或外购商品发放给职工作为福利，企业提供给职工无偿使用自己拥有的资产或租赁资产供职工无偿使用等。

⑨其他短期薪酬，是指除上述薪酬以外的其他为获得职工提供的服务而给予的短期薪酬。

（2）离职后福利。

离职后福利，是指企业为获得职工提供的服务而在职工退休或与企业解除劳动关系后，提供的各种形式的报酬和福利，但属于短期薪酬和辞退福利的除外。

离职后福利计划，是指企业与职工就离职后福利达成的协议，或者企业为向职工提供离职后福利制定的规章或办法等。离职后福利计划按其特征可以分为设定提存计划和设定受益计划，其中，设定提存计划，是指企业向独立的基金缴存固定费用后，企业不再承担进一步支付义务的离职后福利计划；设定受益计划，是指除设定提存计划以外的离职后福利计划。

（3）辞退福利。

辞退福利，是指企业在职工劳动合同到期之前解除与职工的劳动关系，或者为鼓励职工自愿接受裁减而给予职工的补偿。

（4）其他长期职工福利。

其他长期职工福利，是指除短期薪酬、离职后福利、辞退福利之外所有的职工薪酬，包括长期带薪缺勤、长期残疾福利、长期利润分享计划等。

3. 核算账户："应付职工薪酬"

该账户属于负债类账户，用来核算应付职工薪酬的计提、结算、发放等情况，该账户贷方登记已分配计入有关成本费用项目的职工薪酬的数额，借方登记实际发放职工薪酬的数额，包括扣还的款项等，期末余额通常在贷方，表示企业应付未付的职工薪酬。该账户应当按照"工资、奖金、津贴和补贴""职工福利费""非货币性福利""社会保险费""住房公积金""工会经费和职工教育经费""带薪缺勤""利润分享计划""设定提存计划""设定受益计划""辞退福利"等职工薪酬项目设置明细账户进行明细核算。

【任务操作要求】

1. 学习并理解任务指导

2. 独立完成给定任务

（1）（单选题）下列项目中，不属于职工薪酬的是（　　　）。

A. 独立董事的薪酬　　　　　　　B. 职工子女赡养福利

C. 职工因公出差的差旅费　　　　D. 因解除职工劳动合同支付的补偿款

（2）（单选题）以下不属于短期薪酬的是（　　　）。

A. 职工工资　　　　　　　　　　B. 职工福利费

C. 利润分享计划　　　　　　　　D. 离职后福利

任务 2.4.1 小结

《企业会计准则第 9 号——职工薪酬》准则中职工薪酬的主要构成：

（1）短期薪酬。

（2）离职后福利。

（3）辞退福利。

（4）其他长期职工福利。

任务 2.4.2　短期薪酬的核算

根据《企业会计准则第 9 号——职工薪酬》的规定，短期薪酬主要包括九项具体内容，大部分短期薪酬的支付方式是企业以货币支付，也有发产品、配车、配房等非货币性支付方式，核算上有所差异。

子任务 1　货币性职工薪酬的核算

【任务目的】

通过完成本任务，使学生掌握工资、职工福利费、"三险一金"（养老保险、失业保险、医疗保险和住房公积金）、"两费"（工会经费和职工教育经费）、短期带薪缺勤等几种货币性薪酬业务的处理，以备在核算实务中熟练运用。

【任务指导】

1. 货币性职工薪酬核算业务框架

$$货币性薪酬核算\begin{cases}确认 \\ 发放或支付\end{cases}$$

2. 货币性职工薪酬核算业务基本分录处理

（1）确认业务。

借：生产成本　　　　　　　　　　（生产车间生产工人薪酬）

　　制造费用　　　　　　　　　　（生产车间管理人员薪酬）

　　管理费用　　　　　　　　　　（行政管理人员薪酬）

销售费用　　　　　　　　　　　　　（销售人员薪酬）

研发支出　　　　　　　　　　　　　（从事研发活动人员薪酬）

在建工程等　　　　　　　　　　　　（从事工程建设人员薪酬）

　　贷：应付职工薪酬

（2）发放或支付业务。

借：应付职工薪酬

　　贷：银行存款或库存现金

3. 职工工资、奖金、津贴和补贴

对于职工工资、奖金、津贴和补贴等货币性职工薪酬，企业应当在职工为其提供服务的会计期间，根据职工提供服务的受益对象，确认应付的职工工资、奖金、津贴和补贴，借记"在建工程""研发支出""劳务成本""生产成本""制造费用""管理费用""销售费用"等科目，贷记"应付职工薪酬——工资、奖金、津贴和补贴"科目。

【案例 2.4.2-1】

江河公司 201× 年 8 月份应付职工工资总额为 420 000 元，"工资费用分配汇总表"中列示：产品生产人员工资为 300 000 元（其中：A 产品生产人员工资 200 000 元，B 产品生产人员工资 100 000 元），车间管理人员工资为 60 000 元，企业行政管理人员工资为 35 000 元，专设销售机构人员工资为 25 000 元。

要求：编制江河公司上述业务会计分录。

案例 2.4.2-1 解析：

借：生产成本——A 产品　　　　　　　　　　　　　　　　200 000

　　　　　　——B 产品　　　　　　　　　　　　　　　　100 000

　　制造费用　　　　　　　　　　　　　　　　　　　　　60 000

　　管理费用　　　　　　　　　　　　　　　　　　　　　35 000

　　销售费用　　　　　　　　　　　　　　　　　　　　　25 000

　　贷：应付职工薪酬——工资　　　　　　　　　　　　　　　420 000

企业发放工资、奖金、津贴、补贴时，按实际发放金额，借记"应付职工薪酬——工资"科目，贷记"银行存款""库存现金"等科目；对企业从应付职工薪酬中扣还和代扣的各种款项（代垫的家属医药费、代扣社会保险费、住房公积金及个人所得税等），借记"应付职工薪酬——工资"科目，贷记"银行存款""库存现金""其他应收款""其他应付款""应交税费——应交个人所得税"等科目。

实务中，企业一般在每月发放工资前，根据"工资费用分配汇总表"中的"实发金额"栏的合计数，通过开户银行支付给职工或从开户银行提取现金然后再向职工发放。

［案例 2.4.2-2］

承接［案例 2.4.2-1］江河公司根据"工资费用分配汇总表"结算 201×年 8 月应付职工工资总额 420 000 元，其中，公司扣回代垫职工房租 16 000 元、代扣养老保险费 33 600 元，医疗保险费 8 400 元，失业保险费 4 200 元，住房公积金 29 400 元，代扣个人所得税 1 400 元，实发工资 327 000 元，已通过开户银行转账发放。

要求：编制江河公司上述业务会计分录。

案例 2.4.2-2 解析：

① 通过银行发放工资：

借：应付职工薪酬——工资	327 000
贷：银行存款	327 000

② 代扣款项：

借：应付职工薪酬——工资	93 000
贷：其他应收款——职工房租	16 000
其他应付款——应付养老保险费	33 600
——应付医疗保险费	8 400
——应付失业保险费	4 200
——应付住房公积金	29 400
应交税费——应交个人所得税	1 400

4. 职工福利费

企业发生的职工福利费，应当在实际发生时按照受益对象根据实际发生额计入当期损益或相关资产成本，借记"在建工程""研发支出""生产成本""制造费用""管理费用""销售费用"等科目，贷记"应付职工薪酬——职工福利费"科目。实际发放或支付福利费时，借记"应付职工薪酬——职工福利费"科目、贷记"银行存款"等科目。

[案例 2.4.2-3]

江河公司下设一所职工食堂，每月根据在岗职工数量及岗位分布情况、相关历史经验数据等计算需要补贴食堂的金额，从而确定企业每期因补贴职工食堂需要承担的福利费金额。201×年 9 月，企业在岗职工共计 87 人，其中，生产车间生产人员 67 人（A 产品生产工人 44 人，B 产品生产工人 23 人），车间管理人员 9 人，行政管理人员 6 人，销售人员 5 人，企业的历史经验数据表明，每个职工每月需补贴食堂 200 元。

案例 2.4.2-3 解析：

借：生产成本——A 产品	（44×200）	8 800
——B 产品	（23×200）	4 600
制造费用	（9×200）	1 800
管理费用	（6×200）	1 200
销售费用	（5×200）	1 000
贷：应付职工薪酬——职工福利费		17 400

[案例 2.4.2-4]

承接 [案例 2.4.2-3] 201×年 10 月，江河公司通过其开户银行支付 17 400 元补贴给食堂。

案例 2.4.2-4 解析：

借：应付职工薪酬——职工福利费	17 400
贷：银行存款	17 400

5. 国家规定计提标准的职工薪酬（"三险一金""两费"）

按照社会保险法律制度规定，企业应按期按规定计提"三险"（不包含属于职工薪酬准则中"离职后福利"的基本养老保险和失业保险），计提基数为职工工资总额。其中，基本医疗保险由单位和个人按规定比例共同承担、缴纳，工伤保险、生育保险则由单位承担，个人不缴费。

对于住房公积金，根据相关规定，应以职工工资总额为缴费基数，由单位和个人在不超过职工本人上一年度月平均工资一定比例等额计缴。对工会经费和职工教育经费，国家相关规定，按不超过工资总额的2%和2.5%计提。

企业为职工缴纳的医疗保险费、工伤保险费、生育保险费等社会保险费和住房公积金，以及按规定提取的工会经费和职工教育经费，应当在职工为其提供服务的会计期间，根据规定的计提基础和计提比例计算确定相应的职工薪酬金额，并确认相关负债，按照受益对象计入当期损益或相关资产成本，借记"生产成本""制造费用""管理费用"等科目，贷记"应付职工薪酬"相关明细科目。企业实际向相关机构缴存上述项目时，借记"应付职工薪酬"相关明细科目，贷记"银行存款"等。

[案例2.4.2-5]

承接［案例2.4.2-1］201×年8月，江河公司根据相关规定和标准，按工资总额8%、0.8%、0.7%、7%分别计提医疗保险费、工伤保险费、生育保险费和住房公积金，同时按工资总额的2%和2.5%计提工会经费和职工教育经费。

案例2.4.2-5解析：

借：生产成本——A产品

　　　　　　［200 000×（8%+0.8%+0.7%+7%+2%+2.5%）］42 000

　　　　——B产品

　　　　　　［100 000×（8%+0.8%+0.7%+7%+2%+2.5%）］21 000

　　制造费用　　　　　［60 000×（8%+0.8%+0.7%+7%+2%+2.5%）］12 600

　　管理费用　　　　　［35 000×（8%+0.8%+0.7%+7%+2%+2.5%）］7 350

　　销售费用　　　　　［25 000×（8%+0.8%+0.7%+7%+2%+2.5%）］5 250

　　贷：应付职工薪酬——社会保险费——基本医疗保险费（420 000×8%）33 600

　　　　　　　　　　　　　　　——工伤保险费　（420 000×0.8%）3 360

　　　　　　　　　　　　　　　——生育保险费　（420 000×0.7%）2 940

　　　　应付职工薪酬——住房公积金　　　　　（420 000×7%）29 400

　　　　　　　　　——工会经费　　　　　　（420 000×2%）8 400

　　　　　　　　　——职工教育经费　　　　（420 000×2.5%）10 500

[案例2.4.2-6]

承接［案例2.4.2-5］江河公司将工会经费8 400元上缴工会组织，同时，以存款支付职工技能培训费4 000元。

案例2.4.2-6解析：

借：应付职工薪酬——工会经费　　　　　　　　　　　　　8 400

　　　　　　——职工教育经费　　　　　　　　　　　　10 500

　　贷：银行存款　　　　　　　　　　　　　　　　　　　　18 900

注："三险一金"的缴纳见案例2.4.3-3。

6. 短期带薪缺勤

企业对各种原因产生的缺勤进行补偿，比如年休假、病假、短期伤残假、婚假、产假、丧假及探亲假等。对于职工带薪缺勤，企业应当按照其性质及职工享有的权利，分为累积带薪缺勤和非累积带薪缺勤两类，企业应当对累积带薪缺勤和非累积带薪缺勤分别进行会计处理。如果带薪缺勤属于长期带薪缺勤的，应当作为其他长期职工福利处理。

（1）累积带薪缺勤，是指带薪权利可以结转下期的带薪缺勤，本期尚未用完的带薪缺勤权利可以在未来期间使用。企业应当在职工提供了服务从而增加了其未来享有的带薪缺勤权利时，确认与累积带薪缺勤相关的职工薪酬，并以累积未行使权利而增加的预期支付金额计量。确认累积带薪缺勤时，借记"管理费用"等科目，贷记"应付职工薪酬——带薪缺勤——短期带薪缺勤——累积带薪缺勤"科目。

有些累积带薪缺勤在职工离开企业时，对于未行使的权利，职工有权获得现金支付补偿。职工在离开企业时能够获得现金支付的，企业应当确认企业必须支付的、职工全部累积未使用权利的金额。企业应当根据资产负债表日因累积未使用权利而导致的预期支付的追加金额，作为累积带薪缺勤费用进行预计。

[案例 2.4.2-7]

江河公司共有员工 87 人，从 20×7 年 1 月 1 日起实施员工带薪年休制度。该制度规定，每个职工每年可享受 5 个工作日带薪年休假，当年未休带薪年休假可递延一年继续使用，但超过一年未休年休假将视同放弃，权利作废，且公司不予额外现金补偿，职工休带薪年休假以"后进先出"方式统计，即首先从当年可享受的权利中扣除，再从上年结转的未使用带薪年休假余额中扣除。员工离职时，对员工尚未使用的累积带薪年休假，公司不支付现金。

20×7 年 12 月 31 日，每个职工当年平均未使用带薪年休假为 2 天。根据过去的经验并预期该经验将继续适用，江河公司预计 20×8 年有 82 名员工将享受不超过 5 天的带薪年休假，剩余 5 名员工每人将平均享受 6 天半年休假，假定这 5 名员工全部为各部门经理，该公司平均每名职工每个工作日工资为 250 元。

案例 2.4.2-7 解析：

江河公司在 20×7 年 12 月 31 日应当预计由于职工累积未使用的带薪年休假权利而导致的预期将支付的金额，即相当于 7.5 天（5×1.5）的年休假工资金额 1 875 元（7.5×250）。

借：管理费用   1 875
　　贷：应付职工薪酬——带薪缺勤——短期带薪缺勤——累积带薪缺勤   1 875

20×8 年，如果 5 名职工均未享受累积未使用的带薪年休假，则冲回上年度确认的费用：

借：应付职工薪酬——带薪缺勤——短期带薪缺勤——累积带薪缺勤 1 875
　　贷：管理费用   1 875

20×8 年，如果 5 名职工均享受了累积未使用的带薪年休假，则 20×8 年确认的工资费用应扣除上年度已确认的累积带薪费用。

（2）非累积带薪缺勤，是指带薪权利不能结转下期的带薪缺勤，本期尚未用完的带薪缺勤权利将予以取消，并且职工离开企业时也无权获得现金补偿支付。我国企业职工休婚假、产假、丧假、探亲假、病假期间的工资通常属于非累积带薪缺勤。

在非累计带薪缺勤业务中，由于职工提供服务本身不能增加其能够享受的福利金额，企业在职工未缺勤时不应当计提相关费用和负债；企业应当在职工实际发生缺勤的会计期间确认与非累积带薪缺勤相关的职工薪酬。企业确认职工享有的与非累积带薪缺勤权利相关的薪酬，视同职工出勤确认的当期损益或相关资产成本。通常情况下，与非累积带薪缺勤相关的职工薪酬已经包括在企业每期向职工发放的工资等薪酬中，因此，不必额外作相应的账务处理。

【任务操作要求】

1. 学习并理解任务指导

2. 独立完成给定业务核算

（1）甲公司 20×7 年 11 月有关职工薪酬业务如下：

①本月应付职工工资总额为 200 万元，其中：生产工人工资 100 万元，车间管理人员工资 20 万元，行政管理人员工资 30 万元，专设销售部门人员工资 10 万元，在建工程人员工资 5 万元，内部研发人员工资 35 万元（符合资本化条件）。

②承接业务①，实际通过开户银行转账发放工资 162 万元，代扣为职工垫支的医药费 0.5 万元，企业代扣养老保险费 16 万元，医疗保险费 4 万元，失业保险费 2 万元，住房公积金 14 万元，代扣个人所得税 1.5 万元，

③根据相关规定和标准，按工资总额 8%、0.8%、0.7%、7%分别计提医疗保险费、工伤保险费、生育保险费和住房公积金。

④按工资总额的 2%和 2.5%计提工会经费和职工教育经费，并将工会经费上缴工会组织。

⑤以现金支付车间生产工人李强生活困难补助 600 元。

⑥以存款支付职工技能培训费 8 000 元。

要求：根据上述业务编制会计分录。

（2）甲公司共有 1 000 名职工，该公司实行累积带薪缺勤制度。该制度规定，每个职工每年可享受 5 个工作日带薪休假，未使用的休假只能向后结转一个日历年度，超过 1 年未使用的权利作废，不能在职工离开公司时获得现金支付；职工休假是以后进先出为基础，即首先从当年可享受的权利中扣除，再从上年结转的带薪休假余额中扣除；职工离开公司时，公司对职工未使用的累积带薪休假不支付现金。

20×7 年 12 月 31 日，每个职工当年平均未使用带薪休假为 2 天。根据过去的经验并预期该经验将继续适用，甲公司预计 20×8 年有 950 名职工将享受不超过 5 天的带薪休假，剩余 50 名职工每人将平均享受 6 天半休假，假定这 50 名职工全部为总部各部门经理，该公司平均每名职工每个工作日工资为 300 元。

假定 20×8 年 12 月 31 日，上述 50 名部门经理中有 40 名享受了 6 天半休假，并随同正常工资以银行存款支付。另有 10 名只享受了 5 天休假，由于该公司的带薪缺勤制度规定，未使用的权利只能结转一年，超过 1 年未使用的权利将作废。

要求：根据上述资料，做出甲公司与带薪休假有关的会计处理。

子任务2 非货币性职工薪酬的核算

【任务目的】

通过完成本任务，使学生理解非货币性福利含义，能正确判断非货币性福利的类型，掌握企业以自产产品作为福利发放给职工、企业将自有房屋等资产无偿提供职工使用以及企业租赁房屋等资产提供给职工无偿使用三类常见非货币性福利的会计处理，以备在核算实务中熟练运用。

【任务指导】

1. 非货币性职工薪酬核算业务框架

非货币性薪酬核算 $\begin{cases}\text{确认（谁受益谁承担，核算同货币性短期薪酬）}\\\text{发放或支付（发产品，计提折旧、支付租金等）核算视具体内容}\\\text{而不同}\end{cases}$

2. 以自产产品作为非货币性福利发放给职工

企业以其自产产品作为非货币性福利发放给职工的，应当根据受益对象，按照该产品的含税公允价值计入相关资产成本或当期损益，同时确认应付职工薪酬，借记"生产成本""制造费用""销售费用""管理费用""在建工程""研发支出"等科目，贷记"应付职工薪酬——非货币性福利"科目。企业实际将自产产品作为福利发放给职工时，借记"应付职工薪酬——非货币性福利"科目、按不含税公允价值贷记"主营业务收入""其他业务收入"科目，视同销售，按应纳增值税贷记"应交税费——应交增值税（销项税额）"科目；并结转其销售成本，借记"主营业务成本""其他业务成本"科目、贷记"库存商品"科目。

[案例2.4.2-8]

（单选题）江河公司为增值税一般纳税人，销售和进口货物适用的增值税税率为16%。201×年1月公司董事会决定将本公司生产的500件产品作为福利发放给公司管理人员。该批产品的单位成本为1.2万元，市场销售价格为每件2万元（不含增值税税额）。假定不考虑其他相关税费，江河公司在201×年因该项业务应计入管理费用的金额为（   ）万元。

A. 600　　　　　B. 696　　　　　C. 1 000　　　　　D. 1 160

案例2.4.2-8解析：

江河公司201×年因该项业务应计入管理费用的金额＝500×2×（1+16%）＝1 160（万元）。因此，本案例正确答案为D。

[案例2.4.2-9]

江河公司为增值税一般纳税人，适用的增值税税率为16%，商品销售价格不含增值税；确认销售收入时逐笔结转销售成本。201×年12月份将本公司生产的C产品作为福利发放给生产工人，市场销售价格为80万元，实际成本为50万元。

案例2.4.2-9解析：

本案例为企业将自产产品C用作福利费发给职工，属于准则和税法规定的视同销售，应确认销售收入，并计缴增值税销项税，因此，江河公司确认和发放应付职工薪酬的会计分录为：

① 确认应付职工薪酬：

借：生产成本　　　　　　　　　　　　　　　　　　　　　928 000

　　贷：应付职工薪酬——非货币性福利　　［800 000×（1+16%）］928 000

② 发放产品时：

确认收入：

借：应付职工薪酬——非货币性福利　　　　　　　　　　　928 000

　　贷：主营业务收入——C产品　　　　　　　　　　　　　800 000

　　　　应交税费——应交增值税（销项税额）　　　　　　　128 000

结转成本：

借：主营业务成本——C产品　　　　　　　　　　　　　　500 000

　　贷：库存商品——C产品　　　　　　　　　　　　　　　500 000

注意：如果企业（一般纳税人）以外购商品作为非货币性福利发放给职工时，不属于税法上视同销售行为，而属于增值税进项税不能抵扣情形，具体账务处理参考任务2.3.1增值税的日常核算。

3. 将自有房屋等资产无偿提供给职工使用

企业将其自有的住房等固定资产无偿提供给职工使用的，企业应当根据其受益对象，将该住房等固定资产每期应计提的累计折旧计入相关资产成本或当期损益，同时确认应付职工薪酬，借记"生产成本""制造费用""销售费用""管理费用"等科目，贷记"应付职工薪酬——非货币性福利"科目；并且同时，借记"应付职工薪酬——非货币性福利"科目，贷记"累计折旧"科目。

［案例2.4.2-10］

（单选题）江河公司作为福利为高管人员配备小轿车。计提这些轿车折旧时，应编制的会计分录为（　　　）。

A. 借记"累计折旧"科目，贷记"固定资产"科目

B. 借记"管理费用"科目，贷记"固定资产"科目

C. 借记"管理费用"科目，贷记"应付职工薪酬"科目；同时，借记"应付职工薪酬"科目，贷记"累计折旧"科目

D. 借记"管理费用"科目，贷记"固定资产"科目；同时，借记"应付职工薪酬"科目，贷记"累计折旧"科目

案例2.4.2-10解析：

本案例属于公司将自有固定资产无偿提供给职工使用，小轿车的折旧额作为为职工提供的非货币性福利，计提折旧时，应借记"管理费用"科目，贷记"应付职工薪酬"科目；同时，借记"应付职工薪酬"科目，贷记"累计折旧"科目，因此，本案例正确答案为C。

4. 租赁住房等资产供职工无偿使用

企业通过租赁住房等资产提供给职工无偿使用的，企业应当根据受益对象，将每期应

付的租金计入相关资产成本或当期损益，并确认应付职工薪酬，借记"生产成本""制造费用""销售费用""管理费用"等科目，贷记"应付职工薪酬——非货币性福利"科目。企业实际支付房屋等资产租金时，借记"应付职工薪酬——非货币性福利"科目，贷记"银行存款"等科目。

难以认定受益对象的非货币性福利，直接计入当期损益和应付职工薪酬。

[案例 2.4.2-11]

甲公司为总部各部门经理级别以上职工提供汽车免费使用，同时为副总裁以上高级管理人员每人租赁一套住房。该公司总部共有部门经理以上管理人员 50 名，公司给 50 名管理人员每人提供一辆汽车免费使用，假定每辆汽车每月计提折旧 1 000 元；该公司共有副总裁以上高级管理人员 10 名，公司为其每人租赁一套月租金为 8 000 元的公寓。同时，公司将其自建职工宿舍提供给生产工人无偿使用，该公司共有生产工人 200 人，其中 150 人直接从事产品生产，50 人为生产辅助人员，公司对该职工宿舍每月计提折旧 20 000 元

案例 2.4.2-11 解析：

① 确认提供汽车和自建职工宿舍的非货币性福利（每月）：

借：管理费用 （50×1 000）50 000
　　生产成本 （20 000÷200×150）15 000
　　制造费用 （20 000÷200×50）5 000
　　贷：应付职工薪酬——非货币性福利 70 000

同时：

借：应付职工薪酬——非货币性福利 70 000
　　贷：累计折旧 70 000

② 确认为职工租赁住房的非货币性福利（每月）：

借：管理费用 （10×8 000）80 000
　　贷：应付职工薪酬———非货币性福利 80 000

【任务操作要求】

1. 学习并理解任务指导

2. 独立完成给定业务核算

某公司为一家生产彩电的企业，共有职工 100 名，201×年 2 月，公司以其生产的成本为 5 000 元的液晶彩电和外购的每台不含税价格为 500 元的电暖气作为春节福利发放给公司职工。该型号液晶彩电的售价为每台 7 000 元，适用的增值税税率为 16%；公司购买电暖气取得的增值税专用发票注明增值税税率为 16%。假定 100 名职工中 85 名为直接参加生产的职工，15 名为总部管理人员。

要求：根据上述业务进行相关会计处理。

任务 2.4.2 小结

1. 货币性职工薪酬核算重点

（1）工资计提、发放、代扣款项核算。

（2）三险一金两费的计提。

（3）非累积带薪缺勤核算。

2．非货币性福利核算重点

（1）以自产产品作为非货币性福利发给职工：确认、发放（视同销售，确认收入，结转成本）。

（2）将自有的房屋等固定资产资产供职工无偿使用：按每月折旧额作为非货币福利确认，同时编制确认和发放的会计分录。

（3）租赁住房等资产供职工无偿使用：将应付租金作为非货币性福利确认。

任务 2.4.3　离职后福利与辞退福利的核算

【任务目的】

通过完成本任务，使学生理解离职后福利和辞退福利的含义及类型，把握其区别，重点掌握设定提成计划的离职后福利业务处理，熟悉辞退福利的确认与计量，以备在核算实务中熟练应用。

【任务指导】

1．离职后福利

离职后福利，是指企业为获得职工提供的服务而在职工退休或与企业解除劳动关系后，提供的各种形式的报酬和福利。离职后福利包括退休福利（如养老金和一次性的退休支付）及其他离职后福利（如离职后人寿保险和离职后医疗保障）。如果企业提供此类福利，无论其是否设立了一个单独主体接受提存金和支付福利，均应当适用职工薪酬准则的相关要求对离职后福利进行会计处理。

职工正常退休时获得的养老金等离职后福利，是职工与企业签订的劳动合同到期或者职工达到了国家规定的退休年龄时，获得的离职后生活补偿金额。企业给予补偿的事项是职工在职时提供的服务而不是退休本身，因此，企业应当在职工提供服务的会计期间对离职后福利进行确认和计量。

离职后福利计划，是指企业与职工就离职后福利达成的协议，或者企业为向职工提供离职后福利制定的规章或办法等。离职后福利计划按其特征可以分为设定提存计划和设定受益计划，本书只介绍设定提成计划的会计处理，设定受益计划的会计处理见职工薪酬准则。

设定提存计划，是指企业向单独主体（如基金等）缴存固定费用后，企业不再承担进一步支付义务的离职后福利计划。设定提存计划在我国已广泛采用，常见的养老保险金、失业保险金等均属于设定提存计划范畴。根据我国养老保险制度相关文件的规定，职工养老保险待遇即收益水平与企业在职工提供服务各期的缴费水平不直接挂钩，企业承担的义务仅限于按照规定标准提存的金额，属于国际财务报告准则中所称的设定提存计划。在设定提存计划下，企业的义务以企业应向独立主体缴存的提存金金额为限，职工未来所能取得的离职后福利金额取决于向独立主体支付的提存金金额，以及提存金所产生的投资回报，从而精算风险和投资风险实质上要由职工来承担，即在设定提存计划下，风险实质上要由职工来承担。

对于设定提存计划，企业应当根据在资产负债表日为换取职工在会计期间提供的服务而应向单独主体缴存的提存金，确认为应付职工薪酬，并计入当期损益或相关资产成本。企业根据规定分期计提提存金时，根据受益对象，借记"生产成本""制造费用""管理费用""销售费用"等科目，贷记"应付职工薪酬——设定提存计划"科目；当企业向单独主体缴存设定提存款项时，借记"应付职工薪酬——设定提存计划"科目，贷记"银行存款"科目。

[案例 2.4.3-1]

（单选题）下列有关设定提存计划的表述中，正确的是（　　　）。

A. 企业为职工缴纳的养老保险属于设定提存计划的内容

B. 企业为职工缴纳的医疗保险属于设定提存计划的内容

C. 在设定提存计划下企业应当承担与基金资产有关的风险

D. 在设定提存计划下企业向独立基金缴费金额不固定，需要负担进一步支付义务

案例 2.4.3-1 解析：

企业按规定为职工缴纳的医疗保险属于按国家规定标准计提的短期职工薪酬，设定提存计划下企业不再承担与基金相关的风险，不需再承担进一步的支付义务，因此，本案例应选择选项 A。

[案例 2.4.3-2]

承接 [案例 2.4.2-1] 201×年 8 月，江河公司根据相关规定和标准，分别按工资总额的 20% 和 2% 计提基本养老保险费和失业保险费。

案例 2.4.3-2 解析：

借：生产成本——A 产品　　　　　　　　[200 000×(20%+2%)] 44 000

　　　　　　——B 产品　　　　　　　　[100 000×(20%+2%)] 22 000

　　制造费用　　　　　　　　　　　　　[60 000×(20%+2%)] 13 200

　　管理费用　　　　　　　　　　　　　[35 000×(20%+2%)] 7 700

　　销售费用　　　　　　　　　　　　　[25 000×(20%+2%)] 5 500

　　贷：应付职工薪酬——设定提成计划——基本养老保险费

　　　　　　　　　　　　　　　　　　　　(420 000×20%) 84 000

　　　　　　　　　　　——失业保险费　　(420 000×2%) 8 400

[案例 2.4.3-3]

承接 [案例 2.4.2-2] [案例 2.4.2-5] [案例 2.4.3-2] 江河公司分别向税务部门和住房公积金管理机构缴纳"五险一金"。其中，养老保险费共计 117 600 元（职工个人缴纳 33 600 元）；医疗保险费用共计 42 000 元（职工个人缴纳 8 400 元）；失业保险费共计 12 600 元（职工个人缴纳 4 200 元）；工伤保险费 3 360 元；生育保险费 2 940 元；住房公积金共计 58 800 元（职工个人缴纳 29 400 元）。

案例 2.4.3-3 解析：

借：应付职工薪酬——社会保险费——基本医疗保险费　　　　　33 600

　　　　　　　　　　　　　　——工伤保险费　　　　　　　　3 360

　　　　　　　　　　　　　　——生育保险费　　　　　　　　2 940

　　　　　　——设定提成计划——基本养老保险费　　　　　　84 000

	——失业保险费	8 400
应付职工薪酬——住房公积金		29 400
其他应付款 ——应付养老保险费		33 600
——应付医疗保险费		8 400
——应付失业保险费		4 200
——应付住房公积金		29 400
贷：银行存款		237 300

2. 辞退福利

辞退福利，是指企业在职工劳动合同到期之前解除与职工的劳动关系，或者为鼓励职工自愿接受裁减而给予职工的补偿。辞退福利被视为职工福利的单独类别，是因为导致义务产生的事项是终止雇佣而不是职工服务。辞退福利通常一整笔支付，但有时也包括通过职工福利计划间接或直接提高离职后福利，或者在职工不再为企业带来经济利益后，将职工工资支付到辞退后未来某一期末等方式。

辞退福利主要包括两方面内容：一是在职工劳动合同尚未到期前，不论职工本人是否愿意，企业决定解除与职工的劳动关系而给予的补偿；二是在职工劳动合同尚未到期前，为鼓励职工自愿接受裁减而给予的补偿，职工有权利选择继续在职或接受补偿离职。

企业在确定提供的经济补偿是否为辞退福利时，应区分辞退福利与正常退休的养老金。辞退福利是在职工与企业签订的劳动合同到期前，企业根据法律与职工本人或职工代表（如工会）签订的协议，或者基于商业惯例，承诺当其提前终止对职工的雇佣关系时支付的补偿，引发补偿的事项是辞退，因此，企业应当在辞退职工时进行辞退福利的确认和计量。职工在正常退休时获得的养老金，是其与企业签订的劳动合同到期时，或者职工达到了国家规定的退休年龄时获得的退休后生活补偿金额，引发补偿的事项是职工在职时提供的服务，而不是退休本身，因此，企业应当在职工提供服务的会计期间进行养老金的确认和计量。

另外，职工虽然没有与企业解除劳动合同，但未来不再为企业提供服务，不能为企业带来经济利益，企业承诺提供实质上具有辞退福利性质的经济补偿的，如发生"内退"等情况，在其正式退休日期之前应当比照辞退福利处理，在其正式退休日期之后，应当按照离职后福利处理。实施职工内部退休计划的，企业应当比照辞退福利处理。在内退计划符合职工薪酬准则规定的确认条件时，企业应当按照内退计划规定，将自职工停止提供服务日至正常退休日期间，企业拟支付的内退职工工资和缴纳的社会保险费等，确认为应付职工薪酬，一次性计入当期管理费用，不能在职工内退后各期分期确认因支付内退职工工资和为其缴纳社会保险费等产生的义务。

企业应当按照辞退福利计划条款，合理预计并确认辞退福利产生的职工薪酬负债。企业向职工提供辞退福利的，应当在以下两者孰早日确认辞退福利产生的职工薪酬负债，并计入当期损益：

（1）企业不能单方面撤回因解除劳动关系计划或裁减建议所提供的辞退福利时。如果企业能够单方面撤回因解除劳动关系计划或裁减建议，则表明企业未来经济利益流出不是很可能，因而不符合负债的确认条件。

（2）企业确认与涉及支付辞退福利的重组相关的成本或费用时。企业有详细、正式的重组计划并且该重组计划已对外公告时，表明已经承担了重组义务。重组计划包括重组涉及的业务、主要地点、需要补偿的职工人数及其岗位性质、预计重组支出、计划实施时间等。

辞退福利的计量因辞退福利计划中职工有无选择权而有所不同：

（1）对于职工没有选择权的辞退计划，企业应当根据计划条款规定拟解除劳动关系的职工数量、每一职位的辞退补偿等确认职工薪酬负债。

（2）对于自愿接受裁减建议的辞退计划，由于接受裁减的职工数量不确定，企业应当根据《企业会计准则第 13 号——或有事项》的规定，预计将会接受裁减建议的职工数量，根据预计的职工数量和每一职位的辞退补偿等确认职工薪酬负债。

（3）对于辞退福利预期在其确认的年度报告期间期末后 12 个月内完全支付的辞退福利，企业应当适用短期薪酬的相关规定。

（4）对于辞退福利预期在年度报告期间期末后 12 个月内不能完全支付的辞退福利，企业应当适用职工薪酬准则关于其他长期职工福利的相关规定，即实质性辞退工作在一年内实施完毕但补偿款项超过一年支付的辞退计划，企业应当选择恰当的折现率，以折现后的金额计量应计入当期损益的辞退福利金额。

由于被辞退的职工不再为企业带来未来的经济利益，因此，对于所有辞退福利，均应当于辞退计划满足负债确认条件的当期一次性计入管理费用，不再按照"谁受益谁负担"原理计入资产成本。确认时，借记"管理费用"科目，贷记"应付职工薪酬——辞退福利"科目

［案例 2.4.3-4］

甲公司是一家服装加工企业，20×7 年 9 月为了在下一年度顺利实施转产，公司管理层制定了一项辞退计划，计划规定从 20×8 年 1 月 1 日起，辞退部分服装加工车间的职工。辞退计划已经与职工工会达成一致，辞退计划已于 20×7 年 12 月 15 日经董事会正式批准，将于下一年度内实施完毕。该计划的详细内容如表 2.4-2 所示：

表 2.4-2　　　　　　　　　　　　　　　　　　　　　　　　　　　　　单位：万元

所属部门	职位	辞退数量（人）	工龄（年）	分布数量（人）	每人补偿额	补偿金额
服装加工车间	车间管理人员	10	1~10	5	10	50
			10~20	3	20	60
			20~30	2	30	60
	高级技工	40	1~10	20	8	160
			10~20	10	18	180
			20~30	10	28	280
	一般技工	80	1~10	50	5	250
			10~20	20	15	300
			20~30	10	25	250
合计		130		130		1 590

案例2.4.3-4解析：

① 假定该辞退计划中，职工没有任何选择权，则应根据计划规定直接在20×7年12月（辞退计划是在20×7年12月15日经董事会正式批准）计提应付职工薪酬。经过计算，计划辞退130人，预计补偿总额为1 590万元。应做如下账务处理（以万元为单位）：

借：管理费用　　　　　　　　　　　　　　　　　　　　　　　　1 590

　　贷：应付职工薪酬——辞退福利　　　　　　　　　　　　　　　　1 590

② 假定在该计划中，职工可以进行自愿选择，这时最关键的是预计拟接受辞退职工的数量。按照《企业会计准则第13号——或有事项》有关计算最佳估计数的方法，预计接受辞退的职工数量可以根据最可能发生的数量确定，也可以按照发生概率计算确定。假定企业预计各级别职工拟接受辞退数量的最佳估计数如表2.4-3所示。

表 2.4-3　　　　　　　　　　　　　　　　　　　　　　　　单位：万元

所属部门	职位	辞退数量（人）	工龄（年）	接受数量（人）	每人补偿额	补偿金额
服装加工车间	车间管理人员	10	1-10	3	10	30
			10-20	2	20	40
			20-30	2	30	60
	高级技工	40	1-10	10	8	80
			10-20	5	18	90
			20-30	10	28	280
	一般技工	80	1-10	40	5	200
			10-20	18	15	270
			20-30	10	25	250
合计		130		100		1300

经过计算，预计补偿总额为1 300万元。应做如下账务处理：

借：管理费用　　　　　　　　　　　　　　　　　　　　　　　　1 300

　　贷：应付职工薪酬——辞退福利　　　　　　　　　　　　　　　　1 300

【任务操作要求】

1. 学习并理解任务指导

2. 独立完成给定业务核算

（1）承接2.4.2子任务1任务操作要求业务（1）①根据相关规定和标准，按工资总额20%和2%分别计提养老保险费和失业保险费。

（2）承接业务（1）和2.4.2子任务1任务操作要求业务（1）②③，向相关部门缴纳五险一金。

要求：编制甲企业上述业务的会计分录。

任务 2.4.3 小结

离职后福利（设定提存计划）核算重点：

（1）计提职工设定提存计划的核算。

（2）向单独主体缴存设定提存金的核算。

辞退福利重点：

（1）区分辞退福利与正常退休的养老金，"内退"的处理规定。

（2）辞退福利确认与计量的规定。

（3）辞退福利的核算。

财产物资会计岗位涉及的业务核算

【模块介绍】

1. 财产物资简介

企业从事生产经营活动，必须具备相应的物质技术资源，具体表现为材料、厂房、设备、专利权等等，这些资源在会计上属于重要的资产要素，要求专人对其进行谨慎的核算、管理。

2. 财产物资会计岗位主要职责

（1）会同有关部门建立健全财产物资的核算、管理办法。

（2）参与财产物资需求量预算制定，控制购建成本。

（3）要求各环节提供必要的、内容完整的原始凭证，依据其进行相关账务处理。

（4）参与财产物资清查，根据清查结果及时调账，保证账实相符。

3. 财产物资会计岗位具体核算内容

以《企业会计准则》分类为指南，结合国家对高职高专财经类学生专业素质的要求，本模块主要介绍存货、固定资产、投资性房地产、无形资产四方面资产的具体核算、管理方法。

项目 3.1　存货的核算

【项目介绍】

本项目内容以《企业会计准则第 1 号——存货》及《〈企业会计准则第 1 号——存货〉应用指南》为指导，主要介绍原材料、周转材料及库存商品的核算方法，要求学生通过学习，对存货的具体核算内容有所认知，通过任务处理，进一步演练借贷记账法，为会计实务工作打下基础。

说明：对于会计准则中规定的"委托加工物资"相关业务，由于业务重点在对受托方代收代缴消费税的处理上，所以在本教材中将其安排在往来岗位涉及的业务中进行讲解，本项目省略。

【项目实施标准】

本项目通过完成 9 项具体任务来实施，具体任务内容结构如表 3.1-1 所示：

表 3.1-1   **"存货的核算" 项目任务细分表**

任务	子任务
任务 3.1.1 存货核算基本认知	—
任务 3.1.2 原材料的日常核算	1. 实际成本法下原材料的核算
	2. 计划成本法下原材料的核算
任务 3.1.3 周转材料的日常核算	1. 包装物的核算
	2. 低值易耗品的核算
任务 3.1.4 库存商品的日常核算	1. 制造企业库存商品的日常核算
	2. 商品流通企业库存商品的日常核算
任务 3.1.5 存货的期末处理	1. 存货的清查
	2. 存货跌价准备的计提

任务 3.1.1   存货核算基本认知

【任务目的】

通过完成本任务，使学生了解存货的具体内容，并对存货成本的确定具有初步认知，为学习后续核算内容打下理论基础。

【任务指导】

1. 存货的概念

存货，是指企业在日常活动中持有以备出售的产成品或商品、处在生产过程中的在产品、在生产过程或提供劳务过程中耗用的材料和物料等。

2. 存货的具体内容

（1）原材料。

原材料，是指企业在生产过程中经加工改变其形态或性质并构成产品主要实体的各种原料及主要材料、辅助材料、外购半成品（外购件）、修理用备件（备品备件）、包装材料、燃料等。为建造固定资产等各项工程而储备的各种材料，虽然同属于材料，但是由于用于建造固定资产等各项工程不符合存货的定义，因此不能作为企业的存货进行核算。

（2）周转材料。

周转材料，是指企业能够多次使用但不符合固定资产定义的材料，如为了包装本企业商品而储备的各种包装物、各种工具、管理用具、玻璃器皿、劳动保护用品以及在经营过程中周转使用的容器等低值易耗品和建造承包商的钢模板、木模板、脚手架等其他周转材料。但是，周转材料符合固定资产定义的，应当作为固定资产处理。

（3）在产品。

在产品，是指企业正在制造尚未完工的产品，包括正在各个生产工序加工的产品和已加工完毕但尚未检验或已检验但尚未办理入库手续的产品。

（4）半成品。

半成品，是指经过一定生产过程并已检验合格交付半成品仓库保管，但尚未制造完工成为产成品，仍需进一步加工的中间产品。

（5）产成品。

产成品，是指制造企业已经完成全部生产过程并验收入库，可以按照合同规定的条件送交订货单位或者可以作为商品对外销售的产品。企业接受外来原材料加工制造的代制品和为外单位加工修理的代修品，制造和修理完成验收入库后，应视同企业的产成品。

（6）商品。

商品，是指商品流通企业外购或委托加工完成验收入库用于销售的各种商品。

（7）委托代销商品。

委托代销商品，是指企业委托其他单位代销的商品。

3. 存货的确认标准

（1）与该存货有关的经济利益很可能流入企业。

（2）该存货的成本能够可靠地计量。

4. 存货的计量

（1）存货的初始成本。

①外购的存货，以其采购成本为初始成本入账，具体包括购买价款、相关税费、运输费、装卸费、保险费以及其他可归属于存货采购成本的费用。

注意： 存货的相关税费是指企业购买存货发生的进口关税、消费税、资源税和不能抵扣的增值税进项税额等。

②自制的存货，按其加工成本作为初始成本入账，加工成本是指存货在加工过程中发生的相关费用，具体包括直接材料、直接人工、其他直接费用以及按照一定方法分配的制造费用。

③委托外单位加工完成的存货，按其在加工过程中发生的对应成本作为初始入账成本，包括实际耗用的原材料或半成品、加工费、装卸费、保险费、委托加工的往返运输费用以及按规定应计入成本的税费等。

④投资者投入的存货，按照投资各方确认的价值作为实际初始成本入账。

⑤接受捐赠的存货，如捐赠方提供了有关凭据（如发票、报关单、有关协议）的，按凭据上标明的金额加上应支付的相关税费，作为实际初始成本入账。捐赠方没有提供有关凭据的，如果同类或类似存货存在活跃市场的，按同类或类似存货的市场价格估计的金额，加上应支付的相关税费，作为实际初始成本入账；如果同类或类似存货不存在活跃市场的，按该接受捐赠的存货的预计未来现金流量现值，作为实际初始成本入账。

⑥企业接受的债务人以非现金资产抵偿债务方式取得的存货，应按照应收债权的账面价值减去可抵扣的增值税进项税额后的差额，加上应支付的相关税费，作为实际初始成本入账。如果涉及补价，收到补价的，按应收债权的账面价值减去可抵扣的增值税进项税额

和补价，加上应支付的相关税费作为实际初始成本入账；支付补价的，按应收债权的账面价值减去可抵扣的增值税进项税额，加上支付的补价和应支付的相关税费，作为实际初始成本入账。

⑦以非货币性交易换入的存货，按换出资产的账面价值加上应支付的相关税费作为实际初始成本入账。如涉及补价，收到补价的，按换出资产的账面价值加上应确认的收益和应支付的相关税费减去补价后的余额，作为实际初始成本入账；支付补价的，按换出资产的账面价值加上应支付的相关税费和补价，作为实际初始成本入账。

⑧盘盈的存货，按照同类或类似存货的市场价格作为实际初始成本入账。

注意：

非正常消耗的直接材料、直接人工和制造费用，如由于自然灾害而发生的直接材料、直接人工和制造费用，由于这些费用的发生无助于使该存货达到目前场所和状态，故不应计入存货成本；

企业在存货采购入库后发生的仓储费用，应在发生时计入当期损益，但在生产过程中为达到下一个生产阶段所必需的仓储费用应计入存货的成本。

（2）存货的发出成本。

在日常工作中，企业发出的存货，可按实际成本核算，也可以按计划成本核算；如果采用计划成本核算，期末应将其调整为实际成本。

企业应当根据各类存货的实物流转方式、企业管理要求、存货性质等实际情况，合理地确定发出存货成本的计算方法以及当期发出存货的实际成本。对于性质和用途相同的存货，应当采用相同的成本计算方法确定。

对于存货发出成本的确定方法，将在任务 3.1.2 中以原材料为例进行具体讲解。

5. 存货的披露

按照会计准则规定，企业应当在附注中披露与存货有关的下列信息：

（1）各类存货的期初和期末账面价值。

（2）确定发出存货成本所采用的方法。

（3）存货可变现净值的确定依据，存货跌价准备的计提方法，当期计提的存货跌价准备的金额，当期转回的存货跌价准备的金额以及计提和转回的有关情况。

（4）用于担保的存货账面价值。

【任务操作要求】

学习并理解任务指导。

任务 3.1.2　原材料的日常核算

原材料是指企业在生产过程中经过加工改变其形态或性质并构成产品主要实体的各种原料、主要材料和外购半成品，以及不构成产品实体但有助于产品形成的辅助材料。原材料是企业存货的重要组成部分，其日常收发及结存可以采用实际成本法和计划成本法两种方法进行核算。

子任务1　实际成本法下原材料的核算

【任务目的】

通过完成本任务，使学生明确原材料在实际成本法下核算涉及的具体账户，掌握实际成本法的操作细则，以备在核算实务中熟练运用。

【任务指导】

1. 科目设置

原材料按实际成本法进行核算时，使用的会计科目主要有"在途物资""原材料""银行存款""应付账款""应付票据""预付账款"等，由于"银行存款""应付账款""应付票据""预付账款"等科目在出纳、往来结算核算模块已介绍，故此只介绍"在途物资"和"原材料"两科目的具体核算内容。

（1）在途物资。

"在途物资"科目用于企业在实际成本法下核算已办理采购手续但尚未验收入库的各种物资的实际成本，借方登记在途采购物资的实际成本，贷方登记已验收入库的采购物资的实际成本，期末余额在借方，反映企业还未办理入库手续的在途物资的实际采购成本，"在途物资"科目一般按物资品种进行明细核算。

（2）原材料。

"原材料"科目用于核算库存各种材料的收发和结存情况，在实际成本法下，本科目的借方登记入库材料的实际成本，贷方登记发出材料的实际成本，期末余额在借方，反映企业库存材料的实际成本，"原材料"科目一般按材料品种、名称进行明细核算。

2. 核算业务框架

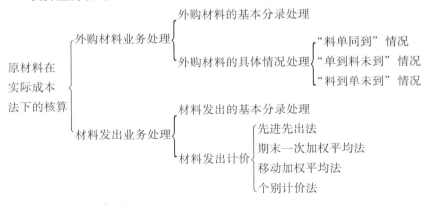

3. 外购材料业务处理

（1）外购材料的基本分录处理。

采购业务：

借：在途物资　　　　　　　　　　　　　　　　（材料的实际采购成本）

　　应交税费——应交增值税（进项税额）　　（购买材料涉及的进项税额）

　　贷：银行存款（或应付账款、应付票据、预付账款）（采购材料应付的款项）

入库业务：

借：原材料 （入库材料的实际采购成本）
　　贷：在途物资 （入库材料的实际采购成本）

[案例 3.1.2-1]

企业购买 A 材料 1 000 千克，单价 10 元/千克，买价对应增值税率为 16%，发生运输费 800 元，运输费增值税率 10%，装卸费 100 元，所有款项均以银行存款支付，运回后发现短少 10 千克，经查，为运输途中的合理损耗，办理入库手续。要求：①计算外购材料的总成本、单位成本；②编制外购材料采购、入库的基本分录。

案例 3.1.2-1 解析：

①计算外购材料的总成本、单位成本：

外购材料总成本：10×1 000+800+100=10 900（元）

外购材料单位成本：10 900/990=11.01（元/千克）

注意：运输途中的合理损耗不影响材料采购的总成本，但会影响材料的单位成本。

②编制外购材料采购、入库的基本分录：

采购业务分录：

借：在途物资——A 材料　　　　　　　　　　　　　　　　　10 900
　　应交税费——应交增值税（进项税额）　　　　　　　　　1 680
　　贷：银行存款　　　　　　　　　　　　　　　　　　　　11 680

入库业务分录：

借：原材料——A 材料　　　　　　　　　　　　　　　　　　10 900
　　贷：在途物资——A 材料　　　　　　　　　　　　　　　10 900

[案例 3.1.2-2]

企业购买 A 材料 1 000 千克，单价 10 元/千克，同时购买 B 材料 2 000 千克，单价 8 元/千克，买价对应增值税率为 16%，共发生运输费 900 元，运输费增值税率为 10%，所有款项均以银行存款支付，办理入库手续。要求：①计算外购材料的总成本、单位成本；②编制外购材料采购、入库的基本分录。

案例 3.1.2-2 解析：

①计算外购材料的总成本、单位成本：

运输费分配率=900/（1 000+2 000）=0.3（元/千克）

A 材料承担运输费=0.3×1 000=300（元）

B 材料承担运输费=0.3×2 000=600（元）

外购 A 材料总成本：10×1 000+300=10 300（元）

外购 A 材料单位成本：10 300/1 000=10.3（元/千克）

外购 B 材料总成本：8×2 000+600=16 600（元）

外购 B 材料单位成本：16 600/2 000=8.3（元/千克）

注意：采购材料发生的共同费用需按一定标准合理分配后再计入各材料的采购成本中。

②编制外购材料采购、入库的基本分录：

采购业务分录：

借：在途物资——A 材料　　　　　　　　　　　　　　　　　　　　10 300

　　　　　　——B 材料　　　　　　　　　　　　　　　　　　　　16 600

　　应交税费——应交增值税（进项税额）　　　　　　　　　　　　　4 250

　　贷：银行存款　　　　　　　　　　　　　　　　　　　　　　　　31 150

入库业务分录：

借：原材料——A 材料　　　　　　　　　　　　　　　　　　　　　10 300

　　　　　——B 材料　　　　　　　　　　　　　　　　　　　　　16 600

　　贷：在途物资——A 材料　　　　　　　　　　　　　　　　　　10 300

　　　　　　——B 材料　　　　　　　　　　　　　　　　　　　　16 600

（2）外购材料的具体情况处理。

在实务操作中，由于支付方式不同，原材料入库的时间与材料采购确认的时间可能一致，也可能不一致，为此，在会计上的处理也有所不同。

情况一："料单同到"情况

"料"代表已办理入库手续的实际材料，"单"代表反映采购业务的原始凭证（发票账单），"料单同到"意味着材料的采购确认和入库同时完成，为此，可以将两项业务合并在一个分录中进行反映，将材料的采购成本直接计入"原材料"科目中，不须通过"在途物资"科目。

［案例 3.1.2-3］

企业向万华公司购买 A 材料 1 000 千克，单价 10 元/千克，买价对应增值税率为16%，发票已收到，款未付，材料已验收入库。

案例 3.1.2-3 解析：

借：原材料——A 材料　　　　　　　　　　　　　　　　　　　　10 000

　　应交税费——应交增值税（进项税额）　　　　　　　　　　　　　1 600

　　贷：应付账款——万华公司　　　　　　　　　　　　　　　　　11 600

情况二："单到料未到"情况

"单到料未到"是指已收到反映采购业务的原始凭证（发票账单），但材料尚未到达，没有办理入库手续，为此，材料的采购业务和入库业务必须分开处理，在收到发票账单时做采购业务处理，待材料到达、入库后，再根据收料单，将材料的采购成本由"在途物资"科目转入"原材料"科目。

［案例 3.1.2-4］

企业 3 月 7 日以银行存款方式向东元公司预付款项 30 000 元，用于购买 B 材料；3 月21 日，收到东元公司开出的增值税发票，B 材料货款为 50 000 元，增值税税率为 16%，余款暂欠，材料尚未办理入库。

案例 3.1.2-4 解析：

① 3 月 7 日，预付款业务处理

借：预付账款——东元公司　　　　　　　　　　　　　　　　　　30 000

　　贷：银行存款　　　　　　　　　　　　　　　　　　　　　　30 000

② 3 月 21 日，收到增值税发票业务处理

借：在途物资——B 材料　　　　　　　　　　　　　　　　　　　50 000

　　应交税费——应交增值税（进项税额）　　　　　　　　　　　 8 000

　　贷：预付账款——东元公司　　　　　　　　　　　　　　　　　58 000

情况三："料到单未到"情况

"料到单未到"是指材料已运达并办理入库手续，但反映采购业务的发票账单没有收到，没有发票账单就无法确认采购的实际成本，为此平时暂不做处理，但到会计期末时，为满足财产清查要求，应将已入库材料按暂估价入账，在下月初做相反分录予以冲回，等收到发票账单后再按实际金额记账。

［案例 3.1.2-5］

企业采用委托收款结算方式购入 C 材料一批，材料已验收入库，月末发票账单尚未收到，无法确定其实际成本，故按暂估价 30 000 元入账，下月初冲销。

案例 3.1.2-5 解析：

① 月末暂估入账

借：原材料——C 材料　　　　　　　　　　　　　　　　　　　30 000

　　贷：应付账款——暂估应付账款　　　　　　　　　　　　　　30 000

② 下月初冲销

借：应付账款——暂估应付账款　　　　　　　　　　　　　　　30 000

　　贷：原材料——C 材料　　　　　　　　　　　　　　　　　　30 000

4. 材料发出业务处理

（1）材料发出的基本分录处理

材料发出代表库存材料减少，为此应贷记"原材料"科目，同时应根据耗用的具体目的借记"生产成本""制造费用"等科目，涉及增值税不能抵扣项目的，还应同时进行进项税转出的操作。

［案例 3.1.2-6］

企业生产甲产品，领用 A 材料 2 000 元，B 材料 1 000 元。

案例 3.1.2-6 解析：

借：生产成本——甲产品　　　　　　　　　　　　　　　　　　 3 000

　　贷：原材料——A 材料　　　　　　　　　　　　　　　　　　 2 000

　　　　　　——B 材料　　　　　　　　　　　　　　　　　　 1 000

［案例 3.1.2-7］

企业修建厂房领用生产用 A 材料 1 000 元，进项税额 160 元。

案例 3.1.2-7 解析：

借：在建工程——厂房　　　　　　　　　　　　　　　　　　　 1 100

　　应交税费——待抵扣进项税额　　　　　　　　　　　　　　　　 64

　　贷：原材料——A 材料　　　　　　　　　　　　　　　　　　 1 000

　　　　应交税费——应交增值税（进项税额转出）　　　　　　　　　 64

（2）材料发出计价

原材料的市场价格往往会不断波动，从而造成同样的材料但购买批次不同单位成本就不同的情况，为此，企业在确定材料发出成本时，可以根据实际情况采用先进先出法、月末一次加权平均法、移动加权平均法或者个别计价法。

[案例3.1.2-8]

企业4月D材料的收发情况如表3.1-2所示：

表3.1-2　　　　　　　　　　　　　4月D材料收发情况表

时间		摘要	收入		发出		结存	
月	日		单价（元）	数量（千克）	单价（元）	数量（千克）	单价（元）	数量（千克）
4	1	上月结存					2.00	1 000
4	6	购入	1.80	2 000				
4	12	车间一般耗用				800		
4	15	购入	2.20	1 500				
4	21	生产甲产品领用				2 500		

要求：分别用先进先出法、月末一次加权平均法、移动加权平均法计算本月D材料发出成本和月末结存成本，并编制发出材料业务分录。

案例3.1.2-8解析：

①先进先出法

先进先出法是指根据先入库先发出的原则，对发出的存货以先入库存货的单价计算发出存货成本的方法。采用这种方法的具体做法是：收入存货时，逐笔登记收入存货的数量、单价、金额；发出存货时，按照先购进的先发出的原则，先按存货的期初余额的单价计算发出的存货的成本，领发完毕后，再按第一批入库的存货的单价计算，依次从前向后类推，计算发出存货和结存存货的成本。

4月12日车间一般耗用材料成本 = $2 \times 800 = 1\ 600$（元）

分析：根据日常账面记录，在4月12日之前，账上D材料存在两笔：一笔是上月结存的1 000千克；一笔是本月6日购入的2 000千克。按照先进先出法先购进先发出的原则，12日发出的800千克材料应以上月结存的材料的单价2元为标准计算发出成本。

4月12日发出材料分录：

借：制造费用——材料费　　　　　　　　　　　　　　　　1 600

　　贷：原材料——D材料　　　　　　　　　　　　　　　　　　　1 600

4月21日生产甲产品领用材料成本 = $2 \times 200 + 1.8 \times 2\ 000 + 2.2 \times 300 = 4\ 660$（元）

分析：根据日常账面记录，在4月21日之前，账上D材料存在三笔：第一笔是上月结存的200千克（原有1 000千克，但在4月12日领用了800千克）；第二笔是本月6日购入的2 000千克；第三笔是本月15日购入的1 500千克。按照先进先出法先购进先发出的原则，21日发出材料的成本首先应以上月结存的材料的单价2元为标准，将上月结存的发了后再发本月6日购入的单价为1.8元的，最后再发本月15日购入的单价为2.2元的，以此相加计算发出成本。

4 月 21 日发出材料分录：

借：生产成本——甲产品 4 660

　　贷：原材料——D 材料 4 660

4 月 D 材料月末结存成本 = 2.2×1 200 = 2 640（元）

分析：根据账面记录，在 4 月末，账上结存的材料还有一笔，就是本月 15 日购入的单价为 2.2 元的，数量为 1 200 千克（原有 1 500 千克，在 4 月 21 日领用了 300 千克），将单价与数量相乘，得出月末结存成本。

注意：先进先出法可以随时结转存货发出成本，但较烦琐，存货收发业务较多且存货单价不稳定时，其工作量较大。在物价持续上升时，期末存货成本接近于市价，而发出成本偏低，会高估企业当期利润和库存存货价值；反之，会低估企业存货价值和当期利润。

②月末一次加权平均法

月末一次加权平均法是指以本月全部进货数量加上月初存货数量作为权数，去除本月全部进货成本加上月初存货成本，计算出存货的加权平均单位成本，以此为基础，计算出本月发出存货的成本和期末存货成本的一种方法。采用这种方法的具体做法是：收入存货时，逐笔登记收入存货的数量、单价、金额；发出存货时，只登记发出存货的数量，待月末算出加权平均单价后，再以加权平均单价为标准计算发出成本和结存成本。

月末一次加权平均法计算公式如下：

存货单位成本（加权平均单价）

= [月初库存存货的实际成本 + $\sum$（当月各批进货的实际单位成本×当月各批进货的数量）] /（月初库存存货数量 + 当月各批进货数量之和）

当月发出存货成本

= 当月发出存货的数量×存货单位成本

当月月末库存存货成本

= 月末库存存货的数量×存货单位成本

或 = 月初存货实际成本 + 本月收入存货的实际成本 − 本月发出存货的实际成本

根据案例 3.1.2-8 资料

4 月 D 材料单位成本

=（2×1 000 + 1.8×2 000 + 2.2×1 500）/（1 000 + 2 000 + 1 500）

= 8 900/4 500 ≈ 1.98（元/千克）

4 月 12 日 D 材料发出成本

= 1.98×800 = 1 584（元）

4 月 21 日 D 材料发出成本

= 1.98×2 500 = 4 950（元）

4 月发出材料业务分录为：

借：制造费用——材料费 1 584

　　生产成本——甲产品 4 950

　　贷：原材料——D 材料 6 534

4月D材料期末结存成本

$$=(2×1\,000+1.8×2\,000+2.2×1\,500)-6\,534=2\,366（元）$$

注意： 考虑到计算出的加权平均单价不一定是整数，往往要小数点后四舍五入，为了保持账面数字之间的平衡关系，一般采用倒挤成本法计算发出存货的成本。采用加权平均法只在月末一次计算加权平均单价，比较简单，有利于简化成本计算工作，但由于平时无法从账上提供发出和结存存货的单价及金额，因此不利于存货成本的日常管理与控制。

③移动加权平均法

移动加权平均法是指以每次进货的成本加上原有库存存货的成本，除以每次进货数量与原有库存存货的数量之和，据以计算加权平均单位成本，作为在下次进货前计算各次发出存货成本依据的一种方法。

移动加权平均法计算公式如下：

存货单位成本（加权平均单价）

＝（原有库存存货实际成本＋本次购进存货实际成本）

　／（原有库存存货数量＋本次购进存货数量）

本次发出存货的成本

＝本次发出存货数量×本次发货前的存货单位成本

月末库存存货成本

＝月末库存存货数量×本月月末存货单位成本

根据案例3.1.2-8资料

4月12日D材料发出材料单位成本

$$=(2×1\,000+1.8×2\,000)/(1\,000+2\,000)=1.87（元/千克）$$

4月12日D材料发出材料成本

$$=1.87×800=1\,496（元）$$

4月12日D材料发出材料业务处理

借：制造费用——材料费　　　　　　　　　　　　　　　　　　1 496

　　贷：原材料——D材料　　　　　　　　　　　　　　　　　　　　1 496

4月12日D材料结存成本

$$=1.87×(1\,000+2\,000-800)=4\,114（元）$$

4月21日D材料发出材料单位成本

$$=(1.87×2\,200+2.2×1\,500)/(2\,200+1\,500)=2（元/千克）$$

4月21日D材料发出材料成本

$$=2×2\,500=5\,000（元）$$

4月21日D材料发出材料业务处理

借：生产成本——甲产品　　　　　　　　　　　　　　　　　　5 000

　　贷：原材料——D材料　　　　　　　　　　　　　　　　　　　　5 000

4月末D材料结存成本

$$=2×(2\,200+1\,500-2\,500)=2\,400（元）$$

注意：移动加权平均法计算出来的存货成本比较均衡和准确，但计算起来的工作量大，一般适用于经营品种不多或者前后购进商品的单价相差幅度较大的商品流通类企业。

补充：个别计价法

个别计价法，是假设存货具体项目的实物流转与成本流转一致，按照各种存货逐一辨认各批发出存货和期末存货所属的购进批别或生产批别，分别按其购入或生产时的单位成本计算发出成本和结存成本的方法。个别计价法的成本计算准确，但发出成本分辨工作量较大，为此，此方法适用于一般不能替代的存货或是为特定项目专门购入或制造的存货，如珠宝、名画等贵重物品。

【任务操作要求】

1. 学习并理解任务指导

2. 独立完成给定业务核算

（1）企业购入 A 材料一批，价款 3 000 元，增值税率为 16%，款项用银行存款支付，材料已入库。

（2）企业购入 A 材料 8 000 千克，单价 30 元/千克，同时购入 B 材料 7 000 千克，单价 50 元/千克，增值税率为 16%，两种材料共发生运输费 3 000 元，运输费增值税率为 10%，所有款项均以银行存款支付，材料未入库。

（3）承第（2）题，材料运到，办理入库手续。

（4）企业购入 C 材料，月末尚未收到发票账单，按 20 000 元暂估入账。

（5）承第（4）题，下月初，冲销暂估分录。

（6）企业本月 E 材料收发情况如表 3.1-3 所示：

表 3.1-3

201×年		摘要	收入			发出数量（件）	库存数量（件）
月	日		数量（件）	单价（元）	金额（元）		
×	1	期初结存	200	200	40 000		200
×	3	购入	120	210	25 200		320
×	6	发出（车间一般耗用）				240	80
×	15	购入	400	220	88 000		480
×	20	发出（生产甲产品领用）				300	180
×	24	购入	100	231	23 100		280
×	30	期末结存					280

要求：分别按照先进先出法、月末一次加权平均法、移动加权平均法计算出本月发出成本和期末结存成本，并做发出业务分录处理。

子任务2　计划成本法下原材料的核算

【任务目的】

通过完成本任务，使学生明确原材料在计划成本法下核算涉及的具体账户，掌握计划成本法的操作细则，以备在核算实务中熟练运用。

【任务指导】

1. 科目设置

原材料按计划成本法进行核算时，使用的会计科目主要有"材料采购""原材料""材料成本差异""银行存款""应付账款""应付票据""预付账款"等，由于"银行存款""应付账款""应付票据""预付账款"等科目在出纳、往来结算核算模块已介绍，故此处只介绍"材料采购""原材料"和"材料成本差异"三科目的具体核算内容。

（1）材料采购。

"材料采购"科目用于企业在计划成本法下核算已办理采购手续但尚未验收入库的各种材料的实际成本，借方登记采购材料的实际成本，贷方登记已验收入库的材料的实际成本，期末余额在借方，反映企业还未办理入库手续的在途材料的实际采购成本，"材料采购"科目一般按物资品种进行明细核算。

（2）原材料。

"原材料"科目用于核算库存各种材料的收发和结存情况，在计划成本法下，本科目的借方登记入库材料的计划成本，贷方登记发出材料的计划成本，期末余额在借方，反映企业库存材料的计划成本，"原材料"科目一般按材料品种、名称进行明细核算。

（3）材料成本差异。

"材料成本差异"科目用于反映企业已入库的各种材料的实际成本和计划成本的差异，借方登记入库材料的超支差异及发出材料应负担的节约差异，贷方登记入库材料的节约差异及发出材料应负担的超支差异。期末如为借方余额，反映企业库存材料的实际成本大于计划价格成本的差异（即超支差异）；如为贷方余额，反映企业库存材料的实际成本小于计划价格成本的差异（即节约差异）。

注意：

"在途物资"和"材料采购"都是核算企业购买材料的实际成本，只是"在途物资"用于实际成本法，"材料采购"用于计划成本法；

"原材料"科目在实际成本法下登记的是材料的实际成本，在计划成本法下登记的是材料的计划成本。

2. 核算业务框架

3. 外购材料业务处理

（1）外购材料的基本分录处理。

采购业务：

借：材料采购　　　　　　　　　　　　　　　［材料的实际采购成本］

　　应交税费——应交增值税（进项税额）　　［购买材料涉及的进项税额］

　贷：银行存款（或应付账款、应付票据、预付账款）［采购材料应付的款项］

入库业务：

借：原材料　　　　　　　　　　　　　　　　［入库材料的计划采购成本］

　贷：材料采购　　　　　　　　　　　　　　　　［入库材料的实际采购成本］

　　材料成本差异　　　　　　　　　　　　　　　［计划成本>实际成本的节约差异］

或

借：原材料　　　　　　　　　　　　　　　　　［入库材料的计划采购成本］

　　材料成本差异　　　　　　　　　　　　　　［计划成本<实际成本的超支差异］

　贷：材料采购　　　　　　　　　　　　　　　　　［入库材料的实际采购成本］

［案例 3.1.2-9］

企业 A 材料计划单价 10 元/千克，3 月 18 日，购买 A 材料 1 000 千克，单价 9 元/千克，买价对应增值税率为 16%，所有款项均以银行存款支付，材料已入库。要求：编制外购材料采购、入库的基本分录。

案例 3.1.2-9 解析：

① 采购业务

借：材料采购——A 材料　　　　　　　　　　　　　　　　　9 000

　　应交税费——应交增值税（进项税额）　　　　　　　　　1 440

　贷：银行存款　　　　　　　　　　　　　　　　　　　　　　　10 440

② 入库业务

借：原材料——A 材料　　　　　　　　　　　　　　　　　10 000

　贷：材料采购——A 材料　　　　　　　　　　　　　　　　　　9 000

　　材料成本差异　　　　　　　　　　　　　　　　　　　　　　1 000

在此案例中，实际采购成本小于计划采购成本，所以材料成本差异在贷方，代表节约差异。

［案例 3.1.2-10］

企业 A 材料计划单价 10 元/千克，3 月 21 日，购买 A 材料 1 000 千克，单价 12 元/千克，买价对应增值税率为 16%，所有款项均以银行存款支付，材料已入库。要求：编制外购材料采购、入库的基本分录。

案例 3.1.2-10 解析：

① 采购业务

借：材料采购——A 材料　　　　　　　　　　　　　　　　　12 000

　　应交税费——应交增值税（进项税额）　　　　　　　　　1 920

　　贷：银行存款　　　　　　　　　　　　　　　　　　　　13 920

② 入库业务

借：原材料——A 材料　　　　　　　　　　　　　　　　　10 000

　　材料成本差异　　　　　　　　　　　　　　　　　　　2 000

　　贷：材料采购——A 材料　　　　　　　　　　　　　　　12 000

在此案例中，实际采购成本大于计划采购成本，所以材料成本差异在借方，代表超支差异。

注意：在计划成本法下，不管实际购买成本是多少，"原材料"科目永远按计划成本入账。

（2）外购材料的具体情况处理。

在实务操作中，由于支付方式不同，原材料入库的时间与材料采购确认的时间可能一致，也可能不一致，为此，在会计上的处理也有所不同。

情况一："料单同到"情况

"料"代表已办理入库手续的实际材料，"单"代表反映采购业务的原始凭证（发票账单），"料单同到"意味着材料的采购确认和入库同时完成。在实际成本法下，两项业务可以合并在一个分录中进行反映，但在计划成本法下，由于"材料采购"反映的是实际成本，而"原材料"反映的是计划成本，为了更好地体现实际成本和计划成本之间的差异，两项业务仍然要分开处理。

［案例 3.1.2-11］

企业 B 材料计划单价 6 元/千克，3 月 6 日，企业向万华公司购买 B 材料 1 000 千克，单价 7 元/千克，买价对应增值税率为 16%，发票已收到，款未付，材料已验收入库。

案例 3.1.2-11 解析：

① 采购业务

借：材料采购——B 材料　　　　　　　　　　　　　　　　7 000

　　应交税费——应交增值税（进项税额）　　　　　　　　1 120

　　贷：银行存款　　　　　　　　　　　　　　　　　　　8 120

② 入库业务

借：原材料——B 材料　　　　　　　　　　　　　　　　6 000

　　材料成本差异　　　　　　　　　　　　　　　　　1 000

　　贷：材料采购——B 材料　　　　　　　　　　　　　7 000

情况二："单到料未到"情况

"单到料未到"是指已收到反映采购业务的原始凭证（发票账单），但材料尚未到达，没有办理入库手续。为此，材料的采购业务和入库业务必须分开处理，在收到发票账单时做采购业务处理，待材料到达、入库后，再根据收料单，将材料的采购成本由"材料采购"科目转入"原材料"科目，同时确认材料成本差异。

[案例 3.1.2-12]

企业 3 月 7 日以银行存款方式向东元公司预付款项 30 000 元，用于购买 B 材料；3 月 21 日，收到东元公司开出的增值税发票，B 材料货款为 50 000 元，增值税税率为 16%，余款暂欠，材料尚未办理入库。

案例 3.1.2-12 解析：

① 3 月 7 日，预付款业务处理

借：预付账款——东元公司   30 000

    贷：银行存款   30 000

② 3 月 21 日，收到增值税发票业务处理

借：在途物资——B 材料   50 000

    应交税费——应交增值税（进项税额）   8 000

    贷：预付账款——东元公司   58 000

情况三："料到单未到"情况

"料到单未到"是指材料已运达并办理入库手续，但反映采购业务的发票账单没到收到，没有发票账单就无法确认采购的实际成本。为此平时暂不做处理，但到会计期末时，为满足财产清查要求，应将已入库材料按计划成本暂估入账，在下月初做相反分录予以冲回，等收到发票账单后再按实际金额记账。

[案例 3.1.2-13]

企业采用委托收款结算方式购入 C 材料 2 000 千克，材料已验收入库，月末发票账单尚未收到，无法确定其实际成本，C 材料计划成本 2 元/千克，暂估入账，下月初冲销。

案例 3.1.2-13 解析：

① 月末暂估入账

借：原材料——C 材料   4 000

    贷：应付账款——暂估应付账款   4 000

② 下月初冲销

借：应付账款——暂估应付账款   4 000

    贷：原材料——C 材料   4 000

4. 材料发出业务处理

（1）材料发出的基本分录处理。

在计划成本法下，月末，企业根据领料单等编制"发料凭证汇总表"结转发出材料的计划成本，根据发出材料的用途，按计划成本计入不同成本费用科目，同时结转材料成本差异。

① 按计划成本发出材料

借：生产成本（制造费用、管理费用等）   [发出材料的计划成本]

    贷：原材料   [发出材料的计划成本]

② 结转材料成本差异

如为应负担的超支差异：

借：生产成本（制造费用、管理费用等）［发出材料负担的材料成本差异］

　　贷：材料成本差异　　　　　　　　　　［发出材料负担的材料成本差异］

如为应负担的节约差异：

借：材料成本差异　　　　　　　　　　［发出材料负担的材料成本差异］

　　贷：生产成本（制造费用、管理费用等）　［发出材料负担的材料成本差异］

（2）材料发出计价。

根据会计准则规定，企业日常采用计划成本核算的，发出的材料成本应在期末由计划成本调整成实际成本，通过计算本期材料成本差异率，进一步算出本期发出材料应负担的材料成本差异，具体公式如下：

本期材料成本差异率＝（期初结存材料的成本差异＋本期入库材料的成本差异）/

（期初结存材料的计划成本＋本期入库材料的计划成本）×100%

发出材料应负担的成本差异＝发出材料的计划成本×本期材料成本差异率

［案例3.1.2-14］

企业A材料计划成本10元/千克，期初结存材料2 000千克，期初结存材料实际单位成本11元/千克。

4月5日，企业购入A材料1 000千克，购买价8元，增值税率16%，当日入库，款以银行存款支付；

4月16日，企业购入A材料2 000千克，购买价12元，增值税率16%，当日入库，款以银行存款支付；

4月25日，企业生产甲产品领用A材料1 500千克，生产乙产品领用A材料500千克。

要求：做本月A材料收入、发出、调整差异的相关分录。

案例3.1.2-14解析：

① 4月5日购入材料业务处理

采购业务：

借：材料采购——A材料　　　　　　　　　　　　　　　8 000

　　应交税费——应交增值税（进项税额）　　　　　　　1 280

　　贷：银行存款　　　　　　　　　　　　　　　　　　　　9 280

入库业务：

借：原材料——A材料　　　　　　　　　　　　　　　　10 000

　　贷：材料采购——A材料　　　　　　　　　　　　　　　8 000

　　　　材料成本差异　　　　　　　　　　　　　　　　　2 000

② 4月16日购入材料业务处理

采购业务：

借：材料采购——A材料　　　　　　　　　　　　　　　24 000

　　应交税费——应交增值税（进项税额）　　　　　　　3 840

贷：银行存款		27 840

入库业务：

借：原材料——A 材料		20 000
材料成本差异		4 000
贷：材料采购——A 材料		24 000

③4 月 25 日领用材料业务处理

借：生产成本——甲产品		15 000
——乙产品		5 000
贷：原材料——A 材料		20 000

注意：发出材料时，首先也是按计划成本发出，因为"原材料"科目记录的是材料的计划成本。

④月末分摊材料成本差异分录

第一步：计算本期材料成本差异率

本期材料成本差异率＝{[2 000+（-2 000）+4 000]/（20 000+10 000+20 000）}×100%
　　　　　　　　　　＝8%

注意：在计算材料成本差异总额时，超支差异以正数体现，节约差异以负数体现。

第二步：计算发出材料应负担的材料成本差异

生产甲产品材料负担的材料成本差异＝15 000×8%＝1 200（元）

生产乙产品材料负担的材料成本差异＝5 000×8%＝400（元）

第三步：分担材料成本差异的分录处理

借：生产成本——甲产品		1 200
——乙产品		400
贷：材料成本差异		1 600

【任务操作要求】

1. 学习并理解任务指导

2. 独立完成给定业务核算

企业 B 材料计划成本 5 元/千克，期初结存 3 000 千克，结存材料实际单位成本 4 元/千克，本月 B 材料收发情况如下：

（1）5 月 2 日，企业购入 B 材料 5 000 千克，单价 6 元/千克，增值税率 16%，款项用银行存款支付，材料已入库。

（2）5 月 12 日，企业购入 B 材料 2 000 千克，单价 7 元/千克，增值税率 16%，款项尚未支付，材料未入库。

（3）承第（2）题，5 月 15 日，B 材料运到，办理入库手续。

（4）5 月 25 日，企业购入 B 材料 6 000 千克，材料已运达，但发票账单尚未收到。

（5）承第（4）题，月末发票账单仍未收到。

（6）5 月 B 材料领用情况如下：生产甲产品领用 2 000 千克，生产乙产品领用 3 000 千克，车间一般领用 500 千克。

要求：做本月 B 材料收、发的所有相关分录。

任务 3.1.2 小结

原材料日常核算实际成本法和计划成本法的主要区别如表 3.1-4 所示：

表 3.1-4   原材料日常核算实际成本法和计划成本法的主要区别

区别项目	实际成本法	计划成本法
①反映购入的未入库材料实际成本的科目	在途物资	材料采购
②"原材料"科目所反映的金额	材料的实际成本	材料的计划成本
③"料单同到"的采购业务处理	采购、入库可以合并	采购、入库分开处理
④"料到单未到"暂估入账的金额	根据以往采购情况估价	以计划价入账
⑤发出材料的计价方法	先进先出法、月末一次加权平均法、移动加权平均法、个别计价法	先按计划成本发出，期末计算材料成本差异率，分摊材料成本差异，将计划成本调为实际成本

任务 3.1.3　周转材料的日常核算

周转材料，是指企业能够多次使用、逐渐转移其价值但仍保持原有形态但不符合固定资产确认条件的材料，包括包装物、低值易耗品，以及企业（建造承包商）的钢模板、木模板、脚手架等。周转材料的日常收发及结存可以采用实际成本法和计划成本法两种方法进行核算，在摊销其成本时可采用一次转销法、五五摊销法或者分次摊销法进行摊销。本任务主要介绍包装物和低值易耗品的核算。

子任务 1　包装物的核算

【任务目的】

通过完成本任务，使学生明确包装物的概念，掌握其日常核算的操作细则，以备在核算实务中熟练运用。

【任务指导】

1. 包装物的内容

包装物，是指为了包装本企业商品而储备的各种包装容器，如桶、箱、瓶、坛、袋等。

2. 科目设置

企业应设置"周转材料——包装物"科目来进行包装物的日常核算，包装物品类较多、涉及业务频繁的企业也可将"包装物"直接设置成一级科目处理。"周转材料——包装物"（或"包装物"）科目属于资产类，借方登记包装物的增加，贷方登记包装物的减少，期末余额在借方，反映包装物的期末结存金额。

3. 核算业务框架

本任务主要介绍实际成本法下包装物的具体核算，对于计划成本法下包装物的具体核算请参照原材料的计划成本法，在进行任务操作时思考并把握。

实际成本法下　①外购包装物的业务处理
包装物的日常核算 {
　　　　　　　②包装物发出的业务处理 {
　　　　　　　　　　　　　　　　　　A. 生产产品领用
　　　　　　　　　　　　　　　　　　B. 随同商品出售
　　　　　　　　　　　　　　　　　　C. 出租、出售

4. 外购包装物业务处理

（1）采购业务。

借：在途物资——包装物　　　　　　　　　　　　　［包装物的实际采购成本］
　　应交税费——应交增值税（进项税额）　　　　　［购买包装物涉及的进项税额］
　　贷：银行存款（或应付账款、应付票据、预付账款）［采购包装物应付的款项］

（2）入库业务。

借：周转材料——包装物　　　　　　　　　　　　　　［入库包装物的实际采购成本］
　　贷：在途物资——包装物　　　　　　　　　　　　　［入库包装物的实际采购成本］

思考：如果企业采用计划成本法，对采购和入库业务进行核算会有什么区别？

5. 发出包装物业务处理

企业发出包装物时，需根据不同的目的将包装物的价值摊入对应的成本费用，具体的摊销方法包括一次摊销法、分次摊销法和五五摊销法。一般生产产品领用或随同商品销售领用包装物多采用一次摊销法，在领用时将其价值一次计入成本费用；重复多次使用包装物（出租或出借）可采用分次摊销法或五五摊销法：分次摊销法是根据领用次数，在领用时摊销其账面价值的单次平均摊销额，五五摊销法是在第一次领用时按账面价值的50%进行摊销，在报废时再摊销剩余的50%。

（1）生产产品领用包装物。

生产产品领用包装物，应将包装物成本一次摊销进入产品生产成本。

［案例3.1.3-1］

企业生产甲产品领用包装物一批，其实际成本为30 000元，要求做相关业务处理。

案例3.1.3-1解析：

生产产品领用包装物，包装物减少，其成本一次摊入产品的生产成本。

借：生产成本——甲产品　　　　　　　　　　　　　　　　　　　　30 000
　　贷：周转材料——包装物　　　　　　　　　　　　　　　　　　　　30 000

注意：在实际成本法核算下，包装物的发出计价也可采用先进先出法、月末一次加权平均法、移动加权平均法及个别计价法，具体计算方式同原材料。

思考：如果企业采用计划成本法，该批包装物计划成本为28 000元，材料成本差异率为-2%，应怎样处理？

（2）随同商品出售包装物。

随同商品出售的包装物，应根据其是否单独计价做出不同的处理：如果包装物单独计价，将其按销售业务处理，根据发票金额确认销售收入，再将其成本按销售成本确认；如果包装物不单独计价，即将其成本一次摊入"销售费用"科目中。

[案例 3.1.3-2]

企业销售商品领用价值 30 000 元包装物一批，该包装物单独计价，开出增值税发票，确认销售金额 50 000 元，增值税率为 16%，款项收存银行，要求做相关业务处理。

案例 3.1.3-2 解析：

①根据销售金额，确认包装物带来的销售收入：

借：银行存款   58 000
　　贷：其他业务收入   50 000
　　　　应交税费——应交增值税（销项税额）   8 000

②根据包装物成本，确认销售成本：

借：其他业务成本   30 000
　　贷：周转材料——包装物   30 000

思考：如果企业采用计划成本法，该批包装物计划成本为 28 000 元，材料成本差异率为-2%，应怎样处理？

[案例 3.1.3-3]

企业销售商品领用价值 30 000 元包装物一批，该包装物不单独计价，要求做相关业务处理。

案例 3.1.3-3 解析：

因为该批包装物没有单独计价，为此其成本应作为销售过程中产生的费用进行处理，计入"销售费用"科目。

借：销售费用   30 000
　　贷：周转材料——包装物   30 000

思考：如果企业采用计划成本法，该批包装物计划成本为 28 000 元，材料成本差异率为-2%，应怎样处理？

（3）出租、出借包装物。

出租、出借包装物，在摊销其价值时，往往采用"分次摊销法"和"五五摊销法"，分次将其价值摊入"其他业务成本"（出租）或"销售费用"（出借）科目中。

出租包装物摊销：

借：其他业务成本
　　贷：周转材料——包装物——包装物摊销

出借包装物摊销：

借：销售费用
　　贷：周转材料——包装物——包装物摊销

【任务操作要求】

1. 学习并理解任务指导

2. 独立完成给定业务核算

企业某包装物计划成本 3 元/件，本月材料成本差异率为 3%，做以下业务处理：

（1）5 月 8 日，企业购入包装物 8 000 件，单价 4 元/件，增值税率为 16%，款项用银行存款支付，包装物已验收入库。

（2）5月15日，企业生产产品领用包装物1 000件。

（3）5月20日，企业销售产品领用包装物2 000件，单独计价，销售价格6元/件。

（4）5月25日，企业销售产品领用包装物1 500件，不单独计价。

要求：做本月包装物涉及收、发的所有相关分录。

子任务2 低值易耗品的核算

【任务目的】

通过完成本任务，使学生明确低值易耗品的概念，掌握其日常核算的操作细则，以备在核算实务中熟练运用。

【任务指导】

1. 低值易耗品的内容

低值易耗品是指单位价值较低，或使用时间较短，不能作为固定资产的劳动资料，一般可划分为一般工具、专用工具、替换设备、管理用具、劳动保护用品和其他用具等。

2. 科目设置

企业应设置"周转材料——低值易耗品"科目来进行低值易耗品的日常核算。低值易耗品品类较多、涉及业务频繁的企业也可将"低值易耗品"直接设置成一级科目处理。"周转材料——低值易耗品"（或"低值易耗品"）科目属于资产类，借方登记低值易耗品的增加，贷方登记低值易耗品的减少，期末余额在借方，反映低值易耗品的期末结存金额。

3. 核算业务框架

本任务主要介绍实际成本法下低值易耗品的具体核算，对于计划成本法下低值易耗品的具体核算请参照原材料的计划成本法，在进行任务操作时思考并把握。

实际成本法下
低值易耗品的日常核算 { ①外购低值易耗品的业务处理
②低值易耗品发出的业务处理 { A. 一次摊销
B. 分次摊销（或五五摊销）

4. 外购低值易耗品业务处理

（1）采购业务。

借：在途物资——低值易耗品　　　　　　　［低值易耗品的实际采购成本］

　　应交税费——应交增值税（进项税额）　［购买低值易耗品涉及的进项税额］

　　贷：银行存款（或应付账款、应付票据、预付账款）

　　　　　　　　　　　　　　　　　　　　　［采购低值易耗品应付的款项］

（2）入库业务。

借：周转材料——低值易耗品　　　　　　　［入库低值易耗品的实际采购成本］

　　贷：在途物资——低值易耗品　　　　　　［入库低值易耗品的实际采购成本］

思考：如果企业采用计划成本法，对采购和入库业务进行核算会有什么区别？

5. 发出低值易耗品业务处理

企业发出低值易耗品时，具体的摊销方法包括一次摊销法、分次摊销法和五五摊销法。对于金额较小的低值易耗品，可在领用时一次计入成本费用，以简化核算，但应在备查簿上登记说明，满足实物管理需要。部分低值易耗品会反复多次使用，所以更适合采用分次摊销法和五五摊销法：分次摊销法是根据领用次数，在领用时摊销其账面价值的单次平均摊销额；五五摊销法是在第一次领用时按账面价值的50%进行摊销，在报废时再摊销剩余的50%。在采用分次摊销法或是五五摊销法时，应设"周转材料——低值易耗品（在库）""周转材料——低值易耗品（在用）""周转材料——低值易耗品（摊销）"明细科目。

［案例3.1.3-4］

生产车间领用专用工具一批，实际成本1 200元，按照五五摊销原理，领用时摊销50%的价值，报废时摊销50%的价值。要求做相关业务处理。

案例3.1.3-4解析：

（1）领用时业务处理。

①将低值易耗品价值由"在库"明细科目转至"在用"明细科目

借：周转材料——低值易耗品（在用）　　　　　　　　　　　　　1 200

　　贷：周转材料——低值易耗品（在库）　　　　　　　　　　　　1 200

②摊销50%的价值进入成本费用

借：制造费用　　　　　　　　　　　　　　　　　　　　　　　600

　　贷：周转材料——低值易耗品（摊销）　　　　　　　　　　　　600

（2）报废时业务处理。

①将剩余50%的价值摊销进入成本费用

借：制造费用　　　　　　　　　　　　　　　　　　　　　　　600

　　贷：周转材料——低值易耗品（摊销）　　　　　　　　　　　　600

②账面注销低值易耗品相关明细科目

借：周转材料——低值易耗品（摊销）　　　　　　　　　　　　1 200

　　贷：周转材料——低值易耗品（在用）　　　　　　　　　　　　1 200

思考：如果企业采用计划成本法，该批低值易耗品计划成本为1 000元，材料成本差异率为3%，应怎样处理？

【任务操作要求】

1. 学习并理解任务指导

2. 独立完成给定业务核算

企业某低值易耗品计划成本50元/件，材料成本差异率为3%，做以下业务处理：

生产车间领用专用工具500件，按照五五摊销原理，领用摊销50%的价值，报废时摊销50%的价值，要求做相关业务处理。

任务3.1.3小结

1. 周转材料的主要核算内容

包括"包装物"与"低值易耗品"。

2. 周转材料的购入核算

与原材料基本类似，包含采购与入库的业务处理，根据企业选用的实际成本法或计划成本法做不同处理。

3. 周转材料的发出核算

（1）价值摊销对应科目。

①包装物

A. 生产领用："生产成本"

B. 销售领用：

a. 单独计价："其他业务成本"

b. 不单独计价："销售费用"

C. 出租："其他业务成本"

D. 出借："销售费用"

②低值易耗品：以"制造费用"居多

（2）价值摊销办法。

①一次摊销法

②分次摊销法（或五五摊销法）

说明：在采用分次摊销法（或五五摊销法）时，需设置"在库""在用""摊销"明细科目。

任务 3.1.4　库存商品的日常核算

库存商品，是指企业完成全部生产过程并验收入库，可以按照合同规定条件送交订货单位，或可作为商品对外销售的产品以及外购或委托加工完成验收入库用于销售的各种商品。在会计实务中，制造企业和商品流通企业对于库存商品的处理会有所不同，为此，本任务按企业性质划分子任务，分别讲解。

子任务 1　制造企业库存商品的日常核算

【任务目的】

通过完成本任务，使学生掌握制造企业库存商品日常核算的操作细则，以备在核算实务中熟练运用。

【任务指导】

1. 制造企业库存商品的核算方法

与其他原材料、周转材料类似，制造企业的库存商品也可采用实际成本法或计划成本法进行核算。

2. 科目设置

企业需设置"库存商品"科目核算库存商品的收发和结存情况，该科目一般按商品的品种、名称进行明细核算。

（1）实际成本法。

在实际成本法下，"库存商品"科目的借方登记完工入库商品的实际成本，贷方登记发出商品的实际成本，期末余额在借方，反映企业结存商品的实际成本。

（2）计划成本法。

在计划成本法下，"库存商品"科目的借方登记完工入库商品的计划成本，贷方登记发出商品的计划成本，期末余额在借方，反映企业结存商品的计划成本。

"库存商品"计划成本与实际成本之间差额通过设置"产品成本差异"科目进行核算，该科目借方登记入库商品实际成本大于计划成本的生产超支额，贷方登记入库商品实际成本小于计划成本的生产节约额，待库存商品发出时，"产品成本差异"应按一定的方法计算分摊进入成本费用。

3. 库存商品日常核算的业务框架

由于视同销售业务在往来岗位核算内容中有详细讲解，故本任务不再单独列示。

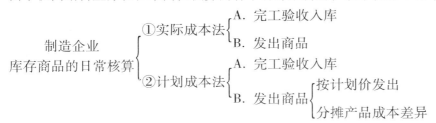

4. 实际成本法下库存商品的日常核算

（1）完工验收入库。

制造企业的库存商品一般是自我生产完成，当生产完毕验收入库时，应按实际成本，借记"库存商品"科目，贷记"生产成本——基本生产成本"科目。

［案例3.1.4-1］

企业本月完工入库甲产品1 000件，实际完工成本500 000元，完工入库乙产品2 000件，实际完工成本750 000元，要求做相关业务处理。

案例3.1.4-1解析：

借：库存商品——甲产品　　　　　　　　　　　　　　　　　　　　500 000
　　　　　　——乙产品　　　　　　　　　　　　　　　　　　　　750 000
　　贷：生产成本——基本生产成本（甲产品）　　　　　　　　　　　500 000
　　　　　　　　——基本生产成本（乙产品）　　　　　　　　　　　750 000

（2）发出商品。

制造企业销售商品时，应借记"主营业务成本"科目，贷记"库存商品"科目，如果是视同销售行为，应根据具体情况记入该行为对应科目中（如在建工程等）。

［案例3.1.4-2］

企业结转本月销售甲产品实际成本250 000元、乙产品实际成本300 000元，要求做相关业务处理。

案例3.1.4-2解析：

借：主营业务成本——甲产品　　　　　　　　　　　　　　　　　　250 000
　　　　　　　　——乙产品　　　　　　　　　　　　　　　　　　300 000
　　贷：库存商品——甲产品　　　　　　　　　　　　　　　　　　250 000
　　　　　　　　——乙产品　　　　　　　　　　　　　　　　　　300 000

注意：在实际成本法核算下，库存商品的发出计价也可采用先进先出法、月末一次加权平均法、移动加权平均法及个别计价法，具体计算方式同原材料。

5. 计划成本法下库存商品的日常核算

（1）完工验收入库。

在计划成本法下，企业按库存商品计划完工成本完工入库，计划完工成本与实际完工成本之间的差额通过"产品成本差异"科目进行核算。

［案例3.1.4-3］

企业本月完工入库甲产品1 000件，实际完工成本500 000元，该批产品计划完工成本550 000元，要求做相关业务处理。

案例3.1.4-3解析：

借：库存商品——甲产品　　　　　　　　　　　　　　　　550 000
　　贷：生产成本——基本生产成本（甲产品）　　　　　　　　500 000
　　　　产品成本差异　　　　　　　　　　　　　　　　　　　50 000

（2）发出商品。

在计划成本法下，企业发出商品按库存商品计划完工成本结转至"主营业务成本"等科目，同时计算产品成本差异率、分摊产品成本差异。

［案例3.1.4-4］

企业结转本月销售甲产品计划成本250 000元，产品成本差异率为3%，要求做相关业务处理。

案例3.1.4-4解析：

①按计划成本结转销售成本

借：主营业务成本——甲产品　　　　　　　　　　　　　　250 000
　　贷：库存商品——甲产品　　　　　　　　　　　　　　　250 000

②分摊产品成本差异

借：主营业务成本——甲产品　　　　　　　　　　　　　　　7 500
　　贷：产品成本差异　　　　　　　　　　　　　　　　　　　7 500

【任务操作要求】

1. 学习并理解任务指导

2. 独立完成给定业务核算

（1）制造企业按实际成本法核算库存商品，本月完工入库A产品的实际成本为20 000元，要求做相关业务处理。

（2）制造企业按实际成本法核算库存商品，本月销售A产品的实际成本为10 000元，要求做相关业务处理。

（3）制造企业按计划成本法核算库存商品，本月完工入库A产品的实际完工成本为20 000元，该批产品计划完工成本为18 000元，要求做相关业务处理。

（4）制造企业按计划成本法核算库存商品，本月销售A产品的计划成本为10 000元，产品成本差异率为-1%，要求做相关业务处理。

子任务2　商品流通企业库存商品的日常核算

【任务目的】

通过完成本任务，使学生掌握商品流通企业库存商品日常核算的操作细则，以备在核算实务中熟练运用。

【任务指导】

1. 商品流通企业库存商品的核算方法

商品流通企业购入的库存商品可以采用进价金额核算法或是售价金额核算法进行日常核算。

2. 科目设置

企业需设置"库存商品"科目核算库存商品的收发和结存情况，该科目一般按商品的品种、名称进行明细核算。

（1）进价金额核算法。

在进价金额核算法下，"库存商品"科目的借方登记购入商品的进价成本，贷方登记发出商品的进价成本，期末余额在借方，反映企业结存商品的进价成本。

（2）售价金额核算法。

在售价金额核算法下，"库存商品"科目按售价进行核算，借方登记购入商品的售价，贷方登记发出商品的售价，期末余额在借方，反映企业结存商品的售价。

"库存商品"进价与售价之间差额通过设置"商品进销差价"科目进行核算，"商品进销差价"等商品发出时应按一定的方法计算分摊进入成本费用。

3. 库存商品日常核算的业务框架

由于视同销售业务在往来岗位核算内容中有详细讲解，故本任务不再单独列示。

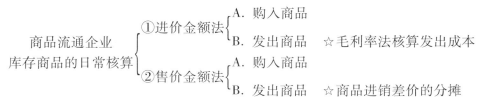

4. 进价金额核算法下库存商品的日常核算

（1）购入商品。

商品流通企业购入商品的购买成本，在未入库时可通过"在途物资"科目进行核算，待入库时，将其成本转入"库存商品"。

［案例3.1.4-5］

企业购入甲商品1 000件，单价20元/件，销售方增值税率为16%，款项均以银行存款支付，3日后入库，要求做相关业务处理。

案例3.1.4-5解析：

① 采购业务

借：在途物资——甲商品　　　　　　　　　　　　　　　　　　20 000

应交税费——应交增值税（进项税额）　　　　　　　　　　　3 200

　　　　贷：银行存款　　　　　　　　　　　　　　　　　　　　　23 200
　　②入库业务
　　借：库存商品——甲商品　　　　　　　　　　　　　　　　　20 000
　　　　贷：在途物资——甲商品　　　　　　　　　　　　　　　　20 000
　　（2）发出商品。
　　商品流通企业发出商品时，其发出分录与制造企业基本类似，都是借记"主营业务成本"科目，贷记"库存商品"科目，但在对发出商品的具体计价上，有其独特的方法，如毛利率法。
　　①毛利率法的基本原理
　　毛利率法是根据本期销售净额乘以上期实际（或本期计划）毛利率匡算本期销售毛利，并据以计算发出存货成本和期末存货成本的一种方法。
　　②毛利率法的计算公式
　　A. 毛利率=（销售毛利/销售净额）×100%
　　B. 销售净额=商品销售收入-销售退回与折让
　　C. 销售毛利=销售净额×毛利率
　　D. 销售成本=销售净额-销售毛利
　　[案例3.1.4-6]
　　企业本月初针织存货1 800万元，本月购进3 000万元，本月销售收入3 400万元，上季度该类商品的毛利率为25%，求本月销售成本和月末结存成本，并做相关业务处理。
　　案例3.1.4-6解析：
　　本月销售毛利=3 400×25%=850（万元）
　　本月销售成本=3 400-850=2 550（万元）
　　本月结存成本=1 800+3 000-2 550=2 250（万元）
　　借：主营业务成本　　　　　　　　　　　　　　　　　　　25 500 000
　　　　贷：库存商品　　　　　　　　　　　　　　　　　　　　25 500 000
　　③毛利率法的适用范围
　　商品流通企业同类商品的毛利率大致相同，采用这种存货计价方法能减轻工作量，也能满足对存货管理的需要，为此，毛利率法适用于商品流通企业，尤其是商品批发企业。
　　5. 售价金额核算法下库存商品的日常核算
　　（1）购入商品。
　　在售价金额核算法下，商品流通企业用"物资采购"科目核算采购商品的进价，"库存商品"科目按商品售价记录，进价与售价之间的差额记录在"商品进销差价"科目中。
　　[案例3.1.4-7]
　　企业购入甲商品1 000件，单价20元/件，销售方增值税率为16%，款项均以银行存款支付，3日后入库，该商品售价40元/件，要求做相关业务处理。
　　案例3.1.4-7解析：
　　①采购业务
　　借：物资采购——甲商品　　　　　　　　　　　　　　　　　20 000

            应交税费——应交增值税（进项税额）   3 200
        贷：银行存款   23 200
②入库业务
借：库存商品——甲商品   40 000
    贷：物资采购——甲商品   20 000
        商品进销差价   20 000

（2）发出商品。

在售价金额核算法下，商品流通企业发出商品，应计算商品进销差价率，从而将商品进销差价分摊至成本费用科目，相关计算公式如下：

①商品进销差价率=（期初库存商品进销差价+本期购入商品进销差价）÷（期初库存商品售价+本期购入商品售价）×100%

②本期销售商品应分摊的商品进销差价=本期商品销售收入×商品进销差价率

③本期销售商品成本=本期商品销售收入-本期销售商品应分摊的商品进销差价

④期末结存商品成本=期初库存商品的进价成本+本期购进商品的进价成本-本期销售商品的成本

[案例3.1.4-8]

某商场采用售价金额核算法对库存商品进行核算，本月库存A商品期初进价成本为30万元，售价总额为38万元，本月购进该商品进价成本为50万元，售价总额为59万元，本月销售收入为70万元，要求计算本月销售成本和结存成本，并做相关业务处理。

案例3.1.4-8解析：

商品进销差价率=（8+9）÷（38+59）×100%=17.5%

本期销售商品应分摊的商品进销差价=70×17.5%=12.25（万元）

本期销售商品成本=70-12.25=57.75（万元）

期末结存商品成本=30+50-57.75=22.25（万元）

借：主营业务成本——A商品   577 500
    商品进销差价   122 500
    贷：库存商品——A商品   700 000

【任务操作要求】

1. 学习并理解任务指导

2. 独立完成给定业务核算

（1）某商场采用毛利率法进行商品核算，201×年4月1日，塑料日用品存货1 600万元，本月购进2 800万元，本月销售收入3 500万元，发生销售退回100万元，上季度该类商品的毛利率为25%。要求计算以下数据：

①本月销售毛利；

②本月销售成本；

③本月末库存商品成本。

（2）企业A商品采用售价金额核算法，售价20元/件，期初结存商品100件，进价为19元/件。本月购销情况如下：

① 3 日，购进 300 件，进价为 18 元/件；

② 16 日，购进 200 件，进价为 21 元/件；

③ 21 日，销售 180 件，售价 20 元/件，款项收存银行。

要求计算本月商品销售成本和月末结存成本，并做相关分录处理。

任务 3.1.4 小结

1. 制造企业和商品流通企业由于库存商品来源不同，所以处理方式有所不同，需分别理解把握。

2. 核算的重点：

（1）制造企业计划成本法核算下的特点。

（2）商品流通企业在计算发出商品成本时所采用的毛利率法和售价金额核算法的操作细则。

任务 3.1.5 存货的期末处理

子任务 1 存货的清查

【任务目的】

通过完成本任务，使学生明确存货清查的内涵，掌握对清查结果的处理方式，以备在核算实务中熟练运用。

【任务指导】

1. 存货清查的内涵

存货清查是通过对存货进行实地盘点，确定存货的实有情况，将其与账面结存情况进行核对，保证账实相符的专门方法。

2. 科目设置

企业应设置"待处理财产损溢"科目来反映存货清查的结果，该科目在出纳岗位已做介绍。

3. 存货清查结果处理的业务框架

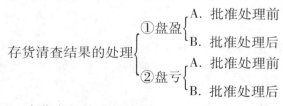

4. 存货盘盈的账务处理

存货出现盘盈，在批准处理前先通过"待处理财产损溢"科目进行调账，按管理权限报经批准后，再转至"管理费用"科目。

[案例 3.1.5-1]

企业月末盘盈 A 材料 1 000 千克，实际单位成本 3 元/千克，经查属于材料收发计量方面的错误，要求做相关业务处理。

案例3.1.5-1解析：

① 批准处理前：

借：原材料——A材料   3 000

  贷：待处理财产损溢   3 000

② 批准处理后：

借：待处理财产损溢   3 000

  贷：管理费用   3 000

思考：如果企业原材料按照计划成本法进行核算，该材料计划成本2.5元/千克，材料成本差异率为2%，该业务应该如何处理？

5. 存货盘亏的账务处理

存货出现盘亏，在批准处理前先通过"待处理财产损溢"科目进行调账，按管理权限报经批准后，根据不同的原因转至不同的科目：对于入库的残料价值，记入"原材料"等科目；对于应由保险公司和过失人的赔款，记入"其他应收款"科目；扣除残料价值和应由保险公司、过失人赔款后的净损失，属于一般经营损失的部分，记入"管理费用"科目，属于非常损失的部分，记入"营业外支出"科目。

注意：在对存货盘亏结果进行处理时，涉及进项税转出的项目应在"应交税费——应交增值税（进项税额转出）"科目中进行处理，具体方式在往来岗位业务处理中已讲解，此处省略。

[案例3.1.5-2]

企业月末清查发现毁损A材料1 000千克，实际单位成本3元/千克，经查属于保管员王成过失造成，按规定由其个人赔偿2 000元，残料价值200元，已办理入库，其他按一般经营损失处理。假定不考虑相关税费，要求做相关业务处理。

案例3.1.5-2解析：

（1）批准处理前：

借：待处理财产损溢   3 000

  贷：原材料——A材料   3 000

（2）批准处理后：

①过失人赔款部分

借：其他应收款——王成   2 000

  贷：待处理财产损溢   2 000

②残料入库

借：原材料——A材料   200

  贷：待处理财产损溢   200

③一般经营损失处理

借：管理费用   800

  贷：待处理财产损溢   800

[案例3.1.5-3]

企业因台风毁损库存甲产品一批，实际成本80 000元，根据保险责任范围和合同的规定，应收保险公司赔偿50 000元，其余损失企业自行承担。假定不考虑相关税费，要求做相关业务处理。

案例3.1.5-3解析：

（1）批准处理前：

借：待处理财产损溢　　　　　　　　　　　　　　　　　　80 000

　　贷：库存商品——甲产品　　　　　　　　　　　　　　　　80 000

（2）批准处理后：

①保险公司赔款部分

借：其他应收款——×保险公司　　　　　　　　　　　　　50 000

　　贷：待处理财产损溢　　　　　　　　　　　　　　　　　50 000

②企业自行承担部分

借：营业外支出　　　　　　　　　　　　　　　　　　　　30 000

　　贷：待处理财产损溢　　　　　　　　　　　　　　　　　30 000

【任务操作要求】

1. 学习并理解任务指导

2. 独立完成给定业务核算

（1）企业期末盘盈B材料800千克，经查为收发计量错误造成，该材料计划单价5元/千克，材料成本差异率为3%，要求做相关业务处理。

（2）企业期末盘亏乙产品100件，经查为一般经营损失，该产品计划成本30元/件，产品成本差异率为2%，假定不考虑相关税费，要求做相关业务处理。

（3）企业因暴雨毁损丙产品3 000件，该产品计划成本10元/件，产品成本差异率为3%，经协商，保险公司赔偿60%的毁损资金，其余企业自行承担，假定不考虑相关税费，要求做相关业务处理。

子任务2　存货跌价准备的计提

【任务目的】

通过完成本任务，使学生明确存货减值的含义，清楚计提跌价准备的意义，掌握计提跌价准备的业务处理方式，以备在核算实务中熟练运用。

【任务指导】

1. 存货的期末计价

根据我国会计准则规定，存货的期末计价采用成本与可变现净值孰低法，是指在会计期末通过比较存货的成本与可变现净值，取两者中较低的一个作为存货计价基础，即当存货成本低于可变现净值时，按成本计价；当可变现净值低于成本时，按可变现净值计价。

注意：

（1）在运用成本与可变现净值孰低法时，存货的成本是指期末存货的实际成本，如果企业在存货日常核算中采用计划成本法或售价金额核算法，则需将期末成本进行调整，调整为实际成本后再与可变现净值进行比较。

（2）存货的可变现净值是指存货的估计售价减去至完工时估计要发生的成本、销售费用及相关税费后的金额，表现为存货的预计未来净现金流量。

2. 存货跌价准备的含义

在采用成本与可变现净值孰低法时，如果期末存货账面成本高于其可变现净值，应根据差额调减存货账面价值，并确认该损失，计入当期损益。但当调减存货价值的影响因素消失时，调减的金额应当予以恢复，已确认的损失可转回。

3. 涉及科目

企业应设置"存货跌价准备"科目核算存货跌价准备的计提、转销情况，该科目属于存货项目的备抵科目，贷方登记计提的存货跌价准备的金额，借方登记实际发生的存货跌价损失金额和转回（或转销）的存货跌价准备金额，期末余额一般在贷方，反映企业已计提但尚未转销的存货跌价准备。

4. 存货跌价准备的相关业务框架

$$存货跌价准备相关业务框架\begin{cases} A. 存货跌价准备的计提 \\ B. 存货跌价准备的转回 \\ C. 存货跌价准备的结转 \end{cases}$$

5. 存货跌价准备的相关业务处理

（1）计提存货跌价准备。

当存货成本高于可变现净值时，企业应按其差额，借记"资产减值损失"科目，贷记"存货跌价准备"科目。

［案例3.1.5-4］

企业期末账面A材料成本为2 000 000元，预计可变现净值为1 860 000元，要求根据其差额计提跌价准备。

案例3.1.5-4解析：

企业应计提的存货跌价准备金额=2 000 000-1 860 000=140 000（元）

借：资产减值损失——计提存货跌价准备　　　　　　　　　　140 000

　　贷：存货跌价准备　　　　　　　　　　　　　　　　　　　　140 000

（2）存货跌价准备转回。

当调减存货价值的影响因素消失时，已计提的存货跌价准备可在已计提的金额范围内转回，借记"存货跌价准备"科目，贷记"资产减值损失"科目。

［案例3.1.5-5］

承案例3.1.5-4，由于市场价格有所上升，A材料的预计可变现净值为1 920 000，要求做相关业务处理。

企业转回的存货跌价准备金额=140 000-（2 000 000-1 920 000）=60 000（元）

借：存货跌价准备　　　　　　　　　　　　　　　　　　　　60 000

　　贷：资产减值损失——计提存货跌价准备　　　　　　　　　　60 000

（3）存货跌价准备的结转。

企业出售存货时，应将该存货对应的跌价准备同时结转。结转时，借记"存货跌价准备"科目、贷记"主营业务成本""其他业务成本"等科目。

任务 3.1.6 小结

1. 明确成本与可变现净值孰低法的含义。
2. 核算的重点：
（1）存货跌价准备计提的业务处理。
（2）存货跌价准备转回的业务处理。

项目 3.2 固定资产的核算

【项目介绍】

本项目内容以《企业会计准则第 4 号——固定资产》及《〈企业会计准则第 4 号——固定资产〉应用指南》为指导，主要介绍企业固定资产项目的核算方法，要求学生通过学习，对固定资产的概念、特征有所认知，把握固定资产的业务核算内容，通过任务处理，进一步演练借贷记账法，为会计实务工作打下基础。

【项目实施标准】

本项目通过完成 7 项具体任务来实施，具体任务内容结构如表 3.2-1 所示：

表 3.2-1　　　　　　　　"固定资产的核算"项目任务细分表

任务	子任务
任务 3.2.1　固定资产核算基本认知	—
任务 3.2.2　固定资产的日常业务核算	1. 固定资产取得的核算
	2. 固定资产折旧的核算
	3. 固定资产后续支出的核算
	4. 固定资产处置的核算
任务 3.2.3　固定资产的期末处理	1. 固定资产清查的核算
	2. 固定资产减值准备的计提

说明：固定资产折旧虽属于期末计提，但在后续支出、处置等业务中经常会涉及对折旧的处理，故将其放在日常业务核算环节进行讲解。

任务 3.2.1　固定资产核算基本认知

【任务目的】

通过完成本任务，使学生了解固定资产的概念、特征，为学习后续核算内容打下理论基础。

【任务指导】

1. 固定资产的概念

固定资产，是指同时具有以下特征的有形资产：

（1）为生产商品、提供劳务、出租或经营管理而持有的。

（2）使用寿命超过一个会计年度。

注意：使用寿命，是指企业使用固定资产的预计期间，或者该固定资产所能生产产品或提供劳务的数量。

2. 固定资产的确认条件

（1）与该固定资产有关的经济利益很可能流入企业。

（2）该固定资产的成本能够可靠地计量。

3. 固定资产的分类

企业固定资产种类很多，根据不同的分类标准，可以分成不同的类别。企业应当选择适当的分类标准，将固定资产进行分类，以满足经营管理的需要。

（1）按经济用途分类。

固定资产按经济用途分类，可以分为生产经营用固定资产和非生产经营用固定资产。生产经营用固定资产，是指直接服务于企业生产经营过程的固定资产，如生产经营用的房屋、建筑物、机器、设备、器具、工具等；非生产经营用固定资产，是指不直接服务于生产经营过程的固定资产，如职工宿舍等。

固定资产按经济用途分类，可以归类反映企业生产经营用固定资产和非生产经营用固定资产之间的组成变化情况，借以考核和分析企业固定资产管理和利用情况，从而促进固定资产的合理配置，充分发挥其效用。

（2）按使用情况分类。

固定资产按使用情况分类，可分为使用中的固定资产、未使用的固定资产和不需用的固定资产。使用中的固定资产，是指正在使用的经营性和非经营性固定资产，由于季节性经营或修理等原因，暂时停止使用的固定资产仍属于企业使用中的固定资产，企业出租给其他单位使用的固定资产以及内部替换使用的固定资产，也属于使用中的固定资产；未使用的固定资产，是指已完工或已购建的尚未交付使用的固定资产以及因进行改建、扩建等原因停止使用的固定资产，如企业购建的尚待安装的固定资产、经营任务变更停止使用的固定资产等；不需用的固定资产，是指本企业多余或不适用、需要调配处理的固定资产。

固定资产按使用情况进行分类，有利于企业掌握固定资产的使用情况，便于比较分析固定资产的利用效率，挖掘固定资产的使用潜力，促进固定资产的合理使用，同时也便于企业准确合理地计提固定资产折旧。

（3）按所有权分类。

固定资产按所有权进行分类，可分为自有固定资产和租入固定资产。自有固定资产是指企业拥有的可供企业自由支配使用的固定资产；租入固定资产是指企业采用租赁方式从其他单位租入的固定资产。

（4）综合分类。

在考虑经济用途和使用情况的情况下，固定资产可进行综合分类，具体分为：

①生产经营用固定资产；

②非生产经营用固定资产；

③租出固定资产；

④不需用固定资产；

⑤未使用固定资产；

⑥土地；

⑦融资租入固定资产。

注意：

租出固定资产是指企业在经营租赁方式下出租给外单位使用的固定资产。

固定资产中的土地是指过去已单独估价入账的土地。因征地而支付的补偿费，应计入与土地有关的房屋、建筑物价值中，不单独作为土地入账；企业取得的土地使用权，应作为无形资产核算，不计入固定资产。

融资租入固定资产，是指企业以融资租赁方式租入的固定资产，在租赁期内，应视同自有固定资产进行管理。

由于企业的经营性质不同，经营规模有大有小，对于固定资产的分类可有不同的分类方法，企业可以根据自己的实际情况和经营管理、会计核算的需要进行必要的分类。

4. 固定资产的披露

按照会计准则规定，企业应当在附注中披露与固定资产有关的下列信息：

（1）固定资产的确认条件、分类、计量基础和折旧方法。

（2）各类固定资产的使用寿命、预计净残值和折旧率。

（3）各类固定资产的期初和期末原价、累计折旧额及固定资产减值准备累计金额。

（4）当期确认的折旧费用。

（5）对固定资产所有权的限制及其金额和用于担保的固定资产账面价值。

（6）准备处置的固定资产名称、账面价值、公允价值、预计处置费用和预计处置时间等。

【任务操作要求】

学习并理解任务指导。

任务 3.2.2　固定资产的日常业务核算

固定资产的日常业务主要包括固定资产的取得相关业务、取得后的后续支出相关业务以及固定资产的处置相关业务，但由于在后续支出和处置相关业务的处理中会涉及对已提折旧的处理，故本任务将其加入，分 4 个子任务进行讲解。

子任务 1　固定资产取得的核算

【任务目的】

通过完成本任务，使学生明确固定资产的取得方式，掌握不同取得方式下的业务操作细则，以备在核算实务中熟练运用。

【任务指导】

1. 科目设置

固定资产取得业务中使用的会计科目主要有"固定资产""在建工程""工程物资""应交税费——应交增值税（进项税额）""银行存款"等，由于部分科目在出纳、往来等岗位业务核算模块中已进行过详细讲解，故此只介绍"固定资产""在建工程""工程物资"三科目的具体核算内容。

（1）固定资产。

企业设置"固定资产"科目核算企业固定资产的原始价值（原价），该科目为资产类，借方登记企业增加的固定资产原价，贷方登记企业减少的固定资产原价，期末余额在借方，反映企业期末固定资产的账面原价。在实务工作中，企业应设置"固定资产登记簿"和"固定资产卡片"，按固定资产类别、使用部门等进行明细核算。

（2）在建工程。

"在建工程"科目用于核算企业基建、更新改造等在建工程发生的支出，该科目为资产类，借方登记各项在建工程的实际支出，贷方登记已完工工程转出的实际成本，期末余额在借方，反映企业尚未达到预定可使用状态的在建工程的成本。

（3）工程物资。

"工程物资"科目用于核算企业为在建工程而准备的各种物资的实际成本，该科目为资产类，借方登记企业购入工程物资的实际成本，贷方登记领用工程物资的实际成本，期末余额在借方，反映企业期末结存的工程专用物资的实际成本。

2. 核算业务框架

3. 固定资产的取得业务处理

（1）外购固定资产业务处理。

企业外购固定资产，应按实际支付的购买价款、相关税费、使固定资产达到预定可使用状态前所发生的可归属于该项资产的运输费、装卸费、安装费和专业人员服务费等，作为固定资产的取得成本。其中，相关税费不包括按照现行增值税制度规定可以从销项税额中抵扣的增值税进项税额。按照财税 2016 第 36 号附件 1《试点实施办法》第二十七条规定，涉及固定资产、不动产项目的进项税额，凡专用于简易计税方法计税项目、免征增值税项目、集体福利或者个人消费项目的，该进项税额不得予以抵扣。非正常损失的不动产，以及该不动产所耗用的购进货物、设计服务和建筑服务，非正常损失的不动产在建工程所耗用的购进货物、设计服务和建筑服务，其进项税额不得予以抵扣。

①外购固定资产（动产）基本分录

企业外购固定资产时，若不需要安装，按固定资产的采购成本借记"固定资产"，若需要安装，按固定资产的采购成本借记"在建工程"，按取得的增值税专用发票、海关完税凭证或公路发票等增值税扣税凭证列式的经税务机关认证可抵扣的进项税额借记"应交税费——应交增值税（进项税额）"，贷方用银行存款等科目记录采购固定资产所应支付的款项。

借：固定资产/在建工程　　　　　　　　　　　［固定资产的实际采购成本］
　　应交税费——应交增值税（进项税额）　　　［购买固定资产涉及的进项税额］
　　贷：银行存款等　　　　　　　　　　　　　［采购固定资产应付的款项］

注意：这里的固定资产的实际采购成本包括实际支付的购买价款、相关税费、使固定资产达到预定可使用状态前所发生的可归属于该项资产的运输费、装卸费和专业人员服务费等。

若需要安装，安装发生的安装调试成本，借记"在建工程"，按取得的外部单位提供的增值税专用发票注明的可抵扣增值税进项税额，借记"应交税费——应交增值税（进项税额）"、贷记"银行存款"等科目。

借：在建工程　　　　　　　　　　　　　　　　［安装成本］
　　应交税费——应交增值税（进项税额）　　　　［可抵扣的进项税额］
　　贷：银行存款等

待安装完毕达到预定可使用状态时，由"在建工程"科目转入"固定资产"科目。

借：固定资产　　　　　　　　　　　　　　　　［采购成本+安装成]
　　贷：在建工程　　　　　　　　　　　　　　　［采购成本+安装成本]

②外购固定资产（不动产）基本分录

与外购固定资产（动产）的主要区别在于增值税的处理。根据国家税务总局公告2016年第15号《不动产进项税额分期抵扣暂行办法》的规定，一般纳税人自2016年5月1日后取得并按固定资产核算的不动产或者2016年5月1日后取得的不动产在建工程，其进项税额自取得之日起分2年从销项税额中抵扣。按增值税专用发票上注明的增值税进项税额的60%作为当期可抵扣的进项税额，借记"应交税费——应交增值税（进项税额）"科目，40%作为自本月起第13个月可抵扣的进项税额，借记"应交税费——待抵扣进项税额"科目，贷记"应付账款""应付票据""银行存款"等科目。尚未抵扣的进项税额待以后期间允许抵扣时，按允许抵扣的金额，借记"应交税费——应交增值税（进项税额）"科目、贷记"应交税费——待抵扣进项税额"科目。

借：固定资产/在建工程　　　　　　　　　　　［固定资产的实际采购成本］
　　应交税费——应交增值税（进项税额）　　　　［进项税额的60%］
　　应交税费——待抵扣进项税额　　　　　　　　［进项税额的40%］
　　贷：银行存款等　　　　　　　　　　　　　［采购固定资产应付的款项］

若需要安装，后续发生安装调试成本以及安装完毕处理参照动产的处理，增值税按不动产分期抵扣处理。

［案例3.2.2-1］

企业（一般纳税人）购入一台不需要安装即可投入使用的设备，取得的增值税专用发票上注明价款30 000元，增值税进项税额4 800元，另支付包装费并取得增值税专用发票，注明包装费500元，税率6%，增值税税额30元，所有款项以银行存款支付，要求做相关业务处理。

案例3.2.2-1解析：

本例中固定资产入账价值=30 000+500=30 500（元），编制购买分录如下：

借：固定资产　　　　　　　　　　　　　　　　　　　　　　　　　　　30 500
　　应交税费——应交增值税（进项税额）　　　　　　　　　　　　　　4 830
　　贷：银行存款　　　　　　　　　　　　　　　　　　　　　　　　　　35 330

［案例3.2.2-2］

承［案例3.2.2-1］，如果企业为小规模纳税人，要求做相关业务处理。

案例3.2.2-2解析：

小规模纳税人，购入固定资产发生的进项税额不得从销项税额中抵扣，应计入固定资产成本，故本例中固定资产入账价值=30 000+500+4 800+30=35 330（元），编制购买分录如下：

借：固定资产　　　　　　　　　　　　　　　　　　　　　　　　　　　35 330
　　贷：银行存款　　　　　　　　　　　　　　　　　　　　　　　　　　35 330

［案例3.2.2-3］

企业（一般纳税人）购入一台需要安装的设备，取得的增值税专用发票上注明的价款为100 000元，增值税税额为16 000元，款项以银行存款支付，安装过程中以存款支付安装费并取得增值税专用发票，注明安装费8 000元，增值税税额800元，安装完毕交付使用，要求做相关业务处理。

案例3.2.2-3解析：

购入时：

借：在建工程　　　　　　　　　　　　　　　　　　　　　　　　　　100 000
　　应交税费——应交增值税（进项税额）　　　　　　　　　　　　　　16 000
　　贷：银行存款　　　　　　　　　　　　　　　　　　　　　　　　　116 000

支付安装费：

借：在建工程　　　　　　　　　　　　　　　　　　　　　　　　　　8 000
　　应交税费——应交增值税（进项税额）　　　　　　　　　　　　　　800
　　贷：银行存款　　　　　　　　　　　　　　　　　　　　　　　　　8 800

安装完毕，交付使用：

该设备的成本=100 000+8 000=108 000（元）

借：固定资产　　　　　　　　　　　　　　　　　　　　　　　　　　108 000
　　贷：在建工程　　　　　　　　　　　　　　　　　　　　　　　　　108 000

［案例3.2.2-4］

企业（一般纳税人）于2018年5月2日，从某房地产企业购入一幢商业大楼作为生产车间并交付使用，取得的增值税专用发票上注明的价款为 80 000 000 元，增值税税率 10%，增值税税额 8 000 000 元，款项以银行存款支付。

案例 3.2.2-4 解析：

本例中购入为不动产，增值税应分 2 年从销项税额中抵扣，当年抵扣 8 000 000×60% = 4 800 000 元，下一年抵扣 8 000 000×40% = 3 200 000 元。

2018 年 5 月 2 日购入时：

借：固定资产		80 000 000
应交税费——应交增值税（进项税额）		4 800 000
——待抵扣进项税额		3 200 000
贷：银行存款		88 000 000

2019 年 5 月，待抵扣进项税可抵扣销项税额时：

借：应交税费——应交增值税（进项税额）		3 200 000
贷：应交税费——待抵扣进项税额		3 200 000

[案例 3.2.2-5]

企业向万华公司一次购入三台不同型号生产设备 A、B、C，增值税发票上注明总价款 1 000 000 元，增值税税额 160 000 元，另支付包装费 100 000 元，增值税税额为 6 000 元，所有款项均以银行存款支付，假设 A、B、C 三台设备的公允价值分别为 500 000 元、200 000 元、300 000 元，要求做相关业务处理。

案例 3.2.2-5 解析：

企业以一笔款项购进多项没有单独标价的固定资产，应将总采购成本按各项固定资产公允价值的比例进行分配，分别确认单项固定资产的成本后予以入账。

三台固定资产的总成本 = 1 000 000+100 000 = 1 100 000（元）

A 设备应分配的总成本比例 = 500 000÷（500 000+200 000+300 000）= 50%

B 设备应分配的总成本比例 = 200 000÷（500 000+200 000+300 000）= 20%

C 设备应分配的总成本比例 = 300 000÷（500 000+200 000+300 000）= 30%

A 设备应分配的总成本 = 1 100 000×50% = 55 000（元）

B 设备应分配的总成本 = 1 100 000×20% = 22 000（元）

C 设备应分配的总成本 = 1 100 000×30% = 33 000（元）

借：固定资产——A 设备		55 000
——B 设备		22 000
——C 设备		33 000
应交税费——应交增值税（进项税额）		166 000
贷：银行存款		1 266 000

（2）自建固定资产业务处理。

自建固定资产，是指企业自行建造房屋、建筑物、各种设施以及进行大型机器设备的安装工程（如大型生产线的安装工程）等，包括固定资产新建工程、改扩建工程和大修理工程等。自建工程按其实施的方式不同可分为自营工程和出包工程两种。

①自营工程的业务处理

自营工程，是指企业自行组织工程物资采购、自行组织施工人员施工的建筑安装工程。企业自营工程主要通过"工程物资"和"在建工程"等科目进行核算，具体包括工程物资的购买、领用，工程人员劳动报酬的分配、支付，工程贷款利息等其他费用处理及竣工验收交付使用等相关业务。

[案例3.2.2-6]

企业（一般纳税人）自行建造厂房，购入为工程准备的各项物资价款 500 000 元，增值税专用发票上注明增值税税额为 80 000 元，以银行存款支付，全部用于工程建设。在施工过程中领用本企业生产用原材料一批，原价款 1 000 元，该材料购入时对应增值税率为16%，同时领用本企业自产产品一批，该产品成本 80 000 元，相关进项税额为 8 000 元，工程人员应计工资 100 000 元。工程完工，交付使用。要求做相关业务处理。

案例 3.2.2-6 解析：

本例中建造的是作为固定资产核算的不动产，涉及增值税抵扣的按不动产抵扣办法处理。

购入工程物资：

借：工程物资		500 000
应交税费——应交增值税（进项税额）		48 000
——待抵扣进项税额		32 000
贷：银行存款		585 000

领用工程物资：

借：在建工程		500 000
贷：工程物资		500 000

领用生产用原材料：

借：在建工程		1 000
应交税费——待抵扣进项税额	（170×40%）	68
贷：原材料		1 000
应交税费——应交增值税（进项税额转出）		68

领用自产产品：

借：在建工程		80 000
应交税费——待抵扣进项税额	（8500×40%）	3400
贷：库存商品		80 000
应交税费——应交增值税（进项税额转出）		3400

说明：针对领用原材料和自产产品的增值税处理请参见往来结算岗位涉及业务处理中增值税环节的具体讲解。

分配工程人员工资：

借：在建工程		100 000
贷：应付职工薪酬——工资		100 000

结转完工成本：

该固定资产完工成本=500 000+1000+80 000+100 000=681000（元）

借：固定资产　　　　　　　　　　　　　　　　　　　　681000

　　贷：在建工程　　　　　　　　　　　　　　　　　　　681000

②出包工程的业务处理

出包工程，是指企业通过招标方式将工程项目发包给建造承包商，由建造承包商组织施工的建筑安装工程。企业采用出包方式进行的自建固定资产工程，其工程的具体支出在承包单位核算。在这种方式下，"在建工程"科目实际成为企业与承包单位的结算科目，企业将与承包单位结算的工程价款作为工程成本，通过"在建工程"科目核算。

［案例3.2.2-7］

企业（一般纳税人）将一幢厂房的修建工程出包给某建筑公司承建，按工程进度和合同规定支付进度款1 500 000元，取得的增值税专用发票上注明增值税税额为150 000元，工程完工后，根据结算单据补付工程款并取得增值税专用发票注明工程款500 000元，增值税税额为50 000元。工程竣工验收合格达到可使用状态。

案例3.2.2-7解析：

按工程进度和合同规定支付进度款时：

借：在建工程　　　　　　　　　　　　　　　　　　　1 500 000

　　应交税费——应交增值税（进项税额）　　　　　　　　90 000

　　　　　　　——待抵扣进项税额　　　　　　　　　　　60 000

　　贷：银行存款　　　　　　　　　　　　　　　　　　1 650 000

补付工程款时：

借：在建工程　　　　　　　　　　　　　　　　　　　　500 000

　　应交税费——应交增值税（进项税额）　　　　　　　　30 000

　　　　　　　——待抵扣进项税额　　　　　　　　　　　20 000

　　贷：银行存款　　　　　　　　　　　　　　　　　　　550 000

竣工验收合格达到可使用状态时：

借：固定资产　　　　　　　　　　　　　　　　　　　2 000 000

　　贷：在建工程　　　　　　　　　　　　　　　　　　2 000 000

【任务操作要求】

1. 学习并理解任务指导

2. 独立完成给定业务核算

（1）企业购入不需安装生产用设备一台，买价200 000元，取得增值税专用发票注明增值税税额32 000元，发生运输费3 000元，取得增值税专用发票注明增值税税额300元，所有款项以银行存款支付，设备交付使用。

（2）企业购入需安装设备一台，买价200 000元，取得增值税专用发票注明增值税税额32 000元，发生运输费3 000元，取得增值税专用发票注明增值税税额300元，所有款项以银行存款支付。

（3）承第（2）题，以银行存款支付设备安装费并取得增值税专用发票，注明安装费2 000元，增值税200元。

（4）承第（2）、（3）题，设备安装完毕，达到可使用状态。

（5）企业自建厂房一幢，购入工程物资 300 000 元，取得增值税专用发票上注明增值税税额 48 000 元，以银行存款支付全部款项，全部用于工程建设。领用本企业生产水泥一批，实际生产成本 60 000 元，相关进项税额 6 400 元，领用本企业生产用原材料一批，原价款 5 000 元，增值税进项税额 800 元，工程人员应计工资 200 000 元，以银行存款支付其他相关费用 50 000 元，工程完工达到预定可使用状态。

（6）企业委托某建筑公司建设厂房一幢，开工时用银行存款支付工程款并取得增值税专用发票，注明工程款 300 000 元，增值税税额 30 000 元，主体部分完工时用银行存款支付工程款并取得增值税专用发票，注明工程款 500 000 元，增值税税额 50 000 元，工程完工，根据结算单据，用银行存款补付工程款并取得增值税专用发票，注明工程款 200 000 元，增值税税额 20 000 元，工程完工达到预定可使用状态。

子任务 2　固定资产折旧的核算

【任务目的】

通过完成本任务，使学生明确固定资产折旧的计提范围，掌握计算折旧额的方法，以备在核算实务中熟练运用。

【任务指导】

1. 固定资产折旧的内涵

固定资产折旧是指固定资产在使用过程中，由于损耗而逐渐转移到成本、费用中去的那部分价值，其概念基础是权责发生制以及体现这一制度要求的配比原则，企业应根据固定资产的性质和使用情况，合理确定固定资产的使用寿命和预计净残值，再运用适宜的方法在会计期间计提折旧额。

2. 影响固定资产折旧额的因素

（1）固定资产原值。

固定资产原值，是指固定资产的入账成本。

（2）预计净残值。

预计净残值，是指假定固定资产预计使用寿命已满并处于使用寿命终了时的预期状态，企业目前从该项资产处置中获得的扣除预计处置费用后的金额。

（3）固定资产减值准备。

这是指固定资产已计提的固定资产减值准备累计金额。

（4）固定资产使用寿命。

这是指企业使用固定资产的预计期间，或该固定资产能生产产品或提供劳务的数量。

3. 计提折旧的范围

（1）不提折旧的固定资产。

除了以下情况外，企业应对所有固定资产计提折旧：

①已提足折旧仍继续使用的固定资产；

②单独计价入账的土地。

（2）确定计提折旧范围时的注意细则。

①固定资产应按月计提折旧。当月增加的固定资产，当月不计提折旧，下月开始计提；当月减少的固定资产，当月仍计提折旧，下月起不再计提。

②固定资产提足折旧后，不论能否继续使用，均不再计提折旧；提前报废的固定资产，也不再补提折旧。

③已达到预计可使用状态但尚未办理竣工决算的固定资产，应当按照估计价值确定成本并计提折旧，待办理竣工决算后，再按实际成本调整原来的暂估价值，但不需要调整原已计提的折旧额。

4. 固定资产折旧额的计算方法

企业计提固定资产折旧的方法包括年限平均法、工作量法、双倍余额递减法和年数总和法等，企业应当根据与固定资产有关的经济利益预期消耗方式选择不同的方法。企业折旧方法不同，计提折旧额相差很大。

（1）年限平均法。

年限平均法是指将固定资产的应计折旧额均衡地分摊到固定资产预定使用寿命内的一种方法。采用这种方法计算的每期折旧额相等。计算公式如下：

年折旧率 ＝（1－预计净残值率）÷预计使用寿命（年）×100%

月折旧率 ＝ 年折旧率÷12

月折旧额 ＝ 固定资产原价×月折旧率

[案例 3.2.2-8]

企业有一幢厂房，原价 3 000 000 元，预计可使用 20 年，预计报废时的净残值率为 2%。要求计算其折旧率和折旧额。

案例 3.2.2-8 解析：

年折旧率 ＝（1-2%）÷20×100%＝4.9%

月折旧率 ＝ 4.9%÷12＝0.41%

月折旧额 ＝ 3 000 000×0.41%＝12 300 （元）

（2）工作量法。

工作量法是根据实际工作量计算每期应提折旧额的一种方法。计算公式如下：

单位工作量折旧额 ＝ 固定资产原价×（1－预计净残值率）÷预计总工作量

某项固定资产月折旧额 ＝ 该项固定资产当月工作量×单位工作量折旧额

[案例 3.2.2-9]

企业有一辆运输汽车，原价 400 000 元，预计总行驶里程为 400 000 公里，预计报废时的净残值率为 3%，本月行驶 2 000 公里。要求计算其月折旧额。

案例 3.2.2-9 解析：

单位工作量折旧额 ＝ 400 000×（1－3%）÷400 000＝0.97 （元/公里）

本月折旧额＝0.97×2 000＝1 940 （元）

（3）双倍余额递减法。

双倍余额递减法是加速折旧法的一种，是在不考虑固定资产预计净残值的情况下，根据每期期初固定资产原价减去累计折旧后的余额和双倍的年限平均法折旧率计算固定资产折旧的一种方法。其计算公式如下：

年折旧率＝2÷预计使用寿命（年）×100%

年折旧额＝每个折旧年度年初固定资产账面净值×年折旧率

月折旧额＝年折旧额÷12

注意：双倍余额递减法在固定资产使用的最后两年要使用回归年限平均法，将账面净值扣除预计净残值后的余额平均摊销。

[案例3.2.2-10]

企业某项固定资产原值为100 000元，预计使用年限为5年，预计净残值为2 000元，要求按双倍余额递减法计算每年折旧额。

案例3.2.2-10解析：

年折旧率＝2÷5×100%＝40%

第1年应计提的折旧额＝100 000×40%＝40 000（元）

第2年应计提的折旧额＝（100 000-40 000）×40%＝24 000（元）

第3年应计提的折旧额＝（100 000-40 000-24 000）×40%＝14 400（元）

第4、5年各自应计提的折旧额

＝（100 000-40 000-24 000-14 400-2 000）÷2＝9 800（元）

（4）年数总和法。

年数总和法也是加速折旧法的一种，是指将固定资产的原值减去预计净残值后的余额，乘以一个逐年递减的分数计算每年的折旧额，这个分数的分子代表固定资产尚可使用年限，分母代表固定资产预计使用年限逐年数字总和。其计算公式如下：

年折旧率＝尚可使用年限÷预计使用年限总和×100%

年折旧额＝（固定资产原值-预计净残值）×年折旧率

月折旧额＝年折旧额÷12

[案例3.2.2-11]

企业某项固定资产原值为100 000元，预计使用年限为5年，预计净残值为2 000元，要求按年数总和法计算每年折旧额。

案例3.2.2-11解析：

年数总和＝1+2+3+4+5＝15

第1年应计提的折旧额＝（100 000-2 000）×（5/15）＝32 666.66（元）

第2年应计提的折旧额＝（100 000-2 000）×（4/15）＝26 133.33（元）

第3年应计提的折旧额＝（100 000-2 000）×（3/15）＝19 600（元）

第4年应计提的折旧额＝（100 000-2 000）×（2/15）＝13 066.67（元）

第5年应计提的折旧额＝（100 000-2 000）×（1/15）＝6 533.33（元）

5. 固定资产计提折旧的业务处理

企业应设置"累计折旧"科目核算计提的固定资产折旧，该科目为"固定资产"的备抵科目，贷方登记企业计提的固定资产折旧额，借方登记处置固定资产转出的累计折旧额，期末余额在贷方，反映企业固定资产的累计折旧额。

企业计提固定资产折旧时，应根据固定资产的用途，借记"制造费用""管理费用"

"销售费用"等成本损益科目、贷记"累计折旧"科目。

[案例 3.2.2-12]

企业计提本月固定资产折旧额，其中生产车间用固定资产计提折旧 600 000 元，管理部门用固定资产计提折旧 400 000 元，销售部门用固定资产计提折旧 200 000 元。

案例 3.2.2-12 解析：

借：制造费用 600 000

　　管理费用 400 000

　　销售费用 200 000

　　贷：累计折旧 1 200 000

【任务操作要求】

1. 学习并理解任务指导

2. 独立完成给定业务核算

（1）企业有一厂房，原价 500 000 元，预计可用 20 年，预计报废时的净残值率为 2%。用平均年限法计算每月应计提折旧额。

（2）企业有一机器设备，原价 100 000 元，预计可用 10 年，预计报废时的净残值率为 2%，采用平均年限法计提折旧。在使用 2 年后，计提减值准备 60 000 元，同时，使用年限缩短至 8 年。要求按平均年限法算出使用第 3 年的折旧额。

（3）甲公司对机器设备采用双倍余额递减法计提折旧，2018 年 12 月 20 日，甲公司购入一台不需要安装的机器设备，价款为 100 000 元，增值税为 16 000 元，另支付运输费 2 000 元，包装费 1 000 元，款项均以银行存款支付，该设备即日起投入基本生产车间使用，预计使用年限 5 年，预计净残值为 5 000 元。要求计算 2019 年、2020 年、2021 年、2022 年、2023 年这五年的年折旧额。

（4）甲公司对机器设备采用年数总和法计提折旧，2018 年 7 月 20 日，甲公司购入一台不需要安装的机器设备，价款为 100 000 元，增值税为 16 000 元，另支付运输费 2 000 元，包装费 1 000 元，款项均以银行存款支付，该设备即日起投入基本生产车间使用，预计使用年限 5 年，预计净残值为 5 000 元。要求计算 2018 年、2019 年、2020 年、2021 年、2022 年、2023 年这几年每年的折旧额。

子任务 3　固定资产后续支出的核算

【任务目的】

通过完成本任务，使学生明确固定资产后续支出的范围，掌握固定资产修理、更新改造的业务处理方式，以备在核算实务中熟练运用。

【任务指导】

1. 固定资产后续支出的范围

固定资产后续支出是固定资产经初始计量并入账后又发生的与固定资产相关的支出，主要包括使用过程中产生的修理费用和更新改造支出，企业应根据其具体内容按收益性支出和资本性支出分别确认。

2. 核算业务框架

固定资产后续支出处理 { ①修理费用处理

②更新改造支出处理 { 固定资产转在建工程
发生后续支出
更新改造完毕重新入账 }

3. 固定资产修理费用处理

固定资产在使用过程中发生的修理费用，一般不符合资本化条件，应将其在发生时计入当期损益，根据固定资产用途记入"管理费用""销售费用"等科目。

[案例3.2.2-13]

企业对管理部门使用的设备进行日常修理，发生修理费并取得增值税专用发票，发票注明修理费2 000元，税率16%，增值税税额320元，用银行存款支付。

案例3.2.2-13解析：

借：管理费用　　　　　　　　　　　　　　　　　　　　　　　2 000

　　应交税费——应交增值税（进项税额）　　　　　　　　　　320

　　贷：银行存款　　　　　　　　　　　　　　　　　　　　　　2 320

4. 固定资产更新改造支出处理

固定资产发生的更新改造支出，满足固定资产确认条件的，应当计入固定资产成本，如有被替换部分，应同时将被替换部分价值从原账面价值中扣除。其具体操作步骤如下：

第一步：将固定资产转回在建工程

借：在建工程

　　累计折旧

　　固定资产减值准备

　　贷：固定资产

第二步：去除淘汰部分价值

借：营业外支出

　　贷：在建工程

第三步：加上新增部分价值

借：在建工程

　　贷：工程物资（等）

第四步：改良完工，交付使用

借：固定资产

　　贷：在建工程

[案例3.2.2-14]

企业对已使用5年的某厂房进行更新改造，该厂房原值2 000 000元，预计使用20年，采用年限平均法计提折旧。改造过程中拆除所有旧的门窗，门窗部分原始价值为300 000元，购买价值500 000元新门窗安装上，发生安装费3 000元，假设不考虑预计净残值和相关税费的影响。要求做相关业务处理。

案例 3.2.2-14 解析：

① 将固定资产转入在建工程

借：在建工程　　　　　　　　　　　　　　　　1 500 000

　　累计折旧　　　　　　　　　　　　　　　　　500 000

　　贷：固定资产　　　　　　　　　　　　　　　　　　2 000 000

② 去除淘汰部分价值

旧门窗价值包含在厂房原值中，在拆除时应将其已提折旧减去，拆除时门窗的价值 = 300 000-(300 000÷20)×5 = 225 000（元）

借：营业外支出　　　　　　　　　　　　　　　　225 000

　　贷：在建工程　　　　　　　　　　　　　　　　　　225 000

③ 加上新增部分价值

借：在建工程　　　　　　　　　　　　　　　　503 000

　　贷：工程物资　　　　　　　　　　　　　　　　　　500 000

　　　　银行存款　　　　　　　　　　　　　　　　　　　3 000

④ 改良完工，交付使用

在去除淘汰部分价值，加上新增部分价值后，固定资产的入账价值 = 1 500 000-225 000+ 503 000 = 1 778 000（元）

借：固定资产　　　　　　　　　　　　　　　　1 778 000

　　贷：在建工程　　　　　　　　　　　　　　　　　　1 778 000

【任务操作要求】

1. 学习并理解任务指导

2. 独立完成给定业务核算

（1）企业本月对生产车间设备进行修理，发生修理费 1 000 元，对管理部门设备进行修理，发生修理费 800 元，对销售部门设备进行修理，发生修理费 200 元，所有修理支出均以银行存款支付。要求做相关业务处理。

（2）企业对已使用 5 年的某设备进行更新改造，该设备原值 800 000 元，预计使用 10 年，采用年限平均法计提折旧。改造过程中拆除原始价值为 200 000 元部件，购买价值 300 000 元新部件安装上，发生安装费 2 000 元，假设不考虑预计净残值和相关税费的影响。要求做相关业务处理。

子任务 4　固定资产处置的核算

【任务目的】

通过完成本任务，使学生明确固定资产处置的操作步骤，熟悉业务处理方式，以备在核算实务中熟练运用。

【任务指导】

1. 固定资产处置的含义

固定资产处置是指企业在生产经营过程中，终止固定资产使用，将其账面价值注销的行为。固定资产处置的具体内容包括：

（1）将不适用或不需用的固定资产对外出售转让；

（2）将因磨损、技术进步等原因造成的不适用固定资产报废；

（3）因遭受自然灾害等而对毁损的固定资产进行处理。

2. 固定资产处置业务处理涉及的主要科目

在固定资产处置业务中，企业应设置"固定资产清理"科目来核算处置过程中产生的收益和支出。该科目借方登记转出固定资产账面价值、清理过程中支付的相关税费及其他费用，贷方登记清理活动中的收益。期末余额如在借方，反映清理造成的清理净损失；期末余额如在贷方，反映清理带来的净收益。

3. 核算业务框架

$$固定资产处置业务\begin{cases}①固定资产转入清理\\②确认清理过程中经济利益流入\\③确认清理过程中经济利益流出\\④结转清理净损益\end{cases}$$

4. 固定资产转入清理的业务处理

企业因出售、报废、毁损、对外投资等原因转出固定资产，应注销其账面价值，将其账面价值转入"固定资产清理"科目。

[案例3.2.2-15]

企业出售某固定资产，该固定资产原值800 000元，已计提折旧300 000元，未计提减值准备。要求做固定资产转入清理的业务处理。

案例3.2.2-15解析：

借：固定资产清理　　　　　　　　　　　　　　　　　　500 000

　　累计折旧　　　　　　　　　　　　　　　　　　　　300 000

　　贷：固定资产　　　　　　　　　　　　　　　　　　　　800 000

5. 确认固定资产清理过程中产生经济利益流入的业务处理

企业在清理过程获得的经济利益流入，应借记"银行存款"等科目，贷记"固定资产清理"科目，按增值税销项税额，贷记"应交税费——应交增值税（销项税额）"科目。

[案例3.2.2-16]

承案例3.2.2-15，企业该固定资产售价700 000元，增值税税率16%，已通过银行收到价款。要求做相关业务处理。

案例3.2.2-16解析：

借：银行存款　　　　　　　　　　　　　　　　　　　812 000

　　贷：固定资产清理　　　　　　　　　　　　　　　　　700 000

　　　　应交税费——应交增值税（销项税额）　　　　　　112 000

6. 确认固定资产清理过程中产生经济利益流出的业务处理

企业在清理过程中支付的清理费用及其可抵扣的增值税进项税等应借记"固定资产清理""应交税费——应交增值税（进项税额）"科目，贷记"银行存款"等科目。

［案例 3.2.2-17］

承案例 3.2.2-15、案例 3.2.2-16，企业出售该固定资产过程中用银行存款支付清理费用 2 000 元，取得的专用发票上注明增值税税额为 120 元。要求做相关业务处理。

案例 3.2.2-17 解析：

借：固定资产清理 2 000

　　应交税费——应交增值税（进项税额） 120

　贷：银行存款 2 120

7. 结转清理净损益

在固定资产清理完成后，应确认清理造成的净损益，依据固定资产处置方式的不同，分别适用不同的处理方法：

（1）因已丧失使用功能或因自然灾害发生毁损等原因而报废清理产生的利得或损失应计入营业外收支。属于生产经营期间正常报废清理产生的处理净损失，借记"营业外支出——处置非流动资产损失"科目、贷记"固定资产清理"科目；属于生产经营期间由于自然灾害等非正常原因造成的，借记"营业外支出——非常损失"科目、贷记"固定资产清理"科目；如为净收益，借记"固定资产清理"科目、贷记"营业外收入"科目。

（2）因出售、转让等原因产生的固定资产处置利得或损失应计入资产处置损益。产生处置净损失的，借记"资产处置损益"科目、贷记"固定资产清理"科目；如为净收益，借记"固定资产清理"科目、贷记"资产处置损益"科目。

［案例 3.2.2-18］

承案例 3.2.2-15、案例 3.2.2-16、案例 3.2.2-17，清理结束，要求做结算清理净损益的相关分录。

案例 3.2.2-18 解析：

分析"固定资产清理"科目记录情况：

固定资产清理

| 500 000 | 700 000 |
| 2 000 | |

"固定资产清理"余额在贷方，表示该次清理活动最终形成的是清理净收益，应将其转入"资产处置损益"科目。

借：固定资产清理 198 000

　贷：资产处置损益 198 000

【任务操作要求】

1. 学习并理解任务指导

2. 独立完成给定业务核算

企业因自然灾害毁损厂房一幢，该厂房原价 5 000 000 元，已计提折旧 3 000 000 元，未计提减值准备；其残料估计价值 30 000 元，残料已按原材料入库；发生清理费用 20 000

元,以银行存款支付;按照保险合同规定及协商,保险公司赔偿损失 1 200 000 元,赔偿款尚未收到。假定不考虑相关税费的影响,要求做相关业务核算。

任务 3.2.2 小结

1. 固定资产取得业务中核算的重点

(1) 外购固定资产:不同性质的固定资产在购入时对于增值税进项税额的处理不同,需安装和不需安装固定资产的处理不同。

(2) 自建固定资产:自营、出包业务处理方式不同。

2. 固定资产折旧核算的重点

年限平均法、工作量法、双倍余额递减法、年数总和法的操作细则。

3. 固定资产后续支出核算的重点

资本化支出和非资本化支出处理方式不同。

4. 固定资产处置业务核算的重点

固定资产净损益的确认及转销。

任务 3.2.3 固定资产的期末处理

子任务 1 固定资产清查的核算

【任务目的】

通过完成本任务,使学生掌握对固定资产清查结果的处理方式,以备在核算实务中熟练运用。

【任务指导】

1. 固定资产清查的含义

固定资产清查是指从实物管理的角度对单位实际拥有的固定资产进行实物清查,并与固定资产进行账务核对,确定盘盈、毁损、报废及盘亏资产。固定资产清查的范围主要包括土地、房屋及建筑物、通用设备、专用设备、交通运输设备等,要求各单位配合会计师事务所认真组织清查,原则上应定期或至少于每年年末对所有固定资产全面清查盘点。

2. 核算业务框架

固定资产清理结果的处理 { 盘盈 { 批准处理前进行账面调整 / 批准处理后结转为留存收益 } 盘亏 { 批准处理前进行账面调整 / 批准处理后转为损失 } }

3. 固定资产盘盈的处理

对于固定资产的盘盈,按照会计准则相关规定,应将其作为前期差错进行处理。在报批前应先按重置成本确认入账价值,并通过"以前年度损益调整"科目进行调整。报批后应计算所得税费用,将税后金额结转为留存收益。

（1）批准处理前账面调整。

[案例 3.2.3-1]

企业在财产清查过程中发现上一年 12 月购入的一台设备尚未入账，重置成本为50 000元（假定与其计税基础不存在差异）。要求做入账的相关业务处理。

案例 3.2.3-1 解析：

借：固定资产   50 000

　　贷：以前年度损益调整   50 000

（2）计算应纳所得税费用。

[案例 3.2.3-2]

承案例 3.2.3-1，企业所得税率为 25%，要求做计算应纳所得税费用的业务处理。

案例 3.2.3-2 解析：

借：以前年度损益调整   12 500

　　贷：应交税费——应交企业所得税   12 500

（3）结转留存收益。

[案例 3.2.3-3]

承案例 3.2.3-1、案例 3.2.3-2，假定企业按净利润的 10% 计提法定盈余公积，不考虑其他因素影响。要求做结转留存收益的业务处理。

案例 3.2.3-3 解析：

借：以前年度损益调整   37 500

　　贷：盈余公积——法定盈余公积   3 750

　　　　利润分配——未分配利润   33 750

4. 固定资产盘亏的处理

企业对盘亏的固定资产，应先按其账面价值通过"待处理财产损溢"科目进行调整，待按管理权限报经批准后，将可收回的赔偿额记入"其他应收款"科目，其余损失转入"营业外支出"科目。

（1）批准处理前账面调整。

[案例 3.2.3-4]

企业在财产清查中发现短缺固定资产一项，该项固定资产原值为 20 000 元，已提折旧12 000 元。要求做报批处理前的相关业务处理。

案例 3.2.3-4 解析：

借：待处理财产损溢   8 000

　　累计折旧   12 000

　　贷：固定资产   20 000

（2）批准后处理。

[案例 3.2.3-5]

承案例 3.2.3-4，经查，该项固定资产是由于使用人王洪保管不善而丢失，按规定，由王某赔偿 5 000 元，其余损失由企业承担。要求做报批处理前的相关业务处理。

案例 3.2.3-5 解析：

借：其他应收款——王洪　　　　　　　　　　　　　　　　　　5 000

　　营业外支出　　　　　　　　　　　　　　　　　　　　　　3 000

　　　贷：待处理财产损溢　　　　　　　　　　　　　　　　　　　　8 000

【任务操作要求】

1. 学习并理解任务指导

2. 独立完成给定业务核算

（1）企业在财产清查中，发现上一年购入的一台设备尚未入账，重置成本为 30 000 元，企业所得税率为 25%，企业按 10% 计提法定盈余公积，要求做相关盘盈处理。

（2）企业进行财产清查时发现短缺笔记本一台，原价 12 000 元，已提折旧 8 000 元，报批后转入营业外支出。

子任务 2　固定资产减值准备的计提

【任务目的】

通过完成本任务，使学生明确固定资产减值准备的计提方式，以备在核算实务中熟练运用。

【任务指导】

1. 固定资产减值准备的含义

固定资产发生损坏、技术陈旧或者其他经济原因，导致其可收回金额低于其账面价值，这种情况称为固定资产减值。如果固定资产的可收回金额低于其账面价值，应当按可收回金额低于其账面价值的差额计提减值准备，并计入当期损益。

2. 涉及主要科目

企业计提固定资产减值准备应设置"固定资产减值准备"科目进行核算，该科目为"固定资产"科目的备抵科目，贷方反映企业计提的固定资产减值准备，借方反映企业因出售、毁损等原因进行固定资产清理时转出的固定资产减值准备。

3. 计提固定资产减值准备的业务处理

固定资产在报表日存在可能发生减值的迹象时，其可收回金额低于账面价值的，应将其账面价值减记至可收回金额，借记"资产减值损失"科目，贷记"固定资产减值准备"科目。

[案例 3.2.3-6]

企业在报表日，确认某固定资产存在减值迹象，经评估，其可收回金额为 1 000 000 元，该固定资产账面价值为 1 600 000 元。要求做计提固定资产减值准备的业务处理。

案例 3.2.3-6 解析：

该固定资产应确认的减值损失 = 1 600 000 - 1 000 000 = 600 000（元）

借：资产减值损失　　　　　　　　　　　　　　　　　　　600 000

　　贷：固定资产减值准备　　　　　　　　　　　　　　　　　　600 000

注意：固定资产减值损失一经确认，在以后会计期间不得转回。

【任务操作要求】

1. 学习并理解任务指导

2. 独立完成给定业务核算

企业的某生产线存在可能发生减值的迹象。经计算，该机器的可收回金额合计为 1 320 000 元，账面价值为 1 600 000 元。要求做计提减值准备的分录。

任务 3.2.3 小结

1. 固定资产清查结果处理重点：注意盘盈和盘亏处理方式不同。

2. 固定资产减值准备计提业务重点：注意固定资产减值损失一经确认，在以后会计期间不得转回。

项目 3.3　投资性房地产的核算

【项目介绍】

本项目内容以《企业会计准则第 3 号——投资性房地产》及《〈企业会计准则第 3 号——投资性房地产〉应用指南》为指导，主要介绍企业投资性房地产项目的核算方法，要求学生通过学习，对投资性房地产的概念、特征有所认知，把握投资性房地产的业务核算内容，通过任务处理，进一步演练借贷记账法，为会计实务工作打下基础。

【项目实施标准】

本项目通过完成 3 项具体任务来实施，具体任务内容结构如表 3.3-1 所示：

表 3.3-1　　　　　　　　　**"投资性房地产的核算"项目任务细分表**

任务	子任务
任务 3.3.1　投资性房地产核算基本认知	—
任务 3.3.2　成本模式计量下投资性房地产业务处理	—
任务 3.3.3　公允价值模式计量下投资性房地产业务处理	—

任务 3.3.1　投资性房地产核算基本认知

【任务目的】

通过完成本任务，使学生了解投资性房地产的概念、特征，为学习后续核算内容打下理论基础。

【任务指导】

1. 投资性房地产的概念

投资性房地产，是指为赚取租金或使资本增值，或两者兼有而持有的房地产。

2. 投资性房地产的确认条件

（1）与该投资性房地产有关的经济利益很可能流入企业。

（2）该投资性房地产的成本能够可靠地计量。

3. 投资性房地产的核算范围

（1）属于投资性房地产核算范围的项目。

①已出租的土地使用权

已出租的土地使用权是指企业通过出让或转让方式取得，并以经营租赁方式出租的土地使用权。

②持有并准备在增值后转让的土地使用权

持有并准备在增值后转让的土地使用权是指企业取得的、准备在增值后转让的土地使用权。

注意：按照国家有关规定认定的闲置土地，不属于持有并准备在增值后转让的土地使用权，不能按投资性房地产进行核算。

③已出租的建筑物

已出租的建筑物是指企业拥有产权的以经营租赁方式出租的建筑物，包括自行建造或开发活动完成后用于出租的建筑物。

（2）不属于投资性房地产核算范围的项目。

①自用房地产

自用房地产是企业为生产商品、提供劳务或者经营管理而持有的房地产，如企业生产经营用的厂房、办公楼、土地使用权。

②作为存货的房地产

作为存货的房地产，是指房地产开发企业在正常经营过程中销售或为销售而正在开发的土地和商品房。

注意：在实务中，存在某项房地产部分自用或作为存货出售、部分用于赚取租金或资本增值的情形，企业应根据具体应用情况进行划分，对不同的部分按不同的项目进行核算。

4. 投资性房地产的计量

（1）初始计量。

投资性房地产应当按照成本进行初始计量：

①外购投资性房地产的成本，包括购买价款、相关税费和可直接归属于该资产的其他支出；

②自行建造投资性房地产的成本，由建造该项资产达到预定可使用状态前所发生的必要支出构成；

③以其他方式取得的投资性房地产的成本，按照相关会计准则的规定确定。

（2）后续计量。

投资性房地产的后续计量有成本模式和公允价值模式两种：

①成本模式

采用成本模式计量的建筑物的后续计量，同会计准则规定的固定资产的后续计量方式；采用成本模式计量的土地使用权的后续计量，同会计准则规定的无形资产的后续计量方式。

②公允价值模式

有确凿证据表明投资性房地产的公允价值能够持续可靠取得的，可以对投资性房地产采用公允价值模式进行后续计量。采用公允价值模式计量的，应当同时满足下列条件：

A. 投资性房地产所在地有活跃的房地产交易市场；

B. 企业能够从房地产交易市场上取得同类或类似房地产的市场价格及其他相关信息，从而对投资性房地产的公允价值做出合理的估计。

采用公允价值模式计量的，不对投资性房地产计提折旧或进行摊销，应当以资产负债表日投资性房地产的公允价值为基础调整其账面价值，公允价值与原账面价值之间的差额计入当期损益。

注意：同一企业只能采用一种模式对所有投资性房地产进行后续计量，不得同时采用两种计量模式；企业对投资性房地产的计量模式一经确定，不得随意变更。成本模式转为公允价值模式的，应当作为会计政策变更，按照《企业会计准则第 28 号——会计政策、会计估计变更和差错更正》处理，已采用公允价值模式计量的投资性房地产，不得从公允价值模式转为成本模式。

5. 投资性房地产的转换

企业有确凿证据表明房地产用途发生改变，满足下列条件之一的，应当将投资性房地产转换为其他资产或者将其他资产转换为投资性房地产：

① 投资性房地产开始自用；

② 作为存货的房地产，改为出租；

③ 自用土地使用权停止自用，用于赚取租金或资本增值；

④ 自用建筑物停止自用，改为出租。

当存在转换情况时，企业应按所采取投资性房地产的后续计量模式标准进行相应处理。

6. 投资性房地产的披露

按照会计准则规定，企业应当在附注中披露与投资性房地产有关的下列信息：

① 投资性房地产的种类、金额和计量模式；

② 采用成本模式的，投资性房地产的折旧或摊销，以及减值准备的计提情况；

③ 采用公允价值模式的，公允价值的确定依据和方法，以及公允价值变动对损益的影响；

④ 投资性房地产转换情况、理由，以及对损益或所有者权益的影响；

⑤ 当期处置的投资性房地产及其对损益的影响。

【任务操作要求】

学习并理解任务指导。

任务 3.3.2　成本模式计量下投资性房地产业务处理

【任务目的】

通过完成本任务，使学生明确成本模式计量下投资性房地产核算科目设置情况，掌握相关业务处理方式，以备在核算实务中熟练运用。

【任务指导】

1. 科目设置

在成本模式计量下，投资性房地产的业务处理方式偏向于固定资产或无形资产的处理方式，需设置"投资性房地产""投资性房地产累计折旧""投资性房地产累计摊销""投资性房地产减值准备"等专用科目进行核算。

（1）投资性房地产。

在成本模式计量下，企业应设置"投资性房地产"科目核算投资性房地产的原始价值（原价），该科目为资产类，借方登记企业增加的投资性房地产原值，贷方登记企业减少的投资性房地产原值，期末余额在借方，反映企业期末投资性房地产的账面原价。

（2）投资性房地产累计折旧。

在成本模式计量下，企业对投资性房地产中的建筑物应按规定计提折旧，折旧额计入"投资性房地产累计折旧"科目中，该科目为"投资性房地产"的备抵科目，贷方登记企业计提的投资性房地产折旧额，借方登记处置投资性房地产转出的累计折旧额，期末余额在贷方，反映企业投资性房地产的累计折旧额。

（3）投资性房地产累计摊销。

在成本模式计量下，企业对投资性房地产中的土地使用权价值应按规定进行摊销，摊销额计入"投资性房地产累计摊销"科目中，该科目为"投资性房地产"的备抵科目，贷方登记企业计提的投资性房地产摊销额，借方登记处置投资性房地产转出的累计摊销额，期末余额在贷方，反映企业投资性房地产的累计摊销额。

（4）投资性房地产减值准备。

在成本模式计量下，如果投资性房地产期末的可收回金额低于其账面价值，应当按可收回金额低于其账面价值的差额计提减值准备，并计入当期损益。企业计提投资性房地产减值准备应设置"投资性房地产减值准备"科目进行核算，该科目为"投资性房地产"科目的备抵科目，贷方反映企业计提的投资性房地产减值准备，借方反映企业处置投资性房地产时转出的减值准备。

2．核算业务框架

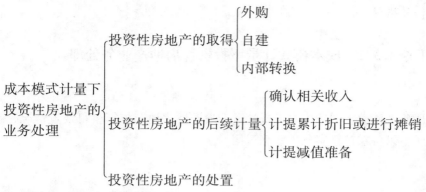

3．投资性房地产的取得业务处理

（1）外购的投资性房地产。

在成本模式计量下，企业外购的投资性房地产，应按购买价款、相关税费和可直接归属于该资产的其他支出确认初始成本，借记"投资性房地产"科目、贷记"银行存款"等科目。基本分录如下：

借：投资性房地产　　　　　　　　　　　　　　［投资性房地产的购买成本］
　　贷：银行存款　　　　　　　　　　　　　　　［投资性房地产的购买成本］

（2）自建的投资性房地产。

在成本模式计量下，企业自建的投资性房地产，应按建造该项房地产达到预定可使用状态前发生的土地开发费、建筑成本、安装成本、应予资本化的借款费用、支付的其他费用、分摊的间接费用等必要支出确认初始成本，借记"投资性房地产"科目、贷记"在建工程"等科目。基本分录如下：

①确认建设成本

借：在建工程　　　　　　　　　　　　　　　［投资性房地产的各项建设成本］
　　贷：工程物资（或应付职工薪酬、银行存款等）［投资性房地产的各项建设成本］

②建设完工确认投资性房地产初始入账成本

借：投资性房地产　　　　　　　　　　　　　　［投资性房地产的总建设成本］
　　贷：在建工程　　　　　　　　　　　　　　　［投资性房地产的总建设成本］

（3）内部转换形成的投资性房地产。

①存货转换为投资性房地产

在成本计量模式下，企业将作为存货的房地产转换为投资性房地产，应按该项存货在转换日的账面价值，借记"投资性房地产"科目、贷记"开发产品"科目，已计提存货跌价准备的，还应当同时结转存货跌价准备。

［案例3.3.2-1］

甲企业是从事房地产开发业务的企业，某年3月甲企业与乙企业签订了租赁协议，将一栋开发好的写字楼出租给乙企业使用，租赁开始日为次月1日。该写字楼账面余额为80 000 000元，已计提5 000 000元存货跌价准备，转换后采用成本模式计量。要求做相关业务处理。

案例3.3.2-1 解析：

借：投资性房地产 75 000 000

　　存货跌价准备 5 000 000

　　贷：开发产品 80 000 000

②自用房地产转换为投资性房地产

在成本计量模式下，企业将自用的建筑物等转换为投资性房地产的，应当按照其在转换日的原价、累计折旧、减值准备等，分别转入"投资性房地产""投资性房地产累计折旧""投资性房地产减值准备"等科目。

［案例3.3.2-2］

企业将一自用建筑物对外出租，出租时该建筑物的成本为 30 000 000 元，已提折旧 5 000 000 元，已提减值准备 2 000 000 元，转换后采用成本模式计量。要求做相关业务处理。

案例3.3.2-2 解析：

借：投资性房地产 30 000 000

　　累计折旧 5 000 000

　　固定资产减值准备 2 000 000

　　贷：固定资产 30 000 000

　　　　投资性房地产累计折旧 5 000 000

　　　　投资性房地产减值准备 2 000 000

4. 投资性房地产的后续计量

在成本计量模式下，投资性房地产的后续计量包括确认租金等相关收入、计提累计折旧（或进行摊销）、计提减值准备等业务。租金等收入一般借记"银行存款"等科目、贷记"其他业务收入"等科目；按期计提累计折旧（或进行摊销）时，借记"其他业务成本"等科目、贷记"投资性房地产累计折旧"科目或"投资性房地产累计摊销"科目；当投资性房地产存在减值迹象，经减值测试后确定发生减值的，应当计提减值准备，借记"资产减值损失"科目、贷记"投资性房地产减值准备"科目。

［案例3.3.2-3］

企业确认一栋出租办公楼为投资性房地产，采用成本模式进行后续计量，该办公楼的初始成本为 90 000 000 元，按照年限平均法计提折旧，使用寿命为 20 年，假设不考虑净残值。按照经营租赁合同，承租方每月支付租金 50 000 元，当年 12 月，该办公楼出现减值迹象，经减值测试，应计提减值准备 8 000 000 元。要求做相关业务处理。

案例3.3.2-3 解析：

每月计提折旧：

该办公楼每月折旧额 = 90 000 000÷20÷12 = 375 000 （元）

借：其他业务成本 375 000

　　贷：投资性房地产累计折旧 375 000

每月确认租金收入：

借：银行存款 50 000

贷：其他业务收入	50 000

计提减值准备：

借：资产减值损失	8 000 000
贷：投资性房地产减值准备	8 000 000

5. 投资性房地产处置业务处理

在成本模式计量下，处置投资性房地产时，应按实际收到的金额，借记"银行存款"等科目、贷记"其他业务收入"科目。按该项投资性房地产的累计折旧或累计摊销，借记"投资性房地产累计折旧（摊销）"科目，按该项投资性房地产的账面余额，贷记本科目，按其差额，借记"其他业务成本"科目。已计提减值准备的，还应同时结转减值准备。

[案例 3.3.2-4]

企业确认一栋出租办公楼为投资性房地产，采用成本模式进行后续计量，该办公楼的初始成本为 90 000 000 元，按照年限平均法计提折旧，已提折旧 50 000 000 元，未提减值准备，租期届满，企业将该办公楼出售给承租方，合同价款为 60 000 000 元，款项收存银行。假定不考虑相关税费影响，要求做相关业务处理。

案例 3.3.2-4 解析：

确认处置收入：

借：银行存款	60 000 000
贷：其他业务收入	60 000 000

结转处置成本：

借：其他业务成本	40 000 000
投资性房地产累计折旧	50 000 000
贷：投资性房地产	90 000 000

【任务操作要求】

1. 学习并理解任务指导

2. 独立完成给定业务核算

企业将一栋自用办公楼出租给 A 公司使用，租期 3 年，从而将该办公楼由固定资产转为投资性房地产，后续计量采用成本模式计量，转换时，该办公楼账面原值 100 000 000 元，已提折旧 30 000 000 元，已提减值准备 1 000 000 元，A 公司每年末用银行存款支付租金 600 000 元，该办公楼每年计提折旧 5 000 000 元，租期满，将该办公楼出售给 A 公司，合同价款 65 000 000 元，款项收存银行。假定不考虑相关税费影响，要求做相关业务处理。

任务 3.3.3　公允价值模式计量下投资性房地产业务处理

【任务目的】

通过完成本任务，使学生明确公允价值模式计量下投资性房地产核算科目设置情况，掌握相关业务处理方式，以备在核算实务中熟练运用。

【任务指导】

1．科目设置

企业对投资性房地产采用公允价值模式进行后续计量的，不计提折旧或进行摊销，企业应当以资产负债表日的公允价值为基础，调整其账面余额，主要设置"投资性房地产""公允价值变动损益""其他综合收益"等科目进行核算。

（1）投资性房地产。

在公允价值模式计量下，"投资性房地产"科目需设置"投资性房地产——成本""投资性房地产——公允价值变动"明细科目进行核算。"投资性房地产——成本"借方登记企业投资性房地产的取得成本，贷方登记处置投资性房地产时结转的成本；"投资性房地产——公允价值变动"在日常核算中，借方登记资产负债表日其公允价值高于账面余额的差额，贷方登记资产负债表日其公允价值低于账面余额的差额，在处置投资性房地产时，要将其进行转销。

（2）公允价值变动损益。

在公允价值模式计量下，"公允价值变动损益"科目核算企业投资性房地产公允价值变动而形成的应计入当期损益的利得和损失。"公允价值变动损益"科目的借方登记资产负债表日企业投资性房地产公允价值低于账面余额的差额，贷方登记资产负债表日企业投资性房地产公允价值高于账面余额的差额，在处置投资性房地产时，要将其进行转销。

（3）其他综合收益。

在公允价值模式计量下，"其他综合收益"科目核算企业投资性房地产公允价值变动而形成的应计入所有者权益的利得或损失等。"其他综合收益"科目贷方登记内部转换形成投资性房地产在转换日公允价值与账面值的贷方差额，借方登记在处置投资性房地产时，转销的其他综合收益。

2．核算业务框架

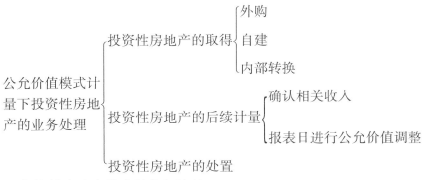

3．投资性房地产的取得业务处理

（1）外购的投资性房地产。

在公允价值模式计量下，企业外购的投资性房地产，应按购买价款、相关税费和可直接归属于该资产的其他支出确认初始成本，借记"投资性房地产——成本"科目、贷记"银行存款"等科目。基本分录如下：

借：投资性房地产——成本　　　　　　　　　　　　［投资性房地产的购买成本］

　　贷：银行存款　　　　　　　　　　　　　　　　　　［投资性房地产的购买成本］

（2）自建的投资性房地产。

在公允价值模式计量下，企业自建的投资性房地产，应按建造该项房地产达到预定可使用状态前发生的土地开发费、建筑成本、安装成本、应予资本化的借款费用、支付的其他费用、分摊的间接费用等必要支出确认初始成本，借记"投资性房地产——成本"科目、贷记"在建工程"等科目。基本分录如下：

①确认建设成本

借：在建工程　　　　　　　　　　　　　　　　［投资性房地产的各项建设成本］

　　贷：工程物资（或应付职工薪酬、银行存款等）［投资性房地产的各项建设成本］

②建设完工确认投资性房地产初始入账成本

借：投资性房地产——成本　　　　　　　　　　　［投资性房地产的总建设成本］

　　贷：在建工程　　　　　　　　　　　　　　　　［投资性房地产的总建设成本］

（3）内部转换形成的投资性房地产。

①存货转换为投资性房地产

在公允价值计量模式下，企业将作为存货的房地产转换为投资性房地产，应按该项存货在转换日的公允价值，借记"投资性房地产——成本"科目，按其账面余额贷记"开发产品"科目，其差额如果是借方差额，应借记"公允价值变动损益"科目，如果是贷方差额，应贷记"其他综合收益"科目。

［案例3.3.3-1］

甲企业是从事房地产开发业务的企业，某年3月甲企业与乙企业签订了租赁协议，将一栋开发好的写字楼出租给乙企业使用，租赁开始日为次月1日。该写字楼账面余额为80 000 000元，未计提跌价准备，在转换日，其公允价值为80 500 000元。要求做相关业务处理。

案例3.3.3-1解析：

借：投资性房地产——成本　　　　　　　　　　　　　　　　　　　80 500 000

　　贷：开发产品　　　　　　　　　　　　　　　　　　　　　　　　80 000 000

　　　　其他综合收益　　　　　　　　　　　　　　　　　　　　　　　500 000

②自用房地产转换为投资性房地产

在公允价值计量模式下，企业将自用的建筑物等转换为投资性房地产的，应按其在转换日的公允价值，借记"投资性房地产——成本"，按照已计提的累计折旧等，借记"累计折旧"等科目，按其账面余额，贷记"固定资产"等科目，按其差额，贷记"其他综合收益"科目（贷方余额情况下）或借记"公允价值变动损益"科目（借方余额情况下）。已计提固定资产减值准备的，还应同时结转固定资产减值准备。

［案例3.3.3-2］

企业将一自用建筑物对外出租，出租时，该建筑物的成本为30 000 000元，已提折旧5 000 000元，转换后采用公允价值模式计量，转换当日，该建筑物公允价值为23 000 000元。要求做相关账务处理。

案例 3.3.3-2 解析：

借：投资性房地产——成本　　　　　　　　　　　　　　　　　23 000 000
　　累计折旧　　　　　　　　　　　　　　　　　　　　　　　 5 000 000
　　公允价值变动损益　　　　　　　　　　　　　　　　　　　 2 000 000
　　贷：固定资产　　　　　　　　　　　　　　　　　　　　　　　　　 30 000 000

4. 投资性房地产的后续计量

在公允价值计量模式下，投资性房地产的后续计量包括确认租金等相关收入及报表日公允价值调整等业务。租金等收入一般借记"银行存款"等科目，贷记"其他业务收入"等科目；报表日公允价值调整，如果投资性房地产的公允价值高于其账面余额的差额，借记"投资性房地产——公允价值变动"科目，贷记"公允价值变动损益"科目，如果公允价值低于账面余额则做相反分录。

[案例 3.3.3-3]

企业某项投资性房地产账面值 60 000 000 元，资产负债表日，该项投资性房地产公允价值为 60 800 000 元。要求做相关账务处理。

案例 3.3.3-3 解析：

借：投资性房地产——公允价值变动　　　　　　　　　　　　　　800 000
　　贷：公允价值变动损益　　　　　　　　　　　　　　　　　　　　　　 800 000

说明：按照会计准则规定，只有当有确凿证据表明投资性房地产的公允价值能够持续可靠取得且能满足采用公允价值模式条件的情况下，才允许企业对投资性房地产从成本模式计量变更为公允价值模式计量。成本模式转为公允价值模式的，应当作为会计政策变更处理，将计量模式变更时公允价值与账面价值之间的差额，调整为期初留存收益。已采用公允价值模式计量的投资性房地产，不得从公允价值模式转为成本模式。

5. 投资性房地产的处置

在公允价值模式计量下，企业处置投资性房地产，应按实际收到的金额，借记"银行存款"等科目、贷记"其他业务收入"科目；按该项投资性房地产的账面余额，借记"其他业务成本"科目，按照其成本，贷记"投资性房地产——成本"科目，按照其累计公允价值变动，借记或贷记"投资性房地产——公允价值变动"科目；同时，将"公允价值变动损益"科目金额转为"其他业务成本"科目；如果存在原转换计入"其他综合收益"科目的金额，也一并转入"其他业务成本"科目。

[案例 3.3.3-4]

企业确认一栋出租办公楼为投资性房地产，采用公允价值模式进行后续计量，租期届满，企业将该办公楼出售给承租方，该办公楼的初始成本为 80 000 000 元，公允价值变动为借方 6 000 000 元，合同价款为 90 000 000 元，款项收存银行。假定不考虑相关税费影响，要求做相关业务处理。

案例 3.3.3-4 解析：

取得处置收入：

借：银行存款　　　　　　　　　　　　　　　　　　　　　　　90 000 000
　　贷：其他业务收入　　　　　　　　　　　　　　　　　　　　　　 90 000 000

结转处置成本：

借：其他业务成本   86 000 000

    贷：投资性房地产——成本   80 000 000

             ——公允价值变动   6 000 000

结转投资性房地产累计公允价值变动：

借：公允价值变动损益   6 000 000

    贷：其他业务成本   6 000 000

【任务操作要求】

1. 学习并理解任务指导

2. 独立完成给定业务核算

企业将一栋自用办公楼出租给 A 公司使用，租期 3 年，从而将该办公楼由固定资产转为投资性房地产，后续计量采用公允价值模式计量，转换时，该办公楼账面原值 100 000 000 元，已提折旧 30 000 000 元，已提减值准备 1 000 000 元，转换当日该办公楼公允价值为 60 000 000 元。

A 公司每年末用银行存款支付租金 600 000 元，租期满，该办公楼公允价值变动为借方余额 800 000 元，将该办公楼出售给 A 公司，合同价款 65 000 000 元，款项收存银行。假定不考虑相关税费影响，要求做相关业务处理。

项目 3.3 小结

投资性房地产采用成本模式计量和公允价值模式计量的主要区别如表 3.3-2 所示：

表 3.3-2

区别项目	成本模式计量	公允价值模式计量
①"投资性房地产"二级科目的设置	可根据投资性房地产的具体表现形式设置	应设置"投资性房地产——成本""投资性房地产——公允价值变动"二级科目
②"投资性房地产"科目的初始价值	投资性房地产获得日的实际成本	投资性房地产获得日的公允价值
③"投资性房地产"后续主要业务	确认相关收入、计提折旧或进行摊销、计提减值准备	确认相关收入、在报表日对公允价值进行调整
④"投资性房地产"处置业务内容	确认相关收入，按实际成本结转相关成本	确认相关收入、按处置时公允价值结转成本、结转之前确认的公允价值变动损益和其他综合收益

项目 3.4　无形资产的核算

【项目介绍】

本项目内容以《企业会计准则第 6 号——无形资产》及《〈企业会计准则第 6 号——无形资产〉应用指南》为指导，主要介绍企业无形资产项目的核算方法，要求学生通过学习，对无形资产的概念、特征有所认知，把握无形资产的业务核算内容，通过任务处理，进一步演练借贷记账法，为会计实务工作打下基础。

【项目实施标准】

本项目通过完成 2 项具体任务来实施，具体任务内容结构如表 3.4-1 所示：

表 3.4-1　　　　　　　　　　"无形资产的核算"项目任务细分表

任务	子任务
任务 3.4.1　无形资产核算基本认知	—
任务 3.4.2　无形资产业务处理	—

任务 3.4.1　无形资产核算基本认知

【任务目的】

通过完成本任务，使学生了解无形资产的概念、特征，为学习后续核算内容打下理论基础。

【任务指导】

1. 无形资产的概念

无形资产，是指企业拥有或者控制的没有实物形态的可辨认非货币性资产。

2. 无形资产的可辨认标准

（1）能够从企业中分离或者划分出来，并能单独或者与相关合同、资产或负债一起，用于出售、转让、授予许可、租赁或者交换。

（2）源自合同性权利或其他法定权利，无论这些权利是否可以从企业或其他权利和义务中转移或者分离。

注意：商誉的存在无法与企业自身分离，不具有可辨认性，不属于无形资产。

3. 无形资产的确认条件

（1）与该无形资产有关的经济利益很可能流入企业。

（2）该无形资产的成本能够可靠地计量。

4. 无形资产的内容

无形资产主要包括专利权、非专利技术、商标权、著作权、土地使用权和特许权等。

（1）专利权。

专利权，简称"专利"，是发明创造人或其权利受让人对特定的发明创造在一定期限内依法享有的独占实施权，包括发明专利权、实用新型专利权和外观设计专利权，专利权是知识产权的一种，在我国，专利权受到《中华人民共和国专利法》保护。专利权的性质主要体现在三个方面：排他性、时间性和地域性。排他性，也称独占性或专有性。专利权人对其拥有的专利权享有独占或排他的权利，未经其许可或者出现专利权法律规定的特殊情况，任何人不得使用，否则即构成侵权。这是专利权（知识产权）最重要的法律特点之一。

（2）非专利技术。

非专利技术又称"专有技术"，是指不为外界所知的技术知识，如独特的设计、造型、配方、计算公式、软件包、制造工艺等工艺诀窍、技术秘密等。非专利技术与专利权一样，能使企业在竞争中处于优势地位，在未来为企业带来经济利益。与专利权不同的是，非专利技术没有在专利机关登记注册，依靠保密手段进行垄断，因此，它不受法律保护，它没有有效期，只要不泄露，即可有效地使用并可有偿转让。非专利技术可向外界购得，并按实际支付的价款计价入账。但大多数非专利技术是企业自创的，对于企业自创非专利技术，如果符合《企业会计准则第 6 号——无形资产》规定的开发支出资本化条件的，可予以资本化，记入无形资产成本。

（3）商标权。

商标权是"商标专用权"的简称，在我国是指商标主管机关依据《中华人民共和国商标法》授予商标所有人对其注册商标受国家法律保护的专有权。商标注册人依法支配其注册商标并禁止他人侵害的权利，包括商标注册人对其注册商标的排他使用权、收益权、处分权、续展权和禁止他人侵害的权利。商标是用以区别商品和服务不同来源的商业性标志，由文字、图形、字母、数字、三维标志、颜色组合或者上述要素的组合构成。

（4）著作权。

著作权又称"版权"，指作者对其创作的文学、科学和艺术作品依法享有的某些特殊权利，著作权包括著作人身权和著作财产权，前者指作品署名、发表作品、确认作者身份、保护作品的完整性、修改已发表的作品等各项权利，后者指以出版、表演、广播、展览、录制唱片、摄制影片等方式使用作品以及因授权他人使用作品而获得经济利益的权利。

（5）土地使用权。

土地使用权，是指单位或者个人依法或依约定，对国有土地或集体土地所享有的占有、使用、收益和有限处分的权利。根据《中华人民共和国土地管理法》的规定，我国实行土地的社会主义公有制，任何单位和个人不得侵占、买卖或者以其他形式非法转让土地，土地使用权可以依法转让，企业取得土地使用权，应将取得时发生的支出资本化，计入"无形资产"成本。

（6）特许权。

特许权是特许人授予受许人的某种权利，在该权利之下，受许人可以在约定的条件下使用特许人的某种工业产权或知识产权。它可以是单一的业务元素，如商标、专利等；也可以是若干业务元素的组合。特许权的具体组成和特许经营的模式有关，不同的特许经营模式对应着不同的特许权。遵照特许权由简单到复杂的顺序，按单一元素到综合模式级别可以把特许经营分为以下六种基本类型：商标特许经营、产品特许经营、生产特许经营、品牌特许经营、专利及商业秘密特许经营和经营模式特许经营。

5. 无形资产的披露

按照会计准则规定，企业应当在附注中披露与无形资产有关的下列信息：

（1）无形资产的期初和期末账面余额、累计摊销额及减值准备累计金额。

（2）使用寿命有限的无形资产，其使用寿命的估计情况；使用寿命不确定的无形资产，其使用寿命不确定的判断依据。

（3）无形资产的摊销方法。

（4）用于担保的无形资产账面价值、当期摊销额等情况。

（5）计入当期损益和确认为无形资产的研究开发支出金额。

【任务操作要求】

学习并理解任务指导。

任务 3.4.2　无形资产业务处理

【任务目的】

通过完成本任务，使学生明确无形资产的相关业务内容，掌握无形资产的核算方法，以备在核算实务中熟练运用。

【任务指导】

1. 科目设置

企业应设置"无形资产""累计摊销""无形资产减值准备"等科目对涉及无形资产业务进行核算。

（1）无形资产。

企业应设置"无形资产"科目核算无形资产的成本，该科目为资产类，借方登记企业取得无形资产的成本，贷方登记企业处置无形资产转出的账面余额，期末余额在借方，反映企业拥有的无形资产的期末成本。

（2）研发支出。

对于企业自行研发的无形资产，应设置"研发支出"科目核算研发过程中所使用资产的折旧、消耗的原材料、直接参与开发人员的工资及福利费、开发过程中发生的租金以及借款费用等。该科目借方登记研发过程中发生的支出，贷方登记期末转入当期损益或无形资产成本的研发支出。

（3）累计摊销。

对于使用寿命有限的无形资产，企业应设置"累计摊销"科目在使用期内对其价值进行摊销，"累计摊销"科目属于"无形资产"科目的备抵账户，贷方登记企业计提的无形资产摊销额，借方登记处置无形资产时转出的累计摊销额，期末余额在贷方，反映企业无形资产的累计摊销额。

（4）无形资产减值准备。

如果无形资产期末的可收回金额低于其账面价值，应当按可收回金额低于其账面价值的差额计提减值准备，并计入当期损益。企业计提无形资产减值准备应设置"无形资产减值准备"科目进行核算，该科目为"无形资产"科目的备抵科目，贷方反映企业计提的无形资产减值准备，借方反映企业处置无形资产时转出的减值准备。

2. 核算业务框架

$$无形资产的业务处理\begin{cases}无形资产的取得\begin{cases}外购\\自行研发\end{cases}\\无形资产的摊销\\无形资产的处置\\无形资产的减值\end{cases}$$

3. 无形资产的取得业务处理

（1）外购的无形资产。

企业外购的无形资产，应按购买价款、相关税费和可直接归属于该资产的其他支出确认初始成本。其中，相关税费不包括按增值税制度规定，可以从销项税额中抵扣的进项税额。借记"无形资产""应交税费——应交增值税（进项税额）"科目、贷记"银行存款"等科目。基本分录如下：

借：无形资产

　　应交税费——应交增值税（进项税额）

　贷：银行存款

（2）自行研发无形资产。

对于企业自行进行研究开发的项目，应当区分研究阶段与开发阶段分别进行核算，不管是研究阶段发生的支出还是开发阶段发生的支出均通过"研发支出"科目核算。对于不满足资本化条件的支出（一般发生在研究阶段），在发生时借记"研发支出——费用化支出"科目，贷记"银行存款""应付职工薪酬"等科目，期末将其归集转入"管理费用"科目；对于满足资本化条件的支出（一般发生在开发阶段），在发生时借记"研发支出——资本化支出"科目，贷记"银行存款""应付职工薪酬"等科目，自行研发无形资产发生的支出取得增值税专用发票可抵扣的进项税额，借记"应交税费——应交增值税（进项税额）"科目，待研究开发项目达到预定用途形成无形资产时，将其余额转入"无形资产"科目。对于无法可靠区分研究阶段和开发阶段的支出，应将其所发生的所有研发支出全部费用化，计入当期"管理费用"科目。

［案例3.4.2-1］

企业自行研究、开发一项技术，在研究阶段发生研发支出 3 000 000 元（要求予以费用化），开发阶段发生符合资本化条件研发支出 500 000 元，专利技术研发成功，要求做相关业务处理。假定不考虑相关税费。

案例 3.4.2-1 解析：

①研究阶段

发生支出时：

借：研发支出——费用化支出　　　　　　　　　　　　　　　　　3 000 000

　　贷：银行存款（或应付职工薪酬等）　　　　　　　　　　　　　3 000 000

予以费用化时：

借：管理费用　　　　　　　　　　　　　　　　　　　　　　　　3 000 000

　　贷：研发支出——费用化支出　　　　　　　　　　　　　　　　3 000 000

②开发阶段

发生支出时：

借：研发支出——资本化支出　　　　　　　　　　　　　　　　　　500 000

　　贷：银行存款（或应付职工薪酬等）　　　　　　　　　　　　　　500 000

予以资本化时：

借：无形资产　　　　　　　　　　　　　　　　　　　　　　　　　500 000

　　贷：研发支出——资本化支出　　　　　　　　　　　　　　　　　500 000

4. 无形资产的摊销业务处理

（1）摊销时间的规定。

无形资产的摊销期自其可供使用时开始至终止确认时止，取得当月起在预计使用年限内系统合理摊销，处置无形资产的当月不再摊销。即当月增加的无形资产，当月开始摊销；当月减少的无形资产，当月不再摊销。

（2）摊销方法。

无形资产的摊销方法包括直线法、产量法等。企业选择的无形资产摊销方法，应当能够反映与该项无形资产有关的经济利益的预期消耗方式，并一致地运用于不同会计期间；无法可靠确定其预期实现方式的，应当采用直线法进行摊销。

注意：持有待售的无形资产不进行摊销，按照账面价值与公允价值减去处理费用后的净额孰低进行计量。

（3）账务处理。

企业自用的无形资产进行摊销时，借记"管理费用"科目，贷记"累计摊销"科目；出租的无形资产进行摊销时，借记"其他业务成本"科目、贷记"累计摊销"科目；某项无形资产包含的经济利益通过所生产的产品或其他资产实现的，其摊销额应计入相关资产成本。

[案例 3.4.2-2]

企业购买了一项自用特许权，购买成本为 5 000 000 元，合同规定受益期为 10 年，要求做每月摊销无形资产成本的业务处理。

案例 3.4.2-2 解析：

该项无形资产每月摊销额 = 5 000 000÷10÷12≈41 666.67（元）

借：管理费用　　　　　　　　　　　　　　　　　　　　　　　　41 666.67

贷：累计摊销   41 666.67

5. 无形资产的处置

企业处置无形资产，应当按实际收到的金额等，借记"银行存款"等科目，按照已计提的累计摊销，借记"累计摊销"科目，原已计提减值准备的，借记"无形资产减值准备"科目，按照实际支付的相关费用可抵扣的进项税额，借记"应交税费——应交增值税（进项税额）"科目，按照实际支付的相关费用，贷记"银行存款"等科目，按照无形资产账面余额，贷记"无形资产"科目，按照开具的增值税专用发票上注明的增值税销项税额，贷记"应交税费——应交增值税（销项税额）"科目，按其差额，贷记或借记"资产处置损益"科目。

［案例 3.4.2-3］

企业出售某项无形资产，该无形资产成本为 800 000 元，已摊销 300 000 元，转让收入 600 000 元，税率 6%，增值税税额 36 000 元，款项收存银行。要求做处置相关业务处理。

案例 3.4.2-3 解析：

借：银行存款   636 000
　　累计摊销   300 000
　　贷：无形资产   800 000
　　　　应交税费——应交增值税（销项税额）   36 000
　　　　资产处置损益   100 000

6. 无形资产减值准备的计提

如果无形资产的可收回金额低于其账面价值，应当按可收回金额低于其账面价值的差额计提减值准备，并计入当期损益。无形资产减值损失一经确认，在以后会计期间不得转回。

［案例 3.4.2-4］

企业某项无形资产账面价值为 900 000 元，期末出现减值迹象，经减值测试，确认可回收金额为 700 000 元。要求做计提减值准备的相关业务处理。

案例 3.4.2-4 解析：

该无形资产应确认的减值损失 = 900 000 - 700 000 = 200 000（元）

借：资产减值损失   200 000
　　贷：无形资产减值准备   200 000

【任务操作要求】

1. 学习并理解任务指导

2. 独立完成给定业务核算

（1）企业自行研究、开发一项技术，在研究阶段发生研发支出 2 500 000 元（要求予以费用化），开发阶段发生符合资本化条件研发支出 300 000 元，专利技术研发成功。要求做相关业务处理。

（2）企业一项无形资产，购买成本为 3 000 000 元，合同规定受益期为 10 年。要求做每月摊销无形资产成本的业务处理。

（3）企业出售某项无形资产，该无形资产成本为 600 000 元，已摊销 200 000 元，实际取得转让收入 500 000 元，增值税税额 30 000 元，款项收存银行。要求做处置相关业务处理。

项目 3.4 小结

1. 无形资产的确认标准及常见无形资产类别。
2. 核算的重点：
（1）自行研发无形资产的业务处理。
（2）处置无形资产的业务处理。

模块 4　资金管理会计岗位涉及的业务核算

【模块介绍】

1. 资金管理简介

企业在生产经营过程中，除了从事日常的购进、生产、销售等活动，还需要对资金进行管理与筹集。资金是企业的血液，任何一个企业都离不开资金。如何加强企业资金的管理？合理地筹集与使用资金，会对企业生产经营活动产生重大影响，一次决策失误，便有可能毁掉企业。资金管理活动具体表现为筹资活动、投资活动等，不论是筹资还是投资，要求专人对其进行谨慎的核算与管理。

2. 资金管理会计岗位主要职责

（1）会同有关部门建立健全资金管理的核算办法、管理流程；

（2）参与资金需求量预算制定，优化融资渠道，合理筹资，尽量减少融资成本，提高资金使用效率；

（3）参与投资计划的制订、投资方案的选择，做到正确投资，规避风险，加强风险控制，提高投资回报率；

（4）要求各环节提供必要的、内容完整的原始凭证，依据其进行相关账务处理。

3. 资金管理会计岗位具体核算内容

以《企业会计准则》分类为指南，结合国家对高职高专财经类学生专业素质要求，本模块主要介绍银行借款、长期债券、吸引投资、交易性金融资产、持有至到期投资、可供出售金融资产、长期股权投资等几方面有关资金管理的具体核算、管理方法。

项目 4.1　筹资的核算

【项目介绍】

本项目内容以《企业会计准则第 17 号——借款费用》等为指导，主要介绍银行借款、应付债券、实收资本（股本）、资本公积、留存收益的核算方法，要求学生通过学习，对筹资内容有所认知，掌握筹资业务的具体核算，通过任务处理，规范地进行筹资的确认与管理，并进一步演练借贷记账法，为会计实务工作打下基础。

【项目实施标准】

本项目通过完成6项具体任务来实施，具体任务内容结构如表4.1-1所示：

表4.1-1　　　　　　　　　　　　"筹资的核算"项目任务细分表

任务	子任务
任务4.1.1　筹资基本认知	—
任务4.1.2　银行借款的核算	1. 短期借款的核算
	2. 长期借款的核算
任务4.1.3　应付债券的核算	—
任务4.1.4　吸引投资的核算	1. 实收资本（股本）的核算
	2. 资本公积的核算

任务4.1.1　筹资基本认知

【任务目的】

通过完成本任务，使学生了解筹资的目的、方式等具体内容，并对筹资的确定形成初步认知，为学习后续核算内容打下理论基础。

【任务指导】

1. 筹资概述

筹资，是指通过一定渠道、采取适当方式筹措资金的财务活动，是财务管理的首要环节。资金是企业从事生产经营活动的基本条件。新成立的企业需要开业资金，用于购进材料、商品、机器设备等；企业规模扩大，需要大量资金，用于扩建厂房、进行投资、扩大生产经营规模等；为维护企业的市场地位，保持现有份额，同样离不开资金。可见，如何筹集资金、筹集多少资金才能满足企业生产经营需求，是企业日常经营活动中不可避免都要遇到的问题。

2. 主要筹资方式

企业筹资方式主要包括吸收直接投资、发行股票、利用留存收益、向银行借款、利用商业信用、发行公司债券、融资租赁、杠杆收购等。其中前三种方式筹措的资金为权益资金，后几种方式筹措的资金是负债资金。

3. 筹资的主要目的

（1）满足企业创建对资金的需要。

（2）满足企业发展对资金的需要。

（3）保证日常经营活动顺利进行。

（4）调整资金（本）结构。

4. 筹资主要原则

（1）合理确定资金需求量，科学安排筹资时间。

（2）合理组合筹资渠道和方式，降低资金成本。

（3）优化资本结构，降低筹资风险。

（4）拟订好筹资方案，认真签订和执行筹资合同。

【任务操作要求】

学习并理解任务指导。

任务4.1.2　银行借款的核算

子任务1　短期借款的核算

【任务目的】

通过完成本任务，使学生明确短期借款核算涉及的具体账户、核算方法、核算内容等；使学生能够对短期借款的发生、偿还以及利息形成业务进行正确的会计处理，以备在核算实务中熟练运用。

【任务指导】

1. 短期借款概述

短期借款是指企业向银行或其他金融机构等借入的期限在一年以下（含一年）的各种借款。借入短期借款通常是为了满足正常生产经营的需要。

2. 短期借款核算应设置的主要会计科目

企业应设置"短期借款"科目，核算短期借款的取得及偿还情况。该科目贷方登记取得短期借款的本金，借方登记偿还短期借款的本金；期末余额在贷方，表示尚未偿还的短期借款的本金。"短期借款"科目除进行总分类核算外，还应按借款种类、贷款人和币种等进行明细核算。

3. 核算业务框架

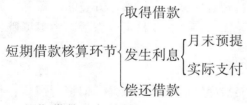

4. 短期借款业务处理

（1）取得短期借款。

企业从银行或其他金融机构取得借款时，借记"银行存款"科目、贷记"短期借款"科目。

借：银行存款

　　贷：短期借款

（2）发生利息时。

在实际工作中，银行一般于每季度末收取短期借款利息，为此，企业的短期借款利息一般采用月末预提按季支付的方式进行核算。短期借款利息属于筹资费用，通常应记入

"财务费用"科目。企业应当在资产负债表日按照计算确定的短期借款利息费用,借记"财务费用"科目、贷记"应付利息"科目;实际支付利息时,根据已预提的利息,借记"应付利息"科目,根据应计利息,借记"财务费用"科目,根据应付利息总额,贷记"银行存款"科目。

①月末预提

借:财务费用

　　贷:应付利息

②实际支付

借:应付利息　　　(已预提的利息)

　　财务费用　　　(差额)

　　贷:银行存款　　　(应付利息总额)

(3)偿还本金。

企业短期借款到期偿还本金时,借记"短期借款"科目,贷记"银行存款"科目。

借:短期借款

　　贷:银行存款

[案例4.1.2-1]

江河公司于20××年1月1日向银行借入一笔生产经营用短期借款,共计30 000元,期限为9个月,年利率为4%。根据与银行签署的借款协议,该项借款的本金到期后一次性归还,利息按季支付。

案例4.1.2-1解析:

本例中,借款期限为9个月,属于短期借款,用于生产经营,根据权责发生制原则,当期应承担的利息,不论是否支付均应计入当期的"财务费用"。相关账务处理如下:

①1月1日借入短期借款:

借:银行存款　　　　　　　　　　　　　　　　　　　　　30 000

　　贷:短期借款　　　　　　　　　　　　　　　　　　　　　30 000

②1月末,计提1月份应计利息:

本月应计提的利息金额=30 000×4%÷12=100(元)

借:财务费用　　　　　　　　　　　　　　　　　　　　　100

　　贷:应付利息　　　　　　　　　　　　　　　　　　　　　100

2月末计提2月份利息费用的处理与1月份相同。

③3月末,支付第一季度银行借款利息:

借:财务费用　　　　　　　　　　　　　　　　　　　　　100

　　应付利息　　　　　　　　　　　　　　　　　　　　　200

　　贷:银行存款　　　　　　　　　　　　　　　　　　　　　300

第二、第三季度的利息处理同上。

④10月1日偿还银行借款本金:

借:短期借款　　　　　　　　　　　　　　　　　　　　　30 000

　　贷:银行存款　　　　　　　　　　　　　　　　　　　　　30 000

如果上述借款期限是 8 个月，则到期日为 9 月 1 日，8 月末之前的会计处理与上述相同。9 月 1 日偿还银行借款本金，应同时支付 7 月和 8 月已提未付利息：

借：短期借款   30 000

  应付利息   200

 贷：银行存款   30 200

如果企业的短期借款利息是按月支付的，或者利息是在借款到期时连同本金一起归还，但是数额不大的，可以不采用预提的方法，而在实际支付或收到银行的计息通知时，直接计入当期损益，借记"财务费用"科目，贷记"银行存款"或"库存现金"科目。

【任务操作要求】

1. 学习并理解任务指导

2. 独立完成给定业务核算

（1）20×2 年 4 月 1 日，A 公司根据生产经营需要向银行借款 100 000 元，期限为 6 个月，年利率为 5%。该项借款为本金到期后一次归还，利息分期预提，按季支付。

要求：根据上述资料，对 A 公司该笔借款业务进行账务处理。

（2）20×4 年 5 月 1 日，B 公司根据生产经营需要向银行借款 9 000 000 元，期限为 5 个月，年利率为 8%。该项借款为到期后一次归还本金和利息。

要求：根据上述资料，对 B 公司该笔借款业务进行账务处理。

子任务 2 长期借款的核算

【任务目的】

通过完成本任务，使学生明确长期借款核算涉及的具体账户、核算方法、核算内容等；使学生能够对长期借款的发生、偿还以及利息形成业务进行正确的会计处理，以备在核算实务中熟练运用。

【任务指导】

1. 长期借款概述

长期借款，是指企业向银行或其他金融机构借入的期限在 1 年以上（不含 1 年）的各项借款。企业一般将长期借款用于固定资产的购建、改扩建工程、对外投资以及为了保持长期经营能力等方面的需要。长期借款是企业长期负债的重要组成部分，相对于短期借款，长期借款数额大、期限长，根据权责发生制原则的要求，借款费用按期预提计入所构建资产的成本或直接计入当期损益等。

由于长期借款的使用关系到企业的生产经营规模和效益，因此，必须加强管理与核算。企业除了要遵守有关的贷款规定、编制借款计划并要有不同形式的担保外，还应监督借款的使用、按期支付长期借款的利息以及按规定的期限归还借款本金等。因此，长期借款会计处理的基本要求是反映和监督长期借款的借入、借款利息的结算和借款本息的归还情况，企业应遵守信贷纪律、提高信用等级，确保长期借款发挥最佳经济效益。

2. 长期借款核算应设置的主要会计科目

企业应通过"长期借款"科目，核算长期借款的借入、归还等情况。本科目的贷方登记长期借款本息的增加额，借方登记本息的减少额，贷方余额表示企业尚未偿还的长期借款。本科目可按照贷款单位和贷款种类设置明细账，分别对"本金""利息调整"等进行明细核算。

3. 核算业务框架

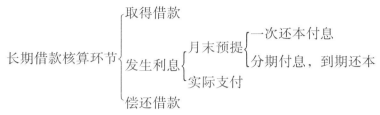

4. 长期借款业务处理

（1）取得长期借款。

企业借入长期借款，应按实际收到的金额，借记"银行存款"科目，贷记"长期借款——本金"科目；如存在差额，还应借记"长期借款——利息调整"科目。

借：银行存款

　　长期借款——利息调整（差额）

　　贷：长期借款——本金

（2）利息确认及归还。

在资产负债表日，长期借款利息费用应当按照实际利率法计算确定，实际利率与合同利率差异较小的，也可以采用合同利率计算确定利息费用。

长期借款按合同利率计算确定的应付未付利息，如果属于分期付息的，记入"应付利息"科目，如果属于到期一次还本付息的，记入"长期借款——应计利息"科目。

长期借款计算确定的利息费用，应当按以下原则计入有关成本、费用：属于筹建期间的，计入管理费用；属于生产经营期间的，计入财务费用。如果长期借款用于购建固定资产等符合资本化条件的资产，在资产尚未达到预定可使用状态前，所发生的利息支出数应当资本化，计入在建工程等相关资产成本；资产达到预定可使用状态后发生的利息支出，以及按规定不予资本化的利息支出，计入财务费用。故借记"在建工程""制造费用""财务费用""研发支出"等科目，贷记"应付利息"或"长期借款——应计利息"科目。

①确认应付利息

借：财务费用、在建工程、研发支出、管理费用等

　　贷：应付利息（分期付息到期还本）

　　　　长期借款——应计利息（到期一次还本付息）

②归还利息

借：应付利息（分期付息到期还本）

　　长期借款——应计利息（到期一次还本付息）

　　贷：银行存款

（3）偿还本金。

企业归还长期借款本金时，应按归还的金额，借记"长期借款——本金"科目，贷记"银行存款"科目。

借：长期借款——本金

    贷：银行存款

［案例 4.1.2-2］

江河公司为增值税一般纳税人，于 20×1 年 11 月 30 日从银行借入资金 4 000 000 元，用于购机器设备，借款期限为 3 年，年利率为 8.4%，该笔借款为到期一次还本付息（不计复利），所借款项已存入银行。江河公司于当日用该借款购买一台不需安装的机器设备，价款 3 900 000 元，另支付运杂费及保险等费用 100 000 元（假设不考虑增值税），设备已于当日投入使用。

案例 4.1.2-2 解析：

本例中，借款期限 3 年，属于长期借款，根据权责发生制原则，当期应承担的利息，不论是否支付均应计入当期的成本费用。因为购入的是不需要安装的机器设备，利息费用进入当期损益，即"财务费用"科目。同时，由于该笔借款是一次还本付息，因此，其产生的利息费用相应增加"长期借款"账面价值。相关账务处理如下：

① 20×1 年 11 月 30 日，取得借款

借：银行存款   4 000 000

    贷：长期借款——本金   4 000 000

② 支付设备款和运杂费、保险费

借：固定资产   4 000 000

    贷：银行存款   4 000 000

③ 20×1 年 12 月 31 日，计提利息

长期借款利息 = 4 000 000×8.4%÷12 = 28 000（元）

借：财务费用   28 000

    贷：长期借款——应计利息   28 000

④ 20×2 年 1 月~20×4 年 10 月，每月末预提利息分录同上

⑤ 20×4 年 11 月 30 日，归还本息

借：财务费用   28 000

      长期借款——本金   4 000 000

          ——应计利息   980 000

    贷：银行存款   5 008 000

由于 20×1 年 11 月 30 日—20×4 年 10 月 31 日已经计提的利息为 980 000 元，已借记"长期借款——应计利息"科目中，20×4 年 11 月应当计提的利息为 28 000 元，根据权责发生制原则应借记"财务费用"科目，长期借款本金 4 000 000 元，应借记"长期借款——本金"科目；实际支付的长期借款本金和利息为 5 008 000 元，贷记"银行存款"科目。

【任务操作要求】

1. 学习并理解任务指导

2. 独立完成给定业务核算

（1）重庆大众有限责任公司为建造一条生产线，于 20×1 年 1 月 1 日向银行借款

100 000 元，利率 10%（与实际利率一致），期限 2 年，到期一次还本付息，不计复利，每半年计息一次。该笔借款于当日全部投入到生产线建设中，该工程于该年底达到预定可使用状态，假设建造期间计提的利息全部符合资本化条件。

要求：编制相关业务分录。

（2）三江有限责任公司为增值税一般纳税人，于 20×1 年 10 月 31 日，从银行借入资金 5 000 000 元，已存入本公司银行账户中，借款期限为 4 年，年利率 9%，到期一次还本付息，不计复利。三江有限责任公司用该借款于当日购入一台不需安装机器设备，价款 4 000 000 元，增值税税额为 640 000 元，另支付相关运杂费 150 000 元，设备于当日投入使用。

要求：编制相关业务分录。

任务 4.1.2 小结

银行借款业务核算的重点：
（1）长期借款与短期借款利息的计提。
（2）长期借款利息计入成本费用的原则。
（3）长期借款业务中，分期付息到期还本与到期一次还本付息对利息处理的方式不同。

任务 4.1.3　应付债券的核算

【任务目的】

通过完成本任务，使学生明确应付债券核算涉及的具体账户、核算方法、核算内容；让学生能够对应付债券的发生、利息的计算、到期归还等业务独立进行会计处理，以备在核算实务中熟练运用。

【任务指导】

1. 应付债券概述

应付债券是指企业为筹集（长期）资金而发行的债券。通过发行债券取得的资金，构成了企业一项非流动负债，企业会在未来某一特定日期按债券所记载的利率、期限等约定归还本息。

企业债券发行有三种方式：面值发行、溢价发行和折价发行。债券发行价格的高低一般取决于债券票面金额、债券票面利率、发行时的市场利率以及债券期限的长短等因素。企业债券按其面值价格发行，称为面值发行；以低于债券面值价格发行，称为折价发行；以高于债券面值价格发行，则称为溢价发行。债券溢价或折价不是债券发行企业的收益或损失，而是发行债券企业在债券存续期内对利息费用的一种调节。

2. 应付债券核算应设置的主要会计科目

企业应设置"应付债券"科目，用于核算应付债券的发行、计提利息、还本付息等情况。该科目贷方登记应付债券的本金和利息，借方登记归还的债券本金和利息；期末贷方余额表示企业尚未偿还的长期债券。在实际核算中，通常应设置"面值""利息调整"

"应计利息"等明细科目进行明细核算。

另外，为加强应付债券的管理，企业应当设置"企业债券备查簿"，详细登记每种企业债券的票面金额、债券票面利率、还本付息期限与方式、发行总额、发行日期和编号、委托代售单位、转换股份等资料。企业债券到期结清时，应当在备查簿内逐笔注销。

3. 核算业务框架

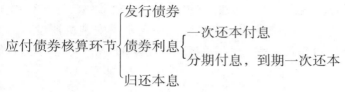

4. 应付债券业务处理

应付债券有面值发行、溢价发行和折价发行三种形式，本书只介绍债券按面值发行的会计处理。

（1）发行债券。

企业发行债券时，应按实际收到的金额，借记"银行存款"等科目，按债券票面金额，贷记"应付债券——面值"科目；存在差额的，还应借记或贷记"应付债券——利息调整"科目。

借：银行存款（实际收到的金额）

应付债券——利息调整（差额）

　贷：应付债券——面值（债券票面金额）

［案例 4.1.3-1］

江河公司 20×1 年 7 月 1 日发行 3 年期，到期一次还本付息、票面利率 9%，不计复利，面值总额为 40 000 000 元的债券。假设债券发行时的市场利率为 9%，所筹资金全部用于生产线建造，所筹资金全部存入银行（债券发行费用略）。要求进行相关账务处理。

案例 4.1.3-1 解析：

本例中，票面利率与市场利率相等，属于平价发行，即按面值发行，按实际收到的金额，借记"银行存款"科目，按债券票面金额，贷记"应付债券——面值"科目。相关账务处理如下：

借：银行存款　　　　　　　　　　　　　　　　　　　40 000 000

　贷：应付债券——面值　　　　　　　　　　　　　　　　40 000 000

（2）债券利息核算。

根据权责发生制原则，发行长期债券的企业，应按期计提利息。对于按面值发行的债券，在每期采用票面利率计提利息时，应当按照与长期借款相一致的原则计入有关成本费用，借记"在建工程""制造费用""财务费用""研发支出"等科目。

对分期付息、到期一次还本的债券，其按票面利率计算确定的应付未付利息，贷记"应付利息"科目核算。

对一次还本付息的债券，其按票面利率计算确定的应付未付利息，通过"应付债券——应计利息"科目核算。

注意：应付债券按实际利率（实际利率与票面利率差异较小时也可按票面利率）计算确定的利息费用，也应按照与长期借款相一致的原则计入有关成本、费用。

借：管理费用、在建工程、研发支出、财务费用等

　　贷：应付利息（分期付息，一次还本）

　　　　应付债券——应计利息（一次还本付息）

［案例4.1.3-2］

接案例4.1.3-1。江河公司发行债券所筹资金于当日用于生产线建造，20×3年12月31日该生产线完工并投入使用。试核算债券利息。

案例4.1.3-2解析：

本例中，由于所筹资金于当日全部投入生产线的建设，并且到20×3年12月31日该生产线完工，因此20×1年7月1日~20×3年12月31日期间产生的利息费用，符合资本化条件，全部计入该生产线的成本，即"在建工程"，但从20×4年1月1日起，生产线已完工，其发生的利息费用不再符合资本化条件，应全部费用化，进入当期损益，即"财务费用"。由于该债券是到期一次还本付息，因此，产生的利息费用计入"应付债券——应计利息"。相关账务处理如下：

① 20×1年度

债券利息：40 000 000×9%÷12×6 = 1 800 000（元）

借：在建工程　　　　　　　　　　　　　　　　　　　　　　　1 800 000

　　贷：应付债券——应计利息　　　　　　　　　　　　　　　　　1 800 000

② 20×2年度

债券利息：40 000 000×9% = 3 600 000（元）

借：在建工程　　　　　　　　　　　　　　　　　　　　　　　3 600 000

　　贷：应付债券——应计利息　　　　　　　　　　　　　　　　　3 600 000

③ 20×3年度

债券利息：40 000 000×9% = 3 600 000（元）

借：在建工程　　　　　　　　　　　　　　　　　　　　　　　3 600 000

　　贷：应付债券——应计利息　　　　　　　　　　　　　　　　　3 600 000

④ 20×4年度

债券利息：40 000 000×9%÷12×6 = 1 800 000（元）

借：财务费用　　　　　　　　　　　　　　　　　　　　　　　1 800 000

　　贷：应付债券——应计利息　　　　　　　　　　　　　　　　　1 800 00

（3）债券还本付息。

长期债券到期，企业支付债券本息时，借记"应付债券——面值""应付债券——应计利息""应付利息"等科目、贷记"银行存款"等科目。

［案例4.1.3-3］

接案例4.1.3-2。20×4年7月1日，江河公司偿还该债券本金和利息。

案例4.1.3-3解析：

借：应付债券——面值　　　　　　　　　　　　　　　　　　　40 000 000

　　　　　　——应计利息　　　　　　　　　　　　　　　10 800 000
　　贷：银行存款　　　　　　　　　　　　　　　　　　50 800 000

【任务操作要求】

1. 学习并理解任务指导

2. 独立完成给定业务核算

（1）20×1 年 1 月 1 日，某电机有限责任公司发行面值 5 000 万元，期限 4 年的债券，该债券为到期一次还本付息，票面利率 5%。假定债券发行时的市场利率为 5%，所筹资金（债券发行费略）用于日常的生产经营活动。

　　要求：进行相关账务处理。

（2）某上市公司为建造专用生产线，通过发行公司债券筹集所需资金，该公司为一般纳税人，适用的增值税税率为 17%。有关资料如下：

20×0 年 12 月 31 日，委托证券公司以 10 000 万元的价格发行 3 年期分期付息公司债券，该债券面值为 10 000 万元，票面利率 6%，与实际利率一致，每年付息一次，到期后按面值偿还，支付的发行费与发行期间冻结资金产生的利息收入相等，不予考虑。

公司生产线建设工程采用自营方式，于 20×1 年 1 月 1 日开始动工，当日购入需安装的机器设备，取得增值税专用发票，价款 8 000 万元，增值税额为 1 280 万元，20×1 年 12 月 31 日所建生产线达到可使用状态，并支付安装费用 200 万元。

假定各年度利息的实际支付日期均为下年度的 1 月 2 日，20×4 年 1 月 1 日支付 20×3 年度利息，并偿还面值。

　　要求：进行相关账务处理。（单位用万元表示）

任务 4.1.3 小结

1. 应付债券发行核算的重点：确定入账价值。

2. 债券利息核算重点：

（1）注意分期付息、到期一次还本的债券与一次还本付息的债券对利息处理方式不同。

（2）债券利息计入成本费用的原则。

任务 4.1.4　吸引投资的核算

该任务主要讲吸收直接投资、发行股票、利用留存收益等权益性筹资，即企业所有者权益。公司所有者权益又称为股东权益，是指企业资产扣除负债后由所有者享有的剩余权益。所有者权益具有以下主要特征：

①除非发生减资、清算或分派现金股利，企业不需要偿还所有者权益；

②企业清算时，只有在清偿完所有的负债后，所有者权益才返还给所有者；

③所有者凭借所有者权益能够参与企业利润或股利的分配等。

子任务1　实收资本（股本）的核算

【任务目的】

通过完成本任务，使学生明确实收资本（股本）的形成、增减变动的核算，涉及的具体账户、核算方法、核算内容；让学生能够对实收资本（股本）的形成、增减等业务独立进行会计处理，以备在核算实务中熟练运用。

【任务指导】

1. 实收资本概述

实收资本是指企业按照章程规定或合同、协议约定，接受投资者投入企业的资本，可以一次全部缴清，也可以分期缴纳。实收资本的构成比例或股东的股份比例，是确定所有者在企业所有者权益中份额的基础，也是企业进行利润或股利分配的主要依据，同时还是企业清算时确定所有者对净资产的要求权的依据。

我国公司法规定，股东可以用货币出资，也可以用实物、知识产权、土地使用权等可以用货币估价并可依法转让的非货币性财产物资作价出资，但是法律、行政法规规定不得作为出资的财产除外。对作为出资的非货币财产应当评估确价，核实财产，不得高估或者低估其价值。法律、行政法规对评估确价有规定的，从其规定。全体股东的货币出资金额不得低于有限责任公司注册资本的30%。不论以何种方式出资，投资者如在投资过程中违反投资合约，不按规定如期缴足出资额，企业可以依法追究投资者的违约责任。

企业接受非现金资产投资时，应按投资合同或协议约定价值确定非现金资产价值（但投资合同或协议约定价值不公允的除外）和在注册资本中应享有的份额。

为了反映和监督投资者投入资本的增减变动情况，企业必须按照国家统一的会计制度的规定进行实收资本（股本）的核算，真实地反映所有者投入企业资本的状况，维护所有者各方面在企业的权益。除股份有限公司以外，其他各类企业应通过"实收资本"科目核算，股份有限公司应通过"股本"科目核算。

企业收到所有者投入企业的资本后，应根据有关原始凭证（如投资清单、银行通知单等），区分不同的出资方式进行会计处理。

2. 核算业务框架

$$
\text{实收资本（股本）核算环节}\begin{cases}\text{接受投资}\begin{cases}\text{现金资产}\\\text{非现金资产}\end{cases}\\[2em]\text{实收资本（股本）增加}\begin{cases}\text{接受投资者追加投资}\\\text{资本公积转增资本}\\\text{盈余公积转增资本}\end{cases}\\[2em]\text{实收资本（股本）减少（注意：股份有限公司回购}\\\text{股票、注销股票账务处理）}\end{cases}
$$

3. 接受投资的业务处理

（1）接受现金资产投资

①股份公司以外的企业

借：银行存款

    贷：实收资本（占注册资本的份额）

        资本公积——资本溢价（超过注册资本部分）

通常企业创立时，投资者认缴的出资额与注册资本一致，一般不会产生资本溢价。但在企业重组或有新的投资者加入时，常常会出现资本溢价。

[案例 4.1.4-1]

甲、乙、丙三人共同投资设立了重庆机电有限责任公司，注册资本为 500 000 元，甲、乙、丙持股比例分别为 70%、20% 和 10%。按照公司章程规定，甲、乙、丙投入资本分别为 350 000 元、100 000 元和 50 000 元。公司已如期收到各投资者一次缴足的款项，并存入银行。

案例 4.1.4-1 解析：

本例中，公司收到投资者投入的货币资金时，按实际收到的资金，借记"银行存款"，按其在实收资本中拥有的份额，贷记"实收资本"，而本题不存在资本溢价问题，无须核算资本公积。相关账务处理如下：

借：银行存款	500 000
贷：实收资本——甲	350 000
——乙	100 000
——丙	50 000

②股份有限公司

股本指股东在公司中所占的权益，多用于指股票。股份有限公司发行股票时，既可以按面值发行股票，也可以溢价发行（我国目前不准许折价发行）。股份有限公司在核定的股本总额及核定的股份总额的范围内发行股票时，应在实际收到现金资产时进行会计处理。

股份有限公司发行股票时，按每股股票面值与发行股份总额的乘积计算确定的金额，贷记"股本"科目，实际收到的金额与该股本之间的差额，贷记"资本公积——股本溢价"科目。

股份有限公司发行股票支付的手续费、佣金等发行费用，减去发行股票冻结期间产生的利息收入后的金额，从发行股票的溢价中抵扣，冲减资本公积（股本溢价）；股票发行没有溢价或溢价金额不足以支付发行费用的部分，应将不足支付的发行费用依次冲减盈余公积和未分配利润。

借：银行存款（实际收到的金额）

    贷：股本（面值）

        资本公积——股本溢价（差额）

[案例 4.1.4-2]

重庆长城股份有限公司发行普通股 30 000 股，每股面值 1 元，每股发行价格 5 元。假定股票发行成功，股款 150 000 元已全部收到，不考虑发行过程中的相关税费等因素。

案例 4.1.4-2 解析：

公司发行股票时，既可以按面值发行股票，也可以溢价发行。按实际收到的金额借记

"银行存款"，按每股面值与股份总额的积，贷记"股本"，按其差额，贷记"资本公积——股本溢价"。相关账务处理如下：

借：银行存款　　　　　　　　　　　　　　　　　　　150 000

　　贷：股本　　　　　　　　　　　　　　　　　　　　　30 000

　　　　资本公积——股本溢价　　　　　　　　　　　　120 000

（2）接受非现金资产投资

①接受投入固定资产、材料物资等

不论企业接受投资者作价投入的房屋、建筑物、机器设备等固定资产，还是接受投资者作价投入的材料物资，都应按投资合同或协议约定的价值（但投资合同或协议约定价值不公允的除外）和在注册资本中应享有的份额确定。

借：固定资产、原材料等（合同或协议约定价值）

　　应交税费——应交增值税（进项税额）（可抵扣的进项税额）

　　贷：实收资本（或股本）

　　　　资本公积——资本溢价（或股本溢价）

[案例4.1.4-3]

重庆长江有限责任公司于设立时收到重庆机电有限责任公司作为资本投入的原材料一批，该批原材料投资合同或协议约定价值（不含可抵扣的增值税进项税额部分）为200 000元，增值税税率为16%。重庆机电有限责任公司已开具了增值税专用发票。假设合同约定的价值与公允价值相符，该进项税额允许抵扣。

案例4.1.4-3解析：

本例中，合同约定的价值与公允价值相符，因此，可按照200 000元的金额借记"原材料"；同时增值税进项税可以抵扣，应借记"应交税费——应交增值税（进项税额）"。按投资各方约定的价值与增值税进项税额之和，贷记"实收资本"。相关账务处理如下：

借：原材料　　　　　　　　　　　　　　　　　　　　200 000

　　应交税费——应交增值税（进项税额）　　　　　　　 32 000

　　贷：实收资本——重庆机电有限责任公司　　　　　 232 000

②接受投入无形资产

企业收到以无形资产方式投入的资本，应按投资合同或协议约定价值确定无形资产价值（但投资合同或协议约定价值不公允的除外）和在注册资本中应享有的份额确定。

借：无形资产（合同或协议约定价值）

　　应交税费——应交增值税（进项税额）

　　贷：实收资本（或股本）

　　　　资本公积——资本溢价（或股本溢价）

[案例4.1.4-4]

接案例4.1.4-3。重庆长江有限责任公司于设立时收到重庆长城有限责任公司作为资本投入的非专利技术一项，该非专利技术投资合同的约定价值为30 000元，增值税进项税额为1 800元（由投资方支付税款，并提供或开具增值税专用发票）；同时还收到重庆万达有限责任公司作为资本投入的土地使用权一项，投资合同的约定价值为20 000元。增值税进项税额为 2 000 元（由投资方支付税款，并提供或开具增值税专用发票）。假设重庆长江有限责任公司接受该非专利技术和土地使用权符合国家注册资本管理的有关规定，可按合同约定作实收资本入账，合同约定的价值与公允价值相符。

案例 4.1.4-4 解析：

本例中，非专利技术与土地使用权的合同约定的价值与公允价值相符，因此，按其约定价值借记"无形资产"科目，同时按合同约定金额，贷记"实收资本"。相关账务处理如下：

```
借：无形资产——非专利技术                                    30 000
              ——土地使用权                                  20 000
    应交税费——应交增值税（进项税额）                        3 800
    贷：实收资本——重庆长城有限责任公司                      31 800
              ——重庆万达有限责任公司                        22 000
```

4. 实收资本（或股本）增加的核算

一般情况下，企业的实收资本（股本）应相对固定不变，但在某些特定情况下，实收资本也可能发生增减变化。我国企业法人登记管理条例中规定，除国家另有规定外，企业的注册资金应当与实收资本（股本）一致，当实收资本比原注册资金增加或减少的幅度超过20%时，应持资金信用证明或者验资证明，向原登记主管机关申请变更登记。如果擅自改变注册资本或抽逃资金，要受到工商行政管理部门的处罚。

通常，企业增加资本主要有三个途径：接受投资者追加投资、资本公积转增资本、盈余公积转增资本。

需要注意的是，由于资本公积和盈余公积均属于所有者权益，用其转增资本时，如果是独资企业比较简单，直接结转即可。如果是股份公司或有限责任公司应该按照原投资者各自出资比例相应增加各投资者的出资额。

（1）接受投资者追加投资。

企业按规定接受投资者追加投资时，核算原则与投资者初次投入资金的会计处理一样。

[案例 4.1.4-5]

甲、乙、丙三人共同投资设立重庆长投有限责任公司，原注册资本为 1 000 000 元，甲、乙、丙分别出资 600 000 元、150 000 元和 250 000 元。为扩大经营规模，经批准，重庆长投有限责任公司的注册资本扩大为 2 000 000 元。

假设：甲、乙、丙按照原出资比例分别追加投资 600 000 元、150 000 元和 250 000 元。重庆长投有限责任公司如期收到甲、乙、丙追加的现金投资。要求进行账务处理。

案例 4.1.4-5 解析：

本例中，重庆长投有限责任公司扩大资本 1 000 000 元，由于甲、乙、丙原各自投资比例分别为60%、15%、25%。因此，公司根据收到的投资金额分别增加甲、乙、丙在公司中的权益。相关账务处理如下：

```
借：银行存款                                                1 000 000
    贷：实收资本——甲                                          600 000
```

——乙	150 000
——丙	250 000

（2）资本公积转增资本。

借：资本公积

　　贷：实收资本（或股本）

［案例4.1.4-6］

接案例4.1.4-5。假设：为扩大生产经营规模需要，经批准，重庆长投有限责任公司按原出资比例将资本公积1 000 000元转增资本。

案例4.1.4-6解析：

本例中，重庆长投有限责任公司将资本公积1 000 000元转增资本，甲、乙、丙分别按原出资比例60%、15%、25%增加其在公司中的权益。相关账务处理如下：

借：资本公积　　　　　　　　　　　　　　　　　　　　1 000 000

　　贷：实收资本——甲　　　　　　　　　　　　　　　　600 000

　　　　　　　——乙　　　　　　　　　　　　　　　　150 000

　　　　　　　——丙　　　　　　　　　　　　　　　　250 000

（3）盈余公积转增资本。

借：盈余公积

　　贷：实收资本（或股本）

［案例4.1.4-7］

接案例4.1.4-5。假设：为扩大生产经营规模需要，经批准，重庆长投有限责任公司按原出资比例将盈余公积1 000 000元转增资本。

案例4.1.4-7解析：

本例中，重庆长投有限责任公司将盈作公积1 000 000元转增资本，甲、乙、丙按原出资比例60%、15%、25%，增加其在公司中的权益。相关账务处理如下：

借：盈余公积　　　　　　　　　　　　　　　　　　　　1 000 000

　　贷：实收资本——甲　　　　　　　　　　　　　　　　600 000

　　　　　　　——乙　　　　　　　　　　　　　　　　150 000

　　　　　　　——丙　　　　　　　　　　　　　　　　250 000

5. 实收资本或股本减少的核算

在我国，企业在正常生产经营存续期内，一般不得自行减少注册资本。投资者只能依法转让其所有权，不能任意抽回投资。企业实收资本减少的原因大体有两种：一是企业资本过剩，又暂时找不到好的投资项目，需要减少注册资本；二是企业发生重大亏损，使企业净资产与注册资本严重不符，也需要减少注册资本。

根据公司法的规定，企业在特殊情况下确需减资的，应经过批准。如果因资本过剩而减资，则需返还股款。有限责任公司和一般企业减少资本的账务处理比较简单，经有关部门批准后，企业即可变更注册资本，并按其减少的数额，借记"实收资本"科目、贷记"银行存款"等科目。

股份有限公司采用收购本公司股票方式减资的，应设置"库存股"科目，核算股票回购和注销的情况。回购时，按实际支付的回购价款借记"库存股"、贷记"银行存款"等科目；注销回购的股票时，按股票面值和注销股数计算的股票面值总额，借记"股本"科目，按注销库存股的账面余额，贷记"库存股"，按其差额冲减股本溢价，借记"资本公积——股本溢价"，股本溢价不足冲减的，再冲减"盈余公积""利润分配——未分配利润"等科目。购回股票支付的价款低于面值总额的，所注销库存股的账面余额与所冲减股本的差额作为增加资本公积（股本溢价）处理，贷记"资本公积——股本溢价"。

（1）回购股票。

借：库存股
　　贷：银行存款

（2）注销库存股。

借：股本
　　　资本公积——股本溢价、盈余公积、利润分配——未分配利润（溢价回购）
　　贷：库存股
　　　　资本公积——股本溢价（折价回购）

[案例 4.1.4-8]

重庆长江股份有限公司 20×3 年 12 月 31 日的股本为 200 000 000 股，面值为 1 元，资本公积（股本溢价）20 000 000 元，盈余公积 10 000 000 元。经股东大会批准，重庆长江股份有限公司现金回购本公司股票 10 000 000 股并注销。假定公司按每股 2 元回购股票。

案例 4.1.4-8 解析：

本例中，按回购股票的面值，借记"股本"科目，按支付的价款超过面值的部分先冲"资本公积——股本溢价"，从题目可见"资本公积——股本溢价"已满足，因此不须冲减所有者权益的其他科目。相关账务处理如下：

① 回购本公司股票

借：库存股　　　　　　　　　　　　　　　　　　　　　　　20 000 000
　　贷：银行存款　　　　　　　　　　　　　　　　　　　　　　　20 000 000

库存股成本＝10 000 000×2＝20 000 000（元）

② 注销本公司股票

借：股本　　　　　　　　　　　　　　　　　　　　　　　　10 000 000
　　　资本公积——股本溢价　　　　　　　　　　　　　　　　　10 000 000
　　贷：库存股　　　　　　　　　　　　　　　　　　　　　　　20 000 000

[案例 4.1.4-9]

承案例 4.1.4-8。假定重庆长江股份有限公司按每股 4 元回购股票，其他条件不变。

案例 4.1.4-9 解析：

本例中，按回购股票的面值，借记"股本"科目，按支付的价款超过面值的部分先冲"资本公积——股本溢价"，从题目可见"资本公积——股本溢价"20 000 000 元不满足，因此需冲减"盈余公积"10 000 000 元。相关账务处理如下：

①回购本公司股票

借：库存股　　　　　　　　　　　　　　　　　　　　　　　40 000 000

贷：银行存款	40 000 000

库存股成本＝10 000 000×4＝40 000 000（元）

②注销本公司股票

借：股本	10 000 000
资本公积——股本溢价	20 000 000
盈余公积	10 000 000
贷：库存股	40 000 000

[案例4.1.4-10]

承案例4.1.4-8。假定重庆长江股份有限公司按每股6元回购股票，其他条件不变。

案例4.1.4-10解析：

本例中，按回购股票的面值，借记"股本"科目，按支付的价款超过面值的部分先冲"资本公积——股本溢价"，从题目可见"资本公积——股本溢价"20 000 000元不满足，因此冲减"盈余公积"10 000 000元，但冲减以后仍不满足，所以需冲减"利润分配——未分配利润"20 000 000元。相关账务处理如下：

①回购本公司股票

借：库存股	60 000 000
贷：银行存款	60 000 000

库存股成本＝10 000 000×6＝60 000 000（元）

②注销本公司股票

借：股本	10 000 000
资本公积——股本溢价	20 000 000
盈余公积	10 000 000
利润分配——未分配利润	20 000 000
贷：库存股	60 000 000

[案例4.1.4-11]

承案例4.1.4-8。假定重庆长江股份有限公司按每股0.5元回购股票，其他条件不变。

案例4.1.4-11解析：

回购股票支付的价款低于面值总额，所注销库存股的账面余额与冲减股本的差额，作为增加股本溢价处理。相关账务处理如下：

①回购本公司股票

借：库存股	5 000 000
贷：银行存款	5 000 000

库存股成本＝10 000 000×0.5＝5 000 000（元）

②注销本公司股票

借：股本	10 000 000
贷：库存股	5 000 000
资本公积——股本溢价	5 000 000

【任务操作要求】

1. 学习并理解任务指导

2. 独立完成给定业务核算

（1）20×3 年 1 月 1 日，A、B、C 三个投资者共同投资设立元和有限责任公司，注册资本为 10 000 000 元，A、B、C 持股比例为 5∶4∶1。按照章程规定，A、B、C 投入资本分别为 5 000 000 元、4 000 000 元和 1 000 000 元。公司已如期收到各投资者一次缴足的款项。

20×3 年 12 月 31 日，因扩大经营规模需要，经批准，元和有限责任公司按原出资比例将盈余公积 1 000 000 元转增资本。

20×4 年 6 月 30 日，因扩大经营规模需要，经批准，元和有限责任公司按原出资比例将资本公积 500 000 元转增资本。

20×5 年 6 月 30 日，为扩大经营规模，经批准，元和有限责任公司注册资本扩大为 20 000 000 元，A、B、C 按照原出资比例分别追加投资，元和有限责任公司同日如期收到 A、B、C 追加的现金投资。

要求：对上述业务进行账务处理。

（2）A 公司 20×4 年 12 月 31 日的股本为 80 000 000 股，面值为 1 元，资本公积（股本溢价）20 000 000 元，盈余公积 30 000 000 元。经股东大会批准，A 公司以现金回购本公司股票 10 000 000 股并注销。

①假定 A 公司按每股 2 元回购股票，不考虑其他因素；

②假定 A 公司按每股 4 元回购股票，不考虑其他因素；

③假定 A 公司按每股 7 元回购股票，不考虑其他因素。

④假定 A 公司按每股 0.9 元回购股票，不考虑其他因素。

要求：对上述业务进行账务处理。

子任务 2　资本公积的核算

【任务目的】

通过完成本任务，使学生明确资本公积的形成、增减变动的核算，涉及的具体账户、核算方法、核算内容；让学生能够对资本公积的形成、增减等业务独立进行会计处理，以备在核算实务中熟练运用。

【任务指导】

1. 资本公积概述

资本公积是企业收到投资者出资额超出其在注册资本（或股本）中所占份额的部分，以及其他资本公积等。资本公积包括资本溢价（或股本溢价）和其他资本公积等。

资本溢价（或股本溢价），是企业收到投资者的超出其在企业注册资本（或股本）中所占份额的投资。形成资本溢价（或股本溢价）的原因主要有溢价发行股票、投资者超额缴入资本等。

其他资本公积是指除净损益、其他综合收益和利润分配以外所有者权益的其他变动。如：企业的长期股权投资采用权益法核算时，因被投资单位除净损益、其他综合收益和利润分配以外所有者权益的其他变动，投资企业按应享有份额而增加或减少的资本公积。

企业根据国家有关规定实行股权激励的，如果在等待期内取消了授予的权益工具，企业应在进行权益工具加速行权处理时，将剩余等待期内应确认的金额立即计入当期损益，并同时确认资本公积。企业集团（由母公司和其全部子公司构成）内发生的股份支付交易，如结算企业是接受服务企业的投资者，应当按照授予日权益工具的公允价值或应承担负债的公允价值确认为对接受服务企业的长期股权投资，同时确认资本公积（其他资本公积）或负债。

资本公积的核算包括资本溢价（或股本溢价）的核算、其他资本公积的核算和资本公积转增资本的核算等内容。

2. 核算业务框架

$$资本公积核算环节\begin{cases}溢价\begin{cases}资本溢价\\股本溢价\end{cases}\\其他资本公积\\资本公积转增资本\end{cases}$$

3. 资本（或股本）溢价的核算

（1）资本溢价。

除股份有限公司外的其他类型企业创立时，投资者认缴的出资额与注册资本一致，一般不会产生资本溢价。但在企业重组或有新的投资者加入时，常常会出现资本溢价。因为在企业进行正常生产经营后，其资本利润率通常要高于企业初创阶段，另外，企业有内部积累，新投资者加入企业后，对这些积累也要分享，所以新加入的投资者往往要付出大于原投资者的出资额，才能取得与原投资者相同的出资比例。投资者多缴的部分就形成了资本溢价。

［案例4.1.4-12］

江河公司由两位投资者共投资300 000元设立，每人分别出资150 000元，经营状况较好。一年后，为扩大经营规模，经批准，江河公司注册资本增加到450 000元，并引入第三位投资者红星有限责任公司加入。按照投资协议，新投资者需缴纳现金200 000元，同时享有该公司1/3的股份。江河公司已收到该现金投资。假定不考虑其他因素。

案例4.1.4-12解析：

本例中，江河公司收到第三位投资者投入的货币资金200 000元，其中按其享有该公司1/3的份额部分，即150 000元应记入"实收资本"科目，另外50 000元属于资本溢价部分，应记入"资本公积——资本溢价"，相关账务处理如下：

借：银行存款　　　　　　　　　　　　　　　　　　　　　　200 000
　　贷：实收资本——红星有限责任公司　　　　　　　　　　　　　150 000
　　　　资本公积——资本溢价　　　　　　　　　　　　　　　　　　50 000

（2）股本溢价。

通常股份有限公司是以发行股票的方式筹集股本的，股票可按面值发行，也可按溢价发行，我国目前不准折价发行。与其他类型的企业不同，股份有限公司在成立时可能会溢价发行股票，因而在成立之初，就可能会产生股本溢价。股本溢价的数额等于股份有限公司发行股票时实际收到的款额超过股票面值总额的部分。

在按面值发行股票的情况下，企业发行股票取得的收入，应全部作为股本处理；在溢价发行股票的情况下，企业发行股票取得的收入，等于股票面值部分作为股本处理，超出股票面值的溢价收入应作为股本溢价处理。

发行股票相关的手续费、佣金等交易费用，如果是溢价发行股票，应从溢价中抵扣，冲减资本公积（股本溢价）；无溢价发行股票或溢价金额不足以抵扣的，应将不足抵扣的部分依次冲减盈余公积和未分配利润。

［案例 4.1.4-13］

重庆大江股份有限公司首次公开发行了普通股 50 000 000 股，每股面值 1 元，每股发行价格为 4 元。公司以银行存款支付发行手续费、咨询费等费用共计 6 000 000 元。发行费用从发行收入中扣除，股款已全部收到，不考虑其他因素。

案例 4.1.4-13 解析：

本例中，发行收入 = 50 000 000×4−6 000 000 = 194 000 000 元，股本溢价 = 194 000 000 −50 000 000 = 144 000 000 元。相关账务处理如下：

借：银行存款 194 000 000
　贷：股本 50 000 000
　　　资本公积——股本溢价 144 000 000

4. 其他资本公积的核算

其他资本公积是指除资本溢价（或股本溢价）项目以外所形成的资本公积，其中主要是直接计入所有者权益的利得和损失。本书以因被投资单位除净损益，其他综合收益和利润分配以外的所有者权益的其他变动为例，介绍相关的其他资本公积的核算。

企业对某被投资单位的长期股权投资采用权益法核算的，在持股比例不变的情况下，对因被投资单位除净损益，其他综合收益和利润分配以外的所有者权益的其他变动，如果是利得，则应按持股比例计算其应享有被投资企业所有者权益的增加数额；如果是损失，则作相反的分录。在处置长期股权投资时，应转销与该笔投资相关的其他资本公积。

［案例 4.1.4-14］

江河公司于 20×3 年 1 月 1 日向重庆大江有限责任公司投资 5 000 000 元，拥有该公司 30% 的股权，对该公司的经营决策有重大影响，因而对重庆大江有限责任公司长期股权投资采用权益法核算。20×3 年 12 月 31 日，重庆大江有限责任公司除净损益，其他综合收益和利润分配以外的所有者权益增加了 4 000 000 元。假定除此之外，重庆大江有限责任公司的所有者权益没有变化，重庆大江有限责任公司资产的账面价值与公允价值一致，江河公司的持股比例也没有变化，不考虑其他因素。

案例 4.1.4-14 解析：

本例中，江河公司对重庆大江有限责任公司的长期股权投资采用权益法进行核算，持股比例未发生变化，重庆大江有限责任公司增加了除净损益，其他综合收益和利润分配以外的所有者权益，江河公司应按持股比例分享重庆大江有限责任公司所有者权益的数额 4 000 000×30% = 1 200 000 元，作为其他资本公积。相关账务处理如下：

借：长期股权投资——重庆大江有限责任公司（其他权益变动） 1 200 000
　　贷：资本公积——其他资本公积 1 200 000

5. 资本公积转增资本的核算

经股东大会或类似机构决议，用资本公积转增资本时，应冲减资本公积，同时按照转增资本前的实收资本（或股本）的结构或比例，将转增的金额记入"实收资本"（或"股本"）科目下各所有者的明细分类账。

有关账务处理，参见本项目案例4.1.4-6的有关内容。

对于留存收益这一权益性筹资方式的具体核算内容，见模块6利润项目的核算。

【任务操作要求】

1. 学习并理解任务指导

2. 独立完成给定业务核算

（1）A上市公司20×3—20×4年发生与其股票有关的业务如下：

20×3年1月4日，经股东大会决议，并报有关部门核准，增发普通股40 000万股，每股面值1元，每股发行价格5元，股款已全部收到并存入银行。假定不考虑相关税费。

20×3年6月20日，经股东大会决议，并报有关部门核准，以资本公积4 000万元转增股本。

20×4年6月20日，经股东大会决议，并报有关部门核准，以银行存款回购本公司股票100万股，每股回购价格为3元。

20×4年6月26日，经股东大会决议，将回购的本公司股票100万股注销。

（2）20×1年2月，长江有限责任公司由两位投资者共投资500 000元设立，每人分别出资250 000元，经营状况较好。20×3年12月，为扩大经营规模，经批准，长江有限责任公司注册资本增加到600 000元，并引入第三位投资者红星有限责任公司加入。按照投资协议，新投资者需缴纳现金400 000元，同时享有该公司1/3的股份。长江有限责任公司已收到该现金投资。20×5年3月，经公司股东大会决议，以其他资本公积400 000元转增资本，并已办妥转增手续。

要求：根据上述业务编制有关会计分录。

任务4.1.4小结

1. 实收资本（股本）取得核算的重点：确定入账价值。
2. 实收资本（股本）减少核算的重点：股本的减少流程及账务处理。
3. 资本公积核算的重点：注意由资本（股本）溢价所形成的账务处理。

项目 4.2 投资的核算

【项目介绍】

本项目内容以《企业会计准则第2号——长期股权投资》及《企业会计准则第22号

——金融工具的确认和计量》为指导，主要介绍交易性金融资产、持有至到期投资、可供出售金融资产、长期股权投资的核算方法，要求学生通过学习，对投资的具体核算内容有所认知，通过任务处理，进一步演练借贷记账法，为会计实务工作打下基础。

【项目实施标准】

本项目通过完成 7 项具体任务来实施，具体任务内容结构如表 4.2-1 所示：

表 4.2-1　　　　　　　　　　　　**"投资的核算"** 项目任务细分表

任务	子任务
任务 4.2.1　对外投资基本认知	—
任务 4.2.2　交易性金融资产的核算	—
任务 4.2.3　持有至到期投资的核算	—
任务 4.2.4　可供出售金融资产的核算	—
任务 4.2.5　长期股权投资的核算	1. 认识长期股权投资
	2. 长期股权投资成本法的核算
	3. 长期股权投资权益法的核算

任务 4.2.1　对外投资基本认知

【任务目的】

通过完成本任务，使学生了解对外投资的具体内容，并对对外投资的确定形成初步认知，为学习后续核算内容打下理论基础。

【任务指导】

1. 对外投资的概念与意义

（1）对外投资的概念。

对外投资，是指企业为了通过分配来增加财富或为了谋求其他利益而将资产让渡给其他单位而获得另一种资产，即企业在满足其内部需要的基础上仍有余力在内部经营的范围之外以现金、实物、无形资产方式向其他单位投资，以期在未来获得投资收益的经济行为。

（2）对外投资的意义。

①从投资中获得更多的财富。企业生存与发展，需要拥有丰富的物质基础，有效的投资活动可为企业创造财富，增强企业实力，广开财源，推动企业不断发展壮大。

②拓展经营领域，分散经营风险。企业如果将资金投向多个行业，可实现多元化经营，同时也可增加企业的稳定性，有效降低经营风险。

③控制或影响被投资企业的生产经营。企业通过投资，达到一定的比例，可以对被投资企业的生产经营活动产生重大影响，或控制被投资企业的生产经营活动。

2. 对外投资的分类

（1）按投资方式，对外投资可分为直接投资和间接投资。

直接投资，是指投资者将货币资金直接投入投资项目，形成实物资产或者购买现有企业的投资，通过直接投资，投资者便可以拥有全部或一定数量的企业资产及经营的所有权，直接进行或参与经营管理。直接投资包括对厂房、机械设备、交通工具、通信、土地或土地使用权等各种有形资产的投资和对专利、商标、咨询服务等无形资产的投资。

间接投资，是指投资者以其资本购买公司债券、金融债券或公司股票等各种有价证券，以预期获取一定收益的投资，由于其投资形式主要是购买各种各样的有价证券，因此也被称为证券投资。

（2）按管理当局投资内容及投资意向，对外投资可分为交易性金融资产投资、持有至到期投资、长期股权投资、可供出售金融资产投资等。

除此以外，还有其他的分类方式。比如：按企业对外投资形成的企业拥有的权益不同，分为股权投资和债权投资；按企业对外投资投出资金的收回期限，分为短期投资和长期投资等。

3. 金融资产简述

（1）金融资产含义。

金融资产，是指企业持有的现金、权益工具投资、从其他单位收取现金或其他金融资产的合同权利以及在潜在有利条件下与其他单位交换金融资产或金融负债的合同权利等。其主要包括：库存现金、银行存款、应收款项、贷款、债权投资、股权投资等。企业应当将取得的金融资产根据管理层意向在初始确认时划分为以下几个类别：交易性金融资产、持有至到期投资、应收款项、可供出售金融资产。

（2）金融资产的基本特征。

拥有收取现金或其他金融资产的合同权利。比如：甲企业发行一项5年期债券，乙企业购入该项债券，双方签订购销合同，那么这个合同就是一项金融工具，甲企业就产生了一项金融负债，乙企业就产生了一项金融资产。

（3）金融资产分类。

金融资产的分类与金融资产的计量密切相关。不同类别的金融资产，其初始计量和后续计量采用的基础也不完全一致。因此，初始分类一经确定，原则上就不应随意变更。

① 以公允价值计量且其变动计入当期损益的金融资产

这分为两种：

一是交易性金融资产。为近期出售、赚取价差为目的所购的有活跃市场报价的股票、债券投资、基金投资等。

二是直接指定为以公允价值计量且其变动计入当期损益的金融资产。解决"会计不匹配"。比如，金融资产划分为可供出售，而相关负债却以摊余成本计量，指定后通常能提供更相关的信息。又如，为了避免涉及复杂的套期有效性测试等。

②持有至到期投资

到期日固定、回收金额固定或可确定、企业有明确意图和能力持有至到期、有活跃市场。

例如：符合以上条件的债券投资、政府债券、公共部门和准政府债券、金融机构债券、公司债券等。

③贷款和应收款项

活跃市场中没有报价、回收金额固定或可确定。如：金融企业发放的贷款、其他债权、非金融企业持有的现金、银行存款、应收账款等。

④可供出售金融资产

这包括管理层出于风险管理考虑等因素，直接指定为可供出售金融资产；前三类金融资产以外的金融资产。相对于第一和第二种金融资产，此类金融资产持有意图不明确。

（4）金融资产重分类。

交易性金融资产不能重分类为其他金融资产，其他金融资产也不能重分类为交易性金融资产。在一定条件下，持有至到期投资和可供出售金融资产可以重分类。

【任务操作要求】

学习并理解任务指导。

任务 4. 2. 2 交易性金融资产的核算

【任务目的】

通过完成本任务，使学生明确交易性金融资产业务核算中涉及的具体账户，掌握交易性金融资产初始成本的计量、持有期间的股利与利息的计量、期末价值的计量等操作细则，以备在核算实务中熟练运用。

【任务指导】

1. 交易性金融资产的含义及特征

（1）交易性金融资产的含义。

通常情况下，金融资产满足下列条件，应当划分为交易性金融资产，即企业取得该金融资产的目的，主要是为了近期内出售。如：企业以赚取差价为目的从二级市场购买的股票、债券等。

（2）交易性金融资产的特征。

以公允价值计量且其变动计入当期损益。

2. 交易性金融资产核算应设置的主要会计科目

为了核算交易性金融资产取得、收了现金股利或利息、处置等相关业务，企业应当设置以下会计科目和账户："交易性金融资产""公允价值变动损益""投资收益""应收股利""应收利息"等。

"交易性金融资产"账户，属于资产类账户，主要用于核算以公允价值进行计量的交易性金融资产，如股票投资、基金投资等。由于资产负债表日公允价值有可能高于或低于账面价值，因此企业应按资产的性质分别设置"成本""公允价值变动"等明细科目进行明细核算。

"公允价值变动损益"账户，属于损益类账户，指企业因各种资产，如投资性房地产、债务重组、非货币交换、交易性金融资产等公允价值变动形成的应计入当期损益的利得或损失，即公允价值与账面价值之间的差额。公允价值变动损益反映了资产在持有期间因公允价值变动而产生的损益。期末，该账户通常没有余额，全部都转入"本年利润"账户。

"投资收益"账户，属于损益类账户，借方登记减少额，贷方登记增加额，指企业对外投资所取得的收益或发生的损失。该收益或损失是已经实现的，不能是还未出售的股票、债券的损益即"浮亏"或"浮盈"。期末，该账户通常没有余额，全部都转入"本年利润"账户。

3. 核算业务框架

交易性金融资产核算环节 ⎨ 初始计量 / 持有期间的利息或股利 / 资产负债表日 ⎨ 公允价值>账面价值 / 公允价值<账面价值 ⎬ / 处置

4. 交易性金融资产的会计处理

（1）交易性金融资产的初始计量。

按会计准则的要求，企业取得交易性金融资产时，应当按照取得时的公允价值作为其初始投资成本，记入"交易性金融资产——成本"。

由于交易性金融资产是以公允价值进行计量，因此，取得时发生的相关交易费用应当直接计入当期损益（投资收益），其中交易费包括支付给代理机构、券商等的手续费和佣金以及其他必要支出。发生的交易费用取得增值税专用发票的，进项税额经认证后可以从销项税额中抵扣。

企业取得交易性金融资产时所支付的价款中，包含已宣告但尚未发放的现金股利或已到付息期尚未领取的债券利息，应确认为应收项目，记入"应收股利"科目或"应收利息"科目。

借：交易性金融资产——成本（公允价值）

投资收益（发生的交易费用）

应收利息（已到付息期尚未领取的债券利息）

应收股利（已宣告但尚未发放的现金股利）

贷：其他货币资金——存出投资款等（实际支付的金额）

[案例 4.2.2-1]

20×3 年 5 月 15 日，江河公司委托某证券公司从深圳交易所购入上市公司股票 1 000 万股，并划分为交易性金融资产，共支付款项 5 600 万元，其中包括已宣告但尚未发放的现金股利每股 0.6 元。另外，支付相关交易费用 15 万元。取得的增值税专用发票上注明的增值税税额为 0.9 万元。试确认该资产购入时的入账价值并进行相关账务处理。

案例 4.2.2-1 解析：

本例中，该股票划分为交易性金融资产，因此企业的交易性金融资产增加，已宣告但尚未发放的现金股利 1 000×0.6＝600 万元应计入"应收股利"，相关交易费用应计入"投资收益",故该交易性金融资产的入账价值为 5 600−600＝5 000 万元。相关账务处理如下：

借：交易性金融资产——成本		50 000 000
应收股利		6 000 000
投资收益		150 000
应交税费——应交增值税（进项税额）		9 000
贷：其他货币资金——存出投资款		56 159 000

（2）交易性金融资产持有收益的确认。

企业在持有交易性金融资产期间所获得的现金股利或债券利息，应当确认为"应收股利"或"应收利息"，并记入当期"投资收益"科目。

借：应收股利（或应收利息）

　贷：投资收益

［案例 4.2.2−2］

接案例 4.2.2−1。20×3 年 5 月 26 日，江河公司收到已宣告但尚未发放的现金股利 600 万元。同年 6 月 12 日，上市公司宣布发放现金股利，每股 0.1 元，并于 6 月 26 日收到该现金股利。要求进行相关账务处理。

案例 4.2.2−2 解析：

本例中，20×3 年 5 月 26 日收到的 600 万元，系在购买时已记入"应收股利"，因此，该股利收到时冲销先前的"应收股利"。同年 6 月 12 日，对方单位宣布发放的现金股利是持有期间获取的，应确认为持有期间的收益，记入"投资收益"。相关账务处理如下：

① 20×3 年 5 月 26 日，收到现金股利时：

借：其他货币资金——存出投资款	6 000 000
贷：应收股利	6 000 000

② 20×3 年 6 月 12 日：

借：应收股利	1 000 000
贷：投资收益	1 000 000

③ 20×3 年 6 月 26 日

借：其他货币资金——存出投资款	1 000 000
贷：应收股利	1 000 000

（3）交易性金融资产的期末计量。

交易性金融资产的价值应按资产负债表日的公允价值反映，公允价值与账面价值之间的差额应计入当期损益，即记入"公允价值变动损益"科目，同时调整该交易性金融资产的账面价值。如果资产负债表日公允价值高于其账面余额，按其差额借记"交易性金融资产——公允价值变动"科目、贷记"公允价值变动损益"；如果资产负债表日公允价值低于其账面余额，按其差额借记"公允价值变动损益"科目、贷记"交易性金融资产——公允价值变动"科目。

借：交易性金融资产——公允价值变动

　贷：公允价值变动损益（或相反分录）

[案例 4.2.2-3]

接案例 4.2.2-1、案例 4.2.2-2。同年 6 月 30 日，该股票每股市价 4.8 元；同年 12 月 31 日，该股票每股 5.1 元。要求进行相关账务处理。

案例 4.2.2-3 解析：

本例中，20×3 年 6 月 30 日和 12 月 31 日，由于市场价格变动，以致该交易性金融资产公允价值发生变化，应确认为持有期间的收益，记入"公允价值变动损益"，同时调整"交易性金融资产"的账面价值。相关账务处理如下：

① 20×3 年 6 月 30 日：

借：公允价值变动损益　　　　　　　　　　　　　　2 000 000
　　贷：交易性金融资产——公允价值变动　　　　　　　　　　2 000 000

② 20×3 年 12 月 31 日：

借：交易性金融资产——公允价值变动　　　　　　　3 000 000
　　贷：公允价值变动损益　　　　　　　　　　　　　　　　　3 000 000

（4）交易性金融资产的处置。

处置交易性金融资产时，应当将该金融资产出售时的公允价值与其账面余额之间的差额确认为当期投资收益；同时将原计入该金融资产的公允价值变动转出，从"公允价值变动损益"科目，转入"投资收益"科目。

可见，交易性金融资产从购进到出售，整个期间为企业带来的累计损益可分为三部分：

①购进时的相关交易费；

②持有期间获取的现金股利或利息收入；

③出售时确认的投资收益。

企业处置交易性金融资产时，应按实际收到的金额，借记"其他货币资金"等科目，按该金融资产的账面余额，贷记"交易性金融资产"科目，按其差额，贷记或借记"投资收益"科目。同时，将原计入该金融资产的公允价值变动转出，借记或贷记"公允价值变动损益"科目，贷记或借记"投资收益"科目。

借：其他货币资金等
　　贷：交易性金融资产——成本
　　　　　　　　　　　——公允价值变动（或借）
　　　　投资收益（差额，或借）

同时：

借：公允价值变动损益
　　贷：投资收益（或相反分录）

[案例 4.2.2-4]

接案例 4.2.2-1、案例 4.2.2-2、案例 4.2.2-3。假定 20×4 年 3 月 12 日，江河公司出售所持有的该金融资产，所得价款 5 700 万元，款项已存入银行。要求进行相关账务处理。

案例 4.2.2-4 解析：

本例中，江河公司出售了该金融资产，因此该资产已不属于企业，应将该交易性金融资产的账面价值全部转出。在出售时账面价值与实际收到的价款之差，应确认为投资损益，计入"投资收益"账户。同时，还应将原来由公允价值变动而形成的损益，记入投资收益，即由"公允价值变动损益"转入"投资收益"。相关账务处理如下：

借：银行存款　　　　　　　　　　　　　　　　　　　　57 000 000
　　贷：交易性金融资产——成本　　　　　　　　　　　　50 000 000
　　　　　　　　　　——公允价值变动　　　　　　　　　　1 000 000
　　　　投资收益　　　　　　　　　　　　　　　　　　　6 000 000

同时：

借：公允价值变动损益　　　　　　　　　　　　　　　　1 000 000
　　贷：投资收益　　　　　　　　　　　　　　　　　　　1 000 000

（5）转让金融商品应交增值税。

金融商品转让按照卖出价扣除买入价（不需要扣除已宣告未发放现金股利和已到付息期未领取的利息）后的余额为销售额计算增值税，即转让金融商品按盈亏相抵后的余额为销售额。若相抵后出现负差，可结转下一纳税期与下期转让金融商品销售额相抵，但年末时仍出现负差的，不得转入下一个会计年度。

金融商品的买入价，是购入金融商品支付的价格，不包括买入金融商品支付的交易费用和税费。可以选择按照加权平均法或者移动加权平均法进行核算，选择后 36 个月内不得变更。金融商品的卖出价是卖出原价，不得扣除卖出过程中支付的税费和交易费用。

金融商品转让增值税纳税义务发生时间为金融商品所有权转移的当天。金融商品转让，不得开具增值税专用发票，只能开具普通发票。一般纳税人金融商品转让的增值税税率为6%，小规模纳税人适用的征收率为3%。

一般纳税人和小规模纳税人均通过"应交税费——转让金融商品应交增值税"科目核算转让金融商品应交的增值税。金融商品实际转让月末，如产生转让收益，则按应纳税额，借记"投资收益"等科目、贷记"应交税费——转让金融商品应交增值税"科目；如产生转让损失，则按可结转下月可抵扣税额，借记"应交税费——转让金融商品应交增值税"科目、贷记"投资收益科目"等科目。实际交纳增值税时，借记"应交税费——转让金融商品应交增值税"科目、贷记"银行存款"科目。年末，"应交税费——转让金融商品应交增值税"科目如有借方余额，说明本年度的金融商品转让损失无法弥补，且本年度的金融资产转让损失不可转入下年度继续抵减金融资产的收益，因此，应借记"投资收益"等科目、贷记"应交税费——转让金融商品应交增值税"科目，将"应交税费——转让金融商品应交增值税"科目的借方余额转出。

［案例 4.2.2-5］

承接［案例 4.2.2-1］和［案例 4.2.2-4］，计算该项业务转让金融商品应交增值税。

案例 4.2.2-5 解析：

转让金融商品应交增值税 =（57 000 000-56 000 000）/（1+6%）×6% = 56 603.77 元

借：投资收益　　　　　　　　　　　　　　　　　　　56 603.77
　　贷：应交税费——转让金融商品应交增值税　　　　　56 603.77

【任务操作要求】

1. 学习并理解任务指导

2. 独立完成给定业务核算

（1）20×4 年 3~5 月，甲上市公司发生的交易性金融资产业务如下：

3 月 1 日，向 D 证券公司划出投资款 1 000 万元，款项已通过开户行转入 D 证券公司银行账户。

3 月 2 日，委托 D 证券公司购入 A 上市公司股票 100 万股，每股 8.8 元，另发生相关的交易费用 6 万元，取得的增值税专用发票上注明的增值税税额为 0.36 万元，并将该股票划分为交易性金融资产。

3 月 31 日，该股票在证券交易所的收盘价格为每股 8.30 元。

4 月 30 日，该股票在证券交易所的收盘价格为每股 9.10 元。

5 月 10 日，将所持有的该股票全部出售，所得价款 890 万元，已存入银行。并计算转让金融商品应交增值税。

要求：逐笔编制甲上市公司上述业务的会计公录。

（会计科目要求写出明细科目，答案中的金额单位用万元表示）

（2）A 公司有关交易性金融资产业务如下，编制相关会计分录。

20×1 年 3 月 6 日 A 企业以赚取差价为目的从二级市场购入某公司发行的股票 100 万股，作为交易性金融资产，取得时公允价值为每股 6.2 元，其中含已宣告但尚未发放的现金股利 0.2 元，另支付交易费用 6 万元，全部价款以银行存款支付。

20×1 年 3 月 16 日收到最初支付价款中所含现金股利。

20×1 年 12 月 31 日，该股票公允价值为每股 5.7 元。

20×2 年 4 月 21 日，某公司宣告发放现金股利 0.5 元/股。

20×2 年 4 月 26 日，收到现金股利。

20×2 年 12 月 31 日，该股票公允价值为每股 6.3 元。

20×3 年 3 月 16 日，将该股票全部处置，每股 6.35 元，支付交易费用 5 万元。

要求：

①根据上述资料编制相关会计分录（答案中的金额用万元表示）。

②计算该交易性金融资产的累计损益和转让金融商品应交增值税。

（3）甲公司发生如下经济业务：

20×4 年 5 月 10 日，甲公司以 620 万元（含已宣告但尚未领取的现金股利 20 万元）购入乙公司股票 200 万股作为交易性金融资产，另支付手续费 6 万元。

20×4 年 5 月 30 日，甲公司收到现金股利 20 万元。

20×4 年 6 月 30 日该股票每股市价为 3.2 元。

20×4 年 8 月 10 日，乙公司宣告分派现金股利，每股 0.20 元。

20×4 年 8 月 20 日，甲公司收到分派的现金股利。

20×4 年 12 月 31 日该股票每股市价为 3.6 元。

20×5 年 1 月 3 日以 630 万元出售该交易性金融资产。同时计算应交增值税。

假定甲公司每年 6 月 30 日和 12 月 31 日对外提供财务报告。

要求：编制上述经济业务的会计分录。

任务4.2.2 小结

交易性金融资产核算的重点：

1. 取得时核算的重点：确定入账价值及交易费用的处理。

2. 持有期间核算的重点：

（1）股利或利息的确认。

（2）资产负债表日公允价值变动的账务处理。

3. 出售时核算的重点：

（1）处置的投资收益。

（2）结转的投资收益（原计入公允价值变动损益部分）。

任务4.2.3　持有至到期投资的核算

【任务目的】

通过完成本任务，使学生明确持有至到期投资业务核算中涉及的具体账户，掌握持有至到期投资初始成本的计量、持有期间的计量和期末价值的计量等操作细则，以备在核算实务中熟练运用。

【任务指导】

1. 持有至到期投资的含义及特征

（1）持有至到期投资的含义。

持有至到期投资是指企业购入的到期日固定、回收金额固定或可确定且企业有明确意图和能力持有至到期的各种债券，如国债和企业债券等。

（2）持有至到期投资的主要特征。

①到期日固定、回收金额固定或可确定：是指相关合同明确了投资者在确定的期间内获得或应收取现金流量（如投资本息等）的金额和时间。因此，权益工具投资不能划分为持有至到期投资。

②有明确意图持有至到期：是指投资者在取得投资时意图就是明确的。

③有能力持有至到期：是指企业有足够的财力资源，并不受外部因素影响将投资持有至到期。

2. 持有至到期投资核算应设置的主要会计科目

为了反映和监督持有至到期投资的取得、收取利息、处置等相关业务，企业应当设置以下会计科目和账户："持有至到期投资""投资收益""应收利息"等。

"持有至到期投资"账户，属于资产类账户，用于核算企业持有至到期投资金融资产的摊余成本。"持有至到期投资"账户的借方登记持有至到期投资的取得成本、一次还本付息债券投资在资产负债表日按照票面利率计算确定的应收未收利息等；贷方登记企业出售持有至到期投资时结转的成本等。由于投资的类别和品种各有不同，因此，企业通常应当设置以下明细科目进行核算："成本""利息调整""应计利息"等。其中"成本"反映债券的面值，"应计利息" 用于核算到期一次还本付息债券。

3. 持有至到期投资的分类

作为持有至到期投资购入的债券，按债券还本付息情况，一般分为三类：到期一次还本付息；到期一次还本分期付息；分期还本分期付息。

说明：不同类型的债券分别采用不同的确认与计量方法。

4. 持有至到期投资的计量方法

（1）持有至到期投资应当将取得时的公允价值和相关交易费用之和作为初始确认金额。如果支付的价款中包含已宣告发放债券利息，应单独确认为应收项目。

（2）持有至到期投资在持有期间应当按照实际利率法确认利息收入，计入投资收益。

（3）实际利率应当在取得持有至到期投资时确定，在随后期间保持不变。实际利率与票面利率差别很小的，也可按票面利率计算利息收入，计入投资收益。

（4）处置持有至到期投资时，应将所取得价款与该投资账面价值之间的差额确认为投资收益。

5. 核算业务框架

$$持有至到期投资核算环节\begin{cases}初始计量 \\ 持有期间收益计量\begin{cases}分期付息、一次还本的债券 \\ 一次还本付息的债券\end{cases} \\ 持有期间发生减值 \\ 持有至到期投资到期或出售\end{cases}$$

6. 持有至到期投资的会计核算

（1）持有至到期投资的初始计量。

按会计准则的要求，企业取得持有至到期投资时，应当按照公允价值计量，取得持有至到期投资所发生的交易费用计入持有至到期投资的初始确认金额。

企业取得的持有至到期投资，应当按该投资的面值，记入 "持有至到期投资——成本" 科目；所支付的价款中，包含已到付息期尚未领取的债券利息，应确认为应收项目，记入 "应收利息"；按实际支付的金额，贷记 "银行存款" 等科目；按其差额，借记或贷记 "持有至到期投资——利息调整" 科目。

借：持有至到期投资——成本（面值）

　　应收利息（已到付息期尚未领取的债券利息）

　贷：银行存款等

　　　持有至到期投资——利息调整（或借）

[案例4.2.3-1]

20×2年1月1日，江河公司购入几江电子公司同日发行的5年期分期付息，到期一次性还本的公司债券，债券票面价值总额为5 000万元，票面利率为5%，该债券每年年末支付一次利息。公司用银行存款实际支付价款4 400万元，另支付1万元的交易费用。假设实际利率为8%，公司有意也有能力将该债券持有至到期，试确认该资产购入时的入账价值并进行相关账务处理。

案例 4.2.3-1 解析：

本例中，公司已将购入的债券划分为持有至到期投资，由于该债券每年年末支付一次利息，即在购入时该债券的价款中没有已到期未付利息的情况，因此，应按债券的面值记入"持有至到期投资——成本"，按实际支付的价款记入"银行存款"，倒挤出的差额 599万元，借记"持有至到期投资——利息调整"。相关账务处理如下：

借：持有至到期投资——成本　　　　　　　　　　　　　　　　50 000 000
　　贷：银行存款　　　　　　　　　　　　　　　　　　　　　44 010 000
　　　　持有至到期投资——利息调整　　　　　　　　　　　　 5 990 000

（2）持有至到期投资持有期间收益的确认。

企业在持有至到期投资的会计期间，应按摊余成本对持有至到期投资进行计量。在资产负债表日，按照持有至到期投资摊余成本和实际利率计算确定的债券利息收入，应当作为投资收益进行会计处理。

①实际利率法

持有至到期投资应采用实际利率法计量。所谓实际利率法，是指按实际利率计算摊余成本及各期利息费用的方法。

利息收入＝期初账面摊余成本×实际利率

应收利息＝票面价值×票面利率

实际利率是指将金融资产在预期存续期间或适用的更短期间内的未来现金流量，折现为该金融资产当前账面价值所使用的利率。实际利率在相关金融资产预期存续期间或适用的更短期间保持不变，也可用插值法等方法进行估算。

需特别说明的是，如果客观证据表明以该金融资产的实际利率计算的各期利息收入与名义利率计算的相差很小，也可以采用名义利率替代实际利率使用。

②摊余成本

摊余成本指持有至到期投资初始确认金额经过下列调整后的结果：

扣除已偿还的本金，加上或减去采用实际利率法将该初始确认金额与到期日金额间的差额进行摊销形成的累计摊销额，再扣除减值损失后的金额。

企业持有至到期投资收益的主要来源是利息收入。企业购入的不同还本付息方式的债券，投资收益的核算方法也有所不同。企业在发行日后或两个付息日之间购入债券时，实际支付的价款中含有自发行日或付息日至购入日之间的利息。这部分利息应区分不同情况进行处理。

③分期付息、一次还本的债券投资

资产负债表日，由于分期付息债券的利息一般在一年以内能够收回，按票面利率和面值计算确定的应收未收利息，不计入投资成本，可以视为短期债权，借记"应收利息"科目。

按持有至到期投资的摊余成本和实际利率计算确定的利息收入，贷记"投资收益"科目，按其差额，借记或贷记"持有至到期投资——利息调整"科目。持有至到期投资期末摊余成本＝期初摊余成本+本期应计提的利息-本期收到的利息-计提的减值准备。

④一次还本付息的债券投资

资产负债表日，由于到期一次付息债券的利息通常不能在1年以内收回，按票面利率和面值计算确定的应收未收利息，计入投资成本，即：借记"持有至到期投资——应计利息"科目。按持有至到期投资的摊余成本和实际利率计算确定的利息收入，贷记"投资收益"科目，按其差额，借记或贷记"持有至到期投资——利息调整"科目。持有至到期投资期末摊余成本=期初摊余成本+本期应计提的利息-计提的减值准备。

[案例4.2.3-2]

接案例4.2.3-1。资产负债表日，要求对该项持有至到期投资计算利息。

由于江河公司购入的该投资是分期付息、到期一次性还本的公司债券，每期利息计算结果如表4.2-2所示：

表4.2-2　　　　　　　　　　　　每期利息计算结果汇总表　　　　　　　　　　单位：万元

日期	应收利息 a a=面值×5%	现金流量	利息收入 b b=c×8%	年末摊余成本 c c=期初 c+b-a
20×2.1.1				4 401
20×2.12.31	250	250	352.08	4 503.08
20×3.12.31	250	250	360.25	4 613.33
20×4.12.31	250	250	369.07	4 732.4
20×5.12.31	250	250	378.59	4 860.99
20×6.12.31	250	250+5 000		—

注：保留2位小数，四舍五入，数字考虑了计算过程中出现的尾差。

案例4.2.3-2解析：

① 20×2年12月31日

应计提的债券利息=4 401×8%=352.08万元，而债券实际利息=5 000×5%=250万元，差额352.08-250=102.08万元计入"持有至到期投资——利息调整"，增加了该投资的期末摊余成本，故期末摊余成本=4 401+102.08=4 503.08万元。相关账务处理如下：

借：应收利息　　　　　　　　　　　　　　　　　　　　　　　2 500 000

　　持有至到期投资——利息调整　　　　　　　　　　　　　1 020 800

　　贷：投资收益　　　　　　　　　　　　　　　　　　　　3 520 800

实际收到该利息时：

借：银行存款　　　　　　　　　　　　　　　　　　　　　　　2 500 000

　　贷：应收利息　　　　　　　　　　　　　　　　　　　　2 500 000

② 20×3年12月31日

应计提的债券利息=4 503.08×8%=360.25万元，而债券实际利息=5 000×5%=250万元，差额360.25-250=110.25万元计入"持有至到期投资——利息调整"，增加了该投资的期末摊余成本，故期末摊余成本=4 503.08+110.25=4 613.33万元。相关账务处理如下：

借：应收利息　　　　　　　　　　　　　　　　　　　　　　2 500 000

　　持有至到期投资——利息调整　　　　　　　　　　　　　1 102 500

　　贷：投资收益　　　　　　　　　　　　　　　　　　　　　　3 602 500

实际收到该利息时：

借：银行存款　　　　　　　　　　　　　　　　　　　　　　2 500 000

　　贷：应收利息　　　　　　　　　　　　　　　　　　　　　　2 500 000

③ 20×4 年 12 月 31 日

应计提的债券利息 = 4 613.33×8% = 369.07 万元，而债券实际利息 = 5 000×5% = 250 万元，差额 369.07−250 = 119.07 万元计入"持有至到期投资——利息调整"，增加了该投资的期末摊余成本，故期末摊余成本 = 4 613.33+119.07 = 4 732.4 万元。相关账务处理如下：

借：应收利息　　　　　　　　　　　　　　　　　　　　　　2 500 000

　　持有至到期投资——利息调整　　　　　　　　　　　　　1 190 700

　　贷：投资收益　　　　　　　　　　　　　　　　　　　　　　3 690 700

实际收到该利息时：

借：银行存款　　　　　　　　　　　　　　　　　　　　　　2 500 000

　　贷：应收利息　　　　　　　　　　　　　　　　　　　　　　2 500 000

④ 20×5 年 12 月 31 日

应计提的债券利息 = 4 732.4×8% = 378.59 万元，而债券实际利息 = 5 000×5% = 250 万元，差额 378.59−250 = 128.59 万元计入"持有至到期投资——利息调整"，增加了该投资的期末摊余成本，故期末摊余成本 = 4 732.4+128.59 = 4 860.99 万元。相关账务处理如下：

借：应收利息　　　　　　　　　　　　　　　　　　　　　　2 500 000

　　持有至到期投资——利息调整　　　　　　　　　　　　　1 285 900

　　贷：投资收益　　　　　　　　　　　　　　　　　　　　　　3 785 900

实际收到该利息时：

借：银行存款　　　　　　　　　　　　　　　　　　　　　　2 500 000

　　贷：应收利息　　　　　　　　　　　　　　　　　　　　　　2 500 000

⑤ 20×6 年 12 月 31 日

最后一笔应进行尾数调整，"持有至到期投资——利息调整"账户余额 = 599−102.08−110.25−119.07−128.59 = 139.01 万元，而债券实际利息 = 5 000×5% = 250 万元，故本期末应计提的债券利息 = 139.01+250 = 389.01 万元。相关账务处理如下：

借：应收利息　　　　　　　　　　　　　　　　　　　　　　2 500 000

　　持有至到期投资——利息调整　　　　　　　　　　　　　1 390 100

　　贷：投资收益　　　　　　　　　　　　　　　　　　　　　　3 890 100

实际收到该利息时：

借：银行存款　　　　　　　　　　　　　　　　　　　　　　2 500 000

　　贷：应收利息　　　　　　　　　　　　　　　　　　　　　　2 500 000

（3）持有至到期投资到期。

持有至到期投资，到期后本金如期收回。借记"银行存款"等科目，贷记"持有至到期投资——成本"。

［案例 4.2.3-3］

接案例 4.2.3-2。20×6 年 12 月 31 日，江河公司如期收回所购入的该项债券投资。

案例 4.2.3-3 解析：

借：银行存款　　　　　　　　　　　　　　　　　　　　　　　　　　50 000 000

　　贷：持有至到期投资——成本　　　　　　　　　　　　　　　　　　　50 000 000

（4）持有至到期投资的减值。

资产负债表日，持有至到期投资的账面价值高于预计未来现金流量的现值时，企业应当将该持有至到期投资的账面价值减记至预计未来现金流量的现值，将减记的金额作为资产减值损失进行会计处理，计入当期损益，同时计提相应的资产减值准备，即借记"资产减值损失——计提的持有至到期投资减值准备"科目、贷记"持有至到期投资减值准备"科目。

如果已计提的减值准备的持有至到期投资价值以后又得以恢复，应当在原已计提的减值准备金额内予以转回，转回的金额计入当期损益，即借记"持有至到期投资减值准备"科目、贷记"资产减值损失——计提的持有至到期投资减值准备"科目。

［案例 4.2.3-4］

接案例 4.2.3-1。假设 20×3 年 12 月 31 日有证据表明几江电子公司发生了重大的财务危机，经测试江河公司对该债券的投资确定的减值损失为 120 万元；20×4 年 12 月 31 日又有客观证据表明对几江电子公司的债券投资价值已恢复，且客观上与确认的该损失后发生的事项有关。假定江河公司确定的应恢复的金额为 100 万元，试进行相关账务处理。

案例 4.2.3-4 解析：

本例中，20×3 年 12 月 31 日，该债券投资发生减值，应将减记的 120 万金额作为资产减值损失进行会计处理，计入当期损益，同时计提相关的减值准备；20×4 年由于与该减值相关的事项使该投资增值，应在原计提的减值准备金额的范围内，按已恢复的金额做反向处理。相关账务处理如下：

① 20×3 年 12 月 31 日：

借：资产减值损失——计提的持有至到期投资减值准备　　　　　　　1 200 000

　　贷：持有至到期投资减值准备　　　　　　　　　　　　　　　　　　1 200 000

② 20×4 年 12 月 31 日：

借：持有至到期投资减值准备　　　　　　　　　　　　　　　　　　1 000 000

　　贷：资产减值损失——计提的持有至到期投资减值准备　　　　　　　1 000 000

（5）持有至到期投资的出售。

企业出售持有至到期投资时，应将取得的价款与账面价值之间的差额作为投资损益进行会计处理。如果对持有至到期投资计提了减值准备，还应同时结转减值准备。

企业出售持有至到期投资时，应当按照实际收到的金额，借记"银行存款"等科目，同时，减少与该持有至到期投资相关科目的账面余额，并按照其差额，贷记或借记"投资收益"科目。

[案例 4.2.3-5]

接案例 4.2.3-2。20×3 年 1 月 1 日，江河公司将持有的几江电子公司该债券全部出售，取得价款 4 600 万元，已全部存入银行。

案例 4.2.3-5 解析：

20×3 年 1 月 1 日，该投资的账面余额为 4 503.08 万元，其中：成本明细科目为借方余额 5 000 万元，利息调整明细科目为贷方余额 496.92 万元，并且该债券在此期间还未发生减值准备。相关账务处理如下：

借：银行存款	46 000 000
持有至到期投资——利息调整	4 969 200
贷：持有至到期投资——成本	50 000 000
投资收益	969 200

【任务操作要求】

1. 学习并理解任务指导

2. 独立完成给定业务核算

唐明化工股份公司，20×3 年发生如下有关持有至到期投资的业务：

20×3 年 1 月 1 日，公司以银行存款 86 064 元购入长江公司同时发行的 5 年期、面值为 80 000 元、票面利率为 12%、到期还本每年付息的债券，利息于第二年的 1 月 6 日支付，20×8 年 1 月 6 日支付本金和最后一次利息。公司购入该债券作为持有至到期投资管理和核算，假如不考虑相关交易费用，并假设实际利率为 10%。

要求：

①编制利息调整计算表，做出相关业务的会计处理。

②假设 20×5 年 1 月 7 日，公司将所持有的债券全部出售，取得收入 83 000 元。做出出售的会计处理。

任务 4.2.3 小结

持有至到期投资核算的重点：

1. 取得时核算的重点：注意确定入账价值。

2. 持有期间核算的重点：

（1）分期付息到期还本和到期一次还本付息的债券利息处理方式不同。

（2）注意摊余成本的计算。

3. 出售时核算的重点：处置的投资收益。

任务 4.2.4 可供出售金融资产的核算

【任务目的】

通过完成本任务，使学生明确可供出售金融资产业务核算中涉及的具体账户，掌握可供出售金融资产初始成本的计量、持有期间的计量和期末价值的计量等操作细则，以备在核算实务中熟练运用。

【任务指导】

1. 可供出售金融资产的含义及分类

可供出售金融资产是指初始确认时即被指定为可供出售的非衍生金融资产，以及除下列各类资产以外的金融资产：

（1）贷款和应收款项。

（2）持有至到期投资。

（3）以公允价值计量且其变动计入当期损益的金融资产。

通常情况下，包括企业从二级市场上购入的股票投资、债券投资、基金投资等，并且这些投资没有被划分为交易性金融资产或持有至到期投资。

2. 可供出售金融资产核算应设置的主要会计科目

为了反映和监督可供出售金融资产的取得、收取现金股利或利息、处置等相关业务，企业应当设置以下会计科目和账户："可供出售金融资产""投资收益""其他综合收益"等科目。

"可供出售金融资产"账户，属于资产类账户，核算企业持有的可供出售金融资产的公允价值。"可供出售金融资产"账户的借方登记可供出售金融资产的取得成本、资产负债表日其公允价值高于账面余额的差额、可供出售金融资产转回的减值损失等；贷方登记资产负债表日其公允价值低于账面余额的差额、可供出售金融资产发生的减值损失、出售可供出售金融资产时结转的成本和公允价值变动。企业应当按照可供出售金融资产的类别和品种，分别设置"成本""利息调整""应计利息""公允价值变动"等明细科目进行核算。

"其他综合收益"账户核算企业可供出售金融资产公允价值变动而形成的应计入所有者权益的利得或损失等。"其他综合收益"账户的借方登记资产负债表日企业持有的可供出售金融资产的公允价值低于账面余额的差额等；贷方登记资产负债表日企业持有的可供出售金融资产的公允价值高于账面余额的差额等。

可供出售金融资产发生减值的，也可以单独设置"可供出售金融资产减值准备"科目。

3. 核算业务框架

可供出售金融资产核算环节
- 初始计量
- 持有期间的利息或股利
- 资产负债表日
  - 公允价值＞账面价值
  - 公允价值＜账面价值
- 持有期间发生减值
- 处置

4. 可供出售金融资产的会计核算

（1）可供出售金融资产的初始计量。

企业取得的可供出售金融资产应当按公允价值计量，取得可供出售金融资产时所发生的相关交易费用应计入该资产的初始入账金额。

企业为取得可供出售金融资产所支付的价款中，包含已到付息期尚未领取的债券利息或已宣告但尚未发放的现金股利，应确认为应收项目，记入"应收利息"或"应收股利"，不构成可供出售金融资产的初始入账金额。

企业取得的可供出售金融资产（权益性投资），应当按照该金融资产取得时的公允价值与交易费用之和，借记"可供出售金融资产——成本"科目，按照支付的价款中包含的已宣告但未发放的现金股利，借记"应收股利"科目，按照实际支付的金额，贷记"银行存款"等科目。

企业取得的可供出售金融资产（债券投资），应当按照该债券的面值，借记"可供出售金融资产——成本"科目，按照支付的价款中包含的已到付息期尚未领取的利息，借记"应收利息"科目，按照实际支付的金额，贷记"银行存款"等科目，按照其差额，借记或贷记"可供出售金融资产——利息调整"科目。

［案例 4.2.4-1］

20×3 年 1 月 1 日，江河公司购入天成公司发行的股票 300 万股，占天成公司有表决权股份的 5%，江河公司将其划分为可供出售金融资产，共计支付价款 1 615 万元，其中，包含交易费 4 万元、已宣告但未发放的现金股利 11 万元。

案例 4.2.4-1 解析：

本例中，公司已将购入的股票划分为可供出售金融资产，该投资属于权益性投资，应当按照该金融资产取得时的公允价值与交易费用之和，即 1 604 万元，计入"可供出售金融资产——成本"科目，按照支付的价款中包含的已宣告但未发放的现金股利 11 万元，计入"应收股利"科目，按照实际支付的金额，贷记"银行存款"。相关账务处理如下：

借：可供出售金融资产——成本   16 040 000

  应收股利   110 000

 贷：银行存款   16 150 000

［案例 4.2.4-2］

20×3 年 1 月 1 日，江河公司购入东方公司发行的公司债券，该笔债券于 2012 年 1 月 1 日发行，面值 100 万元，票面利率 5%，上年的债券利息于下年初支付。江河公司将其划分为可供出售金融资产，用银行存款支付价款 115 万元，其中包含已到付息期尚未支付的债券利息 5 万元，另外公司还支付了 3 万元的交易费用。

案例 4.2.4-2 解析：

本例中，公司已将购入的股票划分为可供出售金融资产，该投资属于债券投资，应当按照该债券的面值，即 100 万元，计入"可供出售金融资产——成本"科目，按照支付的价款中包含的已到付息期未发放的债券利息 5 万元，计入"应收利息"科目，按照实际支付的金额，贷记"银行存款"。按其差额：115+3-100-5＝13 万元，计入"可供出售金融资产——利息调整"科目。相关账务处理如下：

借：可供出售金融资产——成本 1 000 000

　　　　　　　　——利息调整 130 000

　　应收利息 50 000

　　贷：银行存款 1 180 000

假设20×3年2月3日，收到上年度的利息5万元。

借：银行存款 50 000

　　贷：应收利息 50 000

（2）可供出售金融资产持有期间股利或利息确认。

企业在可供出售金融资产持有期间所获得的现金股利或债券利息，应当确认为"投资收益"。

可供出售金融资产为分期付息、一次还本债券投资的，在资产负债表日，企业应当按照可供出售债券的面值和票面利率计算确定的应收未收利息，借记"应收利息"科目，按照可供出售债券的摊余成本和实际利率计算确定的利息收入，贷记"投资收益"科目，按照其差额借记或贷记"可供出售金融资产——利息调整"科目。

可供出售金融资产为一次还本付息债券投资的，在资产负债表日，企业应当按照可供出售债券的面值和票面利率计算确定的应收未收利息，借记"可供出售金融资产——应计利息"科目，按照可供出售债券的摊余成本和实际利率计算确定的利息收入，贷记"投资收益"科目，按照其差额，借记或贷记"可供出售金融资产——利息调整"科目。

〔案例4.2.4-3〕

接案例4.2.4-1。20×4年1月15日，天成公司宣布发放现金股利，每股0.1元。

案例4.2.4-3解析：

借：应收股利 300 000

　　贷：投资收益 300 000

假设公司于2月10日收到天成公司发放的现金股利并存入银行，则：

借：银行存款 300 000

　　贷：应收股利 300 000

（3）可供出售金融资产期末公允价值变动。

可供出售金融资产的价值应按资产负债表日的公允价值反映，公允价值与账面价值之间的差额应计入所有者权益，即计入"其他综合收益"科目，不构成当期利润，同时调整该可供出售金融资产的账面价值。如果资产负债表日公允价值高于其账面余额，按其差额借记"可供出售金融资产——公允价值变动"科目，贷记"其他综合收益"；如果资产负债表日公允价值低于其账面余额，按其差额借记"其他综合收益"科目，贷记"可供出售金融资产——公允价值变动"科目。

〔案例4.2.4-4〕

接案例4.2.4-1。20×3年3月31日，所购的天成公司的股票市价为15 840 000元，6月30日，所购的天成公司股票市值16 120 000元。

案例4.2.4-4解析：

本例中，20×3年3月31日，由于市场价格变动，以致该可供出售金融资产公允价值发生变化，市价为 15 840 000 元，账面价值为 16 040 000 元，公允价值小于账面价值的金额 200 000 元，应记入"其他综合收益"科目的借方，同时调整"可供出售金融资产"的账面价值；6 月 30 日，由于市场价格变动，以致该可供出售金融资产公允价值发生变化，市价为 16 120 000 元，账面价值为 15 840 000 元，公允价值大于账面价值的金额 280 000 元，应记入"其他综合收益"科目的贷方，同时调整"可供出售金融资产"的账面价值。相关账务处理如下：

① 20×3 年 3 月 31 日

借：其他综合收益——可供出售金融资产公允价值变动　　　　　200 000

　　贷：可供出售金融资产——公允价值变动　　　　　　　　　200 000

② 20×3 年 6 月 30 日

借：可供出售金融资产——公允价值变动　　　　　　　　　　280 000

　　贷：其他综合收益——可供出售金融资产公允价值变动　　　280 000

（4）可供出售金融资产的减值。

资产负债表日，确定可供出售金融资产发生减值的，应当将应减记的金额作为资产减值损失进行会计处理，同时直接冲减可供出售金融资产或计提相应的资产减值准备。对于已确认减值损失的可供出售金融资产，在随后会计期间内公允价值已上升且客观上与确认原减值损失事项有关的，应当在原已确认的减值损失范围内转回，同时调整资产减值损失或所有者权益。

资产负债表日，确定可供出售金融资产发生减值的，应当按照应减记的金额，借记"资产减值损失"科目，按照应从所有者权益中转出原计入其他综合收益的累计损失金额，贷记"其他综合收益"科目，按照其差额，贷记"可供出售金融资产——减值准备"科目。

借：资产减值损失

　　贷：其他综合收益（原计入其他综合收益的累计损失金额）

　　　　可供出售金融资产——减值准备（差额）

对于已确认减值损失的可供出售债务工具（债券投资），在随后会计期间内公允价值已上升且客观上与确认原减值损失事项有关的，应当在原已确认的减值损失范围内按已恢复的金额予以转回，计入当期损益（资产减值损失）。

借：可供出售金融资产——减值准备

　　贷：资产减值损失

对于已确认减值损失的可供出售权益工具投资（股票投资），在随后会计期间公允价值已上升且客观上与确认原减值损失事项有关的，不得通过损益转回，转回时记入"其他综合收益"科目。

借：可供出售金融资产——减值准备

　　贷：其他综合收益

（5）可供出售金融资产的处置。

企业出售可供出售金融资产，应当将取得的价款与账面余额之间的差额作为投资损益进行会计处理，同时，将原计入该金融资产的公允价值变动转出，由其他综合收益转为投资收益。如果对可供出售金融资产计提了减值准备，还应当同时结转减值准备。

企业出售可供出售的金融资产，应当按照实际收到的金额，借记"银行存款"等科目，按该可供出售金融资产的账面余额，贷记"可供出售金融资产——成本、公允价值变动、利息调整、应计利息"科目，按照其差额，贷记或借记"投资收益"科目。同时，按照应从所有者权益中转出的公允价值累计变动额，借记或贷记"其他综合收益"科目，贷记或借记"投资收益"科目。

[案例4.2.4-5]

接案例4.2.4-1、案例4.2.4-4。20×3年7月3日，公司将所持有的天成公司的股票全部出售，共计收到价款16 240 000元，款项已存入银行，假设不考虑其他因素。

案例4.2.4-5解析：

本例中，到20×3年7月3日，该可供出售金融资产未发生减值，其账面价值为16 120 000元，其中，"可供出售金融资产——成本"16 040 000元、"可供出售金融资产——公允价值变动"80 000元，实际收到的价款16 240 000元，其差额16 240 000－16 040 000－80 000＝120 000元，应记入"投资收益"，同时从所有者权益中转出原公允价值累计变动额。相关账务处理如下：

借：银行存款　　　　　　　　　　　　　　　　　　　16 240 000
　　贷：可供出售金融资产——成本　　　　　　　　　　　16 040 000
　　　　　　　　　　　　　——公允价值变动　　　　　　　　80 000
　　　　投资收益　　　　　　　　　　　　　　　　　　　120 000
同时：
借：其他综合收益——可供出售金融资产公允价值变动　　　　80 000
　　贷：投资收益　　　　　　　　　　　　　　　　　　　　80 000

【任务操作要求】

1. 学习并理解任务指导

2. 独立完成给定业务核算

唐明化工股份公司，20×4年发生如下有关可供出售金融资产的业务：

20×4年3月20日，公司从上海证券交易所购入长城公司股票100 000股，每股市价5元，其中0.2元为已宣告尚未发放的现金股利，另发生交易费用20 000元，款项均以银行存款支付，企业将其作为可供出售金融资产进行管理和核算。

（1）20×4年4月11日，收到长城公司发放的现金股利20 000元，已存入银行。

（2）20×4年6月30日，该股票每股市价为4.8元。

（3）20×4年12月31日，该股票每股市价为5.3元。

（4）20×5年3月21日，长城公司宣告发放20×4年的现金股利，每股0.3元。

（5）20×5年4月11日，收到长城公司发放的上年度现金股利。

（6）20×5年5月25日，公司将其所持长城公司股票全部出售，售价为每股5.5元，款项已存入银行。

要求：完成唐明化工股份公司从购入到出售该可供出售金融资产业务的会计账务处理。

任务4.2.4 小结

1. 可供出售金融资产（股票投资）核算的重点

（1）取得时核算的重点：注意确定入账价值。

（2）持有期间核算的重点：①注意现金股利的处理；②资产负债表日公允价值的变动。

（3）出售时核算的重点：①处置的投资收益；②结转的投资收益（原计入其他综合收益部分）。

2. 可供出售金融资产（债券投资）核算的重点

（1）取得时核算的重点：注意确定入账价值。

（2）后续计量核算的重点：分期付息、到期还本与到期一次还本付息处理方式不同。

任务4.2.5　长期股权投资的核算

子任务1　认识长期股权投资

【任务目的】

通过完成本任务，使学生明确长期股权投资核算涉及的具体账户、核算方法、核算内容；让学生能够独立进行相关账务处理，以备在核算实务中熟练运用。

【任务指导】

1. 长期股权投资概念

长期股权投资，是指投资企业对被投资单位实施控制、重大影响的权益性投资，以及对其合营企业的权益性投资。除此之外，其他权益性投资不作为长期股权投资进行核算，而应当按照《企业会计准则第22号——金融工具确认和计量》的规定进行会计核算。

控制，是指投资方拥有对被投资方的权力，通过参与被投资方的相关活动而享有其回报，并且有能力运用对被投资方的权力影响其回报金额。企业能够对被投资单位实施控制，则被投资单位为本企业的子公司，投资企业称为母公司。例如：甲公司直接对乙公司投资占60%，则甲公司取得乙公司60%的表决权资本，甲公司可控制乙公司，是其母公司，而乙公司则为其子公司。

共同控制，是指按照相关约定对某项安排所共有的控制，并且该安排的相关活动必须经过分享控制权的参与方一致同意后才能决策。企业与其他方对被投资单位实施共同控制的，被投资单位为本企业的合营企业。

重大影响，是指投资企业对被投资单位的财务和经营政策有参与决策的权力，但并不能够控制或与其他方一起共同控制这些政策的制定。企业能够对被投资单位施加重大影响，被投资单位为本企业的联营企业。投资企业通常可通过以下一种或几种情形来判断是否对被投资单位具有重大影响：

①在被投资单位的董事会或类似权力机构中派代表；

②参与被投资单位财务和经营政策制定过程；

③与被投资单位之间发生重要交易；

④向被投资单位派出管理人员；

⑤向被投资单位提供关键技术资料等。

但需注意，存在上述一种或多种情况并不意味着投资方一定对被投资单位具有重大影响。在具体操作中，应综合分析，做出合理的、恰当的、正确的判断。

2.长期股权投资核算方法

长期股权投资核算方法有两种：成本法、权益法。

（1）成本法核算的长期股权投资的范围。

投资企业能够对被投资单位实施控制的长期股权投资，即企业对于子公司的长期股权投资，应当采用成本法核算，投资企业为投资性主体且子公司不纳入其合并财务报表的除外。

（2）权益法核算的长期股权投资的范围。

企业对被投资单位具有共同控制或重大影响时，长期股权投资应当采用权益法核算：

企业对被投资单位具有共同控制的长期股权投资，即对合营企业的长期股权投资。

企业对被投资单位具有重大影响的长期股权投资，即对联营企业的长期股权投资。

3.长期股权投资核算应设置的主要会计科目

为了反映和监督企业长期股权投资的取得、持有和处置等情况，企业应当设置"长期股权投资""投资收益""其他综合收益"等科目。

"长期股权投资"科目核算企业持有的长期股权投资，借方登记长期股权投资取得时的初始投资成本以及采用权益法核算时按被投资单位实现的净损益、其他综合收益和其他权益变动等计算的应分享的份额，贷方登记处置长期股权投资的账面余额或采用权益法核算时被投资单位宣告分派现金股利或利润时企业按持股比例计算应享有的份额，以及按被投资单位发生的净亏损、其他综合收益和其他权益变动等计算的应分担的份额，期末借方余额，反映企业持有的长期股权投资的价值。

本科目应当按照被投资单位进行明细核算。长期股权投资核算采用权益法的，应当分别设置"投资成本""损益调整""其他综合收益""其他权益变动"等明细科目，进行明细核算。

4.长期股权投资初始计量的原则

企业在取得长期股权投资时，应按初始投资成本入账。在不同的取得方式下，初始投资成本的确定方法有所不同。企业应当区分企业合并和非企业合并两种情况确定长期股权投资的初始投资成本。

企业取得长期股权投资时，实际支付的价款或对价中包含已宣告但尚未领取的现金股利或利润，作应收项目，不构成长期股权投资的初始成本。

除企业合并形成的长期股权投资以外，以支付现金取得的长期股权投资，应当按照实际支付的购买价款作为初始投资成本。

企业所发生的与取得长期股权投资直接相关的费用、税金及其他必要支出应计入长期股权投资的初始投资成本。

5. 长期股权投资的形成类型

（1）企业合并形成的长期股权投资。

（2）以支付现金方式取得的长期股权投资。

（3）接受投资者投入的长期股权投资。

（4）以发行权益性证券方式取得的长期股权投资。

（5）通过非货币性资产交换方式、债务重组方式取得长期股权投资等。

【任务操作要求】

学习并理解任务指导。

子任务 2　长期股权投资成本法的核算

【任务目的】

通过完成本任务，使学生明确长期股权投资成本法核算的具体内容及程序，掌握长期股权投资在成本法下取得、持有、处置等相关操作细则，以备在核算实务中熟练运用。

【任务指导】

1. 长期股权投资初始投资成本的确定

除企业合并形成的长期股权投资以外，以支付现金方式取得的长期股权投资，应当将实际支付的购买价款作为初始投资成本。投资企业所发生的与取得长期股权投资直接相关的费用、税金及其他必要支出应计入长期股权投资的初始投资成本。

此外，投资企业取得长期股权投资，实际支付的价款或对价中包含的已宣告但尚未发放的现金股利或利润，作为应收项目处理，不构成长期股权投资的成本。

[案例 4.2.5-1]

20×5 年 3 月 1 日，江河公司以银行存款购入长城公司股票 3 000 股，每股价格 10.5 元（含已宣告但未发放的现金股利每股 0.5 元），支付相关税费 6 000 元，准备长期持有，从而拥有长城公司 51% 的股份。试确认该项长期股权投资的初始投资成本。

案例 4.2.5-1 解析：

20×5 年 3 月 1 日，江河公司为购入长城公司股票实际支付价款为：3 000×10.5+6 000 =37 500 元。其中：3 000×0.5=1 500 元不能计入初始投资成本，而应作为应收项目处理，另外支付的相关税费 6 000 元应计入初始投资成本。因此，该项投资的初始投资成本为：

3 000×10.5+6 000-3 000×0.5=36 000（元）

2. 核算业务框架

$$\text{成本法核算环节} \begin{cases} \text{初始投资成本的确认} \\ \text{持有期间} \begin{cases} \text{被投资单位宣布发放现金股利或利润} \\ \text{收到现金股利或利润} \\ \text{发生减值} \end{cases} \\ \text{处置} \end{cases}$$

3. 取得长期股权投资的账务处理

取得长期股权投资时，应按照初始投资成本计价。在成本法核算下，除追加或收回长期股权投资外，长期股权投资的账面价值一般保持不变。

　　除企业合并形成的长期股权投资以外，以支付现金等方式取得的长期股权投资，应当按照上述规定确定的长期股权投资初始投资成本，借记"长期股权投资"科目，贷记"银行存款"等科目。如果实际支付的价款中包含有已宣告但尚未分派的现金股利或利润，借记"应收股利"科目。

　　借：长期股权投资（初始投资成本）
　　　　应收股利（已宣告但尚未分派的现金股利或利润）
　　　贷：银行存款等（实际支付的价款总额）

　　[案例4.2.5-2]

　　江河公司20×3年2月15日，以银行存款购入华夏公司发行的股票100 000股作为长期股权投资，该股票占华夏公司股份的51%，每股购入价为10.2元，其中含有已宣告未发放的现金股利每股0.2元，另支付相关税费8 000元。试确认该股票购入时的入账价值并进行相关账务处理。

　　案例4.2.5-2解析：

　　本例中，江河公司已将购入的股票作为长期股权投资并按成本法进行核算，首先应确定该项长期股权投资的初始投资成本。由于实际支付的价款中包含有已宣告但尚未分派的现金股利100 000×0.2＝20 000元，所以应计入应收项目"应收股利"，不应计入初始投资成本。投资企业所发生的与取得长期股权投资相关的税费应计入长期股权投资的初始投资成本。故初始投资成本为：100 000×（10.2-0.2）+8 000＝1 008 000元。相关账务处理如下：

　　借：长期股权投资　　　　　　　　　　　　　　　　　1 008 000
　　　　应收股利　　　　　　　　　　　　　　　　　　　　　20 000
　　　贷：银行存款　　　　　　　　　　　　　　　　　　　　1 028 000

　　假定上述业务中，江河公司20×3年2月25日，收到华夏公司分派的现金股利，并存入银行。

　　借：银行存款　　　　　　　　　　　　　　　　　　　　20 000
　　　贷：应收股利　　　　　　　　　　　　　　　　　　　　　20 000

　　4. 持有期间被投资单位宣告发放现金股利或利润

　　成本法下，长期股权投资持有期间被投资单位宣告分派现金股利或利润时，投资企业按应享有的份额确认为当期投资收益，借记"应收股利"科目、贷记"投资收益"科目。

　　借：应收股利（被投资企业宣告发放的现金股利或利润×持股比例）
　　　贷：投资收益

　　[案例4.2.5-3]

　　接案例4.2.5-2。华夏公司20×3年11月23日，宣布发放现金股利50 000元，同年12月3日收到该现金股利，并存入银行。

　　案例4.2.5-3解析：

　　本例中，江河公司按应享有的份额确认为当期投资收益，即50 000×51%＝25 500元。相关账务处理如下：

　　① 20×3年11月23日

　　借：应收股利　　　　　　　　　　　　　　　　　　　　25 500

        贷：投资收益   25 500
    ② 20×3 年 12 月 3 日
    借：银行存款   25 500
        贷：应收股利   25 500

5. 长期股权投资的处置

处置长期股权投资时，按照实际取得的价款与长期股权投资账面价值的差额确认为投资损益，并应同时结转已计提的长期股权投资减值准备。

投资企业处置长期股权投资时，应当按照实际收到的金额，借记"银行存款"等科目，按照原已计提的减值准备，借记"长期股权投资减值准备"科目，按照该项长期股权投资的账面余额，贷记"长期股权投资"科目，按照尚未领取的现金股利或利润，贷记"应收股利"科目，按照其差额，贷记或借记"投资收益"科目。

    借：银行存款（实际取得价款净额）
        长期股权投资减值准备
        贷：长期股权投资（账面余额）
            应收股利（尚未收取的现金股利或利润）
            投资收益（差额或借方）

[案例 4.2.5-4]

接案例 4.2.5-3。华夏公司 20×4 年 7 月 3 日，宣布发放现金股利 60 000 元，同年 7 月 25 日公司以每股 15 元的价格将所持的所有股份全部售出，支付相关税费 10 000 元，收到价款全部存入银行。假设从购买到出售一直没有计提减值准备。

案例 4.2.5-4 解析：

本例中，江河公司在持有期间长期股权投资成本未发生变化，且未计提减值准备，因此出售时只需将原账面价值转出，贷"长期股权投资"科目；实际收到的价款 100 000×15-10 000=1 490 000 元，借记"银行存款"科目；同时将已宣告未发放的现金股利作为应收项目，贷记"应收股利"；按其差额确认为投资收益。相关账务处理如下：

    ① 20×4 年 7 月 3 日
    借：应收股利   30 600
        贷：投资收益   30 600
    ② 20×4 年 7 月 25 日
    借：银行存款   1 490 000
        贷：长期股权投资   1 008 000
            应收股利   30 600
            投资收益   451 400

【任务操作要求】

1. 学习并理解任务指导

2. 独立完成给定业务核算

（1）甲公司 20×2 年 1 月 2 日，以每股买入价 10 元的价格从证券市场购入乙公司的股票 200 万股，另支付相关费用 20 万元，并准备长期持有，拥有乙公司 51%的股份。

20×2 年 2 月 25 日，乙公司宣告 20×1 年股利分配方案，每股派发 0.2 元现金股利；

20×2 年 3 月 10 日收到现金股利；

20×2 年度，乙公司实现净利润 800 万元；

20×3 年 2 月 25 日，乙公司宣告 20×2 年股利分配方案，每股派发 0.3 元现金股利；

20×3 年 3 月 10 日收到现金股利；

20×3 年度，乙公司发生亏损 200 万元；

20×4 年 2 月 11 日，甲公司将持有的乙公司股票全部出售，收到价款净额 1 900 万元，款项已收存银行。

要求：根据上述资料，完成甲公司相关账务处理。

（2）长江公司 20×1 年 9 月 15 日，以银行存款购入甲公司的股票 100 000 股作为长期股权投资，占甲公司发行在外的有表决权的股票的 60%。每股购入价为 9 元，其中包含已宣告还未分配的现金股利每股 0.3 元，另外支付相关税费 6 000 元。

20×1 年 9 月 20 日，长江公司收到甲公司分来的购入时已宣告但未发放的现金股利；

20×2 年 3 月 10 日，甲公司宣告发放现金股利 610 000 元；

20×2 年 11 月 22 日，长江公司将甲公司的股票以每股 14 元的价格全部售出，支付相关税费 5 000 元，价款已存入银行，并且从购入到出售一直没有计提减值准备。

要求：根据上述资料，完成长江公司相关账务处理。

子任务3　长期股权投资权益法的核算

【任务目的】

通过完成本任务，使学生明确长期股权投资权益法核算的具体内容及程序，掌握长期股权投资在权益法下取得、持有、处置等相关操作细则，以备在核算实务中熟练运用。

【任务指导】

1. 长期股权投资的权益法基本知识规范

权益法是指最初以投资成本计量，以后则要根据投资企业实现的净利润或亏损以及所有者权益的其他变动，对长期股权投资的账面价值进行相应调整的一种会计处理方法。

为了核算其最初成本与变动情况，需要在长期股权投资账户下开设"投资成本""损益调整""其他综合收益""其他权益变动"四个明细账户进行明细核算。

2. 核算业务框架

3. 长期股权投资的取得的账务处理

投资企业取得长期股权投资采用权益法核算时，要比较"初始投资成本"与"应享有被投资单位可辨认净资产公允价值份额"的大小，取金额大者作为长期股权投资的成本。其中：

初始投资成本＝取得长期股权投资直接相关费用+税金+其他必要支出

应享有被投资单位可辨认净资产公允价值份额＝投资时被投资单位的所有者权益公允价值×持股比例

（1）长期股权投资的初始投资成本大于投资时应享有被投资单位可辨认净资产公允价值份额的，不调整已经确认的初始投资成本，按初始投资成本的金额，借记"长期股权投资——投资成本"科目、贷记"银行存款"等科目。

借：长期股权投资——投资成本　　　　　　　　　　　　（初始投资成本）

　　应收股利（已宣告发放但尚未发放的现金股利或利润）

　　贷：银行存款（实际支付的价款）

（2）长期股权投资的初始投资成本小于投资时应享有被投资单位可辨认净资产公允价值份额的，按应享有的被投资单位可辨认净资产公允价值份额的金额，借记"长期股权投资——投资成本"科目、贷记"银行存款"等科目，按照其差额，贷记"营业外收入"科目。

借：长期股权投资——投资成本（应享有被投资单位可辨认净资产公允价值份额）

　　应收股利（已宣告发放但尚未发放的现金股利或利润）

　　贷：银行存款（实际支付的价款）

　　　　营业外收入（差额）

［案例4.2.5-5］

20×1年1月1日，江河公司从二级市场购入星星公司股票10万股，每股价格5.1元（其中含已宣告未发放的现金股利0.1元），占30%的股权，支付相关税费7 500元，并对星星公司产生重大影响，款项全部用银行存款支付。20×1年1月1日，星星公司所有者权益合计为200万元（与可辨认净资产公允价值相等）。20×1年1月23日，江河公司收到星星公司发放的20×0年度的现金股利，存入银行。

案例4.2.5-5解析：

本例中，江河公司购入星星公司股票，占30%的股权，并对其产生重大影响，所以，该项投资采用权益法进行核算。

长期股权投资的初始投资成本＝100 000×（5.1-0.1）+7 500＝507 500（元）

应享有被投资单位可辨认净资产公允价值份额＝2 000 000×30%＝600 000（元）

初始投资成本小于投资时应享有被投资单位可辨认净资产公允价值份额的，按应享有的被投资单位可辨认净资产公允价值份额的金额，借记"长期股权投资——投资成本"科目，贷记"银行存款"等科目，按照其差额，贷记"营业外收入"科目。相关账务处理如下：

① 20×1年1月1日

借：长期股权投资——投资成本　　　　　　　　　　　　　　　600 000

应收股利	10 000
贷：银行存款	517 500
营业外收入	92 500

② 20×1 年 1 月 23 日

借：银行存款	10 000
贷：应收股利	10 000

4. 持有长期股权投资期间账务处理

在权益法下，投资企业在持有长期股权投资期间，要根据被投资单位所有者权益的变动，相应调整其占被投资单位的权益。

（1）被投资单位实现净利润时，应根据被投资单位实现的净利润计算应享有的份额，借记"长期股权投资——损益调整"科目，贷记"投资收益"科目。

借：长期股权投资——损益调整

贷：投资收益

（2）被投资单位发生净亏损时，作与实现净利润相反的会计分录，借记"投资收益"科目，贷记"长期股权投资——损益调整"科目。

注意：以"长期股权投资"的账面价值减记至零为限。长期股权投资的账面价值是"投资成本""损益调整""其他权益变动""其他综合收益"四个明细的合计。长期股权投资账面价值减记至零，意味着"对××单位投资"的这四个明细科目合计为零。除按照以上步骤已确认的损失外，按照投资合同或协议约定将承担的损失确认为预计负债。除上述情况仍未确认的应分担被投资单位的损失，在备查簿中登记。发生亏损的被投资单位以后实现净利润的，应按与上述相反的顺序进行处理。

借：投资收益

贷：长期股权投资——损益调整

（3）被投资单位以后宣告分派现金股利或利润时，投资企业计算应分得的部分，借记"应收股利"科目，贷记"长期股权投资——损益调整"科目。实际收到发放的现金股利或利润时，借记"银行存款"等科目，贷记"应收股利"。如果被投资单位宣告发放的是股票股利，就不进行账务处理，只在备查簿中进行登记。

借：应收股利

贷：长期股权投资——损益调整

（4）投资企业在持有长期股权投资期间，应当按照应享有或应分担被投资单位实现其他综合收益的份额，借记"长期股权投资——其他综合收益"科目，贷记"其他综合收益"科目。这里所讲的"其他综合收益"，是指企业根据其会计准则规定未在当期损益中确认的各项利得和损失。

借：长期股权投资——其他综合收益

贷：其他综合收益（或做相反分录）

投资企业在对权益法下的长期股权投资确认投资收益和其他综合收益时，还需要注意以下两个方面：

一是被投资单位采用的会计政策及会计期间与投资企业不一致的，应当按照投资企业的会计政策及会计期间对被投资单位的财务报表进行调整，并据以确认投资收益和其他综合收益等。

二是投资企业计算确认应享有或应分担被投资单位的净损益时，与联营企业、合营企业之间发生的未实现内部交易损益按照应享有的比例计算归属于投资企业的部分，应当予以抵销，在此基础上确认投资收益。投资企业与被投资单位发生的未实现内部交易损失，按照《企业会计准则第8号——资产减值》等的有关规定属于资产减值损失的，应当全额确认。

（5）投资企业对于被投资单位除净损益、其他综合收益和利润分配以外的所有者权益的其他变动，应当按照持股比例计算应享有的份额。

借：长期股权投资——其他权益变动

　　贷：资本公积——其他资本公积（或做相反分录）

[案例 4.2.5-6]

接案例 4.2.5-5。20×1 年度公司实现净利润 40 万元，20×2 年 1 月 5 日，星星公司宣告发放现金股利 10 万元，并于 2 月 3 日收到该现金股利存入银行，同年 5 月 31 日，星星公司可供出售金融资产的公允价值增加了 4 万元，20×2 年度，星星公司新产品研发失败，当年公司亏损 20 万元。

案例 4.2.5-6 解析：

在权益法下，江河公司在持有长期股权投资期间，要根据被投资单位所有者权益的变动，相应调整其在被投资单位的权益。因此，20×1 年星星公司实现净利润时，应根据实现的净利润计算应享有的份额：400 000×30% = 120 000 元，借记"长期股权投资——损益调整"科目，贷记"投资收益"科目；20×2 年 1 月当星星公司宣布发放现金股利时，江河公司根据应分得的部分：100 000×30% = 30 000 元，借记"应收股利"科目，贷记"长期股权投资——损益调整"科目；20×2 年 5 月，星星公司可供出售金融资产的公允价值增加，江河公司应按相应的份额：40 000×30% = 12 000 元，借记"长期股权投资——其他综合收益"科目，贷记"其他综合收益"科目；20×2 年度星星公司损失，应根据发生的净损失计算应承担的份额：200 000×30% = 60 000 元，借记"投资收益"科目，同时贷记"长期股权投资——损益调整等"科目。相关账务处理如下：

① 20×1 年 12 月 31 日

借：长期股权投资——损益调整 　　　　　　　　　　　　　　　　120 000

　　贷：投资收益 　　　　　　　　　　　　　　　　　　　　　　　120 000

② 20×2 年 1 月 5 日

借：应收股利 　　　　　　　　　　　　　　　　　　　　　　　　30 000

　　贷：长期股权投资——损益调整 　　　　　　　　　　　　　　　30 000

③ 20×2 年 2 月 3 日

借：银行存款 　　　　　　　　　　　　　　　　　　　　　　　　30 000

　　贷：应收股利 　　　　　　　　　　　　　　　　　　　　　　30 000

④ 20×2 年 5 月 31 日

借：长期股权投资——其他综合收益 　　　　　　　　　　　　　　12 000

　　　　贷：其他综合收益　　　　　　　　　　　　　　　　　　12 000

　　⑤ 20×2 年 12 月 31 日

　　借：投资收益　　　　　　　　　　　　　　　　　　　60 000

　　　　贷：长期股权投资——损益调整　　　　　　　　　　　60 000

　　5. 处置长期股权投资的账务处理

　　投资企业处置长期股权投资时，应转出长期股权投资的账面价值，包括成本、损益调整、其他权益变动、其他综合收益。应按照实际收到的金额，借记"银行存款"等科目，按照原已计提的减值准备，借记"长期股权投资减值准备"科目，按照该长期股权投资的账面余额，贷记"长期股权投资"科目，按照尚未领取的现金股利或利润，贷记"应收股利"科目，按照其差额，贷记或借记"投资收益"科目。

　　同时，将原计入"其他综合收益"的相关金额，按结转的长期股权投资的投资成本比例结转原记入"其他综合收益"科目的金额，借记或贷记"其他综合收益"科目，贷记或借记"投资收益"科目。

　　同时，还应按照结转的长期股权投资的投资成本比例结转原记入"资本公积——其他资本公积"科目的金额，借记或贷记"资本公积——其他资本公积"科目，贷记或借记"投资收益"科目。

　　[案例 4.2.5-7]

　　接案例 4.2.5-6。20×3 年 2 月 10 日，江河公司将其持有的星星公司全部股份出售，每股售价 6 元，另外支付相关税费 15 000 元，款项已存入银行。

　　案例 4.2.5-7 解析：

　　本例中，江河公司将股票全部售出时，其"长期股权投资——投资成本"余额为 600 000 元；"长期股权投资——损益调整"余额为 30 000 元；"长期股权投资——其他综合收益"余额为 12 000 元，应全部转出，长期股权投资的账面价值与实际收到的款项之间的差额应计入"投资收益"。同时，将原计入"其他综合收益"的金额转入"投资收益"。相关账务处理如下：

　　借：银行存款　　　　　　　　　　　　　　　　　585 000

　　　　投资收益　　　　　　　　　　　　　　　　　 57 000

　　　　　贷：长期股权投资——投资成本　　　　　　　　　600 000

　　　　　　　　　　——损益调整　　　　　　　　　　　 30 000

　　　　　　　　　　——其他综合收益　　　　　　　　　 12 000

　　同时：

　　借：其他综合收益　　　　　　　　　　　　　　　 12 000

　　　　贷：投资收益　　　　　　　　　　　　　　　　 12 000

　　6. 长期股权投资减值

　　（1）长期股权投资减值金额的确定。

　　企业应当关注长期股权投资的账面价值在资产负债表日是否存在可能发生减值的情况，即长期股权投资的账面价值大于享有被投资单位所有者权益账面价值的份额等类似情况。出现类似情况时，投资企业应当按照《企业会计准则第 8 号——资产减值》对长期股权投资进行减值测试，其可收回金额低于账面价值的，应将该长期股权投资的账面价值减记至可收回金额，减记的金额确认为减值损失，计入当期损益，同时计提相应的资产减值准备。

（2）长期股权投资减值的账务处理。

企业计提长期股权投资减值准备，应当设置"长期股权投资减值准备"科目进行核算。按减记的金额，借记"资产减值损失——计提的长期股权投资减值准备"科目、贷记"长期股权投资减值准备"科目。

注意：长期股权投资减值损失一经确认，在以后会计期间不得转回。只有在处置该资产时，才能予以结转。

【任务操作要求】

1. 学习并理解任务指导

2. 独立完成给定业务核算

（1）甲上市公司发生下列长期股权投资业务，编制相关会计分录：

20×2年1月3日，购入乙公司股票580万股，占乙公司有表决权股份的25%，对乙公司的财务和经营决策具有重大影响，甲公司将其作为长期股权投资，采用权益法核算。每股价格8元，每股价格中包含已宣告但尚未发放的现金股利0.25元，另外支付相关税费7万元。款项均以银行存款支付。当日，乙公司所有者权益的账面价值（与其公允价值不存在差异）为18 000万元。

20×2年3月16日，收到乙公司宣告分派的现金股利；

20×2年度，乙公司实现净利润3 000万元；

20×3年2月16日，乙公司宣告分派20×2年度股利，每股分派现金股利0.20元；

20×3年3月12日，甲上市公司收到乙公司分派的20×2年度的现金股利；

20×3年末，甲上市公司经测试长期股权投资可收回金额是5 130万元；

20×4年1月4日，甲上市公司出售所持有的全部乙公司的股票，共取得价款5 200万元。

（2）20×2年2月25日，A公司用银行存款6 300万元取得B公司30%的股权，支付的价款中包含已宣告但未发放的现金股利40万元，另支付相关税费20万元，并准备长期持有。购入当日，B公司的可辨认净资产公允价值为22 000万元。

20×2年3月10日，收到B公司分派的上述股利；

20×2年度，B公司实现净利润800万元，资本公积变动300万元；

20×3年2月16日，B公司宣告分派20×2年度现金股利450万元；

20×3年3月12日，收到B公司分派的20×2年度现金股利；

20×3年度，B公司实现净利润100万元，A公司判断长期股权投资存在减值迹象，经测试得出可回收金额5 900万元；

20×4年2月1日，A公司将持有的B公司的股票全部出售，收到价款净额6 115万元，款项已存入银行。

要求：编制A公司上述经济业务事项的会计分录。（答案中的金额单位用万元表示）

（3）A公司20×2年1月1日—20×4年1月5日，发生了下列与长期股权投资相关的经济业务：

　　A 公司 20×2 年 1 月 1 日，从证券市场上购入上市公司 B 发行在外的 30% 的股份并准备长期持有，从而对 B 公司能够施加重大影响，实际支付款项 1 840 万元（含已宣告但未发放的现金股利 100 万元），另支付相关税费 10 万元。20×2 年 3 月 1 日，B 公司可辨认净资产公允价值为 6 000 万元。

　　20×2 年 1 月 20 日，收到现金股利。

　　20×2 年 12 月 31 日，B 公司可供出售金融资产的公允价值发生变动，使 B 公司其他综合收益增加了 100 万元。

　　20×2 年 B 公司实现净利润 400 万元。

　　20×3 年 3 月 10 日，B 宣告发放现金股利 50 万元。

　　20×3 年 3 月 25 日，收到发放的现金股利。

　　20×3 年 B 公司实现净利润 500 万元。

　　20×4 年 1 月 5 日，A 公司将所持有的 B 公司的股份全部对外出售，收到价款 2 100 万元并存入银行。

　　要求：编制 A 公司上述经济业务事项的会计分录。（答案中的金额单位用万元表示）

任务 4.2.5 小结

长期股权投资成本法和权益法的主要区别如表 4.2-3 所示：

表 4.2-3

区别项目（属被投资单位）	成本法	权益法
①实现净利润	×	增加长期股权投资账面价值
②发生净亏损	×	减少长期股权投资账面价值
③影响所有者权益"其他综合收益"的交易事项	×	增加或减少长期股权投资账面价值
④被投资单位除净损益、其他综合收益等以外所有者权益的其他变动	×	增加或减少长期股权投资账面价值
⑤向投资者分派现金股利或利润	按应享有的份额确认投资收益	减少长期股权投资账面价值

【模块介绍】

1. 财务成果核算简介

财务成果是企业一定期间的经营成果，表现为利润或亏损，它是衡量一个企业生产经营管理水平的一个综合性指标。正确核算企业收入、费用及利润，对于准确反映经营成果、保证会计信息质量、依法纳税以及进行利润分配都具有重要意义。

2. 财务成果会计岗位主要职责

（1）负责编制收入、利润计划。

（2）准确核算收入，办理销售款项的结算，同时结转销货成本。

（3）准确核算企业各种费用。

（4）准确核算企业利润。

（5）计算应交所得税和所得税费用。

3. 财务成果会计岗位具体核算内容

以《企业会计准则》分类为指南，结合国家对高职高专财经类学生专业素质要求，本模块主要介绍收入、成本费用、利润三个方面的具体核算方法。

项目 5.1 收入的核算

【项目介绍】

本项目内容以《企业会计准则第 14 号——收入》《企业会计准则第 16 号——政府补助》及其应用指南为指导，主要介绍销售商品收入、提供劳务收入、让渡资产使用权收入以及政府补助的核算方法，要求学生通过学习，对收入的具体核算内容有所认知，通过任务处理，进一步演练借贷记账法，为从事会计实务工作打下基础。

【项目实施标准】

本项目通过完成 6 项具体任务来实施，具体任务内容结构如表 5.1-1 所示。

表 5.1-1 　　　　　　　　　　　　"收入的核算"项目任务细分表

任务	子任务
任务 5.1.1　收入的基本认知	—
任务 5.1.2　销售商品收入的核算	1. 一般销售商品业务收入的核算
	2. 特殊销售业务收入的核算
任务 5.1.3　提供劳务收入的核算	—
任务 5.1.4　让渡资产使用权收入的核算	—
任务 5.1.5　政府补助的核算	—

任务 5.1.1　收入的基本认知

【任务目的】

通过完成本任务，使学生了解收入的概念、特点以及收入的确认标准，并对收入形成初步认知，为学习后续内容打下理论基础。

【任务指导】

1. 收入的概念

收入，是指企业在日常活动中形成的、会导致所有者权益增加的、与所有者投入资本无关的经济利益的总流入。收入按企业从事日常活动的性质不同，分为销售商品收入、提供劳务收入和让渡资产使用权收入。

2. 收入的特点

（1）收入是企业在日常活动中形成，而不是在偶发的交易或事项中产生的。

（2）收入可能表现为资产的增加，也可能表现为负债的减少，或者两者兼而有之。

（3）收入会导致企业所有者权益的增加。

（4）收入只包括本企业经济利益的流入，不包括为第三方或客户代收的款项。

3. 收入的确认标准

（1）企业已将商品所有权上的主要风险和报酬转移给购货方。

（2）企业既没有保留通常与所有权相联系的继续管理权，也没有对已售出的商品实施有效控制。

（3）收入的金额能够可靠地计量。

（4）相关的经济利益很可能流入企业。

（5）相关的已发生或将发生的成本能够可靠地计量。

【任务操作要求】

学习并理解任务指导。

任务 5.1.2　销售商品收入的核算

子任务 1　一般销售商品业务收入的核算

【任务目的】

通过完成本任务，使学生掌握一般销售方式下销售商品收入金额的确定及账务处理，以备在实务中熟练运用。

【任务指导】

1. 销售商品采用托收承付方式的，在办妥托收手续时确认收入

[案例 5.1.2-1]

江河公司采用托收承付结算方式销售一批商品，开出的增值税专用发票上注明售价为 500 000 元，增值税税额为 80 000 元；商品已经发出，并已向银行办妥托收手续；该批商品的成本为 300 000 元。

案例 5.1.2-1 解析：

借：应收账款　　　　　　　　　　　　　　　　　　580 000
　　贷：主营业务收入　　　　　　　　　　　　　　　　500 000
　　　　应交税费——应交增值税（销项税额）　　　　　80 000
借：主营业务成本　　　　　　　　　　　　　　　　300 000
　　贷：库存商品　　　　　　　　　　　　　　　　　　300 000

2. 交款提货销售商品的，在开出发票账单收到货款时确认收入

确认销售商品收入时，应按实际收到或应收的金额，借记"应收账款""应收票据""银行存款"等科目，按确定的销售收入金额，贷记"主营业务收入"等科目，按增值税专用发票上注明的增值税额，贷记"应交税费——应交增值税（销项税额）"科目；同时，按销售商品的实际成本，借记"主营业务成本"等科目、贷记"库存商品"等科目。企业也可在月末结转本月已销商品的实际成本。

[案例 5.1.2-2]

江河公司向 A 公司销售一批商品，开出的增值税专用发票上注明售价为 300 000 元，增值税税额为 48 000 元；江河公司已收到 A 公司支付的货款 348 000 元，并将提货单送交 A 公司；该批商品成本为 240 000 元。

案例 5.1.2-2 解析：

借：银行存款　　　　　　　　　　　　　　　　　　348 000
　　贷：主营业务收入　　　　　　　　　　　　　　　　300 000
　　　　应交税费——应交增值税（销项税额）　　　　　48 000
借：主营业务成本　　　　　　　　　　　　　　　　240 000
　　贷：库存商品　　　　　　　　　　　　　　　　　　240 000

子任务2 特殊销售业务收入的核算

【任务目的】

通过完成本任务，使学生掌握特殊销售业务收入金额的确定及账务处理，以备在实务中熟练运用。

【任务指导】

1. 核算业务框架

特殊销售业务
①已经发出但不符合销售商品收入确认条件
②采用预收款方式销售商品
③商业折扣、现金折扣销售
④销售折让
⑤销售退回
⑥采用支付手续费方式委托代销商品
⑦销售材料等存货

2. 已经发出但不符合销售商品收入确认条件的商品的业务处理

如果企业售出商品不符合销售商品收入确认的五个条件中的任何一条，均不应确认收入。为了单独反映已经发出但尚未确认销售收入的商品成本，企业应增设"发出商品"等科目。"发出商品"科目核算一般销售方式下，已经发出但尚未确认销售收入的商品成本。

企业对于发出的商品，在不能确认收入时，应按发出商品的实际成本，借记"发出商品"等科目、贷记"库存商品"科目。发出商品满足收入确认条件时，应结转销售成本，借记"主营业务成本"科目、贷记"发出商品"科目。"发出商品"科目的期末余额应并入资产负债表"存货"项目反映。

发出商品不符合收入确认条件时，如果销售该商品的纳税义务已经发生，比如已经开出增值税专用发票，则应确认应交的增值税销项税额，借记"应收账款"等科目、贷记"应交税费——应交增值税（销项税额）"科目。如果纳税义务没有发生，则不需进行上述处理。

[案例5.1.2-3]

江河公司于201×年3月1日采用托收承付结算方式向B公司销售一批商品，开出的增值税专用发票上注明售价为200 000元，增值税税额为32 000元；该批商品成本为120 000元。江河公司在销售该批商品时已得知B公司资金流转发生暂时困难，但为了减少存货积压，同时也为了维持与B公司长期以来建立的商业关系，江河公司仍将商品发出，并办妥托收手续。假定江河公司销售该批商品的纳税义务已经发生。

案例5.1.2-3解析：

本案例中，由于B公司现金流转存在暂时困难，江河公司收回销售货款的可能性不是很大。根据销售商品收入的确认条件，江河公司在发出商品时不能确认收入。为此，江河公司应将已发出的商品成本通过"发出商品"科目反映。

发出商品时：

借：发出商品　　　　　　　　　　　　　　　　　　　　　　　120 000

  贷：库存商品 120 000

同时，因江河公司销售该批商品的纳税义务已经发生，应确认交的增值税销项税额：

  借：应收账款——B公司 32 000

    贷：应交税费——应交增值税（销项税额） 32 000

（注：如果销售该批商品的纳税义务尚未发生，则不做这笔分录，待纳税义务发生时再做应交增值税的分录）

假定201×年11月江河公司得知B公司经营情况逐渐好转，B公司承诺近期付款，江河公司应在B公司承诺付款时确认收入，会计分录如下：

  借：应收账款——B公司 200 000

    贷：主营业务收入 200 000

同时结转成本：

  借：主营业务成本 120 000

    贷：发出商品 120 000

假定江河公司于201×年12月6日收到B公司支付的货款，应做如下会计分录：

  借：银行存款 232 000

    贷：应收账款——B公司 232 000

3. 采用预收款方式销售商品的业务处理

预收账款销售方式下，销售方直到收到最后一笔款项才将商品交付购货方，表明商品所有权上的主要风险和报酬只有在收到最后一笔款项时才转移给购货方，销售方通常应在发出商品时确认收入，在此之前预收的货款应确认为预收账款。

[案例5.1.2-4]

江河公司与C公司签订协议，采用预收款方式向C公司销售一批商品。该批商品实际成本为600 000元。协议约定，该批商品销售价格为800 000元，增值税额为128 000元；C公司应在协议签订时预付60%的货款（按销售价格计算），剩余货款于2个月后支付。

案例5.1.2-4解析：

① 收到60%货款时：

  借：银行存款 480 000

    贷：预收账款 480 000

② 发出商品时：

  借：预收账款 928 000

    贷：主营业务收入 800 000

      应交税费——应交增值税（销项税额） 128 000

  借：主营业务成本 600 000

    贷：库存商品 600 000

③ 2个月后收到余款时：

  借：银行存款 448 000

    贷：预收账款 448 000

4. 商业折扣、现金折扣的业务处理

（1）商业折扣。

企业销售商品涉及商业折扣的，应当按照扣除商业折扣后的金额确定销售商品收入金额。

（2）现金折扣。

企业销售商品涉及现金折扣的，应当按照扣除现金折扣前的金额确定销售商品收入金额。现金折扣在实际发生时计入当期财务费用。

在计算现金折扣时，还应注意销售方是按不包含增值税的价款提供现金折扣，还是按包含增值税的价款提供现金折扣，两种情况下购买方享有的折扣金额不同。

[案例 5.1.2-5]

江河公司为增值税一般纳税企业，201×年 8 月 1 日销售甲商品 100 件，每件甲商品的标价为 500 元（不含增值税），每件商品的实际成本为 300 元，甲商品适用的增值税税率为 16%；由于是成批销售，江河公司给予购货方 10% 的商业折扣，并在销售合同中规定现金折扣条件为 "2/10，1/20，n/30"；甲商品于 8 月 1 日发出，购货方于 8 月 9 日付款。假定计算现金折扣时不考虑增值税。

案例 5.1.2-5 解析：

本案例涉及商业折扣和现金折扣问题，首先需要计算确定销售商品收入的金额。根据销售商品收入金额确定的有关规定，销售商品收入的金额应是未扣除现金折扣但扣除商业折扣后的金额，现金折扣应在实际发生时计入当期财务费用。因此，甲公司应确认的销售商品收入金额为 45 000（100×500-100×500×10%）元，增值税销项税额为 7 200（45 000×16%）元。购货方于销售实现后的 10 日内付款，享有的现金折扣为 900（45 000×2%）元。江河公司会计处理如下：

① 8 月 1 日销售实现时：

借：应收账款		52 200
贷：主营业务收入		45 000
应交税费——应交增值税（销项税额）		7 200
借：主营业务成本	（100×300）30 000	
贷：库存商品		30 000

② 8 月 9 日收到货款时：

借：银行存款		51 300
财务费用	（45 000×2%）900	
贷：应收账款		52 200

本案例中，若购货方于 8 月 19 日付款，则享有的现金折扣为 450（45 000×1%）元。江河公司在收到货款时的会计分录为：

借：银行存款		51 750
财务费用		450
贷：应收账款		52 200

若购货方于 8 月 30 才付款，则应按全额付款。甲公司在收到货款时的会计分录为：

借：银行存款 52 200
　　贷：应收账款 52 200

5. 销售折让的业务处理

销售折让是指企业因售出商品的质量不合格等原因而在售价上给予的减让。

销售折让可能发生在收入确认之前，也可能发生在收入确认之后。发生在销售收入确认之前的销售折让，应在确认销售商品收入时直接按扣除销售折让后的金额确认。发生在收入确认之后的销售折让，则按应冲减的销售商品收入金额，借记"主营业务收入"科目，按专用发票上注明的应冲减的增值税销项税额，借记"应交税费——应交增值税（销项税额）"科目，按实际支付或应退还的价款，贷记"银行存款""应收账款"等科目。

[案例 5.1.2-6]

江河公司销售一批商品给 D 公司，开出的增值税专用发票上注明的售价为 100 000元，增值税税额为 16 000 元。该批商品的成本为 70 000 元。货到后 D 公司发现商品质量不符合合同的要求，要求在价格上给予 5% 的折让。D 公司提出的销售折让要求符合原合同的约定，江河公司同意并办妥了相关手续，开具了增值税专用发票（红字）。假定此前江河公司已确认该批商品的销售收入，销售款项尚未收到，发生的销售折让允许扣减当期增值税销项税额。

案例 5.1.2-6 解析：

（1）销售实现时：

借：应收账款 116 000
　　贷：主营业务收入 100 000
　　　　应交税费——应交增值税（销项税额） 16 000
借：主营业务成本 70 000
　　贷：库存商品 70 000

（2）发生销售折让时：

借：主营业务收入 （100 000×5%）5 000
　　　应交税费——应交增值税（销项税额） 800
　　贷：应收账款 5 800

（3）实际收到款项时：

借：银行存款 110 200
　　贷：应收账款 110 200

本例中，假定发生销售折让前，因该项销售在货款回收上存在不确定性，江河公司未确认该批商品的销售收入，纳税义务也未发生；发生销售折让后 2 个月，D 公司承诺近期付款。则江河公司会计处理如下：

（1）发出商品时：

借：发出商品 70 000
　　贷：库存商品 70 000

（2）D 公司承诺付款，江河公司确认销售收入时：

借：应收账款 110 200

贷：主营业务收入 　　　　　　　　　　（100 000−100 000×5%）95 000

　　应交税费——应交增值税（销项税额）　　　　　　　15 200

借：主营业务成本　　　　　　　　　　　　　　　　70 000

　　贷：发出商品　　　　　　　　　　　　　　　　　　70 000

（3）实际收到款项时：

借：银行存款　　　　　　　　　　　　　　　　　110 200

　　贷：应收账款　　　　　　　　　　　　　　　　　110 200

6. 销售退回的业务处理

销售退回是指企业售出的商品由于质量、品种不符合要求等原因而发生的退货。发生的销售退回应当区分不同情况进行会计处理：对于未确认收入的售出商品发生的销售退回，应当冲减"发出商品"科目，同时增加"库存商品"科目；对于已确认收入的售出商品发生的销售退回，除资产负债表日后事项外，一般应在发生时冲减退回当期销售商品收入，同时冲减退回当期销售商品成本。按规定允许扣减增值税税额的，应同时扣减已确认的应交增值税销项税额。如该项销售退回已发生现金折扣，应同时调整相关财务费用的金额。

[案例5.1.2-7]

江河公司201×年8月20日销售乙商品一批，增值税专用发票上注明售价为250 000元，增值税税额为40 000元；该批商品成本为150 000元。乙商品于201×年8月20日发出，购货方于8月27日付款。江河公司对该项销售确认了销售收入。201×年9月15日，该商品质量出现了严重问题，购货方将该批商品全部退回给江河公司，江河公司同意退货，于退货当日支付了退货款，并按规定向购货方开具了增值税专用发票（红字）。

案例5.1.2-7解析：

（1）8月20日销售实现时：

借：应收账款　　　　　　　　　　　　　　　　290 000

　　贷：主营业务收入　　　　　　　　　　　　　　250 000

　　　　应交税费——应交增值税（销项税额）　　　40 000

借：主营业务成本　　　　　　　　　　　　　　150 000

　　贷：库存商品　　　　　　　　　　　　　　　　150 000

（2）8月27日收到货款时：

借：银行存款　　　　　　　　　　　　　　　　290 000

　　贷：应收账款　　　　　　　　　　　　　　　　290 000

（3）9月15日销售退回时：

借：主营业务收入　　　　　　　　　　　　　　250 000

　　应交税费——应交增值税（销项税额）　　　　40 000

　　贷：银行存款　　　　　　　　　　　　　　　　290 000

借：库存商品　　　　　　　　　　　　　　　　150 000

　　贷：主营业务成本　　　　　　　　　　　　　　150 000

7. 采用支付手续费方式委托代销商品的业务处理

采用支付手续费委托代销方式下，委托方在发出商品时商品所有权上的主要风险和报酬并未转移给受托方，委托方在发出商品时通常不应确认销售商品收入，而应在收到受托方开出的代销清单时确认为销售商品收入，同时应将支付的代销手续费计入销售费用；受托方应在代销商品销售后，按合同或协议约定的方式计算确定代销手续费，确认劳务收入。

[案例5.1.2-8]

江河公司委托 E 公司销售商品 200 件，商品已经发出，每件成本为 50 元。合同约定 E 公司应按每件 80 元对外销售，江河公司按售价的 10% 向 E 公司支付手续费。E 公司全部对外售出，开出的增值税专用发票上注明的销售价格为 16 000 元，增值税税额为 2 560 元，款项已经收到。江河公司收到 E 公司开具的代销清单时，向 E 公司开具一张相同金额的增值税专用发票。并收到 E 公司提供代销服务开具的增值税专用发票，注明价款为 1 600 元，增值税税额为 96 元。假定：江河公司发出商品时纳税义务尚未发生；江河公司采用实际成本核算，E 公司采用进价核算代销商品。

案例5.1.2-8解析：

（1）江河公司（委托方）的会计处理如下：

①发出代销商品时：

借：委托代销商品	10 000	
贷：库存商品		10 000

②收到代销清单时：

借：应收账款	18 560	
贷：主营业务收入		16 000
应交税费——应交增值税（销项税额）		2 560
借：主营业务成本	10 000	
贷：委托代销商品		10 000
借：销售费用	1 600	
应交税费——应交增值税（进项税额）	96	
贷：应收账款		1 696

代销手续费金额 = 16 000×10% = 1 600（元）

③收到 E 公司支付的货款时：

借：银行存款	16 864	
贷：应收账款		16 864

（2）E 公司（受托方）的会计处理如下：

①收到代销商品时：

借：受托代销商品	16 000	
贷：受托代销商品款		16 000

②代销商品对外销售时：

借：银行存款	18 560	

　　贷：受托代销商品 16 000

　　　　应交税费——应交增值税（销项税额） 2 560

③收到增值税专用发票时：

借：应交税费——应交增值税（进项税额） 2 560

　　贷：应付账款 2 560

借：受托代销商品款 16 000

　　贷：应付账款 16 000

④支付货款并计算代销手续费时：

借：应付账款 18 560

　　贷：银行存款 16 864

　　　　其他业务收入 1 600

　　　　应交税费——应交增值税（销项税额） 96

8. 销售材料等存货的业务处理

　　企业在日常活动中还可能发生对外销售不需用的原材料、随同商品对外销售单独计价的包装物等业务。企业销售原材料、包装物等存货也视同商品销售。企业销售原材料、包装物等存货实现的收入一般作为其他业务收入处理，相关成本作为其他业务成本处理。

　　企业销售原材料等确认其他业务收入时，按售价和应收取的增值税，借记"银行存款""应收账款"等科目，按实现的其他业务收入，贷记"其他业务收入"科目，按增值税专用发票上注明的增值税额，贷记"应交税费——应交增值税（销项税额）"科目。结转出售原材料等的实际成本时，借记"其他业务成本"科目，贷记"原材料"等科目。

［案例5.1.2-9］

　　江河公司销售一批不需用的原材料，开出的增值税专用发票上注明的售价为5 000元，增值税税额为800元，款项已由银行收妥。该批原材料的实际成本为4 000元。

案例5.1.2-9解析：

确认原材料销售收入时：

借：银行存款 5 800

　　贷：其他业务收入 5 000

　　　　应交税费——应交增值税（销项税额） 800

结转已销原材料的实际成本时：

借：其他业务成本 4 000

　　贷：原材料 4 000

【任务操作要求】

1. 学习并理解任务指导

2. 独立完成给定业务核算

　　A公司为增值税一般纳税人，库存商品采用实际成本核算，商品售价不含增值税，商品销售成本随销售同时结转。201×年3月1日，甲商品账面余额为230万元。201×年3月发生的有关采购与销售业务如下：

　　（1）3月3日，从B公司采购甲商品一批，收到的增值税专用发票上注明的货款为

80 万元，增值税为 12.8 万元。甲商品已验收入库，款项尚未支付。

（2）3 月 8 日，向 C 公司销售甲商品一批，开出的增值税专用发票上注明的售价为 150 万元，增值税为 24 万元，该批甲商品实际成本为 120 万元，款项尚未收到。

（3）销售给 C 公司的部分甲商品由于存在质量问题，3 月 20 日 C 公司要求退回 3 月 8 日所购 W 商品的 50%。经过协商，A 公司同意了 C 公司的退货要求，并按规定向 C 公司开具了增值税专用发票（红字），发生的销售退回允许扣减当期增值税销项税额，该批退回的甲商品已验收入库。

（4）3 月 31 日，经过减值测试，甲商品的可变现净值为 230 万元。

要求：

①编制 A 公司上述（1）、（2）、（3）项业务的会计分录。

②计算 A 公司 201×年 3 月 31 日甲商品的账面余额。

③计算 A 公司 201×年 3 月 31 日甲商品应确认的存货跌价准备并编制会计分录。（"应交税费"科目要求写出明细科目，答案中的金额单位用万元表示）

任务 5.1.2 小结

特殊销售方式下收入核算的重点：

（1）商业折扣和现金折扣情况下销售商品收入金额的确认及账务处理；

（2）企业发生销售折让、销售退回的账务处理；

（3）收取手续费方式委托代销的账务处理。

任务 5.1.3 提供劳务收入的核算

【任务目的】

通过完成本任务，使学生掌握完工百分比法确认提供劳务收入的核算，以备在实务中熟练运用。

【任务指导】

提供劳务收入是指企业从事建筑安装、修理修配、交通运输、仓储租赁、金融保险、邮电通信、咨询经纪、文化体育、科学研究、技术服务、教育培训、餐饮住宿、中介代理、卫生保健、社区服务、旅游、娱乐、加工以及其他劳务服务活动取得的收入。

提供劳务的划分标准有多种，为便于会计核算，一般以提供劳务是否属于同一会计期间作为划分标准，从而把劳务分为在同一会计期间开始并完成的劳务、开始和完成分属不同会计期间的劳务。无论是哪一种劳务，根据现行会计准则的规定，企业均应当按照从接收劳务方已收或应收的合同或协议价款确定提供劳务收入总额，已收或应收的合同或协议价款显失公允的除外，提供劳务收入的计量采用与销售商品收入一样的计量原则——公允价值模式。

对于确认的劳务收入，应根据劳务性质分别作为主营业务收入和其他业务收入处理，结转的相关成本也应作为主营业务成本和其他业务成本处理。

1. 核算业务框架

劳务收入的核算
- 在同一期间开始并完成的劳务
- 劳务的开始和完成分属不同会计期间的劳务
  - 提供劳务交易结果能够可靠估计：完工百分比法
  - 提供劳务交易结果不能可靠估计：不能采用完工百分比法

2. 在同一会计期间内开始并完成的劳务

对于一次就能完成的劳务，企业应在劳务完成时按所确定的收入金额，借记"应收账款""银行存款"等科目，贷记"主营业务收入"或"其他业务收入"科目，按应纳增值税贷记"应交税额——应交增值税（销项税额）"科目；对于发生的有关支出，借记"主营业务成本"或"其他业务成本"科目，贷记"银行存款"等科目。

对于持续一段时间但在同一会计期间内开始并完成的劳务，企业应在为提供劳务发生相关支出时，借记"劳务成本"科目，贷记"银行存款""应付职工薪酬""原材料"等科目。劳务完成确认劳务收入时，按确定的收入金额，借记"应收账款""银行存款"等科目，贷记"主营业务收入"等科目；同时，结转相关劳务成本，借记"主营业务成本"等科目，贷记"劳务成本"科目。

[案例5.1.3-1]

江河公司于201×年8月10日接受一项设备安装任务，该安装任务可一次完成。开具的增值税专用发票上注明安装价款10 000元，增值税1 000元，实际发生安装成本5 000元。假定安装业务属于江河公司的主营业务。

案例5.1.3-1解析：

江河公司应在安装完成时做如下会计分录：

借：应收账款等　　　　　　　　　　　　　　　　　　　11 000
　　贷：主营业务收入　　　　　　　　　　　　　　　　　　　10 000
　　　　应交税额——应交增值税（销项税额）　　　　　　　　1 000
借：主营业务成本　　　　　　　　　　　　　　　　　　　5 000
　　贷：银行存款等　　　　　　　　　　　　　　　　　　　　5 000

若上述安装任务需花费一段时间（不超过本会计期间）才能完成，则应在为提供劳务发生有关支出时：

借：劳务成本　　　　　　　　　　　　　　　　　　　　　5 000
　　贷：银行存款等　　　　　　　　　　　　　　　　　　　　5 000

待安装完成确认所提供劳务的收入并结转该项劳务总成本时：

借：应收账款等　　　　　　　　　　　　　　　　　　　11 000
　　贷：主营业务收入　　　　　　　　　　　　　　　　　　　10 000
　　　　应交税额——应交增值税（销项税额）　　　　　　　　1 000
借：主营业务成本　　　　　　　　　　　　　　　　　　　5 000
　　贷：劳务成本　　　　　　　　　　　　　　　　　　　　　5 000

3. 劳务的开始和完成分属不同的会计期间

（1）提供劳务交易结果能够可靠估计。

劳务的开始和完成分属不同的会计期间，且企业在资产负债表日提供劳务交易的结果能够可靠估计的，应采用完工百分比法确认提供劳务收入。同时满足下列条件的，提供劳务交易的结果能够可靠估计：

1）收入的金额能够可靠地计量。

2）相关的经济利益很可能流入企业。

3）交易的完工进度能够可靠地确定。

企业可以根据提供劳务的特点，选用下列方法确定提供劳务交易的完工进度：

① 已完工作的测量，这是一种比较专业的测量方法，由专业测量师对已经提供的劳务进行测量，并按一定方法计算确定提供劳务交易的完工程度。

② 已经提供的劳务占应提供劳务总量的比例，这种方法主要以劳务量为标准确定提供劳务交易的完工程度。

③ 已经发生的成本占估计总成本的比例，这种方法主要以成本为标准确定提供劳务交易的完工程度。只有反映已提供劳务的成本才能包括在已经发生的成本中，只有反映已提供或将提供劳务的成本才能包括在估计总成本中。

4）交易中已发生和将发生的成本能够可靠地计量。

本期确认的收入＝劳务总收入×本期末止劳务的完工进度－以前期间已确认的收入

本期确认的费用＝劳务总成本×本期末止劳务的完工进度－以前期间已确认的费用

[案例 5.1.3-2]

江河公司自 2015 年 4 月 1 日起为 F 企业开发一项系统软件。合同约定工期为两年，合同总收入为 100 000 元，2015 年 4 月 1 日 F 企业支付项目价款 50 000 元，余款于软件开发完成时收取。4 月 1 日，江河公司收到 F 企业支付的该项目价款 50 000 元，并存入银行。该项目预计总成本为 40 000 元。假定不考虑相关税费，其他相关资料如表 5.1-2 所示：

表 5.1-2

时间	收款金额（元）	累计实际发生成本（元）	开发程度
2015 年 4 月 1 日	50 000		
2015 年 12 月 31 日		16 000	40%
2016 年 12 月 31 日		34 000	85%
2017 年 4 月 1 日		40 000	100%

该项目于 2017 年 4 月 1 日完成并交付给 F 企业，但余款尚未收到。江河公司按开发程度确定该项目的完工程度。假定为该项目发生的实际成本均用银行存款支付。

要求：编制江河公司 2015—2017 年与开发此项目有关的会计分录。

案例 5.1.3-2 解析：

① 2015 年 4 月 1 日收到预收款时：

借：银行存款　　　　　　　　　　　　　　　　　　　　　　50 000
　　贷：预收账款　　　　　　　　　　　　　　　　　　　　　50 000
② 2015 年实际发生成本：
借：劳务成本　　　　　　　　　　　　　　　　　　　　　　16 000
　　贷：银行存款　　　　　　　　　　　　　　　　　　　　　16 000
③ 确认 2015 年收入和费用：
收入＝100 000×40%＝40 000（元）
费用＝40 000×40%＝16 000（元）
借：预收账款　　　　　　　　　　　　　　　　　　　　　　40 000
　　贷：主营业务收入　　　　　　　　　　　　　　　　　　　40 000
借：主营业务成本　　　　　　　　　　　　　　　　　　　　16 000
　　贷：劳务成本　　　　　　　　　　　　　　　　　　　　　16 000
④ 2016 年实际发生成本：
借：劳务成本　　　　　　　　　　　　　　　　　　　　　　18 000
　　贷：银行存款　　　　　　　　　　　　　　　　　　　　　18 000
⑤ 确认 2016 年收入和费用：
收入＝100 000×85%－40 000＝45 000（元）
费用＝40 000×85%－16 000＝18 000（元）
借：预收账款　　　　　　　　　　　　　　　　　　　　　　45 000
　　贷：主营业务收入　　　　　　　　　　　　　　　　　　　45 000
借：主营业务成本　　　　　　　　　　　　　　　　　　　　18 000
　　贷：劳务成本　　　　　　　　　　　　　　　　　　　　　18 000
⑥ 至 2017 年 4 月 1 日实际发生成本：
借：劳务成本　　　　　　　　　　　　　　　　　　　　　　6 000
　　贷：银行存款　　　　　　　　　　　　　　　　　　　　　6 000
⑦ 确认 2017 年收入和费用：
收入＝100 000－40 000－45 000＝15 000（元）
费用＝40 000－16 000－18 000＝6 000（元）
借：预收账款　　　　　　　　　　　　　　　　　　　　　　15 000
　　贷：主营业务收入　　　　　　　　　　　　　　　　　　　15 000
借：主营业务成本　　　　　　　　　　　　　　　　　　　　6 000
　　贷：劳务成本　　　　　　　　　　　　　　　　　　　　　6 000

（2）提供劳务交易结果不能可靠估计。

劳务的开始和完成分属不同的会计期间，且企业在资产负债表日提供劳务交易的结果不能够可靠估计的，即不能同时满足上述 4 个条件的，不能采用完工百分比法确认提供劳务收入。此时，企业应当正确预计已经发生的劳务成本能否得到补偿，区分下列情况处理：

①已经发生的劳务成本预计全部能够得到补偿的，应按已收或预计能够收回的金额确

认提供劳务收入，并结转已经发生的劳务成本。

②已经发生的劳务成本预计部分能够得到补偿的，应按能够得到补偿的劳务成本金额确认提供劳务收入，并结转已经发生的劳务成本。

③已经发生的劳务成本预计全部不能得到补偿的，应将已经发生的劳务成本计入当期损益（主营业务成本或其他业务成本），不确认提供劳务收入。

[案例 5.1.3-3]

江河公司于 2015 年 12 月 25 日接受 G 公司委托，为其培训一批学员，培训期为 6 个月，2016 年 1 月 1 日开学。协议约定，G 公司应向江河公司支付的培训费总额为 90 000 元，分三次等额支付，第一次在开学时预付，第二次在 2016 年 3 月 1 日支付，第三次在培训结束时支付。

2016 年 1 月 1 日，G 公司预付第一次培训费。至 2016 年 2 月 28 日，江河公司发生培训成本 40 000 元（假定均为培训人员薪酬）。2016 年 3 月 1 日，江河公司得知 G 公司经营发生困难，后两次培训费能否收回难以确定。假定不考虑相关税费。

案例 5.1.3-3 解析：

① 2016 年 1 月 1 日收到 G 公司预付的培训费：

借：银行存款   30 000

    贷：预收账款   30 000

② 实际发生培训成本时：

借：劳务成本   40 000

    贷：应付职工薪酬   40 000

③ 2016 年 2 月 28 日确认提供劳务收入并结转劳务成本：

借：预收账款   30 000

    贷：主营业务收入   30 000

借：主营业务成本   40 000

    贷：劳务成本   40 000

【任务操作要求】

1. 学习并理解任务指导

2. 独立完成给定业务核算

A 公司 2015 年 10 月承接一项设备安装劳务，劳务合同总收入为 200 万元，预计合同总成本为 140 万元，合同价款在签订合同时已收取，采用完工百分比法确认劳务收入。2015 年该劳务完工进度为 20%，2016 年该劳务的累计完工进度为 80%，2017 年 3 月全部完工。假设劳务成本全部为工人薪酬，要求：

①计算上述业务 2015 年、2016 年、2017 年的收入和费用；

②编制上述业务相关的会计分录。（答案中的金额单位用万元表示）

任务 5.1.3 小结

提供劳务收入核算的重点：完工百分比法的使用条件、完工百分比法的计算。

任务 5.1.4　让渡资产使用权收入的核算

【任务目的】

通过完成本任务，使学生掌握让渡资产使用权收入的核算，以备在实务中熟练运用。

【任务指导】

1. 让渡资产使用权收入的确认和计量

让渡资产使用权收入是指出租、出借资产给他人使用而形成的经济利益的流入，包括让渡无形资产等资产使用权的使用费收入、出租固定资产取得的租金、进行债权投资收取的利息、进行股权投资取得的现金股利等。让渡资产使用权的使用费收入同时满足下列条件的，才能予以确认：

（1）相关的经济利益很可能流入企业。

（2）收入的金额能够可靠地计量。

2. 核算业务框架

$$
让渡资产使用权收入
\begin{cases}
让渡无形资产使用权的使用费收入 \\
出租固定资产租金收入 \\
债权投资利息收入
\end{cases}
$$

3. 让渡资产使用权收入的业务处理

企业让渡资产使用权的使用费收入，一般通过"其他业务收入"科目核算；所让渡资产计提的摊销额等，一般通过"其他业务成本"科目核算。

企业确认让渡资产使用权的使用费收入时，按确定的收入金额，借记"银行存款""应收账款"等科目，贷记"其他业务收入"科目。企业对所让渡资产计提摊销以及所发生的与让渡资产有关的支出等，借记"其他业务成本"科目，贷记"累计摊销"等科目。

合同或协议规定一次性收取使用费，且不提供后续服务的，应当视同销售该项资产一次性确认收入；提供后续服务的，应在合同或协议规定的有效期内分期确认收入。合同或协议规定分期收取使用费的，通常应按合同或协议规定的收款时间和金额或规定的收费方法计算确定的金额分期确认收入。

[案例 5.1.4-1]

江河公司向某公司转让其软件的使用权，一次性收取使用费 50 000 元，不提供后续服务，款项已经收回。假定不考虑相关税费。

案例 5.1.4-1 解析：

借：银行存款　　　　　　　　　　　　　　　　　　　　　　　50 000

　　贷：其他业务收入　　　　　　　　　　　　　　　　　　　　　50 000

[案例 5.1.4-2]

江河公司于 2015 年 1 月 1 日向某公司转让某专利权的使用权，协议约定转让期为 5 年，每年年末收取使用费 200 000 元。2015 年该专利权计提的摊销额为 120 000 元，每月计提金额为 10 000 元。假定不考虑其他因素和相关税费。

案例 5.1.4-2 解析：

① 2015 年年末确认使用费收入：

借：应收账款（或银行存款）　　　　　　　　　　　　　200 000

　　贷：其他业务收入　　　　　　　　　　　　　　　　　　200 000

② 2015 年每月计提专利权摊销额：

借：其他业务成本　　　　　　　　　　　　　　　　　　10 000

　　贷：累计摊销　　　　　　　　　　　　　　　　　　　　10 000

[案例 5.1.4-3]

江河公司向 H 公司转让某商品的商标使用权，约定 H 公司每年年末按年销售收入的 10% 支付使用费，使用期 10 年。第一年，H 公司实现销售收入 1 800 000 元；第二年，H 公司实现销售收入 2 000 000 元。假定江河公司均于每年年末收到使用费。不考虑相关税费。

案例 5.1.4-3 解析：

① 第一年年末确认使用费收入：

应确认的使用费收入 = 1 800 000×10% = 180 000（元）

借：银行存款　　　　　　　　　　　　　　　　　　　180 000

　　贷：其他业务收入　　　　　　　　　　　　　　　　　180 000

② 第二年年末确认使用费收入：

应确认的使用费收入 = 2 000 000×10% = 200 000（元）

借：银行存款　　　　　　　　　　　　　　　　　　　200 000

　　贷：其他业务收入　　　　　　　　　　　　　　　　　200 000

【任务操作要求】

1. 学习并理解任务指导

2. 独立完成给定业务核算

A 公司于 2015 年 1 月 1 日向丙公司转让某商标权的使用权，协议约定转让期为 5 年，每年年末收取使用费 150 000 元。该专利权每月摊销额为 8 000 元。假定不考虑其他因素和相关税费，编制 A 公司该业务的会计分录。

任务 5.1.4 小结

让渡资产使用权收入核算的重点：

（1）让渡资产使用权收入包括的内容。

（2）让渡资产使用权收入的业务处理。

5.1.5　政府补助的核算

【任务目的】

通过完成本任务，使学生理解政府补助的含义、特征、分类及会计处理方法，掌握政府补助业务核算，以备在实务中熟练运用。

【任务指导】

1. 认知政府补助

（1）政府补助含义及主要形式。

政府补助，是指企业从政府无偿取得货币性资产或非货币性资产。政府补助主要形式包括政府对企业的无偿拨款、税收返还、财政贴息，以及无偿给予非货币性资产等。通常情况下，直接减征、免征、增加计税抵扣额、抵免部分税额等不涉及资产直接转移的经济资源，不适用政府补助准则。需要说明的是，增值税出口退税不属于政府补助。根据税法的规定，在对出口货物取得的收入免征增值税的同时，退付出口货物前道环节发生的进项税额，增值税出口退税实际上是政府退回企业事先垫付的进项税，不属于政府补助。

（2）政府补助特征。

政府补助具有如下特征：

①政府补助是来源于政府的经济资源。政府主要是指行政事业单位及类似机构。对企业收到的，来源于其他机构的补助，有确凿证据表明政府是补助的实际拨付者，其他机构只是起到代收代付的作用，则该项补助也属于来源于政府的经济资源。例如，某集团公司母公司收到一笔政府补助款，有确凿证据表明该补助款实际的补助对象为该母公司下属子公司，母公司只是起到代收代付作用，在这种情况下，该补助款属于对子公司的政府补助。

②政府补助是无偿的。即企业取得来源于政府的经济资源，不需要向政府交付商品或服务等对价。无偿性是政府补助的基本特征。这一特征将政府补助与政府作为企业所有者投入的资本、政府购买服务等互惠性交易区别开来。政府以投资者身份向企业投入资本，享有企业相应的所有权，政府与企业之间是投资者与被投资者的关系，属于互惠交易，不适用政府补助准则。企业从政府取得的经济资源，如果与企业销售商品或提供劳务等日常经营活动密切相关，且来源于政府的经济资源是企业商品或服务的对价或者是对价的组成部分，应当按照《企业会计准则第14号——收入》的规定进行会计处理，不适用政府补助准则。需要说明的是，政府补助通常附有一定条件，这与政府补助的无偿性并无矛盾，只是政府为了推行其宏观经济政策，对企业使用政府补助的时间、使用范围和方向等进行了限制。

[案例5.1.5-1]

201×年5月，甲企业与所在城市的开发区人民政府签订了项目合作投资协议，实施"退城进园"技术改造搬迁（简称技改搬迁）。根据协议，甲企业在开发区内投资约6亿元建设电子信息设备生产基地。生产基地占地面积600亩（1亩≈666.67平方米），该宗项目用地按开发区工业用地基准地价挂牌出让，甲企业摘牌并按挂牌出让价格缴纳土地款及相关税费7 200万元。

甲企业自开工之日起须在18个月内完成搬迁工作，从原址搬迁至开发区，同时将甲企业位于城区繁华地段的原址用地（300亩，按照所在地段工业用地基准地价评估为1.5亿元）移交给开发区政府收储，开发区政府将向甲企业支付补偿资金1.5亿元。甲企业收到的1.5亿元搬迁补偿资金是否作为政府补助处理？

案例5.1.5-1解析：

本例中，为实施"退城进园"技改搬迁，甲企业将其位于城区繁华地段的原址用地交给开发区政府收储，开发区政府为此向甲企业支付补偿资金 1.5 亿元。由于开发区政府对甲企业的搬迁补偿是基于甲企业原址用地的公允价值确定的，实质是政府按照相应资产市场价格向企业购买资产。企业从政府取得的经济资源是企业让渡其资产的对价，双方交易是互惠性交易，不符合政府补助无偿性的特点，所以甲企业收到的 1.5 亿元搬迁补偿资金不作为政府补助处理，而应作为处置非流动资产的收入。

[案例 5.1.5-2]

乙企业是一家生产和销售重型机械的企业。为推动科技创新，乙企业所在地政府于 201×年 10 月向乙企业拨付了 2 000 万元资金，要求乙企业将这笔资金用于技术改造项目研究，研究成果归乙企业享有。

案例 5.1.5-2 解析：

本例中，乙企业的日常活动是生产和销售重型机械，其从政府取得了 2 000 万元资金用于研发支出，且研究归乙企业享有。因此，这项财政拨款具有无偿性的特征，乙企业收到的 2 000 万元资金应当按照政府补助准则进行会计处理。

（3）政府补助的分类。

根据政府补助准则规定，政府补助应当划分为与资产相关的政府补助和与收益相关的政府补助。

①与资产相关的政府补助，是指企业取得的、用于购建或以其他方式形成长期资产的政府补助。通常情况下，相关补助文件会要求企业将补助资金用于取得长期资产。长期资产将在较长的期间内给企业带来经济利益，因此政府补助的受益期也较长。

②与收益相关的政府补助，是指除与资产相关的政府补助之外的政府补助。此类补助主要用于补偿企业已发生或即将发生的相关成本费用或损失，受益期相对较短，通常在满足补助所附条件时计入当期损益或冲减相关成本。

（4）政府补助的确认与计量。

根据政府补助准则的规定，政府补助同时满足下列条件的，才能予以确认：

①企业能够满足政府补助所附条件；

②企业能够收到政府补助。

在计量方面，政府补助为货币性资产的，应当按照收到或应收的金额计量。如果企业实际收到补助资金，应当按照实际收到的金额计量；如果资产负债表日企业尚未收到补助资金，但企业在符合了相关政策规定后就相应获得了收款权，且与之相关的经济利益很可能流入企业，企业应当在这项补助成为应收款时按照应收的金额计量。政府补助为非货币性资产的，应当按照公允价值计量；公允价值不能可靠取得的，按照名义金额计量。

（5）政府补助的会计处理方法。

政府补助有两种会计处理方法：总额法和净额法。总额法，将政府补助全额确认为收益；净额法，将政府补助作为相关资产账面价值或所补偿费用的扣减。根据《企业会计准则——基本准则》的要求，同一企业不同时期发生的相同或者相似的交易或者事项，应当采用一致的会计政策，不得随意变更。确需变更的，应当在附注中说明。企业应当根据经济业务的实质，判断某一类政府补助业务应当采用总额法还是净额法，通常情况下，对同类或类似政府补助业务只能选用一种方法，同时，企业对该业务应当一贯地运用该方法，不得随意变更。

与企业日常活动相关的政府补助，应当按照经济业务实质，计入当期损益或冲减相关成本费用。与企业日常活动无关的政府补助，计入营业外收支。通常情况下，若政府补助补偿的成本费用是营业利润之中的项目，或该补助与日常销售等经营行为密切相关如增值税即征即退等，则认为该政府补助与日常活动相关。企业选择总额法对与日常活动相关的政府补助进行会计处理的，应增设"其他收益"科目进行核算。"其他收益"科目核算总额法下与日常活动相关的政府补助以及其他与日常活动相关且应直接计入本科目的项目。对于总额法下与日常活动相关的政府补助，企业在实际收到或应收时，或者将先确认为"递延收益"的政府补助分摊计入损益时，借记"银行存款""其他应收款""递延收益"等科目，贷记"其他收益"科目。

2. 核算业务框架

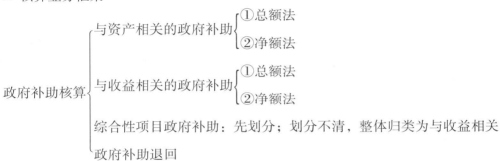

3. 与资产相关的政府补助的会计处理

实务中，企业通常先收到补助资金，再按照政府要求将补助资金用于购建固定资产或无形资产等长期资产。企业在收到补助资金是，有两种会计处理方法可供选择：一是总额法，即按照补助资金的金额借记有关资产科目，贷记"递延收益"科目；然后在相关资产使用寿命内按合理、系统的方法分摊计入损益。如果企业先收到补助资金，再购买长期资产，则应当在开始对相关资产计提折旧或摊销时开始将递延收益分期计入损益；如果企业先开始购建长期资产，再收到补助资金，则应当在相关资产的剩余使用寿命内按照合理、系统的方法将递延收益分期计入损益。企业对与资产相关的政府补助选择总额法后，为避免出现前后方法不一致的情况，结转递延收益时不得冲减相关成本费用，而是将递延收益分期转入其他收益或营业外收入，借记"递延收益"科目，贷记"其他收益"或"营业外收入"科目。相关资产在使用寿命结束时或结束前被处置（出售、报废等），尚未分摊的递延收益余额应当一次性转入资产处置当期的损益，不再予以递延。二是净额法，将补助冲减相关资产账面价值，企业按照扣减了政府补助后的资产价值对相关资产计提折旧或进行摊销。

实务中存在政府无偿给予企业长期非货币性资产的情况，如无偿给予的土地使用权和天然起源的天然林等。对无偿给予的非货币性资产，企业在收到是，应当按照公允价值借记有关资产科目，贷记"递延收益"科目，在相关资产使用寿命内按合理、系统的方法分摊计入损益，借记"递延收益"科目，贷记"其他收益"或"营业外收入"科目。对以名义金额（1元）计量的政府补助，在取得时计入当期损益。

[案例5.1.5-3]

按照国家有关政策，企业购置环保设备可以申请补贴以补偿其环保支出。江河公司于

2018 年 1 月向政府有关部门提交了 420 万元的补助申请，作为对其购置环保设备的补贴。2018 年 4 月 15 日，江河公司收到政府补助 420 万元，与日常活动相关。2018 年 5 月 20 日江河公司购入不需要安装环保设备，实际成本为 960 万元，使用寿命 10 年，采用直线法计提折旧，不考虑净残值。2026 年 5 月江河公司这台设备发生毁损。假设不考虑相关税费等其他因素。

案例 5.1.5-3 解析：

方法一：江河公司选择总额法进行会计处理

（1）2018 年 4 月 15 日，实际收到财政拨款，确认递延收益：

借：银行存款 4 200 000

　　贷：递延收益 4 200 000

（2）2018 年 5 月 20 日购入设备时：

借：固定资产 9 600 000

　　贷：银行存款 9 600 000

（3）自 2018 年 6 月起，每个资产负债表日（月末）计提折旧，同时分摊递延收益：

①计提折旧（假设该设备用于污染物排放测试，折旧费用计入制造费用）：

借：制造费用 80 000

　　贷：累计折旧 （9 600 000÷10÷12）80 000

②月末分摊递延收益

借：递延收益 （4 200 000÷10÷12）35 000

　　贷：其他收益 35 000

（4）2026 年 5 月设备毁损，同时转销递延收益余额：

①设备毁损

借：固定资产清理 1 920 000

　　累计折旧 ［80 000×（7+7×12+5）］7 680 000

　　贷：固定资产 9 600 000

借：营业外支出 1 920 000

　　贷：固定资产清理 1 920 000

②转销递延收益余额

借：递延收益 ［4 200 000−35 000×（7+7×12+5）］840 000

　　贷：营业外收入 840 000

方法二：江河公司选择净额法进行会计处理

（1）2018 年 4 月 15 日，实际收到财政拨款，确认递延收益：

借：银行存款 4 200 000

　　贷：递延收益 4 200 000

（2）2018 年 5 月 20 日购入设备时：

借：固定资产 9 600 000

　　贷：银行存款 9 600 000

同时：

借：递延收益	4 200 000
贷：固定资产	4 200 000

（3）自2018年6月起，每个资产负债表日（月末）计提折旧：

借：制造费用	45 000
贷：累计折旧	［（9 600 000－4 200 000）÷10÷12］45 000

（4）2026年5月设备毁损：

借：固定资产清理	1 080 000
累计折旧	［45 000×（7+7×12+5）］4 320 000
贷：固定资产	（9 600 000－4 200 000）5 400 000
借：营业外支出	1 080 000
贷：固定资产清理	1 080 000

4. 与收益相关的政府补助的会计处理

对于与收益相关的政府补助，企业应当采用总额法或净额法进行会计处理。选择总额法的，应当计入其他收益或营业外收入。选择净额法的，应当冲减相关成本费用或营业外支出。

政府补助准则规定，与收益相关的政府补助，应当分情况按照以下规定进行会计处理：

（1）用于补偿企业以后期间的相关成本费用或损失的，确认为递延收益，并在确认相关成本费用或损失的期间，计入当期损益或冲减相关成本。

［案例5.1.5-4］

江河公司于2018年3月10日与企业所在地地方政府签订合作协议，根据协议约定当地政府向江河公司提供500万元奖励资金，用于企业的人才激励和人才引进奖励。江河公司必须按年向当地政府报送详细的资金使用计划，并按规定用途使用资金。江河公司于2018年4月10日收到500万元补助资金。分别在2018年12月、2019年12月、2020年12月使用了200万元、150万元、150万元用于发放给总裁级别高管年度奖金。假设不考虑相关税费等其他因素。

案例5.1.5-4解析：

方法一：江河公司选择净额法进行会计处理

（1）2018年3月10日实际收到补助资金：

借：银行存款	5 000 000
贷：递延收益	5 000 000

（2）2018年12月、2019年12月、2020年12月江河公司将补助资金发放高管奖金时：

①2018年12月

借：递延收益	2 000 000
贷：管理费用	2 000 000

②2019年12月

借：递延收益	1 500 000

  贷：管理费用   1 500 000

  ③ 2020 年 12 月

  借：递延收益   1 500 000

   贷：管理费用   1 500 000

  方法二：若江河公司选择总额法进行会计处理，不同之处在于，江河公司在 2018 年 12 月、2019 年 12 月、2020 年 12 月将相应的补助资金用于发放高管奖金，确认管理费用时，同时，借记"递延收益"科目，贷记"其他收益"科目。

  （2）用于补偿企业已发生的相关成本费用或损失的，直接计入当期损益或冲减相关成本。这类补助通常与企业已发的行为有关，是对企业已发生的成本费用或损失的补偿，或是对企业过去行为的奖励。

  [案例 5.1.5-5]

  江河公司生产一种先进的模具产品，按照国家相关规定，该企业的这种产品适用增值税先征后返政策，即先按规定征收增值税，然后按实际缴纳增值税额返还 70%。201×年 10 月，该企业实际缴纳增值税额 240 万元。201×年 11 月，该企业实际收到返还的增值税额 168 万元。

  案例 5.1.5-5 解析：

  本例中，江河公司收到返还的增值税税额属于与企业的日常销售密切相关，属于与企业日常活动相关的政府补助，应在实际收到时直接计入当期损益（其他收益），即：

  201×年 11 月，江河公司实际收到返还的增值税额时：

  借：银行存款   1 680 000

   贷：其他收益   1 680 000

  [案例 5.1.5-6]

  江河公司 201×年 7 月遭受重大自然灾害，并于当月收到政府补助资金 100 万元。

  案例 5.1.5-6 解析：

  江河公司收到补助资金时选择总额法进行会计处理：

  借：银行存款   1 000 000

   贷：营业外收入   1 000 000

  5. 综合性项目政府补助的会计处理

  对同时包含与资产相关部分和与收益相关部分的政府补助，应当区分不同部分分别进行会计处理；难以区分的，应当整体归类为与收益相关的政府补助进行会计处理。

  [案例 5.1.5-7]

  2018 年 1 月 5 日，某市科技创新委员会与江河公司签订了科技计划项目合同书，拟对江河公司的数字印刷技术开发项目提供研发补助资金。该项目总预算 2 400 万元，其中，市科技创新委员会资助 1 200 万元，江河公司自筹 1 200 万元。资助的 1 200 万元用于补助设备 900 万元，材料费用、人员费和市场营销费各 100 万元，假定除设备费外的其他各项费用都属于研发支出。江河公司于 2018 年 1 月 20 日收到了研发补贴资金，并按照协议约定的用途使用了补助资金。江河公司于 2018 年 2 月 20 日按项目合同书的约定购置了不需安装的相关设备，设备成本 1 200 万元，其中使用补贴资金 900 万元，该设备使用年限

10 年，采用直线法计提折旧（不考虑净残值）。假设不考虑相关税费等其他因素。江河公司对政府补助选择净额法处理。

案例 5.1.5-7 解析：

本例属于针对综合性项目的政府补助，需要区分与资产相关的政府补助和与收益相关的政府补助并分别进行处理。

① 2018 年 1 月 20 日，实际收到补贴资金：

借：银行存款　　　　　　　　　　　　　　　　　　　12 000 000

　　贷：递延收益　　　　　　　　　　　　　　　　　　　　　12 000 000

② 2018 年 2 月 20 日购入设备：

借：固定资产　　　　　　　　　　　　　　　　　　　12 000 000

　　贷：银行存款　　　　　　　　　　　　　　　　　　　　　12 000 000

同时：

借：递延收益　　　　　　　　　　　　　　　　　　　9 000 000

　　贷：固定资产　　　　　　　　　　　　　　　　　　　　　9 000 000

③ 自 2018 年 3 月起每个资产负债表日（月末）计提折旧，折旧费用计入研发支出：

借：研发支出　　　　　　　　　　　　　　　　　　　25 000

　　贷：累计折旧　　　　　　　[（12 000 000-9 000 000）÷10÷12] 25 000

④ 对其他与收益相关的政府补助，江河公司应当按照相关经济业务的实质确定是计入其他收益还是冲减成本费用，在企业按规定用途实际使用补助资金时计入损益，或者在实际使用的当期期末根据当期累计使用的金额计入损益，借记"递延收益"科目、贷记有关损益科目。

6. 政府补助退回的会计处理

根据政府补助准则第十五条的规定，已确认的政府补助需要退回的，应当分别下列情况进行处理：

（1）初始确认时冲减相关资产账面价值的，调整资产账面价值。

（2）存在相关递延收益的，冲减相关递延收益账面余额，超出部分计入当期损益。

（3）属于其他情况的，直接计入当期损益。

此外，属于前期差错的政府补助退回，按照前期差错更正进行追溯调整。

[案例 5.1.5-8]

承接 [案例 5.1.5-3]，假设 2019 年 6 月，有关部门在对江河公司的检查中发现，江河公司不符合申请补助的条件，要求江河公司退回补助款。江河公司于当月退回了补助款420 万元。

案例 5.1.5-8 解析：

方法一：江河公司选择总额法进行会计处理的情况下，应当结转递延收益，并将超出部分计入当期损益。因为以前期间计入其他收益，所以本例中这部分退回的补助冲减退回当月的其他收益。

借：递延收益　　　　　　　　　　　　　　　　　　　3 780 000

　　其他收益　　　　　　　　　　　　　　　　　　　　　 420 000

贷：银行存款　　　　　　　　　　　　　　　　　　　　　　　　4 200 000

方法二：江河公司选择净额法进行会计处理的情况下，应当视同一开始就没有收到政府补助，调整固定资产的账面价值，将实际退回金额与账面价值调整数之间的差额计入当期损益。因为本例中以前期间冲减了制造费用，所以这部分退回的补助补记退回当月的制造费用。

借：固定资产　　　　　　　　　　　　　　　　　　　　　　　　3 780 000

　　制造费用　　　　　　　　　　　　　　　　　　　　　　　　　420 000

贷：银行存款　　　　　　　　　　　　　　　　　　　　　　　　4 200 000

【任务操作要求】

1. 学习并理解任务指导

2. 独立完成给定业务核算

（1）按照国家有关政策，企业购置环保设备可以申请补贴以补偿其环保支出。甲公司于 2018 年 1 月向政府有关部门提交了 210 万元的补助申请，作为对其购置环保设备的补贴。2018 年 3 月 15 日，江河公司收到政府补助 210 万元，与日常活动相关。2018 年 4 月 20 日江河公司购入不需要安装环保设备，实际成本为 480 万元，使用寿命 10 年，采用直线法计提折旧，不考虑净残值。2026 年 4 月江河公司这台设备发生毁损。假设不考虑相关税费等其他因素。要求：根据上述资料，分别采用总额法和净额法编制甲公司上述经济业务的会计分录。

（2）乙公司于 2018 年 2 月 10 日与企业所在地地方政府签订合作协议，根据协议约定当地政府向江河公司提供 300 万元奖励资金，用于企业的人才激励和人才引进奖励。乙公司必须按年向当地政府报送详细的资金使用计划，并按规定用途使用资金。乙公司于 2018 年 4 月 10 日收到 300 万元补助资金。分别在 2018 年 12 月、2019 年 12 月、2020 年 12 月使用了 150 万元、100 万元、50 万元用于发放给总裁级别高管年度奖金。假设不考虑相关税费等其他因素。假定乙公司选择净额法进行会计处理。

（3）承业务（2），假设 2020 年 1 月，因乙公司重大战略调整，搬离了原所在地，所在地政府根据协议要求乙公司退回补贴款 50 万元。

任务 5.1.5 小结

政府补助收入核算的重点：

1. 政府补助特征、形式、会计处理方法；

2. 与资产相关的政府补助和与收益相关的政府补助的业务处理。

项目 5.2　费用的核算

【项目介绍】

本项目内容以《企业会计准则——基本准则》及其应用指南为指导，主要介绍费用的含义及内容，介绍营业成本、税金及附加以及期间费用的核算方法，要求学生通过学习，对费用具体核算内容有所认知，通过任务处理，进一步演练借贷记账法，为会计实务工作打下基础。

【项目实施标准】

本项目通过完成4项具体任务来实施，具体任务内容结构如表5.2-1所示：

表 5.2-1   **"费用的核算"项目任务细分表**

任务	子任务
任务 5.2.1 费用的基本认知	—
任务 5.2.2 费用的核算	1. 营业成本的核算
	2. 税金及附加的核算
	3. 期间费用的核算

任务 5.2.1   费用的基本认知

【任务目的】

通过完成本任务，使学生明确费用的含义、特点和核算内容，对费用形成初步认知，为学习后续核算内容打下理论基础。

【任务指导】

1. 费用的含义

费用是指企业在日常活动中发生的、会导致所有者权益减少的、与向所有者分配利润无关的经济利益的总流出。

2. 费用的特点

费用具有以下特点：

（1）费用是企业在日常活动中发生的经济利益的总流出。

费用形成于企业日常活动的特征使其与产生于非日常活动的损失相区分。企业从事或发生的某些活动或事项也能导致经济利益流出企业，但不属于企业的日常活动。例如，企业处置固定资产、无形资产等非流动资产，因违约支付罚款，对外捐赠，因自然灾害等非常原因产生财产毁损等，这些活动或事项形成的经济利益的总流出属于企业的损失而不是费用。

（2）费用会导致企业所有者权益的减少。

费用既可能表现为资产的减少，如减少银行存款、库存商品等；也可能表现为负债的增加，如增加应付职工薪酬、应交税费等。

（3）费用与向所有者分配利润无关。

向所有者分配利润或股利属于企业利润分配的内容，不构成企业的费用。

3. 费用的内容及分类

为了合理确认和计量费用，应当对费用进行分类，企业费用按不同标准可以分为不同种类，按经济用途可以将费用划分为营业成本和期间费用。

（1）营业成本。

营业成本包括主营业务成本、其他业务成本。主营业务成本，是指企业销售商品、提供劳务及让渡资产使用权等日常活动所发生的各种耗费。其他业务成本，是指企业确认的除主营业务活动以外的其他经营活动所发生的支出，包括销售材料的成本、出租固定资产的折旧额、出租无形资产的摊销额、出租包装物的成本或摊销额等。

（2）期间费用。

期间费用，是指企业日常活动发生的不能计入特定核算对象的成本，而应计入发生当期损益的费用。期间费用包括销售费用、管理费用和财务费用。

①销售费用。销售费用，是指企业在销售商品和材料、提供劳务过程中发生的各项费用，包括保险费、包装费、展览费和广告费、商品维修费、预计产品质量保证损失、运输费、装卸费等以及为销售本企业商品而专设的销售机构（含销售网点、售后服务网点等）的职工薪酬、业务费、折旧费等经营费用。企业发生的与专设销售机构相关的固定资产修理费等后续支出也属于销售费用。

②管理费用。管理费用，是指企业为组织和管理生产经营活动而发生的各种管理费用，包括企业在筹建期间内发生的开办费、董事会和行政管理部门在企业的经营管理中发生的以及应由企业统一负担的公司经费、工会经费、董事会费（包括董事会成员津贴、会议费和差旅费等）、聘请中介机构费、咨询费（含顾问费）、诉讼费、业务招待费、技术转让费、研究费用、排污费等。企业生产车间（部门）和行政管理部门等发生的固定资产修理费用等后续支出，应在发生时计入管理费用。

③财务费用。财务费用，是指企业为筹集生产经营所需资金等而发生的筹资费用，包括利息支出（减利息收入）、汇兑损益以及相关的手续费、企业发生或收到的现金折扣等。

任务5.2.2　费用的核算

子任务1　营业成本的核算

【任务目的】

通过完成本任务，使学生熟练掌握主营业务成本、其他业务成本的核算内容以及账务处理方法，以备在核算实务中熟练运用。

【任务指导】

1. 核算业务框架

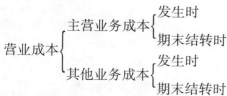

2. 主营业务成本的业务处理

企业应当设置"主营业务成本"科目，核算企业因销售商品、提供劳务或让渡资产使用权等日常活动而发生的实际成本，借记"主营业务成本"，贷记"库存商品""劳务成本"等。按主营业务的种类进行明细核算。期末，将主营业务成本的余额转入"本年利润"科目，借记"本年利润"，贷记"主营业务成本"，结转后该科目无余额。

[案例 5.2.2-1]

201×年 8 月 20 日江河公司向 X 公司销售一批产品，开出的增值税专用发票上注明售价为 200 000 元，增值税税额为 32 000 元；江河公司已收到 X 公司支付的货款 232 000 元，并将提货单送交 X 公司；该批产品成本为 120 000 元。

案例 5.2.2-1 解析：

（1）销售实现时：

借：银行存款	232 000
贷：主营业务收入	200 000
应交税费——应交增值税（销项税额）	32 000
借：主营业务成本	120 000
贷：库存商品	120 000

（2）期末结转损益时：

借：本年利润	120 000
贷：主营业务成本	120 000
借：主营业务收入	200 000
贷：本年利润	200 000

[案例 5.2.2-2]

某公司 201×年 8 月末计算已售甲、乙、丙三种产品的实际成本分别为 20 000 元、35 000 元、60 000 元。

案例 5.2.2-2 解析：

该公司月末结转本月已销产品成本时：

借：主营业务成本	115 000
贷：库存商品——甲产品	20 000
——乙产品	35 000
——丙产品	60 000

3. 其他业务成本的业务处理

企业应当设置"其他业务成本"科目，核算企业确认的除主营业务活动以外的其他经营活动所发生的支出。企业发生的其他业务成本，借记"其他业务成本"，贷记"原材料""周转材料""累计折旧""累计摊销"等科目。该科目按其他业务成本的种类进行明细核算。期末，将其他业务成本的余额转入"本年利润"科目，借记"本年利润"，贷记"其他业务成本"，结转后该科目无余额。

[案例 5.2.2-3]

201×年 8 月 2 日，某公司销售一批原材料，开具的增值税专用发票上注明的售价为 30 000 元，增值税税额为 4 800 元，款项已由银行收妥。该批原材料的实际成本为 15 000 元。

案例 5.2.2-3 解析：

销售材料时：

借：银行存款　　　　　　　　　　　　　　　　　　　　　　34 800

　　贷：其他业务收入　　　　　　　　　　　　　　　　　　　30 000

　　　　应交税费——应交增值税（销项税额）　　　　　　　4 800

结转销售材料的成本：

借：其他业务成本　　　　　　　　　　　　　　　　　　　　15 000

　　贷：原材料　　　　　　　　　　　　　　　　　　　　　15 000

［案例 5.2.2-4］

201×年 8 月 1 日，某公司将自行开发完成的非专利技术出租给另一家公司，该非专利技术成本为 240 000 元，双方约定的租赁期限为 10 年，该公司每月应摊销（240 000÷10÷12）2 000 元。

案例 5.2.2-4 解析：

每月摊销时：

借：其他业务成本　　　　　　　　　　　　　　　　　　　　2 000

　　贷：累计摊销　　　　　　　　　　　　　　　　　　　　2 000

【任务操作要求】

1. 学习并理解任务指导

2. 独立完成给定业务核算

甲公司为增值税一般纳税人，公司的原材料采用实际成本法核算，商品售价不含增值税，商品销售成本逐笔结转。201×年 11 月发生的有关采购与销售业务如下：

（1）11 月 1 日，从 A 公司采购材料一批，收到的增值税专用发票上注明的货款为 100 万元，增值税为 16 万元。材料已验收入库，款项尚未支付。

（2）11 月 6 日，向 A 公司销售商品 5 000 件，价目表中 A 商品售价为 10 元，增值税税率为 16%，每件商品成本为 6 元。甲公司为购货方提供的商业折扣为 10%，现金折扣条件为"2/10，1/20，N/30"。11 月 13 日，甲公司收到 A 公司支付的款项，并存入银行。假定计算现金折扣时不考虑增值税。

（3）11 月 13 日，向 B 公司销售商品一批，开出的增值税专用发票上注明的售价为 200 万元，增值税为 32 万元，该批商品实际成本为 140 万元，款项尚未收到。

（4）销售给 B 公司的部分商品由于存在质量问题，11 月 18 日 B 公司要求退回 11 月 13 日所购商品的 50%，经过协商，甲公司同意 B 公司的退货要求，办理了相应手续后向 B 公司开具了增值税专用发票（红字），发生的销售退回允许扣减当期的增值税销项税额，该批退回的商品已验收入库。

（5）11 月 19 日，向 C 公司销售商品一批，开具的增值税专用发票上注明的售价为 100 万元，增值税为 16 万元，该批商品实际成本为 70 万元，款项尚未收到。

（6）销售给 C 公司的商品由于存在质量问题，C 公司要求在价格上给予 5% 的折让，甲公司同意了该要求，办妥手续后开具了红字增值税专用发票。

假定除上述资料外，不考虑其他相关因素。

要求：根据上述资料，逐项编制甲公司上述经济业务的会计分录。

子任务 2　税金及附加的核算

【任务目的】

通过完成本任务，使学生熟练掌握税金及附加的核算内容以及账务处理方法，以备在核算实务中熟练运用。

【任务指导】

1. 税金及附加的含义

税金及附加，是指企业经营活动应负担的相关税费，包括消费税、城市维护建设税、教育费附加、资源税、房产税、车船税、印花税、城镇土地使用税等，但不包括增值税和所得税。

2. 业务核算框架

税金及附加 { 发生时：借记"税金及附加"，贷记"应交税费"等

期末结转时：借记"本年利润"，贷记"税金及附加"，结转后该科目无余额

[案例 5.2.2-5]

某公司 201×年 2 月 1 日取得应纳消费税的销售商品收入 1 000 000 元，该产品适用的消费税税率为 30%。

案例 5.2.2-5 解析：

计算应交消费税额：

借：税金及附加　　　　　　　　　　　　　　（1 000 000×30%）300 000

　　贷：应交税费——应交消费税　　　　　　　　　　　　　　300 000

交纳消费税时：

借：应交税费——应交消费税　　　　　　　　　　　　　　300 000

　　贷：银行存款　　　　　　　　　　　　　　　　　　　　300 000

[案例 5.2.2-6]

201×年 4 月，某公司当月实际应交增值税 350 000 元，应交消费税 150 000 元，城建税税率为 7%，教育费附加率为 3%。

案例 5.2.2-6 解析：

① 计算应交城建税和教育费附加时：

城市维护建设税：

（350 000+150 000）×7% = 35 000 （元）

教育费附加：

（350 000+150 000）×3% = 15 000 （元）

② 会计分录如下：

借：税金及附加　　　　　　　　　　　　　　　　　　　　50 000

　　贷：应交税费——应交城建税　　　　　　　　　　　　　35 000

　　　　　　　　　——应交教育费附加　　　　　　　　　　15 000

实际缴纳城建税和教育费附加时：

借：应交税费——应交城建税   35 000

          ——应交教育费附加   15 000

    贷：银行存款   50 000

【任务操作要求】

1. 学习并理解任务指导

2. 独立完成给定业务核算

201×年12月，甲公司当月实际应交增值税 350 000 元，应交消费税 150 000 元，应交企业所得税 500 000 元，该企业适用城建税税率7%，教育费附加3%。计算该公司本月应纳城建税和教育费附加，并做相关的会计分录。

子任务3 期间费用的核算

【任务目的】

通过完成本任务，使学生熟练掌握销售费用、管理费用和财务费用的核算内容以及账务处理方法，以备在核算实务中熟练运用。

【任务指导】

1. 核算业务框架

$$
\text{期间费用}\begin{cases}
\text{销售费用}\begin{cases}\text{发生时:借记"销售费用",贷记"银行存款"等}\\\text{期末结转时:借记"本年利润",贷记"销售费用",结转后该科目无余额}\end{cases}\\
\text{管理费用}\begin{cases}\text{发生时:借记"管理费用",贷记"银行存款"等}\\\text{期末结转时:借记"本年利润",贷记"管理费用",结转后该科目无余额}\end{cases}\\
\text{财务费用}\begin{cases}\text{发生时:借记"财务费用",贷记"银行存款"等}\\\text{期末结转时:借记"本年利润",贷记"财务费用",结转后该科目无余额}\end{cases}
\end{cases}
$$

2. 销售费用

企业应当通过"销售费用"科目核算企业销售费用的发生和结转情况。发生各项销售费用时，借记该账户，贷记"银行存款""应付职工薪酬"等账户；期末，将借方登记的销售费用全部由本账户的贷方转入"本年利润"账户的借方。结转后，"销售费用"科目期末无余额。

[案例5.2.2-7]

某公司201×年3月1日为宣传新产品发生广告费，取得的增值税专用发票上注明的价款为50 000元，增值税税额为3 000元，用银行存款支付。

案例5.2.2-7解析：

借：销售费用——广告费   50 000

    应交税费——应交增值税（进项税额）   3 000

    贷：银行存款   53 000

[案例5.2.2-8]

某公司201×年3月12日销售一批产品，取得的增值税专用发票上注明运输费4 800

元，增值税税额为 480 元，取得的增值税普通发票上注明装卸费 1 200 元，增值税税额 72 元，均用银行存款支付。

案例 5.2.2-8 解析：

借：销售费用——运输费　　　　　　　　　　　　　　　　　　4 800

　　　　——装卸费　　　　　　　　　　　　　　　　　　1 272

　　应交税费——应交增值税（进项税额）　　　　　　　　480

　　贷：银行存款　　　　　　　　　　　　　　　　　　　　　6 552

［案例 5.2.2-9］

某公司 201× 年 3 月 31 日计算出当月专设销售机构使用房屋应计提的折旧 7 800 元。

案例 5.2.2-9 解析：

借：销售费用——折旧费　　　　　　　　　　　　　　　　　7 800

　　贷：累计折旧　　　　　　　　　　　　　　　　　　　　　7 800

［案例 5.2.2-10］

某公司 201× 年 3 月 31 日将本月发生的"销售费用" 63 872 元，结转至"本年利润"科目。

案例 5.2.2-10 解析：

借：本年利润　　　　　　　　　　　　　　　　　　　　　63 872

　　贷：销售费用　　　　　　　　　　　　　　　　　　　　63 872

3. 管理费用

企业应当通过"管理费用"科目核算企业管理费用的发生和结转情况。发生各项管理费用时，借记该账户，贷记"银行存款""应付职工薪酬""累计折旧"等账户；期末，将借方登记的管理费用全部由本账户的贷方转入"本年利润"账户的借方。结转后，"管理费用"科目期末无余额。

［案例 5.2.2-11］

某公司 201× 年 3 月 12 日为拓展产品销售市场发生业务招待费 50 000 元，取得的增值税专用发票上注明增值税税额 3 000 元，用银行存款支付。

案例 5.2.2-11 解析：

借：管理费用——业务招待费　　　　　　　　　　　　　50 000

　　应交税费——应交增值税（进项税额）　　　　　　　3 000

　　贷：银行存款　　　　　　　　　　　　　　　　　　　53 000

［案例 5.2.2-12］

某公司 201× 年 3 月 25 日就一项产品的设计方案向有关专家进行咨询，以现金支付咨询费 30 000 元。

案例 5.2.2-12 解析：

借：管理费用——咨询费　　　　　　　　　　　　　　　30 000

　　贷：库存现金　　　　　　　　　　　　　　　　　　　30 000

［案例 5.2.2-13］

某公司 201× 年 3 月 31 日将"管理费用"科目余额 80 000 元转入"本年利润"科目。

案例 5.2.2-13 解析：

借：本年利润　　　　　　　　　　　　　　　　　　　　　　　　　　　　80 000

　　贷：管理费用　　　　　　　　　　　　　　　　　　　　　　　　　　　80 000

4. 财务费用

企业应当通过"财务费用"科目核算企业财务费用的发生和结转情况。发生各项财务费用时，借记该账户，贷记"银行存款""应付利息"等账户；期末，将借方登记的财务费用全部由本账户的贷方转入"本年利润"账户的借方。结转后，"财务费用"科目期末无余额。

［案例 5.2.2-14］

某公司 201×年 3 月 30 日用银行存款支付本月应负担的短期借款利息 24 000 元。

案例 5.2.2-14 解析：

借：财务费用——利息支出　　　　　　　　　　　　　　　　　　　　　　24 000

　　贷：银行存款　　　　　　　　　　　　　　　　　　　　　　　　　　　24 000

［案例 5.2.2-15］

201×年 3 月 7 日，某公司在购买材料业务中，根据对方规定的现金折扣条件提前付款，获得对方给予的现金折扣 4 000 元。

案例 5.2.2-15 解析：

借：应付账款　　　　　　　　　　　　　　　　　　　　　　　　　　　　4 000

　　贷：财务费用　　　　　　　　　　　　　　　　　　　　　　　　　　　4 000

［案例 5.2.2-16］

201×年 3 月 31 日，某公司将"财务费用"科目余额 28 000 元结转到"本年利润"科目。

案例 5.2.2-16 解析：

借：本年利润　　　　　　　　　　　　　　　　　　　　　　　　　　　　28 000

　　贷：财务费用　　　　　　　　　　　　　　　　　　　　　　　　　　　28 000

【任务操作要求】

1. 学习并理解任务指导

2. 独立完成给定业务核算

某企业 201×年 3 月份发生的业务有：

（1）发生无形资产研究费用 10 万元。

（2）发生专设销售部门人员工资 25 万元。

（3）支付业务招待费 15 万元。

（4）支付销售产品保险费 5 万元。

（5）计算本月应交纳的城市维护建设税 0.5 万元。

（6）计提投资性房地产折旧 40 万元。

（7）支付本月末计提短期借款利息 0.1 万元。

要求：说明各项经济业务应该计入的借方科目并计算该企业 3 月份发生的期间费用总额。

任务 5.2.2 小结

1. 营业成本中核算的重点

主营业务成本和其他业务成本结转的账务处理。

2. 期间费用的核算的重点

（1）期间费用核算的内容。

（2）管理费用、销售费用、财务费用的账务处理。

项目 5.3　利润的核算

【项目介绍】

本项目内容以《企业会计准则——基本准则》《企业会计准则第 18 号——所得税》及其应用指南为指导，主要介绍利润的含义及形成，介绍营业外收支、本年利润、所得税费用以及利润分配的核算方法，要求学生通过学习，对利润的形成与分配有所认知，通过任务处理，进一步演练借贷记账法，为会计实务工作打下基础。

【项目实施标准】

本项目通过完成 6 项具体任务来实施，具体任务内容结构如表 5.3-1 所示：

表 5.3-1　　　　　　　　　"利润的核算"项目任务细分表

任务	子任务
任务 5.3.1　认知利润的形成	—
任务 5.3.2　营业外收支的核算	1. 营业外收入的核算
	2. 营业外支出的核算
任务 5.3.3　本年利润的核算	—
任务 5.3.4　所得税费用的核算	—
任务 5.3.5　利润分配的核算	—

任务 5.3.1　认知利润的形成

【任务目的】

通过完成本任务，使学生了解利润的含义，并对利润的形成及计算形成初步认知，为学习后续核算内容打下理论基础。

【任务指导】

利润是企业一定会计期间的经营成果，对利润进行核算，可以及时反映企业在一定期间的经营业绩和获利能力，反映企业投入产出效率和经济效益。利润包括收入减去费用后的净额、直接计入当期利润的利得和损失等。未计入当期利润的利得核算时扣除所得税影响后的净额计入其他综合收益。净利润和其他综合收益的合计金额为综合收益总额。利得是指由企业非日常活动所形成的、会导致所有者权益增加的、与所有者投入资本无关的经济利润的流入。损失是指由企业非日常活动所发生的、会导致所有者权益减少、与向所有者分配利润无关的经济利润的流出。

与利润相关的计算公式主要如下：

1. 营业利润

营业利润=营业收入-营业成本-税金及附加-销售费用-管理费用-财务费用-资产减值损失+其他收益+投资收益(-投资损失)+公允价值变动收益(-公允价值变动损失)+资产处置收益(-资产处置损失)

其中：

营业收入，是指企业经营业务所确认的收入总额，包括"主营业务收入"和"其他业务收入"。

营业成本，是指企业经营业务所发生的实际成本总额，包括"主营业务成本"和"其他业务成本"。

资产减值损失，是指企业计提各项资产减值准备所形成的损失。

其他收益，主要是指与企业日常活动相关除冲减相关成本费用以外的政府补助。

公允价值变动收益（或损失）是指企业交易性金融资产等公允价值变动形成的应计入当期损益的利得（或损失）。

投资收益（或损失），是指企业以各种方式对外投资所取得的收益（或发生的损失）。

资产处置损益（或损失），是指企业出售划分为持有待售的非流动资产（金融工具、长期股权投资和投资性房地产除外）或处置组（子公司和业务除外）时确认的处置利得或损失，以及处置未划分为持有待售的固定资产、在建工程、生产性生物资产及无形资产而产生的处置利得或损失。债务重组中因处置非流动资产产生的利得或损失和非流动资产交换中换出非流动资产产生的利得或损失也包括在本项目内。

2. 利润总额

利润总额=营业利润+营业外收入-营业外支出

其中：

营业外收入是指企业发生的与其日常活动无直接关系的各项利得。

营业外支出是指企业发生的与其日常活动无直接关系的各项损失。

3. 净利润

净利润=利润总额-所得税费用

其中，所得税费用是指企业确认的应从当期利润总额中扣除的所得税费用。

【任务操作要求】

学习并理解任务指导。

任务5.3.1 小结

利润认知的重点：利润的计算方法

任务5.3.2　营业外收支的核算

子任务1　营业外收入的核算

【任务目的】

通过完成本任务，使学生掌握营业外收入核算的内容以及核算的方法，以备在实务中熟练运用。

【任务指导】

1. 营业外收入的含义

营业外收入，是指企业发生的营业利润以外的收益，主要包括非流动资产毁损报废利得、与企业日常活动无关的政府补助、盘盈利得、捐赠利得、债务重组利得、确实无法支付而按规定程序经批准后转作营业外收入的应付款项等等。其中：

非流动资产毁损报废利得，是指因自然灾害等发生毁损、已丧失使用功能而报废非流动资产所产生的清理收益。

与企业日常活动无关的政府补助，是指与企业日常活动无关的，从政府无偿取得的货币性资产或非货币性资产形成的利得。

盘盈利得，主要指对现金等资产清查盘点时发生的盘盈，报经批准后计入营业外收入的金额。

捐赠利得，指企业接受捐赠产生的利得。

2. 科目设置

企业应通过"营业外收入"科目，核算营业外收入的取得及结转情况。该科目贷方登记企业确认的各项营业外收入，借方登记期末结转入本年利润的营业外收入。结转后该科目应无余额。该科目应按照营业外收入的项目进行明细核算。

3. 核算业务框架

营业外收入 { 发生时：借记"固定资产清理"等，贷记"营业外收入"等

期末结转时：借记"营业外收入"，贷记"本年利润"

[案例5.3.2-1]

某企业在现金清查中盘盈300元，按管理权限报经批准后转入营业外收入。

案例5.3.2-1解析：

① 批准处理前：

借：库存现金　　　　　　　　　　　　　　　　　　　　　　300

　　贷：待处理财产损溢　　　　　　　　　　　　　　　　　　　　300

② 批准处理后：

借：待处理财产损溢   300
  贷：营业外收入   300

［案例5.3.2-2］

某企业将固定资产报废清理的净损益20 000元结转。

案例5.3.2-2解析：

借：固定资产清理   20 000
  贷：营业外收入   20 000

【任务操作要求】

1. 学习并理解任务指导

2. 独立完成给定业务核算

（1）甲公司收到某外商捐款50 000元存入银行。要求：编制该业务的会计分录。

（2）甲公司201×年10月将一笔确实无法支付的应付账款50 000元进行结转。要求：编制该业务的会计分录。

子任务2　营业外支出的核算

【任务目的】

通过完成本任务，使学生掌握营业外支出核算的内容以及核算的方法，以备在实务中熟练运用。

【任务指导】

1. 营业外支出的含义

营业外支出，是指企业发生的营业利润以外的支出，主要包括非流动资产毁损报废损失、公益性捐赠支出、盘亏损失、罚款支出、债务重组损失、非常损失等。其中：

非流动资产毁损报废损失，是指因自然灾害等发生毁损、已丧失使用功能而报废非流动资产所产生的清理损失。

公益性捐赠支出，是指企业对外进行公益性捐赠发生的支出。

盘亏损失，主要是指对财产清查盘点中盘亏的资产，在查明原因处理时按确定的损失计入营业外支出的金额。

非常损失，是指企业对于因客观因素（如自然灾害等）造成的损失，在扣除保险公司赔偿后应计入营业外支出的净损失。

罚款支出，是指企业支付的行政罚款、税务处罚以及其他违反法律法规、合同协议等而支付的罚款、违约金、赔偿金等支出。

2. 科目设置

企业应通过"营业外支出"科目，核算营业外支出的发生及结转情况。该科目借方登记企业发生的各项营业外支出，贷方登记期末结转入本年利润的营业外支出。结转后该科目应无余额。该科目应按照营业外支出的项目进行明细核算。

3. 业务核算框架

营业外支出 ┤ 发生时：借记"营业外支出"，贷记"银行存款"等

期末结转时：借记"本年利润"，贷记"营业外支出"

［案例5.3.2-3］

某企业用银行存款支付税款滞纳金20 000元。

案例5.3.2-3解析：

借：营业外支出　　　　　　　　　　　　　　　　　　　　　　　　20 000

　　贷：银行存款　　　　　　　　　　　　　　　　　　　　　　　　　　20 000

［案例5.3.2-4］

某企业本期营业外支出总额为650 000元，期末结转至本年利润。

案例5.3.2-4解析：

借：本年利润　　　　　　　　　　　　　　　　　　　　　　　　　650 000

　　贷：营业外支出　　　　　　　　　　　　　　　　　　　　　　　　　650 000

【任务操作要求】

1. 学习并理解任务指导

2. 独立完成给定业务核算

（1）甲公司201×年10月11日被税务机关罚款10 000元，该罚款已用现金支付；

（2）甲公司201×年10月31日，将本月营业外支出10 000元进行结转。

要求：编制上述业务的会计分录。

任务5.3.2小结

营业外收支核算的重点：

（1）营业外收入和营业外支出核算的内容。

（2）营业外收入和营业外支出的账务处理。

任务5.3.3　本年利润的核算

【任务目的】

通过完成本任务，使学生掌握本年利润结转的方法以及结转本年利润的会计处理，以备在实务中熟练运用。

【任务指导】

1. 结转本年利润的方法

会计期末结转本年利润的方法有表结法和账结法两种。

（1）表结法

表结法下，各损益类科目每月月末只需结计出本月发生额和月末累计余额，不结转到"本年利润"科目。只有在年末时才将全年累计余额结转入"本年利润"科目。但每月月末要将损益类科目的本月发生额合计数填入利润表的本月数栏。同时将本月末累计余额填入利润表的本年累计数栏，通过利润表计算反映各期的利润（或亏损）。表结法下，年中损益类账户无须结转入"本年利润"账户，从而减少了转账环节和工作量，同时并不影响利润表的编制及有关损益指标的利用。

（2）账结法

账结法下，每月月末均需编制转账凭证，将在账上结计出的各损益类科目的余额结转入"本年利润"科目。结转后"本年利润"科目的本月余额反映当月实现的利润或发生的亏损，"本年利润"的本年余额反映本年累计实现的利润或发生的亏损。账结法在各月均可通过"本年利润"科目提供当月及本年累计的利润（或亏损）额，但增加了转账环节和工作量。

2. 科目设置

企业应设置"本年利润"科目，核算企业本年度实现的净利润或发生的净亏损。会计期末，应将损益类科目中各项收入和利得结转到"本年利润"科目的贷方，将各项费用和损失结转到"本年利润"科目的借方。结转后"本年利润"科目如为贷方余额则表示企业实现了利润；如为借方余额则表示企业发生了亏损。年度终了，企业还应当将"本年利润"科目本年累计余额转入"利润分配——未分配利润"科目。如"本年利润"为贷方余额，借记"本年利润"科目，贷记"利润分配——未分配利润"科目；如为借方余额，做相反的会计分录。结转后"本年利润"科目应无余额。

3. 核算业务框架

本年利润
的结转
{
非年末的结转
{
将各项收入、利得类科目结转至"本年利润"的贷方
将各项费用、损失类科目结转至"本年利润"的借方
}
年末的结转 将"本年利润"科目余额结转到"利润分配——未分配利润"，结转后该科目无余额
}

［案例5.3.3-1］

江河公司201×年有关损益类科目的年末余额如表5.3-2所示（该企业采用表结法年末一次结转损益类科目，所得税税率为25%）：

表5.3-2   单位：元

科目名称	借或贷	结账前余额
主营业务收入	贷	6 000 000
其他业务收入	贷	700 000
公允价值变动损益	贷	150 000
投资收益	贷	600 000
营业外收入	贷	350 000
主营业务成本	借	3 500 000
其他业务成本	借	500 000
税金及附加	借	80 000
销售费用	借	420 000
管理费用	借	800 000
财务费用	借	200 000
资产减值损失	借	100 000
营业外支出	借	200 000

案例5.3.3-1解析：

江河公司201×年末结转应编制如下会计分录：

（1）将各损益类科目年末余额结转入"本年利润"科目：

①结转各项收入、利得类科目：

借：主营业务收入	6 000 000
其他业务收入	700 000
公允价值变动损益	150 000
投资收益	600 000
营业外收入	350 000
贷：本年利润	7 800 000

②结转各项费用、损失类科目：

借：本年利润	5 800 000
贷：主营业务成本	3 500 000
其他业务成本	500 000
税金及附加	80 000
销售费用	420 000
管理费用	800 000
财务费用	200 000
资产减值损失	100 000
营业外支出	200 000

（2）经过上述结转后，"本年利润"科目的贷方发生额合计7 800 000元减去借方发生额合计5 800 000元，即为税前会计利润2 000 000元。

（3）假设江河公司201×年度不存在所得税纳税调整因素。

（4）应交所得税＝2 000 000×25％＝500 000（元）

①确认所得税费用：

借：所得税费用	500 000
贷：应交税费——应交所得税	500 000

②将所得税费用结转入"本年利润"科目：

借：本年利润	500 000
贷：所得税费用	500 000

（5）将"本年利润"科目年末余额1 500 000（7 800 000－5 800 000－500 000）元转入"利润分配——未分配利润"科目：

借：本年利润	1 500 000
贷：利润分配——未分配利润	1 500 000

【任务操作要求】

1. 学习并理解任务指导

2. 独立完成给定业务核算

甲公司201×年度损益科目的余额如下：主营业务收入为8 000万元；主营业务成本为

6 300 万元；其他业务收入为 40 万元；其他业务成本为 20 万元；销售费用为 200 万元；管理费用为 100 万元；财务费用为 20 万元；营业外收入为 40 万元；营业外支出为 10 万元。所得税税率为 25%。假定不考虑其他因素，要求：

（1）将各损益类科目年末余额结转入"本年利润"科目。

（2）计算该公司 201×年度的利润总额。

（3）假设甲公司不存在纳税调整事项，计算该公司本年所得税费用并进行结转；

（4）计算该公司 201×年度的净利润。

任务5.3.3 小结

本年利润核算的重点：本年利润结转的账务处理。

任务5.3.4 所得税费用的核算

【任务目的】

通过完成本任务，使学生掌握所得税费用核算的方法，以备在实务中熟练运用。

【任务指导】

所得税，是指企业应纳税所得额按一定比例上交的一种税金。《企业会计准则》规定企业应当采用资产负债表债务法核算所得税。企业的所得税费用包括当期所得税和递延所得税两部分，其中，当期所得税是指当期应交所得税。递延所得税包括递延所得税资产和递延所得税负债。递延所得税资产是指以未来期间很可能取得用来抵扣可抵扣暂时性差异的应纳税所得额为限确定的一项资产。递延所得税负债是指根据应纳税暂时性差异计算的未来期间应付所得税的金额。

1. 核算业务框架

所得税费用 {
当期所得税（应交税费——应交所得税）：根据应纳税所得额确定

递延所得税 {
递延所得税资产：增加记借方，减少记贷方

递延所得税负债：增加记贷方，减少记借方
}
}

2. 应交所得税的计算

应交所得税是根据税法规定计算确定的针对当期发生的交易和事项，应交纳给税务部门的所得税金额，即当期应交所得税。应纳税所得额是在企业税前会计利润（即利润总额）的基础上调整确定的，计算公式为：

应纳税所得额=税前会计利润+纳税调整增加额−纳税调整减少额

纳税调整增加额主要包括税法规定允许扣除项目中，企业已计入当期费用但超过税法规定扣除标准的金额（如超过税法规定标准的职工福利费、工会经费、职工教育经费、业务招待费、公益性捐赠支出、广告费和业务宣传费等），以及企业已计入当期损失但税法规定不允许扣除项目的金额（如税收滞纳金、罚款、罚金）。

纳税调整减少额主要包括按税法规定允许弥补的亏损和准予免税的项目，如前五年内的未弥补亏损和国债利息收入等。

企业应交所得税的计算公式为：

应交所得税=应纳税所得额×所得税税率

[案例5.3.4-1]

江河公司201×年全年利润总额（税前会计利润）为1 020万元，其中包括本年收到的国债利息收入20万元，所得税税率为25%。假定江河公司全年无其他纳税调整因素。

案例5.3.4-1解析：

按照税法的有关规定，企业购买国债的利息收入免交所得税，即在计算应纳税所得额时可将其扣除。江河公司当期所得税的计算如下：

应纳税所得额=10 200 000-200 000=10 000 000（元）

当期应交所得税额=10 000 000×25%=2 500 000（元）

3. 所得税费用的核算

根据会计准则的规定，计算确定的当期所得税和递延所得税之和就为应从当期利润总额中扣除的所得税费用。即：

所得税费用=当期所得税+递延所得税

其中：

递延所得税=（递延所得税负债的期末余额-递延所得税负债的期初余额）-（递延所得税资产的期末余额-递延所得税资产的期初余额）

企业应通过"所得税费用"科目，核算企业所得税费用的确认和结转情况。期末应将"所得税费用"科目的余额转入"本年利润"科目，结转后本科目应无余额。

[案例5.3.4-2]

承案例5.3.4-1。江河公司201×年递延所得税负债年初数为400 000元，年末数为500 000元，递延所得税资产年初数为250 000元，年末数为200 000元。已知江河公司当期所得税为2 500 000元。

案例5.3.4-2解析：

江河公司所得税费用的计算如下：

递延所得税=（500 000-400 000）-（200 000-250 000）=150 000（元）

所得税费用=当期所得税+递延所得税=2 500 000+150 000=2 650 000（元）

江河公司应编制如下会计分录：

借：所得税费用　　　　　　　　　　　　　　　　　　　　　　2 650 000

　　贷：应交税费——应交所得税　　　　　　　　　　　　　　　2 500 000

　　　　递延所得税负债　　　　　　　　　　　　　　　　　　　　100 000

　　　　递延所得税资产　　　　　　　　　　　　　　　　　　　　 50 000

【任务操作要求】

1. 学习并理解任务指导

2. 独立完成给定业务核算

（1）甲公司当期应交所得税为500 000元，递延所得税负债年初数为400 000元，年末数为500 000元，递延所得税资产年初数为250 000元，年末数为200 000元。要求：计算甲公司所得税费用并做出会计处理。

（2）某企业 201×年度利润总额为 1 800 万元，其中本年度国债利息收入 200 万元，已计入营业外支出的税收滞纳金 6 万元；企业所得税税率为 25%。要求：假定不考虑其他因素，计算该企业 201×年度所得税费用，并编制会计分录。

任务 5.3.4 小结

所得税费用的重点：所得税费用的概念、所得税费用的计算方法、所得税费用和应纳税所得额的关系。

任务 5.3.5　利润分配的核算

【任务目的】

通过完成本任务，使学生掌握可供分配的利润的计算、利润分配的顺序以及利润分配的会计处理，以备在核算实务中熟练运用。

【任务指导】

利润分配是指企业根据国家有关规定和企业章程、投资者协议等，对企业当年可供分配的利润所进行的分配。

1. 可供分配的利润的计算

可供分配的利润＝年初未分配利润（或−年初未弥补亏损）＋当年实现的净利润（或净亏损）＋其他转入（即盈余公积补亏）

2. 利润分配的顺序

利润分配的顺序依次是：①提取法定盈余公积；②提取任意盈余公积；③向投资者分配利润。

3. 利润分配的科目设置

企业应通过"利润分配"科目，核算企业利润的分配（或亏损的弥补）和历年分配（或弥补）后的未分配利润（或弥补亏损）。该科目明细科目设置如下：

利润分配——提取法定盈余公积
　　　　　——提取任意盈余公积
　　　　　——应付现金股利或利润
　　　　　——盈余公积补亏
　　　　　——未分配利润

4. 利润分配的业务处理

（1）年度终了，企业应结转全年实现的净利润：

借：本年利润
　　贷：利润分配——未分配利润（如果是净亏损，则做相反的会计分录）

（2）"利润分配"科目所属其他明细科目的余额的结转：

借：利润分配——未分配利润
　　贷：利润分配——提取法定盈余公积
　　　　　　　　　——提取任意盈余公积

　　　　　　　——应付现金股利或利润

借：利润分配——盈余公积补亏

　　贷：利润分配——未分配利润

　　结转后，"利润分配——未分配利润"科目如为贷方余额表示未分配的利润数额；如为借方余额，则表示累计未弥补的亏损数。

［案例5.3.5-1］

　　江河公司201×年年初未分配利润为0，本年实现净利润1 500 000元，本年提取法定盈余公积150 000元，宣告发放现金股利850 000元。

案例5.3.5-1解析：

①结转本年利润：

借：本年利润　　　　　　　　　　　　　　　　　　　　1 500 000

　　贷：利润分配——未分配利润　　　　　　　　　　　　　1 500 000

②提取法定盈余公积、宣告发放现金股利：

借：利润分配——提取法定盈余公积　　　　　　　　　　150 000

　　　　　　　——应付现金股利　　　　　　　　　　　　850 000

　　贷：盈余公积——法定盈余公积　　　　　　　　　　　　150 000

　　　　应付股利　　　　　　　　　　　　　　　　　　　　850 000

③将"利润分配"科目所属其他明细科目的余额结转至"未分配利润"明细科目：

借：利润分配——未分配利润　　　　　　　　　　　　　1 000 000

　　贷：利润分配——提取法定盈余公积　　　　　　　　　　150 000

　　　　　　　　——应付现金股利　　　　　　　　　　　　850 000

【任务操作要求】

1. 学习并理解任务指导

2. 独立完成给定业务核算

　　甲公司平时采用表结法计算利润，所得税税率为25%。201×年年终结账前有关损益类科目的年末余额如表5.3-3所示（该企业采用表结法年末一次结转损益类科目）：

表5.3-3　　　　　　　　　　　　　　　　　　　　　　　　　　　　　　　单位：元

收入、利得	结账前期末余额	费用、损失	结账前期末余额
主营业务收入	475 000	主营业务成本	325 000
其他业务收入	100 000	其他业务成本	75 000
投资收益	7 500	税金及附加	18 000
营业外收入	20 000	销售费用	20 000
		管理费用	60 000
		财务费用	12 500
		营业外支出	35 000

其他资料：

（1）公司营业外支出中有 500 元为税收罚款支出。

（2）本年国债利息收入 2 000 元已入账。

除上述事项外，无其他纳税调整因素。

要求：

（1）根据表中给定的损益类科目做出结转"本年利润"科目的会计处理。

（2）计算甲公司当年应纳所得税额并编制确认及结转"所得税费用"的会计处理。

（3）计算甲公司当年实现的净利润并结转。

（4）按净利润的 10% 提取法定盈余公积，宣告分派现金股利 15 000 元。进行利润分配并结转。

（5）假设 201×年年初有未分配利润 20 000 元，计算 201×年年末未分配利润。

任务 5.3.5 小结

利润分配核算的重点：利润分配的程序、利润分配的账务处理、"利润分配——未分配利润"账户的运用。

财务报告编制会计岗位涉及的实务处理

【模块介绍】

1. 财务报告编制简介

企业通过财务报告的形式向投资者、债权人、政府管理部门或其他会计信息的使用者揭示企业财务状况、经营成果和现金流量等信息。

2. 财务报告编制岗位主要职责

（1）及时、准确编制并报送财务报告；

（2）进行财务分析，编制财务分析报告；

（3）针对财务问题，提供相应财务建议。

3. 财务报告编制岗位具体内容

以《企业会计准则》分类为指南，结合国家对高职高专财经类学生专业素质要求，本模块主要介绍资产负债表、利润表、现金流量表和所有者权益变动表的编制方法。

项目 6.1　财务报告基本认知

【项目介绍】

本项目内容以《企业会计准则——基本准则》及其应用指南为指导，主要介绍财务报告的含义及其组成，要求学生通过学习，掌握财务报告的概念以及组成，为后续报表的编制打下理论基础。

【项目实施标准】

本项目通过完成 3 项具体任务来实施，具体任务内容为：①财务报告及其目标；②财务报表的组成；③财务报表的分类。

【任务指导】

1. 财务报告及其目标

财务报告，又称为财务会计报告，是指企业对外提供的反映企业某一特定日期的财务状况和某一会计期间的经营成果、现金流量等会计信息的文件。财务会计报告包括财务报表和其他应当在财务会计报告中披露的相关信息和资料。

财务会计报告的目标是向财务会计报告使用者提供与企业财务状况、经营成果和现金流量等有关的会计信息，反映企业管理层受托责任履行情况，有助于财务会计报告使用者做出经济决策。财务会计报告使用者包括投资者、债权人、政府及其有关部门和社会公众等。

2. 财务报表的组成

财务报表是对企业财务状况、经营成果和现金流量的结构性表述。一套完整的财务报表至少应当包括资产负债表、利润表、现金流量表、所有者权益（或股东权益）变动表以及附注。

资产负债表、利润表、现金流量表分别从不同角度反映企业财务状况、经营成果和现金流量。资产负债表反映企业在某一特定日期所拥有的资产、需偿还的债务以及股东拥有的净资产情况；利润表反映企业在一定会计期间的经营成果，即利润或亏损的情况，表明企业运用所拥有的资产的获利能力；现金流量表反映企业在一定会计期间现金和现金等价物流入和流出的情况。

所有者权益变动表反映构成所有者权益的各组成部分当期的增减变动情况。企业的净利润及其分配情况是所有者权益变动的组成部分，相关信息已经在所有者权益变动表及其附注中反映，企业不需要再单独编制利润分配表。

附注是财务报表不可或缺的组成部分，是对在资产负债表、利润表、现金流量表和所有者权益变动表等报表中列示项目的文字描述或明细资料，以及对未能在这些报表中列示项目的说明等。

3. 财务报表的分类

财务报表可以按照不同的标准进行分类。

（1）按编报期间分类，可分为中期财务报表和年度财务报表。

①中期财务会计报表，是指以中期为基础编制的财务报表，中期是指短于一个完整的会计年度的报告期间，包括月报、季报和半年报。《企业会计准则第 32 号——中期财务报告》中规定，中期财务报表至少应当包括资产负债表、利润表、现金流量表和附注。其中，中期资产负债表、利润表和现金流量表应当是完整报表，其格式和内容应当与年度会计报表一致。与年度财务会计报表相比，中期财务会计报表中的附注披露可适当简略。

②年度财务报表是全面反映企业整个会计年度的经营成果、现金流量情况及年末财务状况的财务报表。企业每年年底必须编制并报送年度财务报表。

（2）按财务报表编报主体不同，可分为个别财务报表和合并财务报表。

①个别财务报表，是指以单个的独立法人为会计主体的财务报表，反映单个会计主体财务状况、经营成果和现金流量情况的财务报表。

②合并财务报表是以母公司及其子公司组成的企业集团为会计主体，以母公司和其子公司单独编制个别财务报表为基础，由母公司编制的反映企业集团财务状况、经营成果及现金流量的财务报表。合并报表包括合并资产负债表、合并利润表、合并现金流量表和合并所有者权益变动表等。

项目 6.2　基本财务报表的编制

【项目介绍】

本项目内容以《企业会计准则第 30 号——财务报表列报》及应用指南为指导，主要介绍资产负债表、利润表和现金流量表、所有者权益变动表的编制方法，要求学生通过学习，掌握基本财务报表的编制方法，为会计实务工作打下基础。

【项目实施标准】

本项目通过完成 7 项具体任务来实施，具体任务内容结构如表 6.2-1 所示：

表 6.2-1　　　　　　　**"基本财务报表的编制"项目任务细分表**

任务	子任务
任务 6.2.1　资产负债表的编制	1. 资产负债表的认知
	2. 资产负债表的编制方法
任务 6.2.2　利润表的编制	1. 利润表的认知
	2. 利润表的编制方法
任务 6.2.3　现金流量表的编制	—
任务 6.2.4　所有者权益变动表的编制	—
任务 6.2.5　财务报表附注	—

任务 6.2.1　资产负债表的编制

子任务 1　资产负债表的认知

【任务目的】

通过完成本任务，使学生了解资产负债表的概念，熟悉资产负债表的结构和内容，为资产负债表的编制奠定理论基础。

【任务指导】

1. 资产负债表的概念

资产负债表是指反映企业在某一特定日期的财务状况的会计报表。它是根据"资产=负债+所有者权益"这一会计等式，依照一定的分类标准和顺序，将企业在一定日期的全部资产、负债和所有者权益项目进行适当分类、汇总、排列后编制而成的。

2. 资产负债表的结构和内容

资产负债表的格式主要有账户式和报告式两种。根据《企业会计准则》的规定，我国企业的资产负债表采用账户式结构。

账户式资产负债表分左右两方，左方为资产项目，按资产的流动性大小排列；右方为负债和所有者权益项目，一般按求偿权先后顺序排列。账户式资产负债表采取资产总额和负债与所有者权益总额相平衡对照的结构。因此，资产负债表的项目有以下几个方面：

（1）资产类项目。资产类项目按资产的流动性大小或按资产的变现能力强弱分为流动资产和非流动资产两类，并分项列示。流动资产项目包括货币资金、应收票据、应收账款、预付账款、其他应收款、存货等；非流动资产项目包括固定资产、无形资产等。

（2）负债类项目。负债类项目按其承担经济义务期限的长短，分为流动负债和非流动负债两类。流动负债项目包括短期借款、应付票据、应付账款、预收账款、应付职工薪酬、应交税费、应付股利等；非流动负债主要包括长期借款等。

（3）所有者权益类项目。按其来源分为实收资本、资本公积、盈余公积和未分配利润等项目。

我国的资产负债表又称比较资产负债表，采用前后期对比方式编列，表中各项目不仅列出了期末数，还列示了年初数，利用期末数与年初数的比较，可以了解企业财务状况的变动情况以及企业的经营发展趋势。我国一般企业资产负债表格式（适用于尚未执行新金融准则和新收入准则的企业）如表6.2-2所示。

表6.2-2　　　　　　　　　　　　资产负债表　　　　　　　　　　　会企01表

编制单位：　　　　　　　　　　___年__月__日　　　　　　　　　　单位：元

资产	期末余额	年初余额	负债和所有者权益（或股东权益）	期末余额	年初余额
流动资产：			流动负债：		
货币资金			短期借款		
以公允价值计量且其变动计入当期损益的金融资产			以公允价值计量且其变动计入当期损益的金额负债		
衍生金融资产			衍生金融负债		
应收票据及应收账款			应付票据及应付账款		
预付款项			预收款项		
其他应收款			应付职工薪酬		
存货			应交税费		
持有待售资产			其他应付款		
一年内到期的非流动资产			持有待售负债		
其他流动资产			一年内到期的非流动负债		
流动资产合计			其他流动负债		
非流动资产：			流动负债合计		
可供出售金融资产			非流动负债：		
持有至到期投资			长期借款		
长期应收款			应付债券		

表6.2-2（续）

资产	期末余额	年初余额	负债和所有者权益 （或股东权益）	期末余额	年初余额
长期股权投资			其中：优先股		
投资性房地产			永续债		
固定资产			长期应付款		
在建工程			预计负债		
生产性生物资产			递延收益		
油气资产			递延所得税负债		
无形资产			其他非流动负债		
开发支出			非流动负债合计		
商誉			负债合计		
长期待摊费用			所有者权益（或股东权益）：		
递延所得税资产			实收资本（或股本）		
其他非流动资产			其他权益工具		
非流动资产合计			其中：优先股		
			永续债		
			资本公积		
			减：库存股		
			其他综合收益		
			盈余公积		
			未分配利润		
			所有者权益(或股东权益)合计		
资产总计			负债和所有者权益 　（或股东权益）总计		

子任务2　资产负债表的编制方法

【任务目的】

通过完成本任务，使学生掌握资产负债表的编制方法，以备在会计工作中熟练运用。

【任务指导】

通常，资产负债表的各项目均需填列"年初余额"和"期末余额"两栏。其中，"年初余额"栏内各项数字，应根据上年末资产负债表的"期末余额"栏内所列数字填列。如果本年度资产负债表规定的各项目的名称和内容与上年不一致，则应对上年年末资产负债表各项目的名称和数字按照本年度的规定进行调整，填入本表"年初余额"栏内。"期末数"可为月末、季末或年末的数字，由于报表项目与会计科目并不完全一致，"期末数"各项目的填列方法如下：

1. 根据总账科目余额填列

（1）根据一个总账科目余额直接填列。如"递延所得税资产""短期借款""递延收益""递延所得税负债""实收资本（或股本）""库存股""资本公积""其他综合收益""盈余公积"等项目，根据相应总账科目的余额直接填列。

（2）根据几个总账科目余额计算填列。如"货币资金"项目，需根据"库存现金""银行存款""其他货币资金"三个总账科目的期末余额的合计数填列。"未分配利润"项目，需根据"本年利润"和"利润分配"科目的余额计算填列，若为未弥补亏损在本项目内以"-"号填列。"其他应付款"项目，应根据"应付利息""应付股利"和"其他应付款"科目的期末余额合计数填列。

2. 根据明细科目余额分析计算填列

资产负债表中有些项目需要根据明细科目期末余额来分析计算填列。如："开发支出"项目，应根据"研发支出"科目中所属的"资本化支出"明细科目期末余额填列。"预收款项"项目，应根据"应收账款"和"预收账款"两个总账科目所属明细科目的期末贷方余额之和填列，如果两个总账科目所属明细科目期末余额出现借方余额的，则应将其填列在资产负债表的"应收票据及应收账款"项目。"预付款项"项目，应根据"应付账款"和"预付账款"两个总账科目所属明细科目的期末借方余额之和减去"坏账准备"科目中有关预付账款计提的坏账准备期末余额后的净额填列，如果"应付账款"和"预付账款"两个总账科目所属明细科目的期末余额出现贷方余额的，则将其填列在资产负债表的"应付票据及应付账款"项目。"应付职工薪酬"项目，应根据"应付职工薪酬"科目的明细科目期末余额分析填列，短期薪酬、离职后福利中的设定提存计划负债、其他长期职工福利中的符合设定提存计划条件的负债、辞退福利中将于资产负债表日后十二个月内支付的部分应在"应付职工薪酬"项目中列示。辞退福利中将于资产负债表日起十二个月之后支付的部分、离职后福利中设定受益计划净负债、其他长期职工福利中符合设定受益计划条件的净负债应当在资产负债表的非流动负债项目下单独列示。"应交税费"项目，应根据"应交税费"科目的明细科目期末余额分析填列，其中的借方余额，应当根据其流动性在"其他流动资产"或"其他非流动资产"项目中填列，关于涉及增值税的明细科目填列在何项目请查阅《增值税会计处理规定》财会〔2016〕22号文。"未分配利润"项目，年终可根据"利润分配"科目中所属的"未分配利润"明细科目期末余额计算填列。

3. 根据总账科目和明细科目的余额分析计算填列

资产负债表中的"长期待摊费用"项目，应根据"长期待摊费用"科目的余额减去将于一年内（含一年）摊销的数额后的金额填列，其中将于一年内（含一年）摊销的数额填列在"一年内到期的非流动资产"项目。"长期借款"项目，根据"长期借款"总账科目贷方余额减去"长期借款"科目所属的明细科目中将在资产负债表日起一年内到期且企业不能自主地将清偿义务展期的长期借款后的金额计算填列，其中将在资产负债表日起一年内到期的长期借款金额填列在"一年内到期的非流动负债"项目。"应付债券"项目，根据"应付债券"总账科目贷方余额减去明细科目中将于一年内到期偿还部分后的金额填列，其中将于一年内偿还金额填列在"一年内到期的非流动负债"项目。

4. 根据有关科目余额减去其备抵科目余额后的净额填列

资产负债表中的"长期股权投资"项目，根据"长期股权投资"科目期末余额减去"长期股权投资减值准备"备抵科目余额后的净额填列。"投资性房地产"项目，应当根据"投资性房地产"科目的期末余额减去"投资性房地产累计折旧（摊销）""投资性房地产减值准备"备抵科目余额后的净额填列。"无形资产"项目，应当根据"无形资产"科目的期末余额，减去"累计摊销""无形资产减值准备"备抵科目余额后的净额填列。

5. 综合运用上述方法分析填列

资产负债表中"应收票据及应收账款"项目，应当根据"应收票据"科目期末余额加上"应收账款"和"预收账款"两个总账科目所属明细科目的期末借方余额之和减去"坏账准备"科目中有关应收账款、应收票据计提的坏账准备期末余额后的净额填列。"其他应收款"项目，应当根据"应收利息""应收股利"和"其他应收款"科目的期末余额合计数，减去"坏账准备"科目中相关坏账准备期末余额后的金额填列。"固定资产"项目，应根据"固定资产"科目的期末余额，减去"累计折旧"和"固定资产减值准备"科目的期末余额后的金额，加或减去"固定资产清理"科目的期末余额后的金额填列。"在建工程"项目，应根据"在建工程"和"工程物资"科目的期末余额合计数，减去"在建工程减值准备"和"工程物资减值准备"科目的期末余额后的金额填列。"存货"项目，应根据"原材料""委托加工物资""周转材料""材料采购""在途物资""发出商品""委托代销商品""生产成本""受托代销商品"等科目的期末余额合计数，减去"受托代销商品款""存货跌价准备"科目期末余额后的净额填列。材料采用计划成本核算，以及库存商品采用计划成本核算或售价核算的企业，还应加或减"材料成本差异""商品进销差价"科目余额后的金额填列。"应付票据及应付账款"项目，应当根据"应付票据"科目期末余额加上"应付账款"和"预付账款"两个总账科目所属明细科目的期末贷方余额之和填列。

[案例6.2.1-1]

江河公司201×年12月31日全部总分类账户和所属明细分类账户余额如表6.2-3所示：

表6.2-3　　　总分类账户和所属明细分类账户余额　　　单位：元

总分类账户	明细分类账户	借方余额	贷方余额	总分类账户	明细分类账户	借方余额	贷方余额
库存现金		2 000		短期借款			120 000
银行存款		34 000		应付账款			20 000
交易性金融资产		28 000			—A工厂		14 000
应收账款		46 000			—B工厂	10 000	
	—甲公司	20 000			—C工厂		16 000
	—乙公司		4 000	预收账款			2 000
	—丙公司	30 000			—A单位		8 000
预付账款		9 400			—B单位	6 000	
	—甲单位	10 000		其他应付款			18 000
	—乙单位		600	应付职工薪酬			69 400

表6.2-3(续)

总分类账户	明细分类账户	借方余额	贷方余额	总分类账户	明细分类账户	借方余额	贷方余额
其他应收款		2 000		应交税费			120 000
原材料		54 000		应付股利			46 000
生产成本		16 000		长期借款			60 000
库存商品		40 000		其中一年内到期			20 000
持有至到期投资		400 000		实收资本			560 000
固定资产		800 000		盈余公积			44 160
累计折旧			120 000	利润分配	未分配利润		319 840
无形资产		60 000					
长期待摊费用		8 000					

根据表6.2-3所给资料编制江河公司201×年12月的资产负债表,格式如表6.2-4所示。表6.2-4资产负债表的"年初余额"栏中的数字是根据该公司上年度资产负债表中的"期末余额"栏的数字直接填列。

表6.2-4

资产负债表（简表）

编制单位:江河公司　　　　　　　　　　201×年12月31日　　　　　　　　　　单位:元

资产	行次	年初余额	期末余额	负债和所有者权益	行次	年初余额	期末余额
流动资产:				流动负债:			
货币资金		204 000	36 000	短期借款		124 000	120 000
以公允价值计量且其		20 000	28 000	应付票据及应付账款		60 000	30 600
变动计入当期损益的				预收款项		48 000	12 000
金融资产				其他应付款		103 600	64 000
应收票据及应收账款		40 000	56 000	应付职工薪酬		62 000	69 400
其他应收款		6 000	2 000	应交税费		100 000	120 000
预付款项		10 000	20 000	一年内到期的长期负债			20 000
存货		128 000	110 000	流动负债合计		497 600	436 000
流动资产合计		408 000	252 000	非流动负债:			
非流动资产:				长期借款		80 000	40 000
持有至到期投资		80 000	400 000	非流动负债合计		80 000	40 000
固定资产		518 000	680 000	负债合计		577 600	476 000
无形资产		190 000	60 000	所有者权益(或股东权益):			
长期待摊费用		44 000	8 000	实收资本		520 000	560 000
非流动资产合计		832 000	1 148 000	盈余公积		52 000	44 160
				未分配利润		90 400	319 840
				所有者权益合计		662 400	924 000
资产总计		1 240 000	1 400 000	负债及所有者权益总计:		1 240 000	1 400 000

【任务操作要求】

1. 学习并理解任务指导

2. 独立完成给定任务

（1）某企业采用计划成本核算材料，201×年12月31日结账后有关科目余额为："材料采购"科目余额为140 000元（借方），"原材料"科目余额为2 400 000元（借方），"周转材料"科目余额为1 800 000元（借方），"库存商品"科目余额为1 600 000元（借方），"生产成本"科目余额为600 000元（借方），"材料成本差异"科目余额为120 000元（贷方），"存货跌价准备"科目余额为210 000元（贷方）。计算该企业201×年12月31日资产负债表中的"存货"项目金额。

（2）某企业201×年12月31日"固定资产"科目余额为1 000万元，"累计折旧"科目余额为300万元，"固定资产减值准备"科目余额为50万元，"固定资产清理"科目借方余额为2万元。计算该企业201×年12月31日资产负债表"固定资产"的项目金额。

（3）某企业长期借款情况如表6.2-5所示：

表6.2-5

借款起始日期	借款期限（年）	金额（元）
2015年3月1日	3	1 000 000
2013年5月31日	5	2 000 000
2012年6月30日	4	1 500 000

计算该企业2015年12月31日资产负债表中"长期借款"项目的金额。

（4）某公司201×年12月31日结账后有关科目余额如表6.2-6所示：

表6.2-6　　　　　　　　　　　　　　　　　　　　　　　　单位：万元

科目名称	借方余额	贷方余额
应收账款	500	
坏账准备——应收账款		50
预收账款	100	200
应付账款		300
预付账款	200	60

要求：根据上述资料，计算资产负债表中下列项目的金额：

①应收票据及应收账款；②预付款项；③应付票据及应付账款；④预收款项。

任务6.2.1小结

资产负债表编制的重点：

（1）资产负债表格式。

（2）资产负债表中"货币资金""应收票据及应收账款""存货""固定资产""应付票据及应付账款""长期借款""未分配利润"等项目的填写方法。

任务 6.2.2 利润表的编制

子任务 1 利润表的认知

【任务目的】

通过完成本任务，使学生了解利润表的概念，熟悉利润表的结构，为利润表的编制奠定理论基础。

【任务指导】

1. 利润表的概念

利润表是指反映企业在一定会计期间的经营成果的会计报表。通过利润表可以从总体上了解企业收入、费用、净利润（或亏损）的实现及构成情况；同时，通过利润表提供的不同时期的比较数字，可以分析企业的获利能力及利润的未来发展趋势，了解投资者投入资本的保值增值情况。

2. 利润表的结构

利润表的结构有单步式和多步式两种。我国企业的利润表采用多步式格式，即通过对当期的收入、费用、支出项目按性质加以归类，按利润形成的主要环节列式一些中间性利润指标，分步计算当期净损益，便于财务报表使用者理解企业经营成果的不同来源。

利润表一般由表头、表体两部分组成。表头部分应列明报表名称、编制单位名称、编制期间、报表编号和计量单位。表体部分是利润表的主体，列式了形成经营成果的各个项目和计算过程。为了使财务报表使用者通过比较不同期间利润的实现情况，判断企业经营成果的未来发展趋势，企业需要提供比较利润表，为此，利润表还就各项目再分为"本期金额"和"上期金额"两栏分别填列。我国一般企业利润表格式（适用于尚未执行新金融准则和新收入准则的企业）如表 6.2-7 所示：

表 6.2-7　　　　　　　　　**利 润 表**　　　　　　　　会企 02 表

编制单位：　　　　　　　　　＿＿＿年＿月　　　　　　　　单位：元

项　　目	本期金额	上期金额
一、营业收入		
减：营业成本		
税金及附加		
销售费用		
管理费用		
研发费用		
财务费用		
其中：利息费用		
利息收入		

表6.2-7(续)

项　　　目	本期金额	上期金额
资产减值损失		
加：其他收益		
投资收益（损失以"-"号表示）		
其中：对联营企业和合营企业的投资收益		
公允价值变动收益（损失以"-"号填列）		
资产处置收益（损失以"-"号填列）		
二、营业利润（亏损以"-"号填列）		
加：营业外收入		
减：营业外支出		
三、利润总额（亏损总额以"-"号填列）		
减：所得税费用		
四、净利润（净亏损以"-"号填列）		
（一）持续经营净利润（净亏损以"-"号填列）		
（二）终止经营净利润（净亏损以"-"号填列）		
五、其他综合收益的税后净额		
（一）不能重分类进损益的其他综合收益		
1. 重新计量设定收益计划变动额		
2. 权益法下不能转损益的其他综合收益		
……		
（二）将重分类进损益的其他综合收益		
1. 权益法下可转损益的其他综合收益		
2. 可供出售金融资产公允价值变动损益		
3. 持有至到期投资重分类为可供出售金融资产损益		
4. 现金流量套期损益的有效部分		
5. 外币财务报表折算差额		
……		
六、综合收益总额		
七、每股收益：		
（一）基本每股收益		
（二）稀释每股收益		

子任务 2　利润表的编制方法

【任务目的】

通过完成本任务，使学生掌握利润表的编制方法，以备在会计工作中熟练运用。

【任务指导】

1. 利润表的主要编制步骤

第一步，以营业收入为基础，减去营业成本、税金及附加、销售费用、管理费用、研发费用、财务费用、资产减值损失，加上其他收益、投资收益（减去投资损失）、公允价值变动收益（减去公允价值变动损失）和资产处置收益（减去资产处置损失），计算出营业利润；

第二步，以营业利润为基础，加上营业外收入，减去营业外支出，计算出利润总额；

第三步，以利润总额为基础，减去所得税费用，计算出净利润（或亏损）；

第四步，以净利润（或净亏损）为基础，计算每股收益；

第五步，以净利润（或净亏损）和其他综合收益为基础，计算综合收益总额。

2. 利润表的填列方法

利润表各项目均需填列"本期金额"和"上期金额"两栏。其中"上期金额"栏内各项数字，应根据上年同期利润表的"本期金额"栏内所列数字填列。如果上年同期利润表规定的各项目名称和内容与本期不一致，应对上年同期利润表各项目的名称和金额按照本期的规定进行调整，填入"上期金额"栏。利润表中的"本期金额"栏内各期数字一般应根据损益类科目和所有者权益类有关科目的发生额填列。

（1）"营业收入""营业成本""税金及附加""销售费用""管理费用""财务费用""资产减值损失""其他收益""投资收益""公允价值变动收益""资产处置收益""营业外收入""营业外支出""所得税费用"等项目，应根据有关损益类科目的发生额分析填列。

（2）"研发费用"项目，是从"管理费用"项目中分拆的项目，反映企业进行研究与开发过程中发生的费用化支出。该项目应根据"管理费用"科目下的"研发费用"明细科目的发生额分析填列。

（3）"其中：利息费用"项目，反映企业为筹集生产经营所需资金等而发生的应予费用化的利息支出。该项目应根据"财务费用"科目的相关明细科目的发生额分析填列。

（4）"利息收入"项目，反映企业确认的利息收入。该项目应根据"财务费用"科目的相关明细科目的发生额分析填列。

（5）"其中：对联营企业和合营企业的投资收益"项目，应根据"投资收益"科目所属的相关明细科目的发生额分析填列。

（6）"（一）持续经营净利润"和"（二）终止经营净利润"行项目，分别反映净利润中与持续经营相关的净利润和与终止经营相关的净利润；如为净亏损，以"-"号填列。该两个项目应按照《企业会计准则第 42 号——持有待售的非流动资产、处置组和终止经营》的相关规定分别列报。

（7）"其他综合收益的税后净额"项目及其各组成部分，应根据"其他综合收益"科目及其所属明细科目的本期发生额分析填列。

（8）"营业利润""利润总额""净利润""综合收益总额"项目，应根据本表中相关项目计算填列。

（9）"每股收益"项目，包括基本每股收益和稀释每股收益两项指标，反映普通股或潜在普通股已公开交易的企业，以及正在公开发行普通股或潜在普通股过程中的企业的每股收益信息。

［案例 6.2.2-1］

江河公司 201×年 8 月份，有关收入和费用账户的发生额资料如表 6.2-8 所示：

表 6.2-8　　　　　　　　201×年度损益类账户 8 月份发生额　　　　　　单位：元

科目名称	借或贷	结账前余额
主营业务收入	贷	6 000 000
其他业务收入	贷	700 000
公允价值变动损益	贷	150 000
投资收益	贷	600 000
营业外收入	贷	350 000
主营业务成本	借	3 500 000
其他业务成本	借	500 000
税金及附加	借	80 000
销售费用	借	420 000
管理费用	借	800 000
管理费用——研发费用	借	100 000
财务费用	借	200 000（其中利息费用 150 000）
资产减值损失	借	100 000
营业外支出	借	200 000

根据江河公司各账户发生额资料，编制如下利润表（表 6.2-9）：

表 6.2-9　　　　　　　　　　　　　利　润　表

编制单位：江河公司　　　　　　　　　201×年 8 月　　　　　　　　　单位：元

项　目	本期金额	上期金额
一、营业收入	6 700 000.00	
减：营业成本	4 000 000.00	
税金及附加	80 000.00	
销售费用	420 000.00	
管理费用	700 000.00	

表6.2-9（续）

项　　目	本期金额	上期金额
研发费用	100 000.00	
财务费用	200 000.00	
其中：利息费用	150 000.00	
利息收入		
资产减值损失	100 000.00	
加：投资收益（损失以"-"号填列）	600 000.00	
其中：对联营企业和合营企业的投资收益		
公允价值变动收益（损失以"-"号填列）	150 000.00	
二、营业利润（亏损以"-"号填列）	1 850 000.00	
加：营业外收入	350 000.00	
减：营业外支出	200 000.00	
三、利润总额（亏损总额以"-"号填列）	2 000 000.00	
减：所得税费用	500 000.00	
四、净利润（净亏损以"-"号填列）	1 500 000.00	
（一）持续经营净利润（净亏损以"-"号填列）		
（二）终止经营净利润（净亏损以"-"号填列）		
五、其他综合收益的税后净额		
（一）不能重分类进损益的其他综合收益		
……		
（二）将重分类进损益的其他综合收益		
……		
六、综合收益总额		
七、每股收益：		
（一）基本每股收益		
（二）稀释每股收益		

【任务操作要求】

1. 学习并理解任务指导

2. 独立完成给定任务

远航公司201×年12月31日有关损益类账户本月发生额如表6.2-10所示。

表 6.2-10　　　　　　　201×年 12 月损益类账户本月发生额　　　　　　　单位：元

账　户　名　称	借 方 发 生 额	贷 方 发 生 额
主营业务收入		500 000
主营业务成本	250 000	
税金及附加	2 500	
销售费用	20 000	
管理费用	35 000	
财务费用	15 000	
营业外收入		10 000
营业外支出	7 500	
所得税费用	64 350	

要求：计算该公司净利润并编制利润表。

任务 6.2.2 小结

利润表的重点：

（1）利润表格式以及利润变的编制步骤；

（2）利润表中"营业收入""营业成本""所得税费用"项目的填写。

任务 6.2.3　现金流量表的编制

【任务目的】

通过完成本任务，使学生熟悉现金流量表的结构和内容，掌握现金流量表的编制方法，以备在会计工作中熟练运用。

【任务指导】

1. 现金流量表概述

现金流量表是反映企业在一定会计期间现金和现金等价物流入和流出的报表。通过现金流量表，可以为报表的使用者提供企业一定会计期间内现金和现金等价物流入和流出的信息，便于使用者了解和评价企业获取现金和现金等价物的能力，据以预测企业未来现金流量。

现金流量是一定会计期间内企业现金和现金等价物的流入和流出。企业从银行提取现金、用现金购买短期到期的国库券等现金和现金等价物之间的转换不属于现金流量。

现金是指企业库存现金以及可以随时用于支付的存款，包括库存现金、银行存款和其他货币资金（如外埠存款、银行汇票存款、银行本票存款等）等。不能随时用于支付的存款不属于现金。

现金等价物是指企业持有的期限短、流动性强、易于转换为已知金额现金、价值变动风险很小的投资。期限短一般是指从购买日起三个月内到期。现金等价物，通常包括三个月内到期的债券投资等。权益性投资变现的金额通常不确定，因而不属于现金等价物。企业应当根据具体情况确定现金等价物的范围，一经确定不得随意变更。

企业产生的现金流量分为三类：

（1）经营活动产生的现金流量

经营活动是企业投资活动和筹资活动以外的所有交易和事项。经营活动主要包括销售商品或提供劳务、购买商品、接受劳务、支付工资和交纳税款等流入和流出现金及现金等价物的活动或事项。

（2）投资活动产生的现金流量

投资活动是企业长期资产的购建和不包括在现金等价物范围内的投资及其处置活动。投资活动主要包括购建固定资产、处置子公司及其他营业单位等流入和流出现金及现金等价物的活动或事项。

（3）筹资活动产生的现金流量

筹资活动是导致企业资本及债务规模和构成发生变化的活动。筹资活动主要包括吸收投资、发行股票、分配利润、发行债券、偿还债务等流入和流出现金及现金等价物的活动或事项。偿付应付账款、应付票据等商业应付款等属于经营活动，不属于筹资活动。

2. 现金流量表的结构

我国企业现金流量表采用报告式结构，分类反映经营活动产生的现金流量、投资活动产生的现金流量和筹资活动产生的现金流量，最后汇总反映企业某一期间现金及现金等价物的净增加额。我国企业现金流量表的格式如表6.2-11所示：

表 6.2-11   现金流量表   会企 03 表

编制单位：   ___年___月   单位：元

项　　　目	本期金额	上期金额
一、经营活动产生的现金流量：		
销售商品、提供劳务收到的现金		
收到的税费返还		
收到其他与经营活动有关的现金		
经营活动现金流入小计		
购买商品、接受劳务支付的现金		
支付给职工以及为职工支付的现金		
支付的各种税费		
支付其他与经营活动有关的现金		
经营活动现金流出小计		
经营活动产生的现金流量净额		
二、投资活动产生的现金流量：		
收回投资收到的现金		
取得投资收益收到的现金		
处置固定资产、无形资产和其他长期资产收回的现金净额		
处置子公司及其他营业单位收到的现金净额		
收到其他与投资活动有关的现金		

表6.2-11(续)

项　　　　目	本期金额	上期金额
投资活动现金流入小计		
购建固定资产、无形资产和其他长期资产支付的现金		
投资支付的现金		
取得子公司及其他营业单位支付的现金净额		
支付其他与投资活动有关的现金		
投资活动现金流出小计		
投资活动产生的现金流量净额		
三、筹资活动产生的现金流量：		
吸收投资收到的现金		
取得借款收到的现金		
收到其他与筹资活动有关的现金		
筹资活动现金流入小计		
偿还债务支付的现金		
分配股利、利润或偿付利息支付的现金		
支付其他与筹资活动有关的现金		
筹资活动现金流出小计		
筹资活动产生的现金流量净额		
四、汇率变动对现金及现金等价物的影响		
五、现金及现金等价物净增加额		
加：期初现金及现金等价物余额		
六、期末现金及现金等价物余额		

3. 现金流量表的编制

（1）现金流量表的编制方法。

企业一定期间的现金流量可分为三部分，即经营活动现金流量、投资活动现金流量和筹资活动现金流量。编制现金流量表时，经营活动现金流量的编制方法有两种：一是直接法；二是间接费。这两种方法通常也称为编制现金流量表的直接法和间接法。直接法和间接法各有特点。

在直接法下，一般以利润表中的营业收入为起算点，调整与经营活动有关的项目的增减变动，然后计算出经营活动的现金流量。在间接法下，则是以净利润为起算点，调整不涉及现金收付的各种会计事项，最后也得出现金净流量。相对而言，直接法编制现金流量表，便于分析企业经营活动产生的现金流量的来源和用途，预测企业现金流量的未来前景，而间接法不易做到这一点。

会计准则规定，企业应当采用直接法列示经营活动产生的现金流量。采用直接法具体编制现金流量表时，可以采用工作底稿法或 T 型账户法。业务简单的也可以根据有关科目的记录分析填列。

现金流量表各项目均需填列"本期金额"和"上期金额"两栏。其中"上期金额"栏内各项数字，应根据上一期间现金流量表的"本期金额"栏内所列数字填列。

（2）现金流量表主要项目说明。

1）经营活动产生的现金流量

①"销售商品、提供劳务收到的现金"项目

该项目反映企业本年销售商品、提供劳务实际收到的现金，以及前期销售商品、提供劳务本期收到的现金（包括应向购买者收取的增值税销项税额）和本期预收的款项，减去本期销售本期退回的商品和前期销售本期退回的商品支付的现金。企业销售材料和代购代销业务收到的现金，也在本项目反映。

②"收到的税费返还"项目

该项目反映企业收到返还的各种税费，如收到的增值税、所得税、消费税、关税和教育费附加等各种税费的返还款。

③"收到其他与经营活动有关的现金"项目

该项目反映企业经营租赁收到的租金等其他与经营活动有关的现金流入，金额较大的应当单独列示。

④"购买商品、接受劳务支付的现金"项目

该项目反映企业购买商品、接受劳务实际支付的现金（包括增值税进项税额），以及本期支付前期购买商品、接受劳务的未付款项和本期预付款项，减去本期发生的购货退回收到的现金。企业购买材料和代购代销业务支付的现金，也在本项目反映。

⑤"支付给职工以及为职工支付的现金"项目

该项目反映企业实际支付给职工的工资、奖金、各种津贴和补贴等职工薪酬（包括代扣代缴的职工个人所得税）。

⑥"支付的各项税费"项目

该项目反映企业发生并支付、前期发生本期支付以及预交的各项税费，包括所得税、增值税、消费税、印花税、房产税、土地增值税、车船税、教育费附加等。

⑦"支付其他与经营活动有关的现金"项目

该项目反映企业除上述各项目外所支付的其他与经营活动有关的现金，如经营租赁支付的租金、支付的罚款、差旅费、业务招待费、保险费等。此外包括支付的销售费用。

2）投资活动产生的现金流量

①"收回投资收到的现金"项目

该项目反映企业出售、转让或到期收回除现金等价物以外的对其他企业的交易性金融资产、长期股权投资收到的现金。本项目可根据"交易性金融资产""长期股权投资"等科目的记录分析填列。

②"取得投资收益收到的现金"项目

该项目反映企业交易性金融资产分得的现金股利，从子公司、联营企业或合营企业分回利润、现金股利而收到的现金，因债权性投资而取得的现金利息收入。本项目可以根据"应收股利""应收利息""投资收益""库存现金""银行存款"等科目的记录分析填列。

③ "处置子公司及其他营业单位收到的现金净额" 项目

该项目反映企业处置子公司及其他营业单位所取得的现金，减去相关处置费用以及子公司及其他营业单位持有的现金和现金等价物后的净额。本项目可以根据 "长期股权投资" "银行存款" "库存现金" 等科目的记录分析填列。

④ "购建固定资产、无形资产和其他长期资产支付的现金" 项目

该项目反映企业购买、建造固定资产、取得无形资产和其他长期资产所支付的现金（含增值税款等），以及用现金支付的应由在建工程和无形资产负担的职工薪酬。

为购建固定资产、无形资产而发生的借款利息资本化部分，在筹资活动产生的现金流量 "分配股利、利润或偿付利息支付的现金" 中反映。本项目可以根据 "固定资产" "在建工程" "工程物资" "无形资产" "库存现金" "银行存款" 等科目的记录分析填列。

⑤ "投资支付的现金" 项目

该项目反映企业取得除现金等价物以外的对其他企业的权益工具、债务工具和合营中的权益投资所支付的现金，包括除现金等价物以外的交易性金融资产、长期股权投资，以及支付的佣金、手续费等交易费用。

企业购买股票时实际支付的价款中包含的已宣告而尚未领取的现金股利，以及购买债券时支付的价款中包含的已到期尚未领取的债券利息，应在 "支付的其他与投资活动有关的现金" 项目中反映。

取得子公司及其他营业单位支付的现金净额，应在 "取得子公司及其他营业单位支付的现金净额" 项目中反映。

本项目可以根据 "交易性金融资产" "长期股权投资" 等科目的记录分析填列。

⑥ "取得子公司及其他营业单位支付的现金净额" 项目

该项目反映企业购买子公司及其他营业单位购买出价中以现金支付的部分，减去子公司及其他营业单位持有的现金和现金等价物后的净额。本项目可以根据 "长期股权投资" "库存现金" "银行存款" 等科目的记录分析填列。

3）筹资活动产生的现金流量

① "吸收投资收到的现金" 项目

该项目反映企业以发行股票等方式筹集资金实际收到的款项净额（发行收入减去支付的佣金等发行费用后的净额）。本项目可以根据 "实收资本（或股本）" "资本公积" "银行存款" 等科目的记录分析填列。

② "取得借款收到的现金" 项目

该项目反映企业举借各种短期、长期借款而收到的现金，以及发行债券实际收到的款项净额（发行收入减去直接支付的佣金等发行费用后的净额）。本项目可以根据 "短期借款" "长期借款" "应付债券" "库存现金" "银行存款" 等科目的记录分析填列。

③ "偿还债务支付的现金" 项目

该项目反映企业偿还债务本金所支付的现金，包括偿还金融企业的借款本金、偿还债券本金等。企业支付的借款利息和债券利息在 "分配股利、利润或偿付利息支付的现金" 项目反映，不包括在本项目内。本项目可以根据 "短期借款" "长期借款" "应付债券" 等科目的记录分析填列。

④ "分配股利、利润或偿付利息支付的现金"项目

该项目反映企业实际支付的现金股利、支付给其他投资单位的利润或用现金支付的借款利息、债券利息等。不同用途的借款，其利息的开支渠道不一样，如在建工程、制造费用、财务费用等，均在本项目中反映。本项目可以根据"应付股利""应付利息""在建工程""制造费用""研发支出""财务费用"等科目的记录分析填列。

【任务操作要求】

1. 学习并理解任务指导。

2. 独立完成给定任务

201×年，甲公司共发生如下经济业务：

（1）销售产品一批，增值税专用发票上注明的价款为 1 000 000 元，增值税销项税额为 160 000 元，款项已存入银行。产品的成本为 840 000 元。

（2）收到应收账款 100 000 元，应收票据款 580 000 元存入银行。

（3）用银行存款支付到期的商业承兑汇票 200 000 元。

（4）预付乙公司货款 100 000 元，以银行存款支付。

（5）用银行汇票支付采购材料价款 200 000 元，支付增值税进项税额 32 000 元，原材料已验收入库。

（6）购入汽车一辆，增值税专用发票上价款为 300 000 元，增值税进项税额为 48 000 元。以银行存款支付。

（7）支付工资 400 000 元，其中：生产人员工资 160 000 元，管理人员工资 100 000 元，在建工程人员工资 140 000 元。

（8）计提固定资产折旧 200 000 元，其中基本生产车间 160 000 元、行政管理部门 40 000 元；计提无形资产摊销 100 000 元。

（9）用银行存款支付广告展览费 40 000 元。

（10）从银行借入 3 年期借款 2 000 000 元，借款已存入银行账户。

（11）用银行存款支付长期借款利息 450 000 元，其中计入固定资产资本化 400 000 元，费用化 50 000 元。

（12）归还短期借款本金 500 000 元，偿还长期借款 1 000 000 元。

（13）以存款购入交易性金融资产（股票投资），价款 306 000 元，交易费用 4 000 元。

（14）公司本期产品销售应交纳的教育费附加为 5 000 元。

（15）计提应收账款坏账准备 1 800 元，计提固定资产减值准备 60 000 元。

（16）用银行存款交纳增值税 200 000 元，教育费附加 5 000 元。

要求：根据上述业务编制甲公司 201×年度的现金流量表。

任务 6.2.3 小结

现金流量表的重点：

（1）"现金"和"现金等价物"的概念。

（2）经营活动现金流量、投资活动现金流量和筹资活动现金流量的内容。

任务6.2.4　所有者权益变动表的编制

【任务目的】

通过完成本任务，使学生熟悉所有者权益变动表的结构和内容，掌握所有者权益变动表的编制方法，以备在会计工作中熟练运用。

【任务指导】

1. 所有者权益变动表概述

所有者权益变动表是指反映构成所有者权益各组成部分当期增减变动情况的报表。通过所有者权益变动表，既可以为报表使用者提供所有者权益总量增减变动的信息，也可以为其提供所有者权益增减变动的结构性信息，能让报表使用者准确理解所有者权益增减变动的根源。

2. 所有者权益变动表的结构

在所有者权益变动表上，至少应单独列示反映下列信息的项目：①综合收益总额；②会计政策变更和前期差错更正的累积影响金额；③所有者投入资本和向所有者分配利润等；④提取的盈余公积；⑤所有者权益各组成部分的期初和期末余额及其调节情况。

所有者权益变动表以矩阵的形式列示：一方面，列示导致所有者权益变动的交易或事项，即所有者权益变动的来源，对一定时期所有者权益变动情况进行全面反映；另一方面，按照所有者权益各组成部分（包括实收资本、资本公积、其他综合收益、盈余公积、未分配利润和库存股等）列示交易或事项对所有者权益的影响。此外，企业还需要提供比较所有者权益变动表，所以各项目需分为"本年金额"和"上年金额"两栏分别填列。我国一般企业所有者权益变动表格式（适用于尚未执行新金融准则和新收入准则的企业）如表6.2-12所示。

3. 所有者权益变动表的填列方法

所有者权益变动表各项目均需填列"本年金额"和"上年金额"两栏。"上年金额"栏内各项数字，应根据上年度所有者权益变动表"本年金额"内所列数字填列。上年度所有者权益变动表规定的各个项目的名称和内容同本年度不一致的，应对上年度所有者权益变动表各项目的名称和数字按照本年度的规定进行调整，填入所有者权益变动表的"上年金额"栏内。

所有者权益变动表"本年金额"栏内各项数字一般应根据"实收资本（或股本）""其他权益工具""资本公积""盈余公积""其他综合收益""利润分配""库存股""以前年度损益调整"科目的发生额分析填列。所有者权益变动表主要项目列报说明如下：

（1）"上年年末余额"项目，反映企业上年资产负债表中实收资本（或股本）、资本公积、库存股、其他综合收益、盈余公积、未分配利润的年末余额。

（2）"会计政策变更"和"前期差错更正"项目，分别反映企业采用追溯调整法处理的会计政策变更的累积影响金额和采用追溯重述法处理的会计差错更正的累积影响金额。

表 6.2-12

所有者权益变动表

____年度

会企 04 表

编制单位:

单位:元

项目	本年金额									上年金额								
	实收资本(或股本)	其他权益工具			资本公积	减:库存股	其他综合收益	盈余公积	未分配利润	所有者权益合计	实收资本(或股本)	其他权益工具			资本公积	减:库存股	其他综合收益	盈余公积	未分配利润	所有者权益合计
		优先股	永续债	其他								优先股	永续债	其他						
一、上年末余额																				
加:会计政策变更																				
前期差错更正																				
其他																				
二、本年初余额																				
三、本年增减变动金额(减少以"-"号填列)																				
(一)综合收益总额																				
(二)所有者投入和减少资本																				
1. 所有者投入的普通股																				
2. 其他权益工具持有者投入资本																				
3. 股份支付计入所有者权益的金额																				
4. 其他																				
(三)利润分配																				
1. 提取盈余公积																				
2. 对所有者(或股东)的分配																				
3. 其他																				
(四)所有者权益内部结转																				
1. 资本公积转增资本(或股本)																				
2. 盈余公积转增资本(或股本)																				
3. 盈余公积弥补亏损																				
4. 设定受益计划变动额结转留存收益																				
5. 其他																				
四、本年末余额																				

为了体现会计政策变更和前期差错更正的影响，企业应当在上期期末所有者权益余额的基础上进行调整得出本期期初所有者权益，根据"盈余公积""利润分配""以前年度损益调整"等科目的发生额分析填列。

（3）"本年增减变动金额"项目。

①"综合收益总额"项目，反映净利润和其他综合收益扣除所得税影响后的净额相加后的合计金额。

②"所有者投入和减少资本"项目，反映企业当年所有者投入的资本和减少的资本。其中："所有者投入资本"项目，反映企业接受投资者投入形成的实收资本（或股本）和资本溢价或股本溢价，并对应列在"实收资本"和"资本公积"栏；"股份支付计入所有者权益的金额"项目，反映企业处于等待期中的权益结算的股份支付当年计入资本公积的金额，并对应列在"资本公积"栏。

③"利润分配"下各项目，反映当年对所有者（或股东）分配的利润（或股利）金额和按照规定提取的盈余公积金额，并对应列在"未分配利润"和"盈余公积"栏。其中："提取盈余公积"项目，反映企业按照规定提取的盈余公积。"对所有者（或股东）的分配"项目，反映对所有者（或股东）分配的利润（或股利）金额。

④"所有者权益内部结转"下各项目，反映不影响当年所有者权益总额的所有者权益各组成部分之间当年的增减变动，包括资本公积转增资本（或股本）、盈余公积转增资本（或股本）、盈余公积弥补亏损等项金额。为了全面反映所有者权益各组成部分的增减变动情况，所有者权益内部结转也是所有者权益变动表的重要组成部分，主要指不影响所有者权益总额、所有者权益的各组成部分当期的增减变动。其中："资本公积转增资本（或股本）"项目，反映企业以资本公积转增资本或股本的金额。"盈余公积转增资本（或股本）"项目，反映企业以盈余公积转增资本或股本的金额。"盈余公积弥补亏损"项目，反映企业以盈余公积弥补亏损的金额。

【任务操作要求】

1. 学习并理解任务指导

2. 独立完成给定任务

长江股份有限公司 2017 年 12 月 31 日所有者权益各项目余额如下：股本 600 万元，盈余公积 12 万元，未分配利润 8 万元。2018 年，长江股份有限公司获得综合收益总额为 25 万元（其中，净利润 20 万元），提取盈余公积 2 万元，分配现金股利 10 万元。

要求：编制长江股份有限公司 2018 年度所有者权益变动表。

任务 6.2.4 小结

所有者权益变动表的重点：

1. 所有者权益变动表的结构。

2."本年增减变动"各项目的填列。

任务 6.2.5 财务报表附注

【任务目的】

通过完成本任务，使学生理解附注在财务报告中的重要性及作用，熟悉附注披露的主要内容，以备在会计工作中熟练运用。

【任务指导】

1. 附注概述

附注是对在资产负债表、利润表、现金流量表和所有者权益变动表等报表中列示项目的文字描述或明细资料，以及对未能在这些报表中列示项目的说明等。附注主要起到两方面作用：一是，附注的披露是对资产负债表、利润表、现金流量表和所有者权益变动表列示项目含义的补充说明，以帮助财务报表使用者更准确地把握其含义。二是，附注提供了对资产负债表、利润表、现金流量表和所有者权益变动表中未列示项目的详细或明细说明。

附注相关信息应当与资产负债表、利润表、现金流量表和所有者权益变动表等报表中列示的项目相互参照，以有助于使用者联系相关联的信息，并由此从整体上更好地理解财务报表。企业在披露附注信息时，应当以定量、定性信息相结合，按照一定的结构对附注信息进行系统合理的排列和分类，以便于使用者理解和掌握。

2. 附注的主要内容

根据企业会计准则的规定，附注应当按照如下顺序至少披露以下内容：

（1）企业的基本情况。

①企业注册地、组织形式和总部地址。

②企业的业务性质和主要经营活动。

③母公司以及集团最终母公司的名称。

④财务报告的批准报出者和财务报告批准报出日，或者以签字人及其签字日期为准。

⑤营业期限有限的企业，还应当披露有关其营业期限的信息。

（2）财务报表的编制基础。

财务报表的编制基础是指财务报表是在持续经营基础上还是非持续经营基础上编制的。企业一般是在持续经营基础上编制财务报表，清算、破产属于非持续经营基础。

（3）遵循企业会计准则的声明。

企业应当声明编制的财务报表符合企业会计准则的要求，真实、完整地反映了企业的财务状况、经营成果和现金流量等有关信息，以此明确企业编制财务报表所依据的制度基础。如果企业编制的财务报表只是部分遵循了企业会计准则，附注中不得做出这种表述。

（4）重要会计政策和会计估计。

企业应当披露重要会计政策，并结合企业的具体实际披露其重要会计政策的确定依据和财务报表项目的计量基础。其中，会计政策的确定依据，主要是指企业在运用会计政策过程中所做的对报表中确认的项目金额最具影响的判断，比如，企业如何判断与租赁资产相关的所有风险和报酬已转移给企业从而符合融资租赁的标准，投资性房地产的判断标准是什么等，有助于报表使用者理解企业选择和运用会计政策的背景，增加财务报表的理解性。财务报表项目的计量基础，是指企业计量该项目采用的是历史成本、重置成本、可变现净值、现值还是公允价值，这直接影响财务报表使用者对财务报表的理解和分析。

企业应当披露重要会计估计，并结合企业的具体实际披露其会计估计所采用的关键假设和不确定因素。在确定财务报表中确认的资产和负债的账面价值过程中，企业有时需要对不确定的未来事项在资产负债表日对这些资产和负债的影响加以估计，如企业预计固定资产未来现金流量采用的折现率和假设。这类假设的变动对这些资产和负债项目金额的确定影响很大，有可能会在下一个会计年度内做出重大调整，因此，强调这一披露要求，有助于提高对财务报表的可理解性。

（5）会计政策和会计估计变更以及差错更正的说明。

企业应当按照《企业会计准则第 28 号——会计政策、会计估计变更和差错更正》的规定，披露会计政策和会计估计变更以及差错更正的情况。

（6）报表重要项目的说明。

企业应当按照资产负债表、利润表、现金流量表、所有者权益变动表及其项目列示的顺序，对报表重要项目的说明采用文字和数字描述相结合的方式进行披露。报表重要项目的明细金额合计，应当与报表项目金额相衔接。主要包括以下重要项目：

应收款项，应当披露应收款项的账龄结构和客户类别以及期初、期末账面余额等信息。

存货，应当披露各类存货的期初和期末账面价值；确定发出存货成本所采用的方法；存货可变现净值的确定依据，存货跌价准备的计提方法，当期计提的存货跌价准备的金额，当期转回的存货跌价准备的金额，以及计提和转回的有关情况；用于担保的存货账面价值等信息。

长期股权投资，应当披露对控制、共同控制、重大影响的判断；对投资主体的判断及主体身份的转换；企业集团的构成情况；重要的非全资子公司的相关信息；对使用企业集团资产和清偿企业集团债务的重大限制；纳入合并报表范围的结构化主体的相关信息；企业在其子公司的所有者权益份额发生变化的情况；投资性主体的相关信息；合营安排和联营企业的基础信息；重要的合营企业和联营企业的主要财务信息；不重要的合营企业和联营企业的汇总财务信息等信息。

投资性房地产，应当披露投资性房地产的种类、金额和计量模式；采用成本模式的，应当披露投资性房地产的折旧或摊销，以及减值准备的计提情况；采用公允价值模式的，应披露公允价值的确定依据和方法，以及公允价值变动对损益的影响；房地产转换情况、理由，以及对损益或所有者权益的影响；当期处置的投资性房地产及其对损益的影响等信息。

固定资产，应当披露固定资产的确认条件、分类、计量基础和折旧方法；各类固定资产的使用寿命、预计净残值和折旧率；各类固定资产的期初和期末原价、累计折旧额及固定资产减值准备累计金额；当期确认的折旧费用；对固定资产所有权的限制及金额和用于担保的固定资产账面价值；准备处置的固定资产名称、账面价值、公允价值、预计处置费用和预计处置时间等信息。

无形资产，应当披露无形资产的期初和期末账面余额、累计摊销额及减值准备累计金额；使用寿命有限的无形资产，使用寿命的估计情况；使用寿命不确定的无形资产，其使用寿命不确定的判断依据；无形资产的摊销方法；用于担保的无形资产账面价值、当期摊销额等情况；计入当期损益和确认为无形资产的研究开发支出金额等信息。

职工薪酬，应当披露应当支付给职工的工资、奖金、津贴和补贴，及其期末应付未付金额；应当为职工缴纳的医疗保险费、工伤保险费和生育保险费等社会保险费，及其期末应付未付金额；应当为职工缴存的住房公积金，及其期末应付未付金额；为职工提供的非货币性福利及其计算依据；依据短期利润分享计划提供的职工薪酬金额及其计算依据；其他短期薪酬；所设立或参与的设定提存计划的性质、计算缴费金额的公式或依据，当期缴费金额以及应付未付金额；设定受益计划的特征及其与之相关的风险、在财务报表中确认的金额及其变动、对企业未来现金流量金额、时间和不确定性的影响；支付的因解除劳动关系所提供辞退福利及其期末应付未付金额；提供的其他长期职工福利的性质、金额及其计算依据等信息。

应交税费、应付债券和长期应付款，应当披露其构成及期初、期末账面余额等信息。

短期借款和长期借款，应当披露短期借款、长期借款的构成及期初、期末账面余额等信息。对于期末逾期借款，应披露贷款单位、借款金额、逾期时间、年利率、逾期未偿还原因和预期还款期等信息。

营业收入、公允价值变动收益、投资收益、资产减值损失、营业外收支等利润表项目，应披露其构成及本期、上期发生额等信息。

借款费用，应当披露当期资本化的借款费用金额；当期用于计算确定借款费用资本化金额的资本化率等信息。

政府补助，应当披露政府补助的种类、金额和列报项目；计入当期损益的政府补助金额；本期退回的政府补助金额及原因等信息。

（7）或有和承诺事项、资产负债表日后非调整事项、关联方关系及其交易等需要说明的事项。

（8）有助于财务报表使用者评价企业管理资本的目标、政策及程序的信息。

【任务操作要求】

1. 学习并理解任务指导

2. 独立完成给定任务

（1）（多选题）下列项目中，企业应在其财务报表附中披露的有（　　）。

A. 企业的基本情况

B. 遵循企业会计准则的声明

C. 会计政策和会计估计变更以及差错更正的说明

D. 企业的业务性质和主要经营活动

（2）（单选题）下列各项中，关于财务报表附注的表述不正确的是（　　）。

A. 附注中需要写明编制财务报表的编制基础

B. 对未能在财务报表列示的项目在附注中说明

C. 附注中包括财务报表重要项目的说明

D. 如果没有需要披露的重大事项，企业不必编制附注

任务 6.2.5 小结

财务报表附注的重点：财务报表附注披露的主要内容。

参考文献

［1］中华人民共和国财政部. 企业会计准则（2018 年版）［M］. 上海：立信会计出版社，2018.

［2］中华人民共和国财政部. 企业会计准则应用指南（2018 年版）［M］. 上海：立信会计出版社，2018.

［3］财政部会计资格评价中心. 中级会计实务［M］. 北京：中国财经出版传媒集团经济科学出版社，2018.

［4］财政部会计资格评价中心. 初级会计实务［M］. 北京：中国财经出版传媒集团经济科学出版社，2018.

［5］唐东升，熊玉红. 企业初级会计核算与报告［M］. 北京：北京理工大学出版社，2013.

［6］朱盛萍，张向红. 财务会计［M］. 北京：中国商业出版社，2012.

［7］李桂芹，乔铁松. 财务会计项目化教程［M］. 北京：冶金工业出版社，2011.

［8］赵红. 财务会计实务［M］. 北京：机械工业出版社，2011.

［9］沈应仙. 财务会计［M］. 北京：中国人民大学出版社，2009.

会计实务分录精编

模块 1　出纳岗位

库存现金

1. 库存现金溢余

（1）批准处理前

借：库存现金

　　贷：待处理财产损溢

（2）批准处理后

借：待处理财产损溢

　　贷：其他应付款

　　　　营业外收入

2. 库存现金短缺

（1）批准处理前

借：待处理财产损溢

　　贷：库存现金

（2）批准处理后

借：其他应收款

　　管理费用

　　　　贷：待处理财产损溢

其他货币资金

1. 银行汇票、银行本票

付款方：

（1）申请银行汇票、银行本票

借：其他货币资金——银行汇票（本票）存款

　　贷：银行存款

（2）使用银行汇票、银行本票支付购货款

借：在途物资等

应交税费——应交增值说（进项税额）

　　贷：其他货币资金——银行汇票（本票）存款

（3）退回多余银行汇票款

借：银行存款

　　贷：其他货币资金——银行汇票存款

收款方：销售产品，收到银行汇票、银行本票

借：银行存款

　　贷：主营业务收入

　　　　应交税费——应交增值税（销项税额）

2. 信用卡存款

（1）取得信用卡

借：其他货币资金——信用卡存款

　　贷：银行存款

（2）使用信用卡

借：管理费用等

　　贷：其他货币资金——信用卡存款

（3）销户，余额转入基本存款户

借：银行存款

　　贷：其他货币资金——信用卡存款

3. 存出投资款

（1）向证券公司划出资金

借：其他货币资金——存出投资款

　　贷：银行存款

（2）购买股票、债券

借：交易性金融资产等

　　贷：其他货币资金——存出投资款

4. 外埠存款

（1）汇款到异地开立采购专户

借：其他货币资金——外埠存款

　　贷：银行存款

（2）使用采购专户支付购货款

借：在途物资等

　　应交税费——应交增值说（进项税额）

　贷：其他货币资金——外埠存款

（3）采购专户余款转回

借：银行存款

　贷：其他货币资金——外埠存款

模块 2　往来结算岗位

应收票据

1. 销售商品收到商业汇票

借：应收票据

　贷：主营业务收入

　　　应交税费——应交增值税（销项税额）

2. 期末计算带息应收票据的利息

借：应收票据

　贷：财务费用

3. 应收票据到期，如数收回票款

借：银行存款

　贷：应收票据

4. 应收票据到期，无法收回票款

借：应收账款

　贷：应收票据

5. 转让应收票据取得所购物资

借：原材料等

　　应交税费——应交增值税（进项税额）

　　　　　　　　　　　　　（银行存款）

　贷：应收票据——乙公司

　　　银行存款

6. 不带息应收票据贴现

借：银行存款

　　财务费用

　贷：应收票据

7. 贴现票据到期，承兑人无力支付

借：应收账款

　贷：银行存款　　　（被扣款）

　　　短期借款　　　（不足扣款）

应付票据

1. 签发应付票据

（1）采购材料用应付票据结算

借：原材料等

　　应交税费——应交增值税（进项税额）

　贷：应付票据

（2）支付银行承兑汇票手续费

借：财务费用

　贷：银行存款

2. 按期计提带息应付票据利息

借：财务费用

　贷：应付票据

3. 应付票据到期，如数支付票款

借：应付票据

　贷：银行存款

4. 应付票据到期，无力付款

（1）商业承兑汇票到期，无力支付

借：应付票据

　贷：应付账款

（2）银行承兑汇票到期，无力支付

借：应付票据

　贷：短期借款

应收账款

1. 赊销

借：应收账款

　贷：主营业务收入

　　　应交税费——应交增值税（销项税额）

　　　银行存款

2. 收款

借：银行存款

　　财务费用　　　（现金折扣）

　贷：应收账款

应付账款

1. 发生应付账款

借：材料采购等

　　应交税费——应交增值税（进项税额）

贷：应付账款

2. 偿还应付账款

借：应付账款

　　贷：银行存款

　　　　财务费用　　　　（现金折扣）

3. 确实无法支付的应付款项

借：应付账款

　　贷：营业外收入

预收账款

1. 预收货款

借：银行存款

　　贷：预收账款

2. 发出货物

借：预收账款

　　贷：主营业务收入

　　　　应交税费——应交增值税（销项税额）

3. 退回多收货款

借：预收账款

　　贷：银行存款

4. 补收货款

借：银行存款

　　贷：预收账款

预付账款

1. 预付货款

借：预付账款

　　贷：银行存款

2. 货到

借：原材料等

　　　　应交税费——应交增值税（进项税额）

　　贷：预付账款

3. 补付货款

借：预付账款

　　贷：银行存款

4. 收回多付的货款

借：银行存款

　　贷：预付账款

其他应收款——备用金

1. 定额备用金制度

（1）拨付

借：其他应收款/备用金

　　贷：库存现金

（2）报销、补足

借：管理费用等

　　贷：库存现金

（3）收回

借：库存现金

　　贷：其他应收款/备用金

2. 一次报销制

（1）拨付

借：其他应收款/备用金

　　贷：库存现金

（2）报销

借：管理费用等

　　贷：其他应收款/备用金

借或贷：库存现金

坏账准备

1. 计提坏账准备

借：资产减值损失

　　贷：坏账准备

2. 冲销多提的坏账准备

借：坏账准备

　　贷：资产减值损失

3. 发生坏账损失

借：坏账准备

　　贷：应收账款等

4. 已转销的坏账又收回

借：应收账款等

　　贷：坏账准备

同时：

借：银行存款

　　贷：应收账款等

应交税费——增值税

1. 一般纳税人

（1）购进，进项税可抵

借：应交税费——应交增值税（进项税额）
　　应交税费——待认证进项税额
　　贷：银行存款等

（2）购进，进项税不可抵

购进时：

借：应交税费——待认证进项税额
　　贷：银行存款等

认证时：

借：应交税费——应交增值税（进项税额）
　　贷：应交税费——待认证进项税额

同时：

借：库存商品等
　　贷：应交税费——应交增值税（进项税额转出）

（3）不动产分年抵扣

借：应交税费——待抵扣进项税额
　　贷：银行存款等

待抵扣时：

借：应交税费——应交增值税（进项税额）
　　贷：应交税费——待抵扣进项税额

（4）进项税额抵扣情况发生改变

借：应付职工薪酬等
　　贷：应交税费——应交税费（进项税额转出）
　　　　应交税费——待抵扣进项税额
　　　　应交税费——待认证进项税额

（5）销售货物

借：应收账款
　　贷：主营业务收入/其他业务收入
　　　　应交税费——应交增值税（销项税额）

（6）视同销售

不做销售处理：

借：营业外支出等
　　贷：库存商品
　　　　应交税费——应交增值税（销项税额）

作销售处理：

借：应付职工薪酬、长期股权投资

贷：主营业务收入/其他业务收入
　　应交税费——应交增值税（销项税额）

（7）缴纳当月增值税

借：应交税费——应交增值税（已交税金）
　　贷：银行存款

（8）缴纳前期未交增值税

借：应交税费——未交增值税
　　贷：银行存款

（9）月末结转本月应交未交增值税

借：应交税费——应交增值税（转出未交增值税）
　　贷：应交税费——未交增值税

（10）月末结转本月多交的增值税

借：应交税费——未交增值税
　　贷：应交税费——应交增值税（转出多交增值税）

2. 小规模纳税企业

（1）购进货物

借：原材料等
　　贷：银行存款等

（2）销售货物

借：应收账款等
　　贷：主营业务收入
　　　　应交税费——应交增值税

应交税费——消费税

1. 销售应税消费品以及将自产应税消费品用于投资、分配给职工

借：税金及附加
　　贷：应交税费——应交消费税

2. 将自产应税消费品用于在建工程、对外捐赠等

借：在建工程/营业外支出
　　贷：应交税费——应交消费税

3. 委托加工应税消费品

（1）若收回后用于连续生产应税消费品

借：应交税费——应交消费税
　　贷：银行存款

（2）若收回后直接销售

借：委托加工物资

贷：银行存款

城市维护建设税和教育费附加

1. 计算城市维护建设税
借：税金及附加
　　贷：应交税费——应交城市维护建设税
2. 计算教育费附加
借：税金及附加
　　贷：应交税费——应交教育费附加

应付职工薪酬

1. 货币性职工薪酬
（1）确认分配职工薪酬
借：生产成本
　　制造费用
　　管理费用
　　销售费用
　　在建工程
　　研发支出
　　贷：应付职工薪酬
（2）发放
借：应付职工薪酬
　　贷：库存现金、银行存款
2. 非货币性职工薪酬
（1）以自产产品作为非货币性福利发放给职工
计提时：
借：生产成本、制造费用、管理费用等
　　贷：应付职工薪酬——非货币性福利
实际发放时：
借：应付职工薪酬——非货币性福利
　　贷：主营业务收入
　　　　应交税费——应交增值税（销项税额）
同时：
借：主营业务成本
　　贷：库存商品
（2）将拥有的房屋、车辆等资产无偿供职工使用
计提时：
借：生产成本、制造费用、管理费用等
　　贷：应付职工薪酬——非货币性福利

同时：
借：应付职工薪酬——非货币性福利
　　贷：累计折旧
（3）租赁住房供职工无偿使用
计提时：
借：生产成本、制造费用、管理费用等
　　贷：应付职工薪酬——非货币性福利
支付租金时：
借：应付职工薪酬——非货币性福利
　　贷：银行存款等

模块3　财产物资岗位

原材料——实际成本法

1. 外购材料
（1）单货同到
借：原材料
　　应交税费——应交增值税（进项税额）
　　贷：银行存款等
（2）单到货未到
单到：
借：在途物资
　　应交税费——应交增值说（进项税额）
　　贷：银行存款等
货到：
借：原材料
　　贷：在途物资
（3）货到单未到
①暂不入账
②月内，结算单到达后
借：原材料
　　应交税费——应交增值说（进项税额）
　　贷：银行存款等
③月末，结算单仍未到达，暂估入账
借：原材料
　　贷：应付账款——暂估应付账款
④下月初，红字冲销（注：金额用红字）
借：原材料

贷：应付账款——暂估应付账款

2. 发出材料

借：生产成本、制造费用、管理费用等

贷：原材料

原材料——计划成本法

1. 外购材料

（1）采购

借：材料采购

　　应交税费——应交增值税（进项税额）

　　贷：银行存款等

（2）材料验收入库

借：原材料

　　材料成本差异　　　（超支）

　　贷：材料采购

　　　　材料成本差异　　　（节约）

2. 发出材料

（1）结转发出材料计划成本

借：生产成本、制造费用、管理费用等

　　贷：原材料

（2）结转发出材料成本差异

若为超支差异：

借：生产成本、制造费用、管理费用等

　　贷：材料成本差异

若为节约差异：

借：材料成本差异

　　贷：生产成本、制造费用、管理费用等

包装物

1. 生产领用包装物

借：生产成本

　　贷：周转材料——包装物

如果按计划成本计价，还要结转材料成本差异

2. 随同商品出售不单独计价的包装物

借：销售费用

　　贷：周转材料——包装物

3. 随同商品出售单独计价的包装物

借：银行存款

　　贷：其他业务收入

　　　　应交税费——应交增值税（销项税额）

同时：

借：其他业务成本

　　贷：周转材料——包装物

4. 出借包装物

（1）收取押金

借：银行存款

　　贷：其他应付款

（2）退还押金

借：其他应付款

　　贷：银行存款

5. 出租包装物

（1）出租包装物收取租金

借：银行存款、其他应收款

　　贷：其他业务收入

　　　　　应交税费——应交增值税（销项税额）

（2）出租包装物，若一次性转销成本

借：其他业务成本

　　贷：周转材料——包装物

低值易耗品

1. 一次摊销法

（1）领用时摊销全部价值

借：制造费用、管理费用等

　　贷：周转材料——低值易耗品

（2）报废时残值

借：原材料

　　贷：制造费用、管理费用等

2. 五五摊销法

（1）领用时

将在库转为在用：

借：周转材料——低值易耗品——在用

　　贷：周转材料——低值易耗品——在库

同时摊销价值的一半：

借：制造费用、管理费用等

　　贷：周转材料——低值易耗品——摊销

（2）报废时

摊销价值的另一半：

借：制造费用、管理费用等

贷：周转材料——低值易耗品——摊销

注销在用：

借：周转材料——低值易耗品——摊销

　　贷：周转材料——低值易耗品——在用

委托加工物资

1. 发出委托加工材料

借：委托加工物资

　　贷：原材料

若按计划成本计价，还应结转材料成本差异

2. 支付加工费、增值税、运杂费

借：委托加工物资

　　　应交税费——应交增值税（进项税额）

　　贷：银行存款等

3. 支付消费税

借：委托加工物资　　（收回后直接出售）

　　　应交税费——应交消费税（收回后继续

　　　加工）

　　贷：银行存款等

4. 收回委托加工物资

借：库存商品、原材料、周转材料等

　　贷：委托加工物资

借或贷：商品进销差价/材料成本差异

存货清查

1. 存货盘盈

（1）审批前

借：原材料、库存商品、周转材料等

　　贷：待处理财产损溢

（2）审批后

借：待处理财产损溢

　　贷：管理费用

2. 存货盘亏

（1）审批前

借：待处理财产损溢

　　贷：原材料、库存商品、周转材料等

　　　　应交税费——应交增值税（进项税额

　　　　转出）

（2）审批后

借：原材料、其他应收款、管理费用、营业外

　　支出

　　贷：待处理财产损溢

存货期末计量

1. 计提存货跌价准备

借：资产减值损失

　　贷：存货跌价准备

2. 转回存货跌价准备

借：存货跌价准备

　　贷：资产减值损失

固定资产

1. 购入不需安装的固定资产（动产）

借：固定资产

　　　应交税费——应交增值税（进项税额）

　　贷：银行存款

2. 购入需要安装的固定资产（动产）

（1）购入

借：在建工程

　　　应交税费——应交增值税（进项税额）

　　贷：银行存款

（2）安装

借：在建工程

　　贷：原材料、银行存款、应付职工薪酬等

（3）安装完毕达到预定可使用状态

借：固定资产

　　贷：在建工程

3. 超过正常信用期分期付款购买固定资产

（1）购入固定资产

借：固定资产/在建工程

　　　未确认融资费用

　　贷：长期应付款

（2）未确认融资费用摊销

借：财务费用/在建工程

　　贷：未确认融资费用

（3）支付长期应付款

借：长期应付款

　　贷：银行存款

4. 自营方式建造固定资产（不动产）

（1）购入工程物资

借：工程物资

应交税费——应交增值税（进项税额）（60%）

——待抵扣进项税额（40%）

贷：银行存款

（2）领用工程物资

借：在建工程

贷：工程物资

（3）工程领用生产用原材料

借：在建工程

应交税费——待抵扣进项税额（40%）

贷：原材料

应交税费——应交增值税（进项税额转出）（40%）

（4）工程领用自产产品

借：在建工程

应交税费——待抵扣进项税额（40%）

贷：库存商品

应交税费——应交增值税（进项税额转出）（40%）

（5）计提工程人员工资

借：在建工程

贷：应付职工薪酬

（6）辅助生产车间为工程提供劳务支出

借：在建工程

贷：生产成本——辅助生产成本

（7）工程完工达到预定可使用状态

借：固定资产

贷：在建工程

（8）剩余工程物资转为生产用材料

借：原材料

贷：工程物资

5. 出包方式建造固定资产（不动产）

（1）按工程进度支付工程款

借：在建工程

应交税费——应交增值税（进项税额）（60%）

——待抵扣进项税额（40%）

贷：银行存款

（2）工程完工

借：固定资产

贷：在建工程

6. 固定资产计提折旧

借：制造费用、管理费用、销售费用等

贷：累计折旧

7. 固定资产改扩建

（1）将固定资产账面价值转入在建工程

借：在建工程

累计折旧

固定资产减值准备

贷：固定资产

（2）发生改扩建支出

借：在建工程

贷：银行存款

工程物资

应付职工薪酬等

（3）建造过程中发生非正常毁损

借：营业外支出

其他应收款

贷：在建工程

（4）改扩建工程达到预定可使用状态

借：固定资产

贷：在建工程

8. 固定资产处置（出售、报废、毁损）

（1）固定资产转入清理

借：固定资产清理

累计折旧

固定资产减值准备

贷：固定资产

（2）发生清理费用

借：固定资产清理

贷：银行存款

（3）清理收入：出售固定资产收入、残值收入、保险赔款等

借：银行存款、原材料、其他应收款等

贷：固定资产清理

应交税费——应交增值税（销项税额）

（4）结转清理净损失

借：营业外支出/资产处置损益

贷：固定资产清理

（5）结转清理净收益

借：固定资产清理

　　贷：营业外收入/资产处置损益

9. 固定资产盘亏

（1）审批前

借：待处理财产损溢

　　累计折旧

　　固定资产减值准备

　　贷：固定资产

（2）审批后

借：其他应收款

　　营业外支出

　　贷：待处理财产损溢

10. 固定资产盘盈

（1）盘盈时

借：固定资产

　　贷：以前年度损益调整

（2）计算应交企业所得税

借：以前年度损益调整

　　贷：应交税费——应交企业所得税

（3）结转为留存收益

借：以前年度损益调整

　　贷：盈余公积

　　　　利润分配——未分配利润

11. 计提固定资产减值准备

借：资产减值损失

　　贷：固定资产减值准备

无形资产

1. 外购无形资产

借：无形资产

　　应交税费——应交增值税（进项税额）

　　贷：银行存款

2. 自行研发无形资产

（1）发生研发支出

借：研发支出——费用化支出

　　　　　　——资本化支出

　　应交税费——应交增值税（进项税额）

　　贷：原材料

　　　　应付职工薪酬

　　　　累计折旧

　　　　银行存款等

（2）期末，结转费用化支出

借：管理费用

　　贷：研发支出——费用化支出

（3）达到预定用途

借：无形资产

　　贷：研发支出——资本化支出

3. 使用寿命有限的无形资产摊销

借：生产成本

　　管理费用

　　制造费用

　　其他业务成本

　　研发支出

　　贷：累计摊销

4. 无形资产处置

借：银行存款

　　累计摊销

　　无形资产减值准备

　　资产处置损益

　　贷：无形资产

　　　　应交税费——应交增值税（销项税额）

　　　　资产处置损益

5. 计提无形资产减值准备

借：资产减值损失

　　贷：无形资产减值准备

投资性房地产

1. 外购投资性房地产

借：投资性房地产　（成本模式）

　　投资性房地产——成本　（公允价值模式）

　　贷：银行存款

2. 自行建造投资性房地产

借：投资性房地产

　　投资性房地产——成本

　　贷：在建工程

3. 作为存货的房地产转换为投资性房地产

成本模式：

借：投资性房地产
　　存货跌价准备
　贷：开发产品
公允价值模式：
借：投资性房地产——成本
　　存货跌价准备
　　公允价值变动损益　（借差）
　贷：开发产品
　　　其他综合收益　（贷差）

4. 自用建筑物等转换为投资性房地产
成本模式：
借：投资性房地产
　　累计折旧（摊销）
　　固定资产（无形资产）减值准备
　贷：固定资产（无形资产）
　　　投资性房地产累计折旧（摊销）
　　　投资性房地产减值准备
公允价值模式：
借：投资性房地产——成本
　　累计折旧（摊销）
　　固定资产（无形资产）减值准备
　　公允价值变动损益　（借差）
　贷：固定资产（无形资产）
　　　其他综合收益　（贷差）

5. 投资性房地产的后续计量
成本模式：
（1）计提折旧或进行摊销
借：其他业务成本
　贷：投资性房地产累计折旧（摊销）
（2）取得租金收入
借：银行存款
　　其他应收款
　贷：其他业务收入
（3）计提减值准备
借：资产减值损失
　贷：投资性房地产减值准备
公允价值模式：
（1）资产负债表日，公允价值>账面价值
借：投资性房地产——公允价值变动
　贷：公允价值变动损益

（2）资产负债表日，公允价值<账面价值
借：公允价值变动损益
　贷：投资性房地产——公允价值变动

6. 投资性房地产的处置
成本模式：
（1）取得处置收入
借：银行存款
　贷：其他业务收入
（2）结转投资性房地产的账面价值
借：其他业务成本
　　投资性房地产累计折旧（摊销）
　　投资性房地产减值准备
　贷：投资性房地产
公允价值模式：
（1）取得处置收入
借：银行存款
　贷：其他业务收入
（2）结转投资性房地产的账面价值
借：其他业务成本
　贷：投资性房地产——成本
　　　投资性房地产——公允价值变动（也可能在借方）
同时：
借：公允价值变动损益
　贷：其他业务成本
或者：
借：其他业务成本
　贷：公允价值变动损益

模块 4　资金管理岗位

短期借款

1. 借入
借：银行存款
　贷：短期借款
2. 计提短期借款应付利息
借：财务费用
　贷：应付利息

3. 还本付息
借：短期借款
　　应付利息
　　财务费用（未计提的利息）
　　贷：银行存款

长期借款

1. 借入
借：银行存款
　　贷：长期借款——本金
2. 计提长期借款利息
借：在建工程
　　财务费用
　　研发支出
　　管理费用
　　贷：应付利息　（分期支付的付息）
　　　　长期借款——应计利息（到期支付的
　　　　利息）
3. 归还本息
借：长期借款——本金
　　　　　——应计利息
　　应付利息
　　在建工程、财务费用等（未计提的利息）
　　贷：银行存款

应付债券

1. 发行债券
借：银行存款
　　贷：应付债券——面值
借或贷：应付债券——利息调整
2. 计提利息及利息调整的摊销
借：在建工程
　　财务费用
　　研发支出
　　管理费用
　　贷：应付利息
　　　　应付债券——应计利息
借或贷：应付债券——利息调整
3. 归还本息

借：应付债券——面值
　　　　　——应计利息
　　应付利息
　　在建工程、财务费用等（未计提的利息）
　　贷：银行存款

实收资本

1. 接受投资者投资
借：银行存款
　　固定资产
　　原材料
　　应交税费——应交增值税（进项税额）
　　无形资产
　　贷：实收资本
　　　　资本公积——资本溢价
2. 资本公积转为实收资本
借：资本公积
　　贷：实收资本
3. 盈余公积转为实收资本
借：盈余公积
　　贷：实收资本

股本

1. 股份有限公司发行股票
借：银行存款
　　贷：股本
　　　　资本公积——股本溢价
2. 股份有限公司回购股票，注销股本
（1）回购股份
借：库存股
　　贷：银行存款
（2）注销库存股
若面值回购：
借：股本
　　贷：库存股
若溢价回购：
借：股本
　　资本公积——股本溢价
　　盈余公积

利润分配——未分配利润
　　贷：库存股
若折价回购：
借：股本
　　贷：库存股
　　　　资本公积——股本溢价

交易性金融资产

1. 初始取得交易性金融资产
借：交易性金融资产——成本
　　投资收益
　　应收股利
　　应收利息
　　贷：其他货币资金等
2. 持有期间的现金股利或债券利息
借：应收股利
　　应收利息
　　贷：投资收益
3. 收到现金股利或利息
借：其他货币资金
　　贷：应收股利
　　　　应收利息
4. 资产负债表日，公允价值大于账面价值时
借：交易性金融资产——公允价值变动
　　贷：公允价值变动损益
5. 资产负债表日，公允价值小于账面价值时
借：公允价值变动损益
　　贷：交易性金融资产——公允价值变动
6. 出售交易性金融资产
借：其他货币资金等
　　贷：交易性金融资产——成本
借或贷：交易性金融资产——公允价值变动
　　　　投资收益
同时：
借或贷：公允价值变动损益
　　贷或借：投资收益

持有至到期投资

1. 取得持有至到期投资

借：持有至到期投资——成本
　　应收利息
　　贷：其他货币资金等
借或贷：持有至到期投资——利息调整
2. 持有期间计算利息收入
借：应收利息　（分期付息的）
　　持有至到期投资——应计利息（到期付息的）
　　贷：投资收益
借或贷：持有至到期投资——利息调整
3. 计提持有至到期投资减值准备
借：资产减值损失
　　贷：持有至到期投资减值准备
4. 出售持有至到期投资
借：其他货币资金等
　　持有至到期投资减值准备
　　贷：持有至到期投资——成本
　　　　　　　　　　　　——应计利息
借或贷：投资收益

可供出售金融资产

1. 取得可供出售金融资产
（1）股票投资
借：可供出售金融资产——成本
　　应收股利
　　贷：其他货币资金等
（2）债券投资
借：可供出售金融资产——成本
　　应收利息
　　贷：其他货币资金等
借或贷：可供出售金融资产——利息调整
2. 持有股票期间，被投资单位宣告发放现金股利
借：应收股利
　　贷：投资收益
3. 持有期间计算债券利息
借：应收利息　（分期付息的）
　　可供出售金融资产——应计利息（到期付息
　　　　的）
　　贷：投资收益
借或贷：可供出售金融资产——利息调整

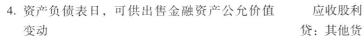

4. 资产负债表日，可供出售金融资产公允价值变动

（1）公允价值上升

借：可供出售金融资产——公允价值变动

　　贷：其他综合收益

（2）公允价值下降

借：其他综合收益

　　贷：可供出售金融资产——公允价值变动

5. 可供出售金融资产发生减值

借：资产减值损失

　　贷：其他综合收益

　　　　可供出售金融资产——减值准备

6. 出售可供出售金融资产

（1）债券投资

借：其他货币资金等

　　可供出售金融资产——减值准备

　　贷：可供出售金融资产——成本

　　　　可供出售金融资产——利息调整（可能在借方）

　　　　可供出售金融资产——公允价值变动（可能在借方）

　　　　可供出售金融资产——应计利息

借或贷：投资收益

同时：

借或贷：其他综合收益

　　贷或借：投资收益

（2）股票投资

借：其他货币资金等

　　可供出售金融资产——减值准备

　　贷：可供出售金融资产——成本

　　　　可供出售金融资产——公允价值变动（可能在借方）

借或贷：投资收益

同时：

借或贷：其他综合收益

　　贷或借：投资收益

长期股权投资——成本法

1. 取得长期股权投资时

借：长期股权投资

　　应收股利

　　贷：其他货币资金等

2. 持有期间，被投资单位宣告分派现金股利

借：应收股利

　　贷：投资收益

3. 收到现金股利

借：银行存款

　　贷：应收股利

4. 计提长期股权投资减值准备

借：资产减值损失

　　贷：长期股权投资减值准备

5. 处置长期股权投资

借：银行存款

　　长期股权投资减值准备

　　贷：长期股权投资

　　　　投资收益（也可能在借方）

长期股权投资——权益法

1. 取得长期股权投资时

（1）初始投资成本大于应享有被投资单位可辨认净资产公允价值份额

借：长期股权投资——成本

　　应收股利

　　贷：其他货币资金等

（2）初始投资成本小于应享有被投资单位可辨认净资产公允价值份额

借：长期股权投资——成本

　　应收股利

　　贷：其他货币资金等

同时：

借：长期股权投资——成本

　　贷：营业外收入

2. 持有期间

（1）被投资单位实现净利润

借：长期股权投资——损益调整

　　贷：投资收益

（2）被投资单位发生亏损

借：投资收益

　　贷：长期股权投资——损益调整

（3）被投资单位其他综合收益

借或贷：长期股权投资——其他综合收益

　　贷或借：其他综合收益

（4）被投资单位除净损益、其他综合收益外的所有者权益的其他变动

借或贷：长期股权投资——其他权益变动

　　贷或借：资本公积——其他资本公积

（5）被投资单位宣告分配现金股利

借：应收股利

　　贷：长期股权投资——损益调整

（6）计提减值准备

借：资产减值损失

　　贷：长期股权投资减值准备

（7）处置长期股权投资

借：其他货币资金等

　　长期股权投资减值准备

　　贷：长期股权投资——成本

　　　　长期股权投资——损益调整（也可能在借方）

　　　　长期股权投资——其他权益变动（也可能在借方）

　　　　长期股权投资——其他综合收益（也可能在借方）

　　　　投资收益（也可能在借方）

同时：

借或贷：资本公积——其他资本公积

　　贷或借：投资收益

借或贷：其他综合收益

　　贷或借：投资收益

模块 5　财务成果岗位

销售商品收入

1. 一般销售商品业务

（1）销售实现确认收入

借：银行存款、应收账款、应收票据等

　　贷：主营业务收入

　　　　应交税费——应交增值税（销项税额）

（2）随时或定期结转销售成本

借：主营业务成本

　　存货跌价准备

　　贷：库存商品

2. 已发出但不符合销售商品收入确认条件的

（1）发出商品时

借：发出商品

　　贷：库存商品

（2）纳税义务已经发生时

借：应收账款

　　贷：应交税费——应交增值税（销项税额）

（3）满足收入确认条件时

借：银行存款、应收账款、应收票据等

　　贷：主营业务收入

借：主营业务成本

　　贷：发出商品

3. 销售商品涉及现金折扣、商业折扣

（1）销售实现确认收入

借：应收账款

　　贷：主营业务收入

　　　　应交税费——应交增值税（销项税额）

（2）收到款项

借：银行存款

　　财务费用　（现金折扣）

　　贷：应收账款

4. 销售商品涉及销售折让

（1）销售折让发生在确认收入之前，则应在确认收入时直接按扣除销售折让后的金额确认

借：银行存款等

　　贷：主营业务收入（扣除折让后的净额）

　　　　应交税费——应交增值税（销项税额）

（2）销售折让发生在确认收入之后，且不属于资产负债表日后事项的

发生销售折让时：

借：主营业务收入

　　应交税费——应交增值税（销项税额）

　　贷：银行存款等

5. 销售退回

（1）对于未确认收入的售出商品，发生销售退回时

借：库存商品

　　贷：发出商品

若原发出商品增值税纳税义务已发生

借：应交税费——应交增值税（销项税额）

　　贷：应收账款

（2）对于已确认收入的售出商品发生的销售退回

借：主营业务收入

　　应交税费——应交增值税（销项税额）

　　贷：银行存款

　　　　财务费用

同时：

借：库存商品

　　贷：主营业务成本

6. 采用支付手续费方式委托代销商品

委托方：

（1）发出代销商品时

借：委托代销商品

　　贷：库存商品

（2）收到代销清单时

确认收入：

借：应收账款

　　贷：主营业务收入

　　　　应交税费——应交增值税（销项税额）

同时：

借：主营业务成本

　　贷：委托代销商品

（3）双方结算时

借：银行存款

　　销售费用　　（受托方收取的手续费）

　　贷：应收账款

受托方：

（1）收到代销商品时

借：受托代销商品

　　贷：受托代销商品款

（2）对外销售时

借：银行存款等

　　贷：受托代销商品

　　　　应交税费——应交增值税（销项税额）

（3）收到委托方开具的增值税专用发票时

借：应交税费——应交增值税（进项税额）

　　贷：应付账款

同时：

借：受托代销商品款

　　贷：应付账款

（4）双方结算时

借：应付借款

　　贷：银行存款

　　　　其他业务收入

提供劳务收入

1. 在同一会计期间内开始并完成的劳务

借：劳务成本或主营（其他）业务成本

　　贷：银行存款等

借：银行存款等

　　贷：主营（其他）业务收入

借：主营（其他）业务成本

　　贷：劳务成本

2. 提供劳务交易结果能够可靠估计（完工百分比法）

（1）实际发生劳务成本时

借：劳务成本

　　贷：银行存款等

（2）预收劳务款时

借：银行存款

　　贷：预收账款

（3）确认提供劳务收入

借：预收账款

　　贷：主营业务收入

（4）结转劳务成本时

借：主营业务成本

　　贷：劳务成本

利　润

1. 结转各项收入、利得

借：主营业务收入

　　其他业务收入

　　　　投资收益
　　　　营业外收入
　　　　公允价值变动损益
　　　贷：本年利润
2. 结转各项费用、损失
借：本年利润
　　贷：主营业务成本
　　　　其他业务成本
　　　　税金及附加
　　　　管理费用
　　　　销售费用
　　　　财务费用
　　　　资产减值损失
　　　　营业外支出
　　　　投资收益
　　　　公允价值变动损益
3. 计算应交企业所得税
借：所得税费用
　　贷：应交税费——应交企业所得税
4. 结转所得税费用
借：本年利润

　　　贷：所得税费用
5. 进行利润分配
借：利润分配——提取法定盈余公积
　　　　　　　——提取任意盈余公积
　　　　　　　——应付现金股利或利润
　　贷：盈余公积——法定盈余公积
　　　　　　　　——任意盈余公积
　　　　应付股利
6. 年终结转本年利润
若为净利润：
借：本年利润
　　贷：利润分配——未分配利润
若为亏损：
借：利润分配——未分配利润
　　贷：本年利润
7. 年终结转利润分配
借：利润分配——未分配利润
　　贷：利润分配——提取法定盈余公积
　　　　　　　　——提取任意盈余公积
　　　　　　　　——应付现金股利或利润

N